牛散大学堂

让中国的投资文化走向世界

使命丨让中国的投资文化走向世界

愿景丨打造中国A股市场完美的投资体系

目标丨让更多投资者少走弯路,有机会成为牛散

股市主力全局运作盈利体系解析

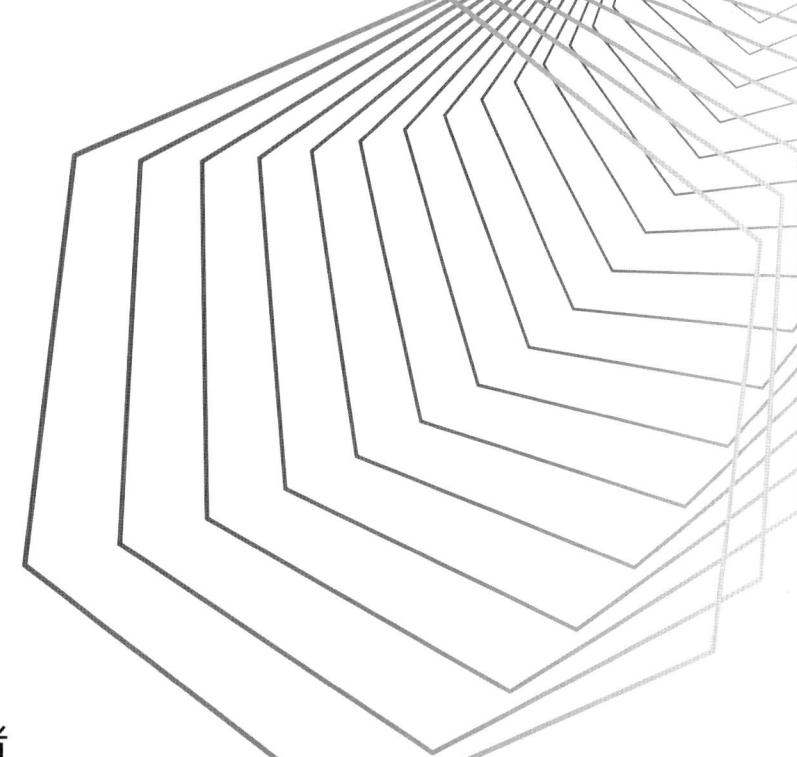

吴国平 ◎ 著

让更多投资者
少走弯路且有机会成为牛散

甘肃人民出版社

图书在版编目（CIP）数据

股市主力全局运作盈利体系解析 / 吴国平著. -- 兰州：甘肃人民出版社，2021.1
ISBN 978-7-226-05648-6

Ⅰ. ①股… Ⅱ. ①吴… Ⅲ. ①股票投资－基本知识 Ⅳ. ① F830.91

中国版本图书馆CIP数据核字(2021)第010159号

责任编辑：马海亮
封面设计：雷春华

股市主力全局运作盈利体系解析
吴国平　著

甘肃人民出版社出版发行
（730030　兰州市读者大道568号）
北京温林源印刷有限公司印刷

开本 710毫米×1000毫米　1/16　印张 32.5　插页 2　字数 453千
2021年7月第1版　　2021年7月第1次印刷
印数：1~4000

ISBN 978-7-226-05648-6　　　定价：88.00元

"成长为王" 知己知彼，百战不殆

古人说，知己知彼，百战不殆。从初生的萌芽，到茁壮成长的大树，见证着的是成长，股市交易也不例外。对于广大投资者来说，要在股市上获利，甚至实现账户翻倍，非得下苦功去深入研究不可。中国的股票交易市场日渐成熟，在为上市公司提供资金的同时，也为各种类型的交易者提供了目不暇接的交易机会。

需要特别说明的是，本书的写作初衷是为了帮助每一个小散户"成长为王"。

感性认知阶段，解析市场资金方，辨识市场行为；

理性认知阶段，解读资金操盘法，公开多种交易模式；

悟性认知阶段，走进短线情绪面，深入了解交易的规律。

股市归根到底还是一个投资市场，一个由各种复杂人性博弈—主观策划—随机波动构成的地方，你在里面浸淫的时间越长，就越能理解什么是水无常形、兵无常态，只有不断总结，顺势而为才是制胜之道。切记不要因为自己的"一招制胜"而沾沾自喜。

如果你想从本书中学习股市交易的方法，并应用到实战中，取得比较理想的成绩，那么，就请从现在开始做到知己知彼吧！

目录

牛散大学堂的股威宇宙 ·· 1
一、主力选股策略 ·· 5
　1.1 成长为王主力选股策略 ··· 5
　1.2 短线主力选股策略 ··· 52
二、主力建仓策略 ·· 85
　2.1 短线主力建仓策略 ··· 85
　2.2 中长线主力建仓策略 ··· 133
三、主力拉升策略 ·· 181
　3.1 中线主力拉升策略 ··· 181
　3.2 短线主力拉升策略 ··· 222
　3.3 解析涨停板 ··· 264
　3.4 涨停板交易机会 ··· 297
四、主力出货策略 ·· 325
　4.1 中长线主力出货策略 ··· 325
　4.2 短线主力出货策略 ··· 363
五、主力全局运作策略 ·· 401
六、把握常见的衍生品：期权与期货 ··································· 439
　6.1 期权之一波牛熊万倍机遇 ······································ 439
　6.2 期货全局博弈 ··· 482

牛散大学堂的股威宇宙

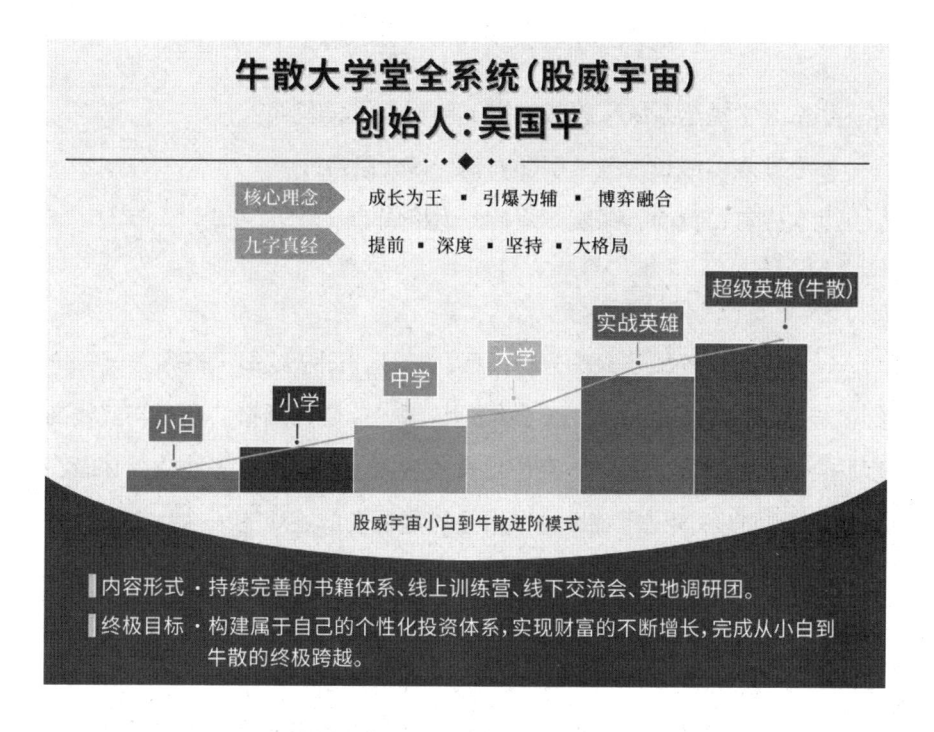

牛散大学堂全系统（股威宇宙）
创始人：吴国平

- 核心理念：成长为王 · 引爆为辅 · 博弈融合
- 九字真经：提前 · 深度 · 坚持 · 大格局

股威宇宙小白到牛散进阶模式（小白 → 小学 → 中学 → 大学 → 实战英雄 → 超级英雄（牛散））

■ 内容形式·持续完善的书籍体系、线上训练营、线下交流会、实地调研团。

■ 终极目标·构建属于自己的个性化投资体系，实现财富的不断增长，完成从小白到牛散的终极跨越。

重新定义你的操盘体系

很多人一直在寻找提升自我的系统课程，付出相当多的精力后却发现，大部分都只是一招半式，没有整体性可言。正因为自身没能全面武装自己，所以非专业投资者依旧占据大多数。

我们来了，来帮你构建交易系统，牛散大学堂的股威宇宙系统就是为你而搭建，从"小白"到"牛散"，我们来帮你逐步成长。

我们的底气在于：我们自身就是从小白一路成长起来的，也一直从业于资产管理一线，深知市场一线人群最需要什么知识和技能。基于未来中国资本市场的发展将趋于专业化和成熟化，目前普通投资者确实已经到了迫切需要提升自我的时候了。只有提升自我，才能更好地适应资本市场。我们的股威宇宙——牛散大学堂全系统，或许就是你最好的选择。

牛散大学堂全系统（股威宇宙）

牛散大学堂全系统（股威宇宙）创始人：吴国平

核心理念：成长为王　引爆为辅　博弈融合

九字真言：提前　深度　坚持　大格局

股威宇宙的构建：

1. 我们的系统由强大的分析师团队打造，团队成员风格各异但无不经验丰富且自成一派，我们不做纯理论派，而是力图打造理论与实践高度融合的精品教程。其中，我们自身实战原创内容占主导地位，并借鉴其他方面经典解读进行辅助，博采众长是我们价值观的一种补充。

2. 股威宇宙将个人交易者分为六个不同的阶段（从"小白"到"牛散"），学员或者读者可以对比自身情况快速选择自己对应的学习阶段，不同的学习阶段将有不同的书籍和线上训练课程。

3. 除了书籍体系和线上课程体系，到上市公司实地调研也是牛散大学堂股威宇宙实战的一种衍生，属于实战英雄或超级英雄课程。那里的世界会很精彩，充满乐趣惊喜，通过与上市公司管理高层的对话了解企业真实情况，真正感受什么叫功夫在市场之外。

4. 我们的系统来源于实战的经历，但不拘泥于实战经历，通过认真总结使它高于实战，一切只为帮助交易者提高自身的交易技巧和水平。

股威宇宙：从小白到牛散进阶模式

1. 小白

小白是指对交易市场有兴趣但没有任何知识和经验的交易人群。这个群体既没有实战经验，也没有理论基础，对K线、盘口信息等基础知识一无所知或一知半解，属于资本市场潜在参与力量。

2. 小学生

小学生是指对基本的概念有一些了解，刚入市还没经历过市场洗礼的人群。这个群体能看到盘面的基础信息，也知道基本的交易规则，但具体到成长股的概念，个股涨停背后的逻辑或者技术波浪理论等都还处于未知的状态。

3. 中学生

中学生是指对概念较为了解，对K线形态开始清晰，并掌握了一些技术分析方法，自我感觉还不错的人群。这个群体入市时间不长，初出茅庐、踌躇满志，开始接受市场残酷的洗礼，感受到了资本市场的一些机会和风险。

4. 大学生

大学生是指有一些自己的分析方法的人群，但分析方法总体来说零零散散，还没有形成一套完善的研判体系。另外也还不大懂如何将它们融合运用，需要更贴近市场去把握市场的本质，从而进入一个新的自我提升阶段。

5. 实战英雄

如果你已经有了实战英雄的水准，那么恭喜你，你已经开始知道如何融合运用基本面和技术分析的投资方法，对交易的心理博弈也开始有所体会。在这个阶段你需要透过反复实践感知市场的博大精深，真正理解核心理念"成长为王，引爆为辅，博弈融合"的含义，认清市场的本质,渐渐进入一个赢家的行列。

6. 超级英雄（牛散）

牛散几乎代表着个人投资者的最高水准,他们的投资理念、操作风格、投资偏好各有千秋,但无一例外都是市场中极少数的大赢家,创造了一个又一个的财富增长神话。他们善于抓住市场机遇,经历过大风大浪,投资心态十分稳定,在起起落落中不断汲取养分,交易体系跟随市场不断进化。

股威宇宙特点:

系统性教学,明确的进阶模式,适合所有人群。

学习阶段、目标以及成果的量化,每个阶段,我们都会让你清楚知道你能收获什么。

实践出真知。我们会让每个阶段都有练习,实战是最好的诠释。

一线从业人员和牛散提供技术支持,读者和学员有机会与之在线上线下进行互动。

投资体系阶梯式建立,由点到面,从无招到有招再到无招。用心学习,小白终成一代牛散。

一、主力选股策略

1.1 成长为王主力选股策略

2018 年 5 月 16 日

学习须知：

  1.成长为王主力选股策略首先要根据公司历史财务数据挖掘机会，比较营收增长率以及毛利率的变化趋势比单一财务年度的数据更加重要，同时对于科技型成长公司要关注它的研发费用占营收的比例；上市公司主营产品的潜力可以通过调研上市公司和日常生活点滴来感知；最后还讲述了如何通过常识推理加上合理的想象来预测公司未来的总市值。

2.牛散大学堂股威宇宙等级划分为：大学生级别。

课前综述：

又到了每周三跟大家做分享的时候了，今天是 2018 年 5 月 16 号，今天的主题是围绕选股的逻辑，做一个深入的展开。在讲课之前呢，我们不妨先谈一下当天的市场。今天尾盘有一点的跳水，很多人就吓坏了，凡是我们牛散大学堂长期听课下来的忠实学员，我相信你们应该到了一个心态越来越淡定平和的阶段，如果你能够做到这一点，你已经比以前要成熟了，这是一个开始。

今天尾盘的这种跳水呢，未尝不是一件好事，为什么这样说呢，我们来看一下：

一、主力选股策略

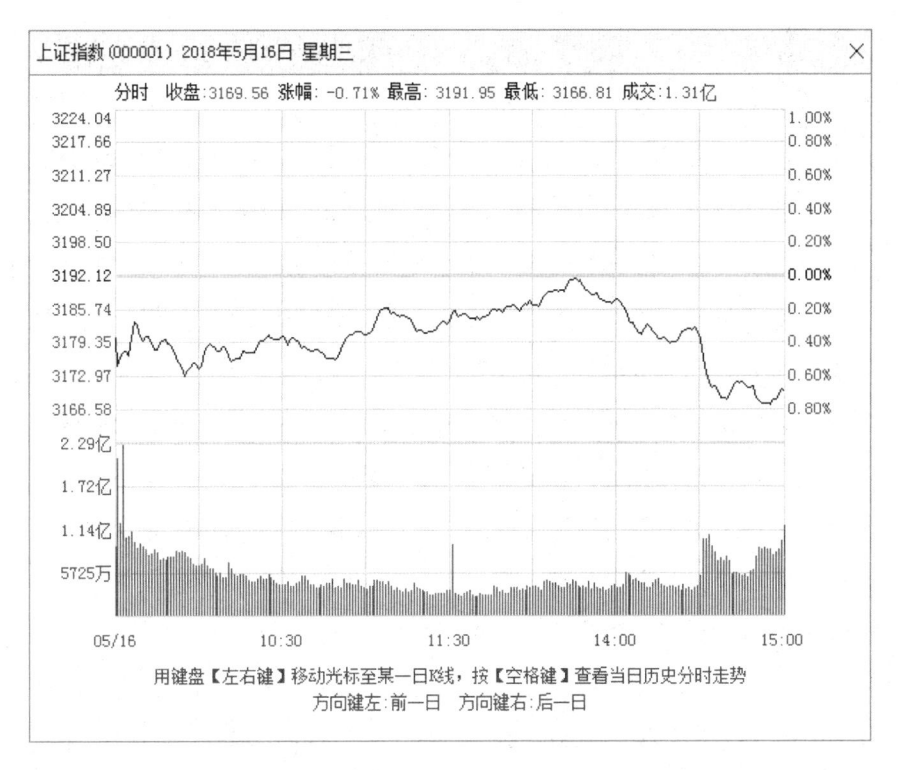

图　2018年5月16日

今天股指是从下午接近一点半之后开始慢慢逐级下滑，上证跌了0.7%，基本上把昨天的涨幅打回去了，但是创业板呢，来看一下：

创业板还好，昨天涨了一个多点，今天回撤不到一半，很显然创业板比昨天要强，而且大家看到没有，今天虽然不算严格意义上的长上影线，他是一个小型的上影线，如果今天创业板再强一点，变成阳线的话，这个上影线就很"漂亮"了，那就会变得更加积极，但是整体而言并不差。

所以今天这样的一个走势，尤其从创业板指数来看，反倒酝酿着什么呢？昨天是中阳线，收复了前两根阴线，加上前段时间的逼空，这整个组合来看，创业板指数已经又到了接近突破的状态了，你看前几次试图突破，但是无功而返，现在到了这个关卡，能否再一次向上突破成功呢？前面两次，现在这次就是第三次了，有句话说得很好，事不过三，如果第三次上去突破前期高点的话，也就是说我们的头肩底完全体形态就呼之欲出了，到那个时候，整个市场的人气，还有氛围会发生一个逆转性的改变，我们也等着那一天。

所以你会发现有一些个股，它跌啊，蓄势啊，底部啊，我觉得就在等一个信号，比如说创业板指数突破这个头肩底的形态，冲锋号就响起了！当然冲锋号响起之前，会有一些先知先觉的品种，率先连创新高，比如说尚品宅配，你看：

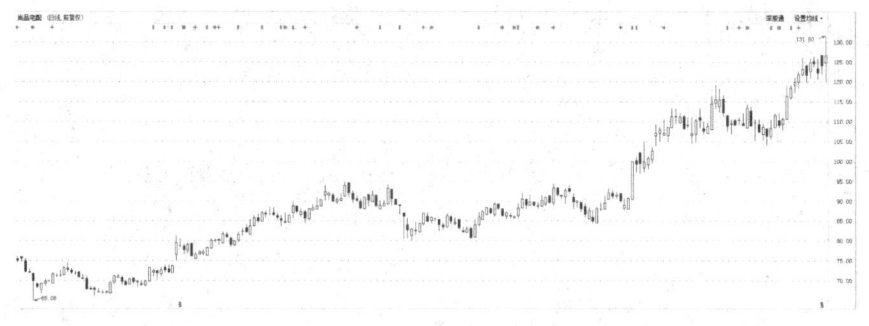

连创新高，这只个股也是非常符合我们成长为王的核心理念。

还有我曾经说过的普利制药：

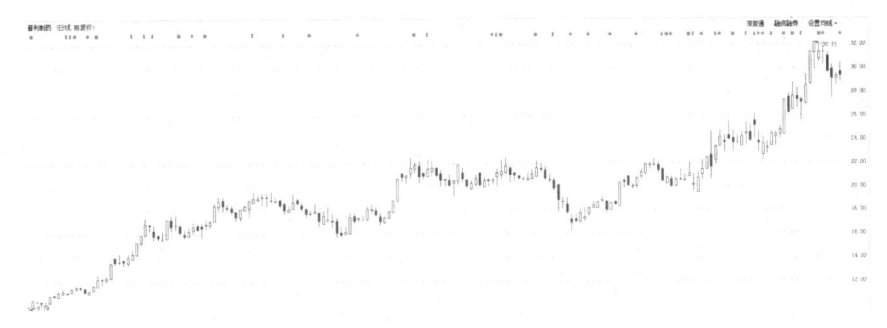

也是连创新高，成长为王过程当中，走势非常完美。还有我们一只最经典的个股——新经典

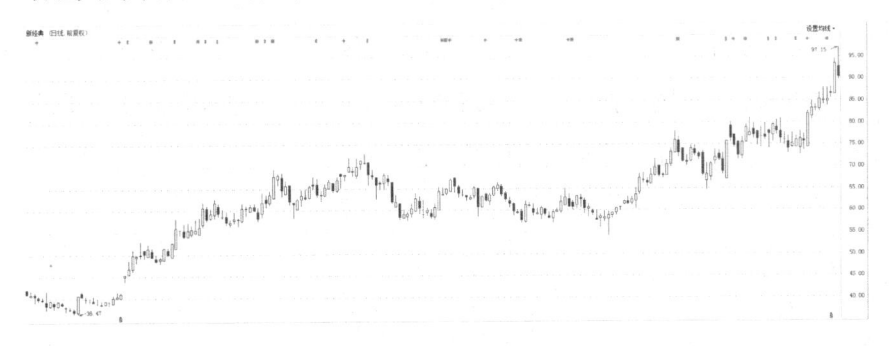

也是一直涨不停，今天也是创了新高的，只是后面调下来了，冲高回落的一种态势。但不管怎么样，你会发现有一群的消费类个股，或者说成长性的个股，是处在连创新高的状态当中，有一种牛市来临的那种疯狂，或者是成长为王的这种率先突围，这就很值得我们去重视的一个信号。当然还有一些个股呢，是埋伏在底部的。

其实我们也知道，现在市场分化很严重，有涨自然就有跌啦，而且有些还跌的蛮惨，像一些ST类的个股，为什么我们说一定要做成长呢？你看大唐电信：

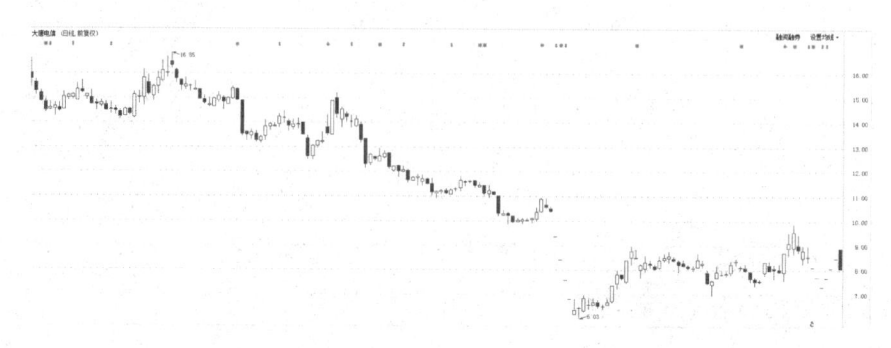

这家公司是国企，之前也是一家很不错的公司，但是现在一旦亏损戴帽的时候，折腾来折腾去，终归是迎来再下杀。这些都是我们可以看到的一个风险。还有曾经的大牛股乐视网：

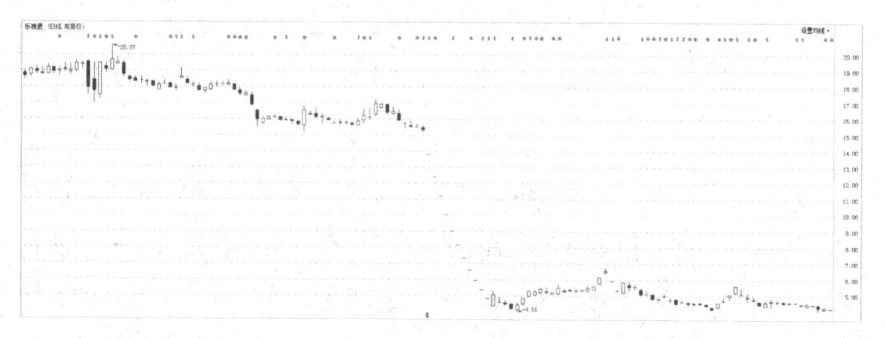

前面有一波反弹，我们当时谈到了，散户主导，接着还是往下压，明天如果再跌的话，就创新低击穿4块，往3块方向奔了，业绩没有好转的话，他还是会一波又一波地往下压，不断地价值回归。

现在市场就是这样两极分化，当然有一些属于低位状态的个股，但是随时都有可能崛起，比如说创业板风向标东方财富：

你看这里蓄势动荡也蛮多天了，如果他再往上攻，一个大阳线的话，再带动一群类似形态的标的，那整个市场一个大的逆转性行情就会诞生在我们眼前。

【学习温馨小提示】

△ 市场中的个股就如人生百态，有的高入云霄，有的沉入海底，有的砥砺前行，我们投资就需要弄清楚这些股价波动状态背后最本质的东西，然后去选择适合自己的投资方向。

我顺带的讲一讲商品期货：苹果。很多人估计没做，但是也看到新闻了，就是说一个苹果（不是我们手机用的苹果，是我们吃的苹果）啊，这段时间这个商品期货涨势如虹，一天的成交量就超过了两市场加起来的成交量，达到四五千亿人民币，真的很吓人呐。那为什么那么厉害呢？我们看一下苹果期货的走势：

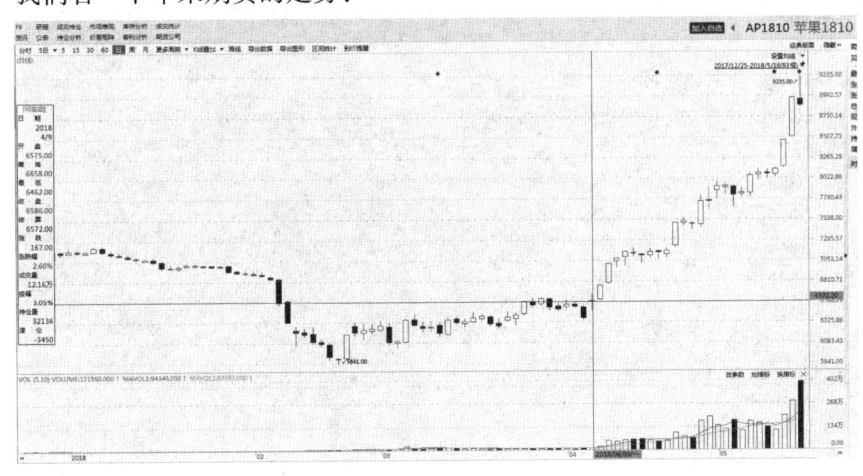

它真正的启动点是在这里 4 月 9 号，前一天跌两个多点，后一天涨了两个多点，阳包阴，所以有些时候下跌，特别是底部的反复往往是好事，而且你看前一日 4 月 4 日，尾盘也是杀跌的：

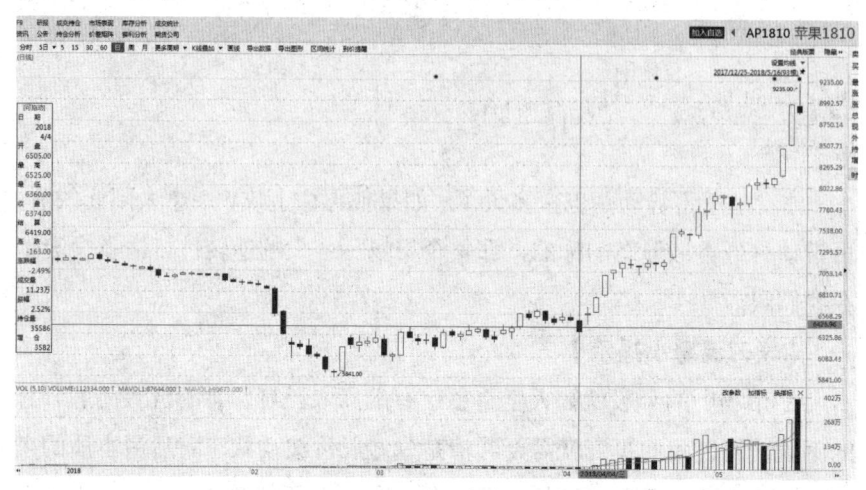

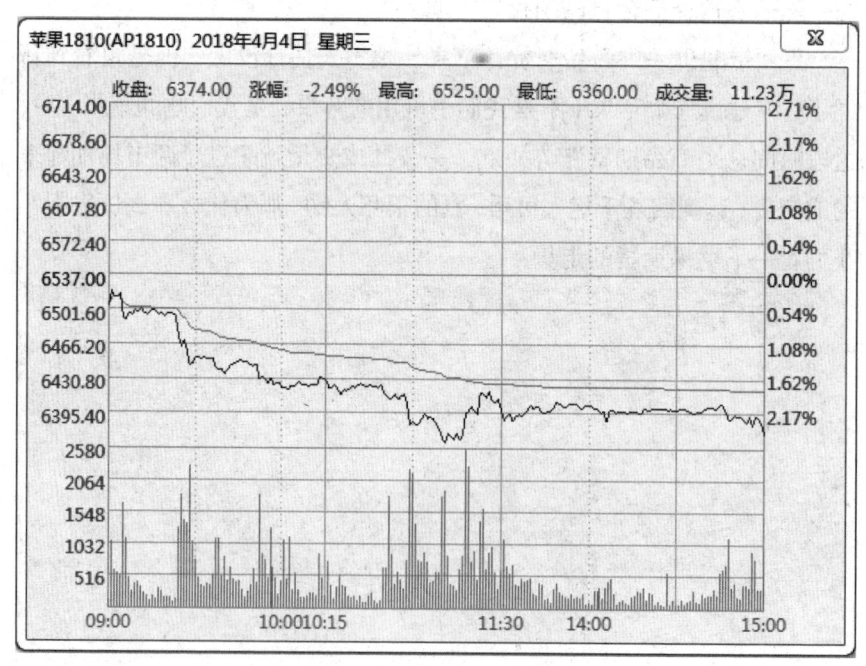

一、主力选股策略

尾盘进一步杀跌，第二天跳空高开，展开了一波升浪，然后升浪完之后，到了前期高点，蓄势动荡、强势整理N多天：

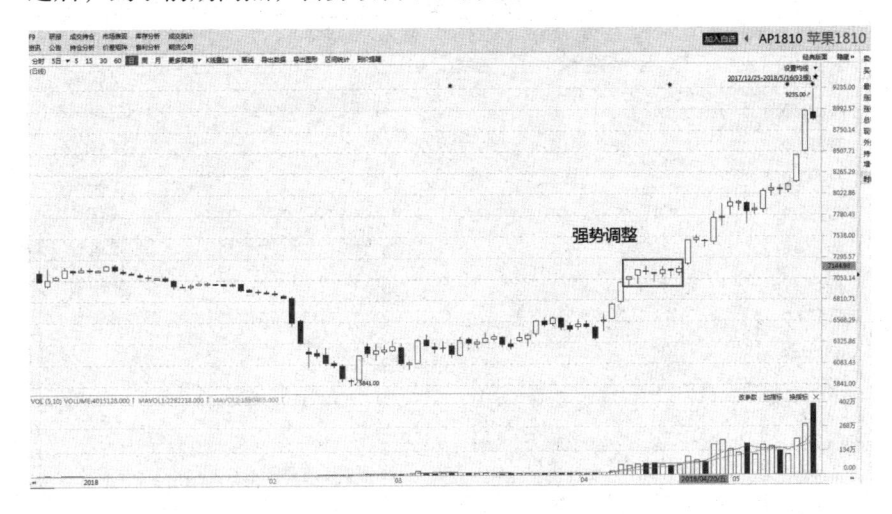

然后再来一个突破信号，一天涨5个点：

那时候我就是在这一天介入进去，但是买的很少，因为涨太多了，当天我就出了，后面继续欣赏，期间也做了一点点，后面的走势真的没想到涨的这么猛！现在回过头来看，这个完全属于一轮杀死空头的做多行情啦，因为趋势一旦形成，不断涨，涨到空头爆仓为止。而且这一轮上涨，空头已经爆了N多次仓了，为什么呢？大家直观地看这个价格啊，从6000涨到9000，涨了50%好像没什么大不了的，但是你要知道，期货里面10倍的杠杆，也就等于说你低位买进去，拿到现在今天，基本上赚5倍了。而且这几天的成交量，昨天已经放巨量了，今天更是一个天量：

一、主力选股策略

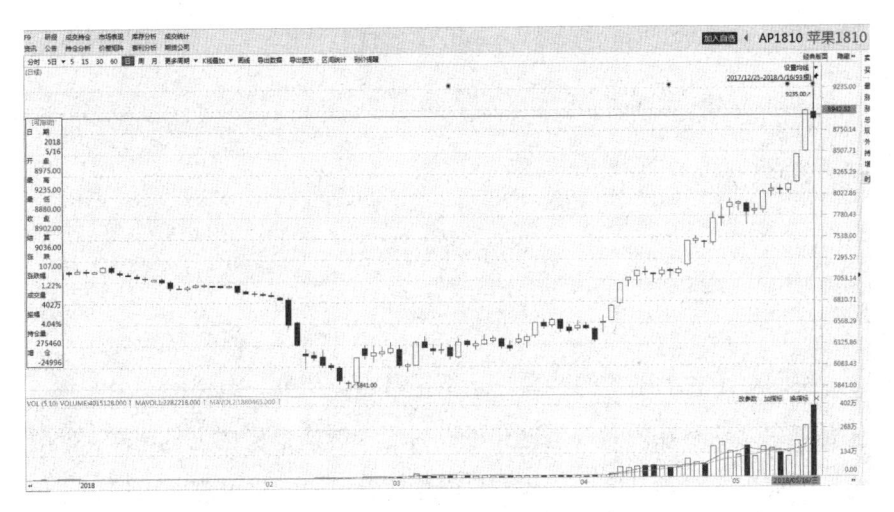

估计今天晚上又会有很多新闻探讨这个苹果，也会刺激很多人去开期货户头了。但是这个时候你就要知道股市里面的技术分析，包括一些理念，跟商品期货是有些类似的，他的角度线已经超过 70°了，所以这个过程肯定是寻找高点的时候，虽然不见得今天一定是最终的高点，但是一个阶段性的顶部状态已经慢慢形成，今天这里肯定是高风险区域。

透过这样的一个标的，我只是告诉你，如果把后面 70°的走势遮住的话，你再看看前面的走势，是不是跟我们股市里的很多底部阶段的个股形态是类似的？你往前追溯一段时间，苹果 70°疯狂之前也是死气沉沉的吧，你可以理解为他们在这个阶段建仓，然后启动点开始拉升，很多个股何尝不是处于这样的一个阶段呢？只是大部分人在这里面缴械投降。

我们要规避市场的风险，抓住未来的机会，首先要看清楚本质，了解市场现在属于什么状态？我很确定现在很多股票就是处在底部状态，只是说未来怎么涨的问题，行情怎样发挥的问题，有没有个股演绎类似苹果这样疯狂的走势呢？当然有啊，中国软件不就是这样嘛：

15

我们对比一下刚才的苹果，是不是有点类似啊，虽然不完全一致，但是苹果之前下跌的时候是这样子，后面一波横盘稳住也是这样，然后再一波疯狂，是不是完全一样？你看中国软件这一波疯狂，出现了上影线这样的动荡，动荡之后慢慢趋于沉静。所以我们要看到这一点，当然他们的活跃对市场是有好处的，因为人就是这样子，买涨不买跌，就好像房价一样，越涨越买，也就是说一旦牛股出来了，有财富效应了，那么很多人就会踊跃进来。

很多散户每天沉浸在追涨杀跌的状态里，我建议大家再次温习一下我的那篇文章：两种赚大钱的方式。就是说你要清楚自己属于哪一种人，你怎么去定位自己？特别是那些想做短线高手的投资者，你需要认清楚，你有没有这种实力？有两个门槛嘛，一个你自己有没有5000万元到一个亿元以上的资金，有的话那你衡量一下，第二个门槛就是你是不是已经跟吴老师差不多，或者接近吴老师的这种水平了，这两个都有的话，你成为一个短线高手的可能性很大；如果没有的话，你还有待提升，当然你要交很多的学费，还要不断地努力。当然你要做也可以，小资金做做没问题，小赌怡情嘛。

那剩下一种就是什么？成长为王嘛。我教过大家，慢就是快，大家要理解这个核心的理念。我一开始分享的那几只个股，个个都是慢就是快的，在涨的过程当中，没有太多的涨停板，但都是涨不停，整个趋势不断地向上，再向上。最终成果是非常可观的，回过头来看，原来这种坚持，或者是这种判断如果抓对的话，财富不经意的就到了你身边。

那么今天呢，我们就讲一讲主力选股策略：

主力选股策略（一）

吴国平　牛散大学堂导师

这个策略呢，我们分三个要点：

牛散大学堂

成长为王主力选股策略

○ 一、根据公司历史财报数据挖掘机会

○ 二、感知上市公司主营产品的潜力

○ 三、常识推理+想象力

微信公众号：吴国平财经　　新浪微博：吴国平财经

根据公司历史财报数据挖掘机会，就是我们看公司的基本面嘛，然后是感知上市公司主营产品的潜力，就是它主营的产品到底有没有未来？看他的行业空间啊，看他目前的经营状况啊，等等。第三个就是常识推理＋想象力，就是你自己做合理的推理，再加进去想象力。想象力这三个字非常关键，这里画一个重点：很多人缺乏这个，这一块儿没做到可能都归零；但是这块儿做得好，哪怕前面做的差一点，你不经意就抓住一些机会，等会儿慢慢跟大家分享。

1. 根据公司历史财报数据挖掘机会

牛散大学堂

一、根据公司历史财报数据挖掘机会：

- 1. 营收增长率，不能孤立的看某一个财务年度数据；

- 2. 毛利率的变化趋势比毛利率本身更重要；

- 3. 研发费用如何看？

微信公众号：吴国平财经   新浪微博：吴国平财经

我们要看营收的增长率不能看一年，要看 N 多年，他是不是出现拐点，比如说前两年亏损，去年是不是开始盈利了？这个数据蛮重要的，或者历史数据显示，营收这块都是不断增长的，增长的速度不断地加大，那会是很不错的。毛利率的变化趋势，有时候趋势比毛利率本身更重要，为什么？比如说他的毛利率过去是 40% 的，现在变成 45% 甚至 50%，那说明核心竞争力在不断的增强，这反映的是未来的一种走势，毛利率的不断提升也就意味着他的利润也在不断地提升。还有研发费用我们要去看一看，怎么去看？

1.1 营业收入增长率

1.0 营业收入增长率

○ 1) 分析营收增长率提高（降低）的来源；

○ 2) 要结合近几年的营收增长率的平均数据来看，尽量弱化某一个单独财报周期的数据；

首先，分析营业收入增长或降低的原因是什么，是内生性的主营业务增长呢，还是外延式的或者是其他收入？然后再结合近几年的营收增长率的平均数据来看，尽量弱化某一个单独财报周期的数据。一定要看整体，而不要只看一两个单元，就好像我们看股指，为什么要看头肩底形态呢？因为要看整体嘛！如果你只是看今天，跌了你就会害怕，如果你看整体，那不就是在上涨趋势中嘛，你就会有信心了。

股市主力全局运作盈利体系解析

案例一：大族激光

牛散大学堂

1.1a、大族激光2017年营收同比增加66%

（财务指标截图）

微信公众号：吴国平财经　　新浪微博：吴国平财经

它也算是一只牛股，我们看看他的营收，你看2017年营收同比增加66%，这个增长速度还是比较非常可观的。

然后分析它的若干细分板块：

牛散大学堂

1.1b、大族激光2017年营收同比增加66%的来源，
**　　　若干细分业务板块**

（业务板块分析截图）

微信公众号：吴国平财经　　新浪微博：吴国平财经

为什么要研究这些东西呢？你看图中文字写得很清晰了，我们一块一块的去分析，看看那个业务模块的整个的状态。你分析完之后就了然于胸了，你大概了解它的增长情况后，接下来的想象力就此做一个展开啦。

案例二：通化东宝

1.2a、通化东宝2015-20170331营收增长率从15%到27%，稳中有进

营收增长率 2015-2017 年从 15% 到 27%，是在不断递增的状态的。15%—22%—24%—27%，这是很好的一种状态，虽然增长幅度没有那么猛，但是循序渐进、稳中有进，这也是一种积极的态势。

案例三：吉比特

那像有一些就不是啦，吉比特：

1.2b、吉比特2015-20170331营收增长率，忽高忽低

21

它是忽高忽低，营收增长好像过山车一样，一下子涨上去，一下子跌下来，就好像题材股，风一来涨了，风一走跌了，没有持续性。那也意味着股价没有持续性，很难长期走牛，也就是阶段性脉冲一下。

所以通过公司的营收增长状况，你能感知到一些本质的东西。

1.2 毛利率

2.0 毛利率

1) 分析毛利率的高低情况，建立在与同行对比的基础之上；

2) 分析公司本身毛利率的变化情况，是不变、提高、降低？

我们也很关注毛利率，记住，我们要建立在与同行对比的基础之上。就是说这个行业里，比如说毛利率平均水平是40%，那它的毛利率是多少，如果高于或远高于同行的话，这是一个很好的现象，就好像贵州茅台，他的毛利率是不是比同行要高？那说明它有核心竞争力，溢价空间高，不需要拼命打价格战啊！还有它的毛利率是不是能够不断地提高，或者是保持在稳定的状态之下？有一些公司毛利率是什么情况呢？今年50%，明年40%，后年30%，不断降低了，那对公司发展是不利的。最理想的是什么？今年30%，明年40%，后年50%，这就非常好了，或者是稳定在一个区间，都是非常好的。

你看天齐锂业毛利率：

案例一：天齐锂业

2.1 同属于三元锂电池正极材料，但是天齐锂业的毛利率远远高于赣锋锂业

公司/毛利率%	20180331	2017	2016	2015
赣锋锂业	46.08	40.47	34.57	21.78
天齐锂业	73.67	70.14	71.25	46.94

它的毛利率远高于同行，很显然天齐锂业有它的核心竞争力，不然的话客户也不傻啊，你赚我那么多钱，我要降价！他说我就是不降，我就是这个价格，你爱来不来！所以能做到这一点，说明它肯定比其他公司要强。就好像我们的课程，有些小散说课程有点贵，嫌贵不上也没关系嘛，学习是需要成本的，别的课程也有很多便宜的，我们认为自己是有核心竞争力的嘛，都是同样的概念。

案例二：安琪酵母

2.2 安琪酵母的毛利率从2015年的29.88%逐步增加到2017年的37.64%；变化趋势是逐年提高

财务指标(%)	2018-03-31	2017-12-31	2016-12-31	2015-12-31
营业利润率	18.0137	16.8520	12.3282	7.9262
营业净利率	17.3934	15.4565	11.8831	7.6643
销售毛利率	36.7307	37.6385	32.6165	29.8840

它的毛利率是在不断地提高，就是说它的实力越来越强，我可以提价，并且仍然卖得好，就是这样的一个状态。就好像之前我分享的新经典一样，它是卖书的，原来卖33元一本的，现在要卖55元，你爱买不买，你不买别人买，他的毛利率也是不断的提升的。

所以一家公司牛的地方就是说，毛利率提升了，销量不变甚至还有增长，这就厉害了，说明他这个产品是有生命力的。

1.3 研发费用

3.0 研发费用

○ 1) 研发投入要围绕公司的主营业务展开；

○ 2) 要看研发费用的增加幅度与营业收入的增加幅度的对比

研发费用其实就是一种投入，特别是对于技术型的公司，那还是要看他有没有一定的研发费用？这段时间大家网上看到一些评价，很早之前联想跟华为都差不多，但是现在联想被华为拉开了很大的距离。网上就有很多人质疑这个问题：联想到底有没有核心技术？每个公司的核心理念不一样，华为在技术研发这块儿，投入是比较大的，一直在用技术去征服市场，而联想就比较逊色。现在市场上还有没有联想的手机呢？已经没有了，国产的手机，华为是第一品牌，这就拉开了距离。现在联想唯一还用的就是笔记本电脑，因为收购了IBM、PC，还是有一定的技术含量的，但是这一块儿相对来说是成熟型的，营收也好，毛利率也好，增长都趋于变缓。而且在香港市场联想已经被剔除出成分股了，慢慢地被边缘化，这跟他目前的发展状态有很大的关系。当然如果他内部能够突破的话，那未来也有再腾飞的一个机会。

所以很多技术型公司研发费用需要一个合理的投入，我觉得是非常必要的，这对公司中长期利润的增长也是不可估量的。

案例一：兆易创新

3.1 兆易创新2017的研发支出主要投入丰富公司的产品线方面

报告期内，公司经营情况如下：

1、继续加大研发投入，丰富公司产品线。

2017年，公司适应市场需求，继续加大研发投入，开发高规格产品，丰富公司产品线。Flash持续开发新产品，目前，高容量256Mb NOR Flash产品已经实现量产，低容量开发了更具成本优势的新产品系列，工艺方面加大先进工艺节点55nm和45nm NOR Flash技术产品研发，NAND Flash自研38nm产品已实现量产，具备业界领先的可靠性，24nm研发推进顺利，公司将具备更好的产品成本优势、提供更高产品容量范围，进一步展开产品组合。MCU产品扩展产品组合，针对高性能和低功耗分别开发新产品，高性能M4系列产品实现量产，在指纹识别、无线充电等新型热门领域取得广泛应用，更低功耗M3系列产品推出，继续保持M3产品市场的领先优势。同时积极扩展应用生态，融入国内主要物联网平台，为后续产品应用发展奠定良好基础。

2017年市场需求快速增长，凭借公司良好的产品性能、可靠性口碑，完善的产品组合以及较好的品牌影响力，公司产品出货量稳步增长，全年营收和利润取得较快增长。

他就会有一些相关的研发支出投入丰富公司的产品线方面。接着看：

3.2 兆易创新，2017年研发支出的比例63.31%远远高于同期营收的增速36.32%

（一）主营业务分析

利润表及现金流量表相关科目变动分析表

单位：元 币种：人民币

科目	本期数	上年同期数	变动比例（%）
营业收入	2,029,708,831.51	1,488,948,172.02	36.32
营业成本	1,234,852,150.01	1,091,090,385.58	13.18
销售费用	72,307,012.41	52,752,530.73	37.07
管理费用	259,809,806.09	188,264,242.71	38.00
财务费用	27,333,981.24	-24,638,386.18	210.94
经营活动产生的现金流量净额	197,704,223.29	83,612,692.41	136.45
投资活动产生的现金流量净额	-782,052,530.21	-161,214,400.39	-385.10
筹资活动产生的现金流量净额	312,920,749.21	520,598,516.39	-39.89
研发支出	167,035,433.22	102,281,684.61	63.31

2017年研发支出比例远高于营收的增速，说明他投入有点大啊！投入大是好事，但有时候也不见得是好事，为什么呢？投入大说明他很迫切地希望在这一块要加强，但如果控制不好的话，也会带来业绩拖累，因为搞研发最终有没有产生效益还是一个不确定性。能不能大幅度增加

你的研发投入，前提是你必须要赚钱！像华为一直都很赚钱，所以他敢于投入研发，这样就会形成一个累积效益，比如说今年的研发投入要10个亿，或许这10个亿打水漂，没有关系，明年10个亿，后年10个亿，总会研究出东西来的吧！就好像风投一样，我投十家，只要有一家上市，另外九家都不行，我也赚回来了，因为一家就可能赚一百倍、两百倍了，每一家我投一百万，一共一千万，只要有一家上市了，赚一百倍一个亿，其他九家全亏掉也没关系，我还是净赚九千万，这就是风投。

研发有些时候类似，当然研发控制得好，不至于像风投那么大的风险，毕竟他熟悉嘛，只是每个公司怎么去控制这块儿的问题，适度的研发费用是需要的，特别是一些技术型的公司。

1.4 小结

相关小结

1) 要学会辩证分析不同的历史财务数据；

2) 历史财务数据只是工具，目的是为了通过历史财务数据寻找公司未来业绩变化的趋势。

要学会辩证分析不同的历史财务数据；历史财务数据只是工具，目的是为了通过历史财务数据寻找公司未来业绩变化的趋势。

2 感知上市公司主营产品的潜力

二、感知上市公司主营产品的潜力
- 1. 亲自调研上市公司，深入了解公司经营状况
- 2. 从日常点滴，感知上市公司主营产品的未来潜力

2.1 调研上市公司

2.1.1 调研上市公司的意义

这一点呢，我是身体力行的，对于很有兴趣的公司，我都会做到这一点。这里就以新经典为例，好几次股东大会，我都去参加。我去新经典的书店也感受了一下，就是看看他的书籍在书店到底卖的怎么样，刚好那么巧，我进去看的时候，就发现他们在上架一车的新经典书籍，卖得还不错！年报和第一季度报表已经披露了，那第二季度什么情况就是很关键的了，那四五月份你要多点感知的话，其实有些东西你就心里有底了。比如说透过这种感觉，你就知道他的五月份或者六月份也不会很差，公司接下来的业绩增长可能是有保障的，这样的话你拿着他是不是踏实一点，否则，万一半年报业绩锐减，连续跌停板，那不是很尴尬的一件事情？

就拿年报来说，新经典具备高送转可能性，还上了高送转名单，然而3月30日年报出来只派发现金红利，不实施送股和资本公积转增股本。

当时很多人说，吴老师他们没有高送转啊！那些投资者就感慨，完啦完啦，一个跌停板挡不住了，结果那一天，大家看一下：

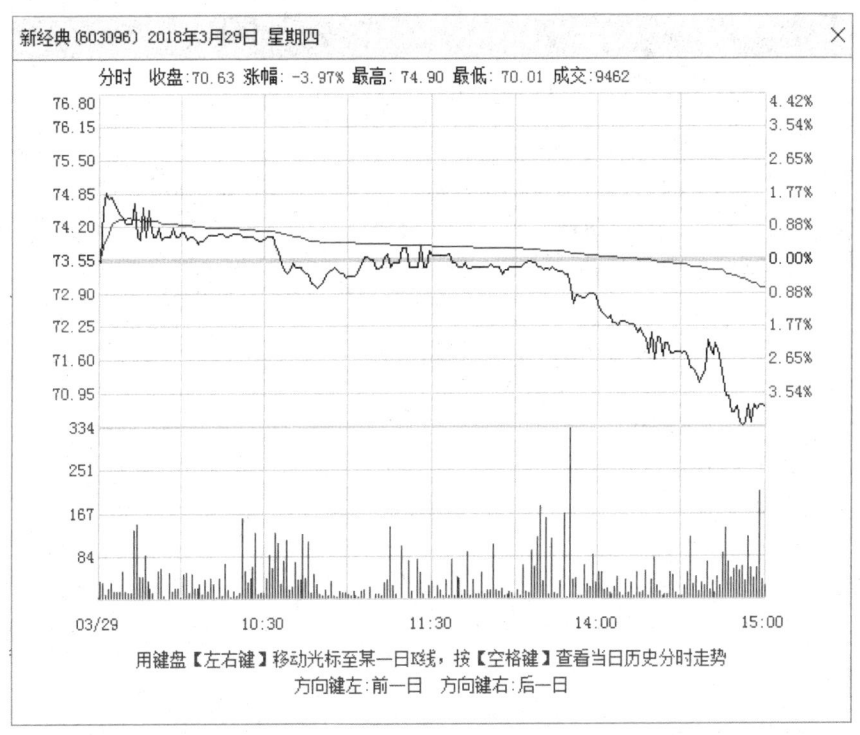

我记得很清楚，当时那里的区域，那么多的阴线，可能真的有资金提前知道消息，高点出来。之后股价天天跌，跌的大家都没信心了，你看公布前一天的走势是杀跌的，尾盘拼命杀跌，我个人觉得肯定是有消

息走漏了，有些资金选择套现跑路，毕竟这个位置也是创新高之后的一个高点，也是蛮吓人的！万一没有高送转，那不就是预期落空，要下跌了呢？其实大部分人的想法,群里面学员包括有些客户也是这样去揣测,那结果呢？确实没有高送转，很多人很害怕，这一天一低开的时候，很多人就拼命卖了，不好意思你卖的货主力全接了，这个低开就是最低点，当天呢不断地涨，最终封死涨停。

谁能想到，居然封死了涨停，这不是正常套路啊，为什么呢？很多人想不明白。原因是你只盯着它不高送转，没有盯着这个公司的经营状况，他的产品、他背后的东西未来到底如何，你根本就不看这些，而有看这些的资金、机构选择了加仓，所以最终走出了这样的走势。

然后又到了一个关卡，第一季度报表要公布了，当时的市场我记得很清楚，增速稍微低于预期就是一个跌停板，老板电器也好，东阿阿胶也好，都属于这种状况。

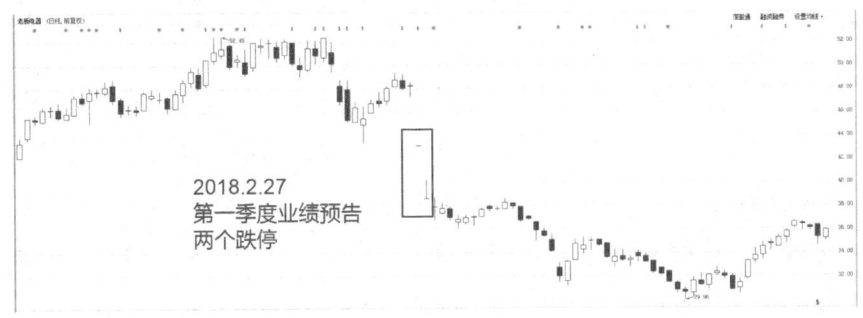

2018.2.27
第一季度业绩预告
两个跌停

老板电器当时高位的时候，第一季度业绩增速稍微下滑一点点，其实也是在增长，只是感觉有些吃力一点儿，就来了两个跌停板，跌得好惨啊，挺吓人的，所以新经典呢：

2018.4.28
第一季度业绩预告

你说在这个位置，如果增速不大幅增长的话，你怎么对得起里面的资金呢，怎么能支撑住这个股价呢，很多人就是这样子去想，那结果呢？当时增速确实也不高，除去投资收入增速不到三个点。这种增速没法比，很多人只是看到那个东西，那你有没有仔细去了解它背后的东西，比如说应收账款，第一季度应收账款是蛮高的，那说明他有些款没有在第一季度体现出来，可能要在半年报体现出来，这里其实有隐藏利润。其实你看第一季度报表，有些东西可以发现出来，因为我们是有调研的，跟他们的董秘、上市公司高管都有紧密的沟通，当信息出来之后，进一步去咨询他们，他们马上就会有一些及时的信息能给到你，你再做一个评估，评估完之后你会发现，其实也还不错啦，然后股价就不小心又涨上去了。

当然今天冲高回落，很多人在思考了，这是不是又要见顶了？说真的我不知道，但是我告诉大家这只个股，从他过去的这种演绎来看，一直都是磕磕碰碰的，哪怕我从40元开始分享，真正能赚到钱的人也是凤毛麟角。就好像刚刚我每一个回顾一样，每一个节点啊，回过头来看很轻描淡写，低位买入，高位卖了就行了嘛。比如说这里是低位中继：

回过头来看还挺好看的，但是在当时那个阶段，是在经历股灾啊，创业板、大盘都跌得很惨，疯狂下跌啊，大部分人觉得他是要补跌啊，但是它抗住了而已，后面又涨上去了。接着就是没有高送转，正常来说是要补跌的，他没有跌下来。第一季报低于预期啊，至少要杀下来啊，但是他没有杀下来。对每一个关键点回过头来看你要抗住了这些，你才有可能吃到这些利润，但大部分人有几个能抗住啊，包括我们，也不一定能够那么容易做到这一点。跟着我们做的人，一百个人里面顶多只有一个能做得到，因为你有没有亲自调研上市公司呢？有没有深入了解公司的经营状况呢？有没有从日常点滴感知上市公司主营产品的潜力呢？我相信大部分人都没有，所以当你都没有做的时候，你要在股价波动的过程当中不卖出，我认为是非常难的。就算人家跟你说这家公司很好，你的脑海里依然没有那种定力，依然没有办法战胜市场的恐惧，比如说我们如果没有前面这些沉淀的话，你突然间告诉我这个票没有高送转之类的，我可能马上就先卖了，为什么？因为我肯定很盲目，我没有信仰啊！所以做成长为王，你一定要问问自己，你自己在这方面有没有下点功夫，知道吗？

你有没有亲自调研上市公司，有没有深入了解公司经营状况，有没有从日常点滴去感知呢，在这些方面你真的是要花点时间跟功夫的，而不是天天盯着K线，老师今天K线涨了，不错，明天K线跌了，不行，不是这样子的。这样子你只是抓住了表面，表皮而已，没有任何意义。

【学习温馨小总结】

△ 中长线资金大多会依据公司经营状况去布局和运作，只有业绩具备持续增长动力的公司才会吸引越来越多的资金看好和买入，而调研上市公司是主力资金摸清上市公司真实状况的最有力的一种方法；我们运用与主力资金同样的调研方法也就是具备了与主力机构同样的思维模式。

2.1.2 如何调研上市公司

1. 亲自调研上市公司，深入了解公司经营状况

- （1）了解上市公司的目前实际产品生产和销售情况，减少黑天鹅事件。

- （2）和公司高管面对面交流，与上市公司高管建立信息沟通渠道。

- （3）寻找到企业的商业模式与核心竞争力。

这个我们都能做到，只要我们勤奋一点儿，这种方法真的很便利。为什么做股票有时候真的需要团队，就是这个道理，毕竟我们有个团队，我自己也亲力亲为，跟高管面对面交流，跟上市公司高管建立信息沟通渠道，寻找企业的商业模式与核心竞争力，这些东西都要你自己努力去寻找。

我就问大家新经典核心竞争力是什么？很多人都不知道，也表达不清楚。

你去看一下同样做书的中国出版：

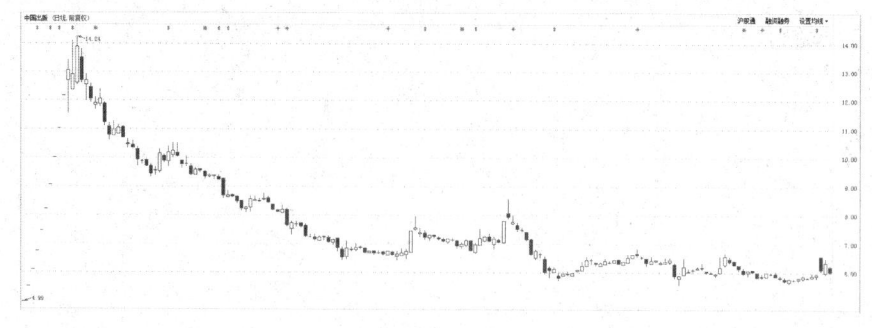

读者传媒：

[读者传媒，周线图]

南方传媒：

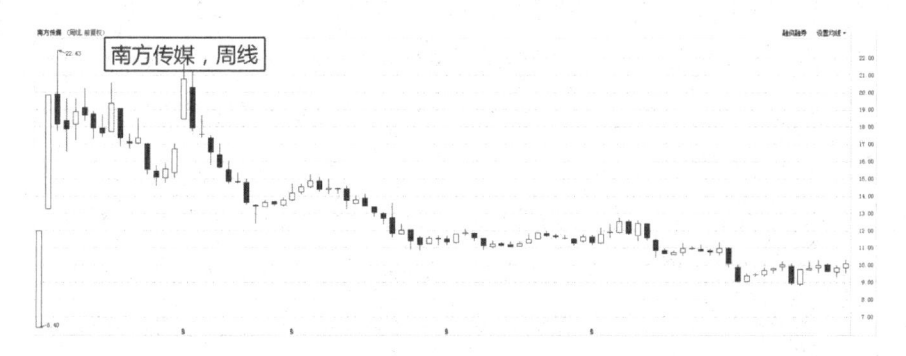

[南方传媒，周线图]

好多的传媒公司，都跌的惨不忍睹啊，你看读者传媒都跌幅较大，这些同样的是次新股，有些与新经典是同期上市的，你看结果一个天一个地吧？市场是很公平的，新经典先挖了一个坑，然后涨幅翻倍，为什么会这样呢？在同一行业里面，同一个起跑线，为什么截然不同的结果呢？

这当然有不同的结果了，就好像我们都在炒股，为什么有些人赚钱，有些人亏钱？那是因为你们的付出不同，思考方式不同嘛！问题是你能不能找到这些不同的根源：核心竞争力呢？比如说新经典跟中信出版的区别在于哪里呢？我个人理解是它们的核心竞争力，新经典打造的是长销书，而且它的长销书在细分市场里面是很有生命力的，文学跟少儿读物。我跟大家分享过，我小时候的偶像之一就是童话大王郑渊洁，他的书籍直到现在仍卖的很好，每年他所有的书，都会有稳定的版税，甚至逐年的增长，因为它给小孩子看的嘛，那小孩子长大了之后，会让自己的孩子去看，所以它这个书是永远都能卖的，只要他不断的经营。

某种意义上来说，新经典也在经营类似这样的东西，这是它比较厉害的地方。有一些公司，一般的出版社，比如说现在贸易战来了，我们推出一本关于贸易战的书籍，这时候大家可能都去买来看一看，过了段时间贸易战结束了，那谁还去买贸易战呢？就好像大家炒股票一样，这段时间炒医药，大家拼命研究，废寝忘食，挑灯夜读啊，奋战到两点三点，拼命地研究哪个公司生产伟哥，然后发现除了白云山还有N多家公司都生产伟哥，或者别的什么之类的，简直像专家一样。只不过因为它们这段时间有行情，过一个月之后没有行情了，你还研究嘛？我相信很多人就不研究啦。

前段时间不是芯片热嘛，很多人问我，老师哪个芯片好啊？现在怎么没有人问我芯片了，现在大部分人又问什么了？像今天这些天苹果涨了，吴老师哪个苹果概念好啊？凡是这样的学员，凡是这样的心态，就是说在炒股里面，你还没有建立属于自己的核心竞争力，没有建立自己的商业模式，没有自己的盈利体系，你还是随波逐流，还是被市场牵着鼻子走的，你要赚钱的可能性很小。

不论市场怎么风吹雨打，我是专注地热爱我自己感兴趣的行业跟公司，现在你说哪些股炒上天了，我多少也是羡慕的，我马上就全身心地去参与吗？那不会。比如说这两天苹果涨的那么厉害，我会不会马上去参与呢？我不会。你说一直涨的话，我会不会忍不住了适当的玩一玩呢？这个可能会，顶多一点点。我有自制力，就这么简单，明白吗？我会深入的去玩自己熟悉的，那就足够了，不经意的它可能给到你更大的收获，甚至他也变成了市场的风口。

案例一：新经典

回到新经典，你看我们之前：

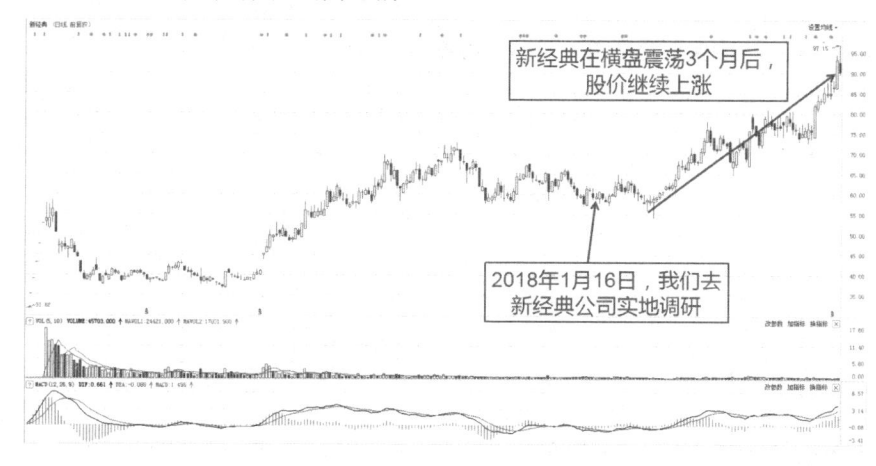

[图：新经典K线图，标注"新经典在横盘震荡3个月后，股价继续上涨"及"2018年1月16日，我们去新经典公司实地调研"]

当时在横盘震荡的时候，我们为了更加清晰的理解新经典，1月16号我们去实地调研了，也就是有了这次的实地调研，后面它杀下来，股灾之时，我们选择了坚持！我们抗，我们挺过去之后，大家可以看到笑到最后的是我们。很多人是没挺过来的，吴老师，破位了，可能一下子跌到40元。我问他凭什么要跌到40元，你有没有看它的基本面啊？吴老师，我没有看他的基本面，但是我有看股票，我有看市场，市场跌得那么厉害，很多个股连续跌停，我不相信这种所谓的好股票，卖书的而已嘛！这说明他骨子里面还没有学到东西嘛，表面上你看似有信仰，关键时刻还是追涨杀跌。

有些时候博弈最难的是什么？最难的就是在关键的那个时点能显现出人的本性，人的本质才是最重要的。涨的时候，顺势的时候，大家都是股神，但是动荡的时候，关键的时刻方显你独到的眼光啦！比如说有些人阶段性地很牛啊，赚了30%，50%，但是一年呢？七八月到现在，你能不能挖到类似新经典这样的票呢？我相信不是很多人吧，本来这样的股票也很少啊，连我自己都为这个作品感到骄傲，但是这个骄傲我们是有巨大的付出的，不是说像讲课的时候这么轻描淡写。

案例二：华胜天成

好，包括我们之前做的华胜天成：

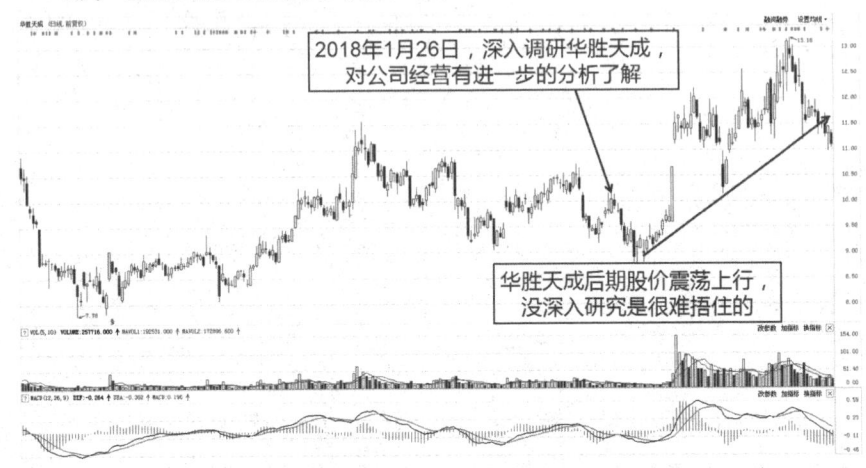

2018年1月26日，深入调研华胜天成，对公司经营有进一步的分析了解

华胜天成后期股价震荡上行，没深入研究是很难捂住的

我们在分享之前也去调研过的，我要强调一点，不是说我所调研的每一家企业未来都能够走得很牛，只是说我对这些企业有兴趣，我才去调研，调研之后能走出来说明至少有调研的一个功劳。当时调研完之后，一开始是股价是下滑的，后面就上涨了，现在仍在反复动荡。这家公司之前是没有什么太高技术含量的，现在有了一些，所以它走的是蛮艰辛的，前段时间为什么涨？也是蹭上了风口。那未来如何呢？那就要看风口还能不能来的更强大一点，至于这家公司我给个明确的感觉的话，中性吧，也就是说要结合市场，市场的热点来啦，就会走得很好，市场的热点没来，可能就比较纠结，之前的走势也是如此。整体来说，当时这个底部区域，你要抓到机会就必须要有一个调研，一个明确的东西，你才能抓住这个风口。这个是一个主要的前提。

你看上面这张就是我们成长为王调研华胜天成的图片。

【学习温馨小总结】

Δ 同行业的公司在市场中的股价走势会出现巨大的差异，究其原因还是公司内在的核心竞争力不同，这就为我们挖掘优秀公司提供了一个最重要的依据，在调研中找出一家具有独一无二性质或者垄断优势的公司是我们的终极目标；

Δ 一旦我们抓住了一只拥有核心竞争力并不断成长的公司，要抱定咬定青山不放松的信念去坚定持有，而不是跟着市场随波逐流，这样才有可能获得别人不曾拥有的巨大收益，也就是我们赚的是跟随公司不断成长壮大的钱，这才是价值投资之道。

2.2 从日常点滴感知公司主营产品

牛散大学堂

2. 从日常点滴，感知上市公司主营产品的未来潜力

- 生活点滴有牛股，发现牛股需要契机和方法。这种方法就是归纳和联想，通过生活实际对公司产品的接触，进一步坚定自己的逻辑。

这个就要从生活中实际接触公司产品，进一步坚定自己的逻辑了。

案例一：新经典

牛散大学堂

例如：新经典，我们想亲身了解公司的产品，可以去购书中心取证，了解图书刊物的品类和上市时间。

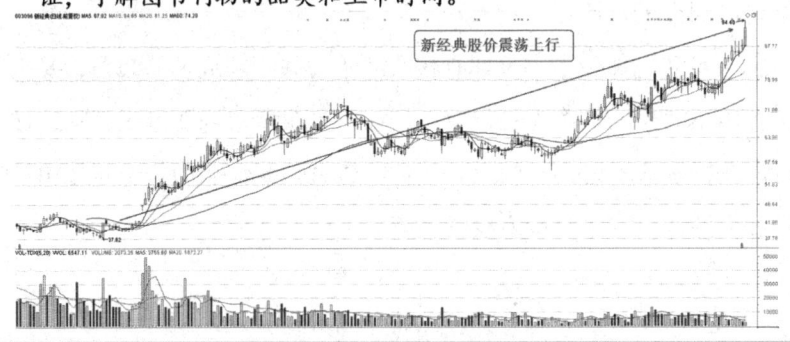

新经典股价震荡上行

这个接触就很简单，直接去买书就行了，《解忧杂货店》你们有没有买过呢？我相信很多人听过但没买过，我是真正的买过也看过，我也知道他畅销的原因。所以呢，你只有去感知才能知道它的生命力，包括去新华书店看看销量啊等等，这些东西都是很有必要的。

案例二：格力空调

> 🐂 牛散大学堂
>
> ○ 再比如"好空调，格力造"，在深入研究财务数据后，生活中也可以发现格力的空调产品确实有很强的竞争力。
>
> ○ 品牌优势，加渠道扩张，我们在生活中不乏看到很多格力的宣传，无论在购物商场、京东天猫等平台，都是响当当的产品知名度，这也论证了格力这几年股价强势的内在因素，公司的业绩成长性是稳定的。
>
> 微信公众号：吴国平财经　　新浪微博：吴国平财经

那是不是好呢？确实是好，空调这个细分领域，我们生活当中能真实地感受到的。这个就不用说了，所以你就会发现细分领域中的老大，长期走势也是很牛的：

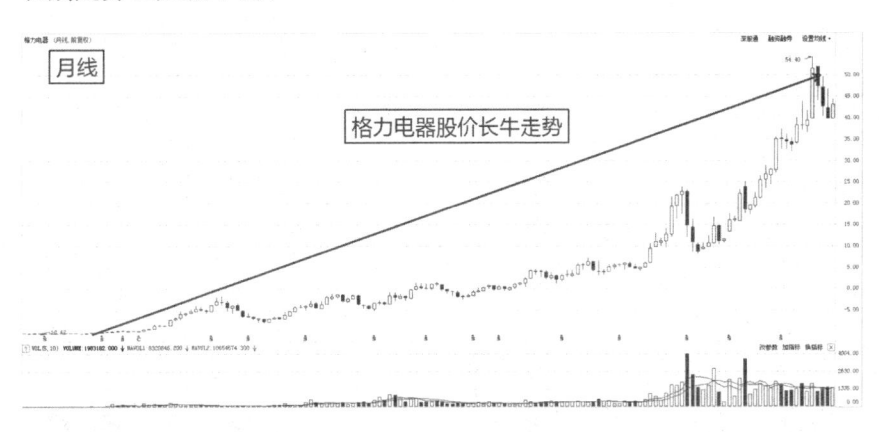

[月线] 格力电器股价长牛走势

我去年讲过这个案例，一开始空调是充分竞争的一个行业，格力在这个过程当中逐步壮大，后面演变成格力和美的双寡头，有些杂牌就慢慢边缘化，或者没市场了。企业一开始毛利率很低，因为当时打价格战，到后期寡头阶段就可以提升毛利率了，换一个新的产品，搞一个智能空调，注入点什么概念。就好像现在的药品，你去买药的时候，以前很便宜，几毛钱的药，换了一个包装就变成几块钱，包装能值多少钱，药还是那个药，就是换了一个面貌，就变得不一样了，对吧？

所以一些企业竞争的模式就是这样的，先是充分竞争，到竞争中后期，近似垄断的时候提价，或者是换一个包装的方式变相提价，它的毛利率就不断地提升，企业的盈利出现飞跃式地增长。格力电器就是一个很典型的案例，当然到了现在这个位置就要看董明珠下一步棋怎么走啦，看看能不能走得通，比如说它的新能源战略，未来能不能成功对格力的未来将有很大的影响。毕竟只是空调的话，你走到一个天花板的时候，就需要一个新的增长点，所以这对格力来说面临一个抉择了，还是要看格力未来的布局是否有成效，这是另外一个问题啦。

2.2.1 小结

小结：

- 1. 感知上市公司的主营产品需要亲身体会，必要时参与公司的调研，增强对公司的了解。
- 2. 公司主营产品的考量对分析公司的潜在发展非常重要，牛股总是和我们的生活密切相关。

一些消费升级的牛股崛起，就是跟我们的生活息息相关的，明白吗？你们能感知得到的，就好像我经常穿的衣服，有一个牌子叫比音勒芬，也是一家上市公司，这段时间也是连创新高了，所以有些时候，你消费了他的东西，又配置了他的股票，不经意就带领你的财富飞跃到了一个新的层次，这是最好的。比如说我看着新经典的书，穿着比音勒芬的衣服，然后去广州酒家吃东西，开着比亚迪的车，然后拿着华为的手机，看着东方财富的炒股软件，然后财富不断增值，真的很有意思！回到家里，发现这个家具要换啦，来点智能家居，整套换了看一看，搞一搞智能化，又一个新的市场孕育而生了，对吧？然后在家里，特别到了周三晚上七点半的时候，消费一下吴国平的牛散大学堂课程，进行一种学习和提升，提升自己对资本市场，对金融文化的一个理念，这是多么快哉的一件事情。

3.1 常识推理 + 想象力

三、常识推理+想象力

- 对于有实力的主力资金来说，选股的思维很多时候出人意料，却又在情理之中。

- 大格局思维：依靠简单的常识进行推理，再加上合理的想象，让人耳目一新。

案例一：东方财富

1. 以东方财富为例，它值得多少市值？

- 东财2017年初已经有40多家营业部，并计划在2017、2018年达到100家营业部以上。

> 请问东方财富证券现共有几家营业网点？2016年新增几家？
>
> **东方财富**
> 尊敬的投资者：您好！非常感谢您对公司的关注和相关反馈。目前，东方财富证券有42家营业部、5家分公司，2016年度新增营业部12家。
> 答复时间 2017-01-11 17:43:00

我经常讲这个案例，你看东财收购了券商后 2017 年有 40 多家营业部，计划 18 年达到 100 家以上。

看看排名数据：

100家营业部在券商中排在30名左右（2016年数据）

序号	证券公司	营业部数量	备注
1	中信证券	360	
2	申万宏源	302	不包含中万宏源西部48家
3	国泰君安证券	302	
4	方正证券	298	
5	海通证券	290	
6	广发证券	264	
7	安信证券	251	另有40家正在筹建中
8	国信证券	243	
9	华泰证券	240	
10	中泰证券	240	
11	中信建投	225	
12	招商证券	222	
13	中信证券（山东）	218	不包含中信证券山东
14	长江证券	208	
15	中投证券	206	
16	光大证券	204	
17	国信证券	166	
18	兴业证券	137	
19	恒泰证券	136	
20	广州证券	133	
21	华安证券	128	另有5家正在筹建中
22	东方证券	125	
23	东吴证券	121	
24	西南证券	119	
25	国元证券	113	
26	国海证券	111	
27	民生证券	107	
28	长城证券	103	
29	财通证券	102	另有已批准设立但未开业9家
30	东兴证券	98	

就数量而言，这属于比较靠后一点了。

跟财通证券（102家）类似。而财通2015年净利润超过30亿元。

【利润构成与盈利能力】				
财务指标(单位)	2018-03-31	2017-12-31	2016-12-31	2015-12-31
营业收入(万元)	93107.76	401153.37	425558.01	1024134.03
销售费用(万元)	-	-	-	-
管理费用(万元)	52051.77	208222.75	202467.59	277381.30
财务费用(万元)	-	-	-	-
三项费用增长率(%)	-	2.84	-27.01	91.43
营业利润(万元)	40933.82	181240.10	214116.95	390475.04
投资收益(万元)	41893.53	203575.30	173878.14	149340.19
补贴收入(万元)	360.66	2001.36	10251.02	55237.12
营业外收支	-	-	-	-
净额(万元)	-5.25	-245.04	600.00	30509.45
利润总额(万元)	40928.57	180994.27	214804.97	420984.49
所得税(万元)	4974.15	33313.07	37079.24	88877.78
净利润(万元)	35927.68	150393.16	178588.54	307540.69
销售毛利率(%)	-	-	-	-
净资产收益率(%)	1.65	9.14	13.03	27.94

○ 东财是全国性、综合性的，这部分的利润很可能超过财通证券。但保守估计，可以看作差不多。

跟财通类似，财通证券 15 年净利润超 30 亿元。东财是全国性、综合性的券商，如果未来他成长到跟财通证券差不多的话，他也有机会超过 30 亿的利润，是不是？

东财 15 年的时候：

而东财2015年的净利润已达到18亿元以上。

【利润构成与盈利能力】				
财务指标(单位)	2018-03-31	2017-12-31	2016-12-31	2015-12-31
营业收入(万元)	36721.29	111235.71	120305.13	261271.27
销售费用(万元)	5420.22	31582.49	26603.95	20250.53
管理费用(万元)	31879.65	128330.77	111368.07	39442.72
财务费用(万元)	4577.45	-3230.36	-6653.62	-10838.25
三项费用增长率(%)	21.61	19.32	168.79	104.03
营业利润(万元)	36779.64	67637.75	66736.18	210865.61
投资收益(万元)	7097.44	20061.16	4523.98	3891.63
补贴收入(万元)	-	-	-	-
营业外收支	-	-	-	-
净额(万元)	-30.22	270.63	13081.41	6007.02
利润总额(万元)	36749.42	67908.38	79817.59	217092.63
所得税(万元)	6663.17	4223.95	8574.18	32241.25
净利润(万元)	30104.68	63690.15	71376.88	184867.12
销售毛利率(%)	73.03	64.31	73.15	-
净资产收益率(%)	2.03	4.86	6.60	66.42

净利润已经达到 18 亿元，接近 20 亿元了，他最高的时候还没超过 20 亿元。

再看看：

牛散大学堂

推算东财总利润

○ 100家证券营业部的利润跟财通证券类似，30多亿元；

○ 东财原来的业务所达到的利润18亿元（下一轮牛市会更多，因为金融规模更大、参与人数更多）。

○ 可以推测，下一轮牛市，东财的年利润应该可以达到50亿元以上。

微信公众号：吴国平财经　新浪微博：吴国平财经

如果他的全国战略布局实现了的话，那券商业务至少有30亿以上的利润，东财原来的业务就达到18亿了，下一轮牛市会更多，原来的业务再加上券商业务，至少50亿，按50倍市盈率来算：

牛散大学堂

东财下一轮牛市能达到多少市值？

○ 按50倍市盈率（2015年最高超100倍）推算，市值超过2500亿元。

○ 当前700多亿，有2倍以上的空间。

○ 如果是2015年的100倍市盈率，则有望达到5000亿市值，相比当前，有5倍以上的空间。

○ 如果业绩远超50亿元，那涨幅就更大了。

微信公众号：吴国平财经　新浪微博：吴国平财经

市值超过2500亿元，现在700多亿元，有两倍以上的空间，如果是2015年大牛市100倍的市盈率，如果是50亿元的利润，那市值达

5000亿啊，那不得了啊，空间不止5倍啊，如果业绩远超50亿元，那涨幅就更大了。

所以问题就在于东方财富未来有没有可能50亿元以上的利润，那你就做一个合理的想象嘛，现在的利润接近18亿元，券商熊市的时候利润一般30亿，我认为基本上最保守30亿元应该是有机会的，至少是很有机会，按最低的市盈率50倍来算也至少1500亿市值啊，在当前股价之上，是有机会再涨一倍的。当然我只是说有机会哦，为什么要一直跟踪嘛？因为他有可能达不到，比如说未来只有5亿元，那就高估了嘛，那跌起来也是蛮厉害的。所以未来你就算要想象，也要结合他的动态变化。

那么市场什么时候才会爆发呢？你现在估一估是30亿元到50亿元，比如说东方财富现在100家营业部，但利润还没有很好地体现出来，等他慢慢体现出来的时候，比如说券商业务盈利露出苗头，有几个亿或者十几个亿啦，那就不得了了，大家就会往30亿元，50亿元方向想象了，市值就会往那里奔了。东方财富的合理想象就是这样子展开了。

【学习温馨小总结】

△ 当我们财务分析、公司调研都做过之后合理的想象就变得非常重要了，这里面有两个重要的因子，一个是预期净利润，一个是给予它什么样的市盈率，以此来估算公司未来总市值；

△ 而对于净利润和市盈率，我们可以给出好、中、差三种不同情况去预估，从而得出三种情况下的总市值，但是无论如何，我们仍然要紧跟公司的实时财务报表去修订我们的预期。

△ 股市是炒作预期的，只有插上想象的翅膀我们才可能发现有价值的公司，明晰它未来的上升空间，才有信心买入并坚定持有它。合理的想象如同一场球赛的临门一脚，没有它我们很容易与机会错失交臂。

案例二：青岛啤酒

2. 以啤酒上市公司为例

- 600600 青岛啤酒　　344亿市值
- 000729 燕京啤酒　　227亿市值
- 600573 惠泉啤酒　　20亿市值
- 000929 兰州黄河　　15亿市值
- 600132 重庆啤酒　　136亿市值
- 002461 珠江啤酒　　126亿市值
- 000752 西藏发展　　35亿市值

那么多啤酒公司，一看青岛只有三百多个亿，很多都还很便宜。

接着看：

总市值凸显的问题和思考

- 8家啤酒类上市公司，总市值才1039亿元。

- 还不如一只二线白酒股的市值。

- 位列茅台、五粮液、洋河股份之后，仅比泸州老窖（938亿元）多一点。

- 明显不合理，啤酒股未来有空间。见下图：

八家啤酒类上市公司，加起来总市值也才一千亿元。你看我跟大家探讨的是总市值，很多人跟我探讨股票高低，他看的是价格，我看的是市值，总市值才一千多亿元，还不如一只二线白酒股的市值，所以啤酒是不是低估了？我觉得中国人群那么大，多少是低估了，所以你就会发现他们出现了补涨，明显不合理，啤酒市场发展未来就有空间。

来看下图：

序号	股票代码	股票简称	现价(元)	涨跌幅(%)	所属同花顺行业	总市值(元)2018.05.14	所属概念		a股流通市值(元)2018.05.14
1	600519	贵州茅台	742.41	3.40	食品饮料-饮料制造-白酒	9,326.14亿	春节概念;超级品牌;收入改革;地方国资改革	更多	9,326.14亿
2	000858	五粮液	78.32	1.64	食品饮料-饮料制造-白酒	3,040.08亿	P2P概念;春节概念;MSCI概念;地方国资改革	更多	2,972.85亿
3	002304	洋河股份	132.00	1.54	食品饮料-饮料制造-白酒	1,989.22亿	MSCI概念;O2O概念;融资融券;超级品牌;	更多	1,639.70亿
4	000568	泸州老窖	66.98	3.21	食品饮料-饮料制造-白酒	981.09亿	大消费;地方国资改革;MSCI概念;成渝特区	更多	938.81亿
5	600809	山西汾酒	62.27	3.30	食品饮料-饮料制造-白酒	539.16亿	春节概念;老字号;大消费;白酒	更多	539.16亿
6	000596	古井贡酒	76.71	1.04	食品饮料-饮料制造-白酒	339.13亿	大消费;白酒;参股券商;地方国资改革	更多	294.26亿
7	603369	今世缘	21.37	0.85	食品饮料-饮料制造-白酒	268.09亿	MSCI概念;O2O概念;融资融券;互联网;	更多	268.09亿
8	600779	水井坊	49.17	3.32	食品饮料-饮料制造-白酒	240.22亿	老字号;MSCI概念;基因疗法;鸿晶茅	更多	240.22亿
9	000860	顺鑫农业	30.50	2.38	食品饮料-饮料制造-白酒	174.03亿	大麦;猪肉收储;蕃麦;生物育种;	更多	174.03亿
10	603589	口子窖	58.62	3.20	食品饮料-饮料制造-白酒	351.72亿	白酒;沪股通		172.06亿
11	600702	舍得酒业	41.51	1.82	食品饮料-饮料制造-白酒	140.01亿	白酒;地方国资改革;老字号;成渝特区	更多	140.01亿
12	600559	老白干酒	26.12	0.62	食品饮料-饮料制造-白酒	124.26亿	白酒;地方国资改革;饲料;融资融券	更多	91.42亿
13	600197	伊力特	20.55	4.16	食品饮料-饮料制造-白酒	90.63亿	白酒;期指概念;地方国资改革;新疆建设兵团;	更多	90.63亿
14	000799	酒鬼酒	25.15	0.56	食品饮料-饮料制造-白酒	81.72亿	白酒;央企国资改革;收入改革;深股通;	更多	81.72亿
15	600199	金种子酒	7.20	0.42	食品饮料-饮料制造-白酒	40.02亿	地方国资改革;白酒;收入改革;春节概念	更多	40.02亿
16	603198	迎驾贡酒	17.04	1.43	食品饮料-饮料制造-白酒	136.32亿	白酒;沪股通;老字号		28.35亿
17	603919	金徽酒	17.11	-0.47	食品饮料-饮料制造-白酒	62.28亿	白酒;消费金融		19.82亿
18	000995	*ST皇台	7.11	-2.20	食品饮料-饮料制造-白酒	12.61亿	保健品;白酒;葡萄酒普白酒;ST板块		12.61亿

所以这段时间白酒版块没怎么涨了，啤酒版块来了，为什么？因为横向一对比你就发现，价值洼地。就好像房地产一样，我记得很清楚，当时一线城市，我去深圳、上海、北京看房子，七八万、六七万的房子满地都是，看一下装修各方面都很普通嘛，地理位置也不是很好，甚至有些没有装修，毛坯房七八万元我觉得贵啊，然后回到广州一看，豪华装修，又有地铁，社区也很漂亮，价格两万元多，这不就是价值洼地嘛！同样一线城市，后面就补涨咯，其他七八万元就横在那里，保持高位动荡，这边两万多就三万元，四万元，五万元，慢慢跟其他的一线城市接近了，虽然没有完全对接，但也是接近了。这就是横向对比带来的价值洼地，所以我们要学会多去这样的对比，对比当中就会发现一些金子。

就好像刚才说的新经典，同样是出书的，一对比，毛利率那么高，书卖得那么好；贪便宜的人就是买那些各方面较差的公司，有品位的人，当然就寻找新经典啦。就好像你去买衣服，有些人贪便宜，街边摊买一件五十块钱的衣服，穿起来没有衬出你的风采。有些人就知道一分钱一分货，虽然他也知道这一千多块钱的衣服，毛利率70%，成本其实就几百块钱，因为你买街边摊，50多、100多，他本身成本就更低了，几十块。几百对比几十块钱的成本，几百块的成本肯定在做工、材料等等方面要比几十块钱好很多，所以穿上去的效果也会好很多。当然这个前提是你有一定的财力的时候，比如说我一个月才两三千块钱，那当然买几十块钱的衣服就好啦，但是如果你一个月的收入都几万甚至几十万的话，那我觉得适当的提升一下你的品位会更好一些。

就好像我们的成长为王一样，比如说你是小散总共资金5万块钱，我要从小做起，从T+0做起，我们能够理解，但是做到一定阶段之后，你的视野思路开拓了之后，就不要老是盯着低价了，要看吴老师说的成长为王，用总市值横向对比法，对比来对比去，这公司不错，100块钱我也要买，买完之后，只能买个一千股。一千股没有关系啊！买的是总市值嘛，看的是总资金嘛，一千股涨10%跟你一万股涨10%本质上是一样的嘛，不用在意这一点，那说明你的思路已经开窍啦，开始有点品位啦！

所以每个人都有类似这样的一个成长的过程，透过今天讲的选股思路分享，希望能对大家有一些很好的启发。然后你再去把握未来，慢慢你的视野、思路就会越来越好，最终就会有一个更好的蜕变的过程。

好，最后布置作业：

☆ **作业**

★ **运用成长为王选股思路，选择两个案例进行分析。**

我觉现在的市场，按照成长为王的思路考察的话，一千只个股里面至少有一百个左右是没有怎么涨起来的，符合成长为王思路，未来还有很大的给我们挖掘的空间。未来中国的市场会给我们很多的机遇，问题是你有没有能力抓到这个机遇？

就好像今天的商品期货，苹果的机遇，那下一个苹果在哪里呢？这个是我们要去思索的。很多人看到苹果的机遇，吴老师我要去买苹果，这种人是什么？就是蹭热点。我的逻辑是什么啊？苹果起来了，那下一个苹果在哪里，我们去寻找下一个苹果，我是这样的一个逻辑。当然如果现在的苹果还有空间，我适当的小仓位的跟随一点点，做一点小差价也是可以的，小赌怡情嘛，但是主仓位一定是寻找下一个大苹果。所以当大家知道，慢慢理解这些方法之后，很多人可能就在想了，吴老师是不是在暗示下一个新经典在哪里呢？当然啦，下一个新经典我们现在肯定也是着手去布局的一些东西嘛。不管怎么样，大家一定要准备好。子弹你要准备好啊，巧妇难为无米之炊啊，然后慢慢我们迎接未来的更大的一个机会。这个过程是我们要一起努力的，我也不是印钞机啊，不是说哪一个是新经典，哪个就一定是新经典，就好像田忌赛马一样，我们肯定也是需要不断筛选，最终慢慢发现他可能就是下一个新经典。

但是大家要先学会，我今天讲到的选股的几个主要的核心逻辑，然后未来跟随我们一起去把握更多的精彩吧。

1.2 短线主力选股策略

2018 年 5 月 23 日

学习须知：

  1.短线主力选股策略会从与事件的高关联度方向来选股，公司主营业务跟事件的关联度要高，业绩收益程度要大；当一个板块内出现三只以上个股涨停时，基本上可以判断这个板块的上涨具有持续性，这时我们应该尽量选择龙头股追涨；在受益程度类似的前提下，短线主力对于次新股具有倾向性，近端次新强于远端次新，远端次新强于非次新，但是受益程度仍然是第一位的。

  2.牛散大学堂股威宇宙等级划分为：大学生级别。

课前综述：

  今天是 2018 年 5 月 23 号，大家晚上好，今天我们会继续讲主力选股策略（二），我们在讲之前呢，回顾一下今天的市场。我们可以看到，今天的市场出现了一个反杀，来一起看一下：

一、主力选股策略

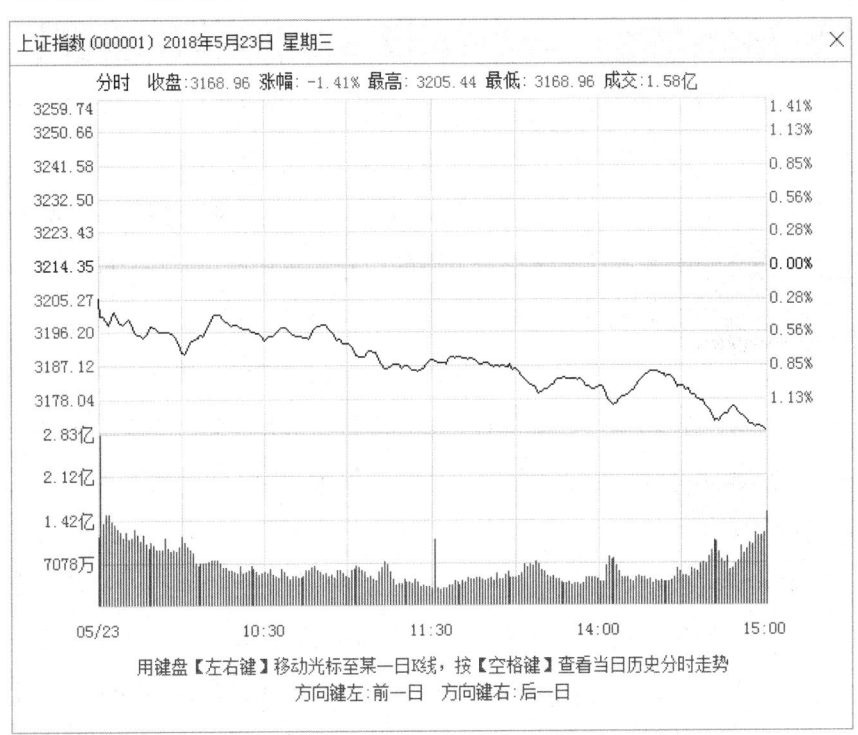

可以看到，上证指数今天跌了接近1.5%的阴线，看上去蛮吓人的，但是发现没有，这里留下了跳空向下的缺口，按照我的缺口理论的话，这个缺口应该是必补的，所以今天的反杀并不可怕，而且今天的下杀无非也就是这个阳线突破之后的回踩，整体来说还是一种健康的运行格局。如果看创业板就更清晰了：

前两日留下的跳空缺口都没有回补掉，一个侧面反映了这个反杀依然是一个很强势的运行格局啊，最重要的是悄然放大了成交量。之前你可以看到，一跌下来基本上都是缩量为主的，今天很有意思，一跌呢，居然放量了。我觉得放量比缩量反应的信号，尤其是在面临突破之前的时刻，放量意味着承接力度比之前更强了，尤其是这个右肩形态随时可能完成的状态之下，出现了一个反杀，然后相对强势，我觉得有可能是实质性突围的下蹲动作。这个看盘面也看得出来，虽然有不少个股是跌的，但实质性封死跌停的个股并不多，十家不到，正常来说今天这种跌幅应该有几十家了。

那我们可以看到今天影响市场下跌的一个很重要的因素，一是昨晚美股跌了，特朗普反复，这是一个外在的因素，另外一个就是今天商品期货这一块，出现了煤炭价格暴跌传导到股票里面很多相关的煤炭、资源类个股，出现暴跌，这也是一个很重要的因素，那为什么商品期货中煤炭类的商品会出现暴跌呢？因为我们国家放出话出来，接下来要控制好煤价，不能够让煤价非理性上涨，那直接就是一个导火索了，所以这个资源板块对市场的人气，包括股指都会有影响，他们今天这种集体性的杀跌，对市场的影响也是比较明显的。

另外一点就是创业板虽然还是有个股走势不错，但确确实实有些个

一、主力选股策略

股开始剧烈动荡了，你看新光药业啊：

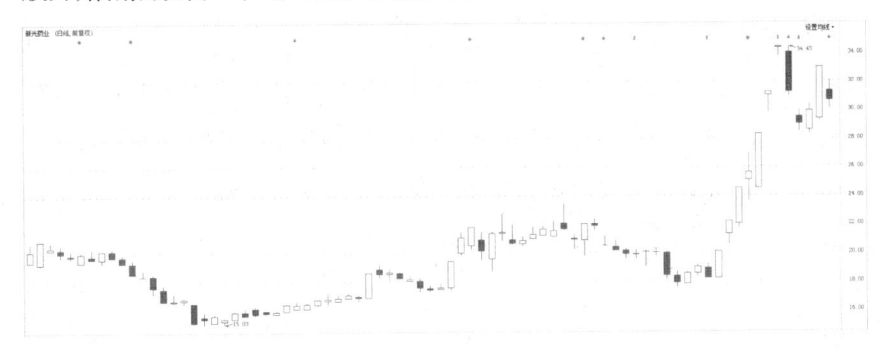

永和智控：

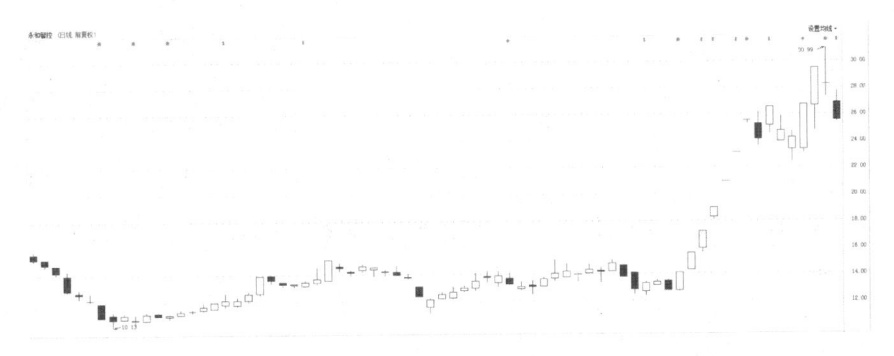

这个获利盘蜂拥而出的话，导致了人气也会出现一个剧烈的动荡。所以综合因素之下，今天的市场就出现了一个反杀，但是这个反杀是有承接力的，我们接下来要看什么呢？看看是不是有一些科技类的个股能够崛起，比如今天部分的科技股涨停了，你看综艺股份涨停：

当然不是说综艺股份接下来还会有，我也要关注它的持续性，因为我目前关注的就是两个细分领域，如果有持续性的话，对整个市场接下来的人气影响会比较大的，一个就是科技板块，这块儿看有哪个细分领域能崛起，这个很重要，如果有的话，持续涨停，或者持续大涨的话，有板块效应的话，那会带领市场向上突围。另外一个就是类文化传媒，文化传媒有只个股这段时间连创新高，平治信息：

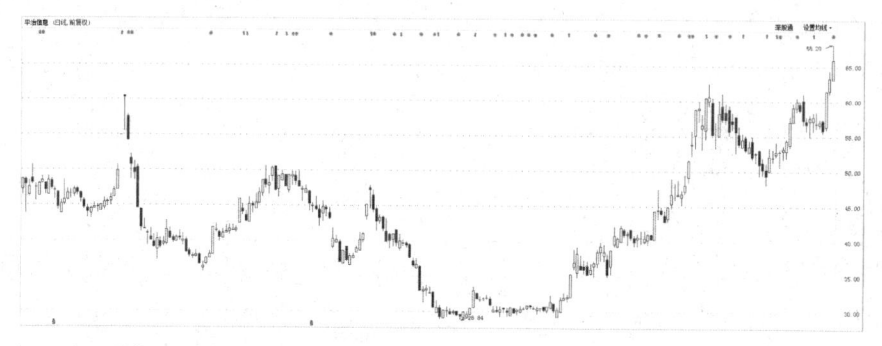

很不错，这个是出现了一个连创新高的态势。新经典也是休整了：

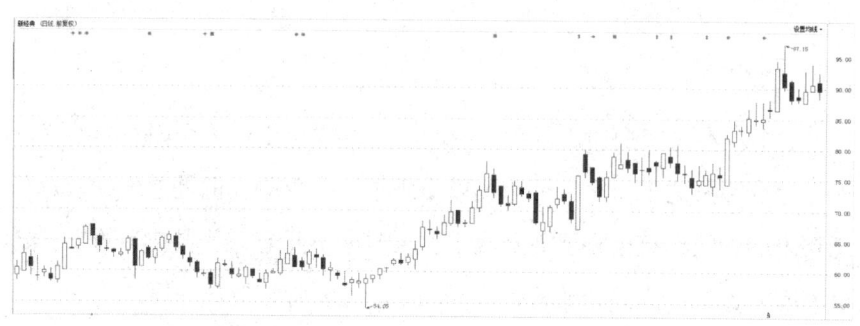

但是整体格局还是不错的，那光线传媒我们要谈一谈：

光线传媒现在的这个位置呢，也是反复动荡一段时间了，接下来蛮关键，股价在这里纠缠、纠缠，往下呢无非就是再下探前一个低点，但是如果这里再往上的话，攻上去，站上 12 块的话，那整个就发生了一个逆转的局势，对整个板块带来了一个很重要的刺激，所以我的看点就是接下来光线传媒有没有戏，这是一个影响整个市场的很重要的突破点，当然东方财富也是我们一直关注的：

现在这个位置能不能再向上崛起，对创业板来说也是很重要的，总归来说，不用看那么复杂，就看创业板里面的科技股，跟刚才所说的文化传媒一些关键性的品种就可以了，一旦有集体性的行情的话，如果我们一旦发现，比如文化传媒板块里面有三个以上个股出现涨停的话，很简单，你要做的事情就是加仓，去阻击。另外一个就是科技类的个股，如果突然一个板块效应，有三只个股以上涨停的话，要做的事情很简单，加仓，阻击。这就是接下来的一个主要策略，当然我们要看盘面，不知道什么时候来，有可能快的话就明天，反正这段时间我觉得应该有机会。一旦出现这种群体性的崛起的话，对于我们来说，操作上就是一个跟进的动作，就是一个非常漂亮的，可以阻击的战役了。

好，开始讲今天的内容：

主力选股策略二
吴国平　牛散大学堂导师

今天的内容跟刚才的阻击呢，也是有关联的。阻击、阻击，那就要讲讲事件嘛，特别是做短线的时候，那当然现在阻击的话，刚刚谈到那个的思路，现在市场需要突破的时候，有些板块是需要崛起的，一个是科技；一个是文化传媒。他们崛起的两个先决条件，一个是大盘相对稳定，也就是说接下来大盘不要跌，或者是小跌，或者是稳中求进，稳定是先决环境。第二个就是科技细分跟文化传媒领域，只要有一个领域能够有积极性的效应（积极性效应不是说一只个股涨停，是至少三只以上的这种板块集体性的涨停）那么我们视为是一个很有可能会有持续性的引领热点。

我把话给大家放在这里，公开的文章我没有说那么具体，这里我可以跟大家说更具体一点，就是三个个股以上，记住是涨停的走势，不是说一只，一只没用。就好像今天平治信息一样，这样一只涨停也就是独立行情，引领不了市场，但是如果板块出现了三只个股以上涨停的话，那么就视为一场非常漂亮的阻击战，这个时候就可以大胆地跟随。有些人就问怎么跟随？跟涨停啊，哪个你能追的到的涨停你就去追啊，我们之前谈过的涨停板战法，核心就是买在涨停价，就是说不要担心，待会儿你就会看到涨停价买进去有多么丰厚的利润，你们一定要克服怕买涨停的心理，因为涨停了意味着主力的启动，没有涨停反而主力没有启动，你早买了其实你不一定马上就能获利，我们是从这个层面上去思考的。

当然除非你对这个板块非常有信心，早早埋伏，那是另外一个层面的策略了，我刚才谈的是热点，引领的热点开始启动，我们要做的是追涨停，坚决追涨停，追到就是赚到，赚到就是笑到，笑到就是富到。

所以呢，回到我们今晚的内容：

主力选股策略二

◎ 一、从与事件的高关联度方面来选股

◎ 二、短线主力选股：对次新股的倾向性

一是从与事件的高关联度方面来选股，要有事件为导火索。刚才说的就是，大盘要突破的整个局面下，我们要去看的一个问题，那么平时呢，我们就看事件。第二个就是短线主力选股，对次新股是有倾向性的，事实上这段时间最主要的热点就在次新股，但是只靠次新股的活跃，是不足以让整个市场突围的，必须要依靠科技，还有文化传媒这些，能够更有广泛引领市场板块热点，才能够实现整个市场突围，当然次新股的活跃会起到一个预热的效果。

1. 从与事件的高关联度方面来选股

一、从与事件的高关联度方面来选股

◆ 1、公司主营业务跟相关事件的关联度要高；

◆ 2、业绩受益程度大小要跟相关事件的关联度要高；

公司主营业务跟事件的关联度一定要高，比如原油涨价，那你就要找到主营业务受益于原油涨价的行业并且直接相关联的，是次新股更好。第二，业绩受益程度大小要跟事件的关联度要高。无非就是第一个主营业务要跟事件关联度高，第二个就是涨价这个事件，他的业绩未来是不是能够受益的，如果业绩受益不了那也没用，所以这两点缺一不可。

1.1 案例分析之事件刺激：贸易战

事件刺激一：贸易战

1. 2018年3月22日，美国总统特朗普在白宫签署了对中国输美产品征收关税的总统备忘录；2018年3月23日，中国商务部发布了针对美国钢铁和铝产品232措施的中止减让产品清单，拟对自美进口部分产品加征关税；

2. 美国商务部长2018年4月4日表示，中美之间的贸易摩擦最终可能最终会演变为谈判；

3. 美国商务部在美东时间4月16日宣布，将禁止美国公司向中兴通讯销售零部件、商品、软件和技术7年，直到2025年3月13日。另据了解，英国国家网络安全中心发出新的建议，警告电信行业不要使用中兴的设备和服务。

贸易战我认为无非就是加关税嘛，美国针对我们的科技类的一些商品，我们针对他们的农业品，

事件背景-中美之间贸易进出口基本情况

2016年中国从美国进口的前十大商品
Top 10 Chinese imports from the US
America's exports to China amounted to $135 billion or 8.5% of its overall imports.

电子设备	1. Electronic equipment: $15.9 billion	159亿美元
机械	2. Machinery: $14.5 billion	145亿美元
油料种子	3. Oil seed: $14.4 billion	
汽车	4. Vehicles: $12 billion	144亿美元
飞机	5. Aircraft, spacecraft: $13.2 billion	132亿美元
医药技术设备	6. Medical, technical equipment: $11.1 billion	
	7. Plastics: $6.1 billion	
木浆	8. Woodpulp: $3.8 billion	
药品	9. Pharmaceuticals: $3.2 billion	
有机化学品	10. Organic chemicals: $3 billion	

2015年美国从中国进口的10大商品
Top 10 US Imports from China
China's exports to the US amounted to $502.7 billion or 21.8% of its overall imports.
中国出口美国商品总金额5027亿美元

电子设备	1. Electronic equipment: $135.9 billion	1359亿美元
机械	2. Machinery: $106.9 billion	1069亿美元
家具等	3. Furniture, lighting, signs: $30.9 billion	309亿美元
玩具等	4. Toys, games: $25.7 billion	
	5. Footwear: $18 billion	180亿美元
针织品	6. Knit or crochet clothing: $16.9 billion	
服装	7. Plastics: $15.5 billion	
	8. Clothing (not knit or crochet): $15.3 billion	153亿美元
汽车	9. Vehicles: $13.8 billion	136亿美元
药品	10. Medical, technical equipment: $11.4 billion	

中国从美国进口的前十大商品，电子设备、油料种子，还有相当部分是农业，随后可以看到。

那么贸易战中兴通讯事件：

一、主力选股策略

典型代表：中兴事件发酵：侯为贵复出、股价被公募机构下调20%；

贸易战时，美国停止供应给中兴通讯芯片，公募基金就把股价直接下调两个跌停板，甚至有些判断向下跌四个跌停板。

那么收益的个股直接就引爆了，你看：

案例一：农产品受益个股——宏辉果蔬

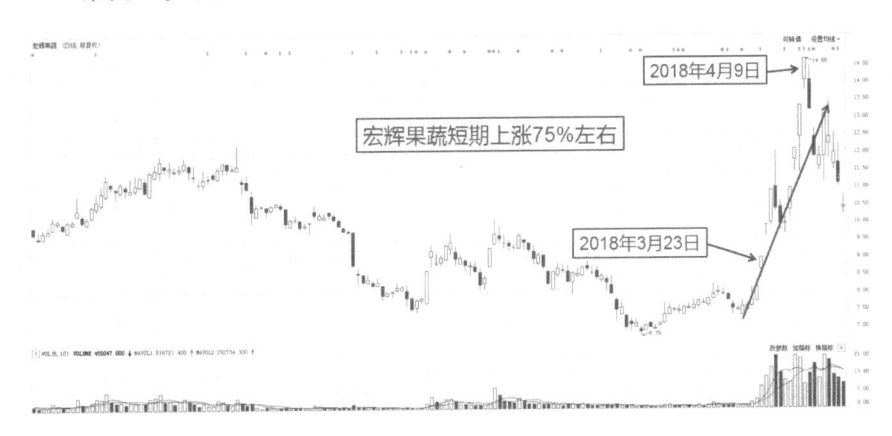

3月23日这一天，贸易战导致宏辉果蔬直接受益，直接引爆了，刚好他的图形也是底部形态。

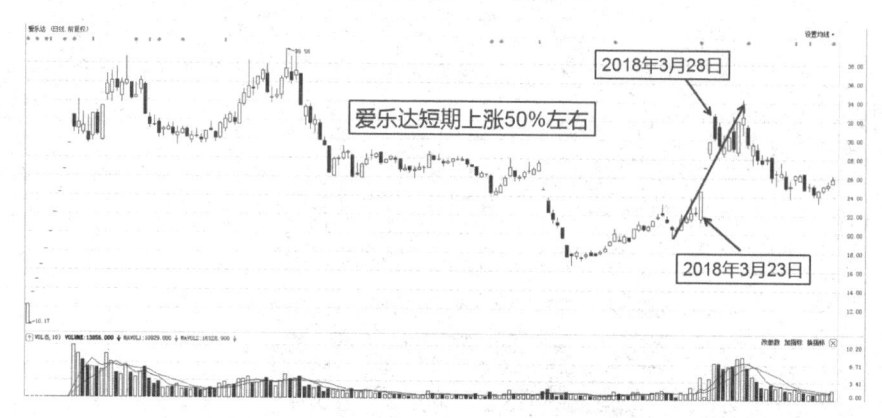

案例二：大飞机制造受益类个股——爱乐达

他也是直接涨停板冲上去的，但是大家发现没有，无论是爱乐达还是宏辉果蔬，所有的事件性机会都是一个脉冲式上涨和回落，就是他往往做的是这种情绪性，所以一定不能恋战。一旦恋战你就被套得死死的，你很容易冲高追进去，后面就套你，后面走势可以看得很清晰。

案例三：通信设备自主可控个股——同洲电子

贸易战引爆了，然后脉冲了一把就下去了。

一、主力选股策略

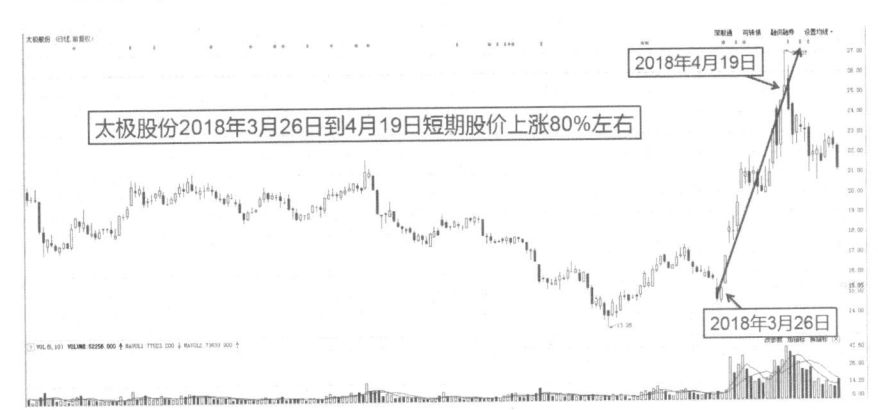

案例四：国产软件自主可控个股——太极股份

太极股份2018年3月26日到4月19日短期股价上涨80%左右

2018年4月19日

2018年3月26日

案例五：国产软件自主可控个股——中国软件

当时贸易战受益的软件类，我们要发展我们的自主科技啊，不论是芯片也好，软件也好，都是贸易战受益的，但是你会发现这些受益的个股，后面纷纷都出现了一个调整的走势，包括中国软件也是：

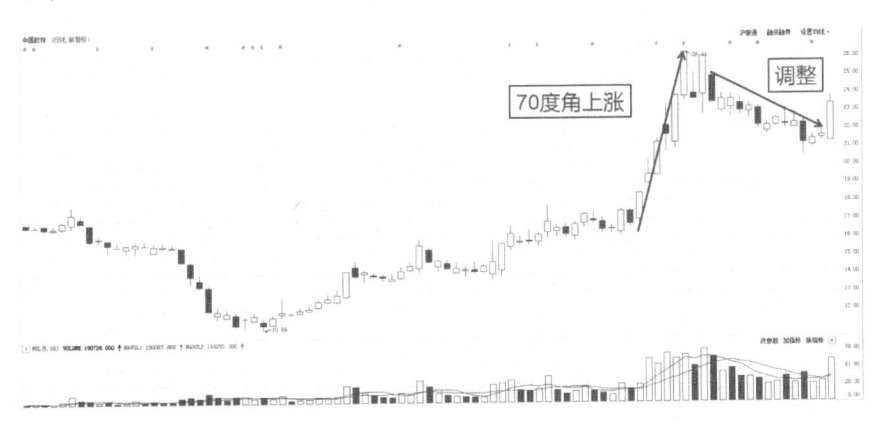

70度角上涨

调整

你看疯狂之后，角度上了70°角之后，往往会迎来一波调整，调整了一段时间，今天又来个大涨，那这个大涨有可能是新的开始，也有可能是继续的反复，但不管怎样，前段时间的调整是既定的事实，现在这个区域反反复复，无非就是构筑一个新的波段区间。

1.2 案例分析之事件刺激：原油涨价

事件刺激二：原油涨价，刺激化工板块的炒作

- 5月8日，特朗普单方面退出"伊核协议"，原油加速上涨

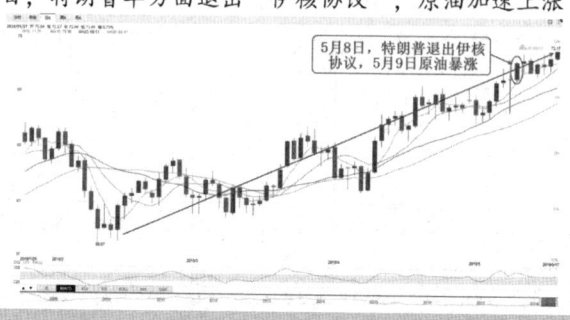

(图中标注：5月8日，特朗普退出伊核协议，5月9日原油暴涨)

这个也是近期的一个主要的热点，5月8日特朗普单方面退出伊核协议，原油加速上涨。原油上涨哪些行业受益呢？

近期的石油涨价对化工类公司的传导

1. 石油涨价，直接受益的是石油产业链，如石油产品-开采设备与服务-下游衍生品，所以石油涨价对石油板块是直接的利好，也是炒作力度比较大的，例如总龙头宏川智慧的翻倍走势。

2. 而化工属于石油的下游，部分化工产品直接受益石油涨价而提升公司的业绩

所以石油涨价直接受益的板块个股，这段时间就呈现了一个比较不错的走势了，尤其是次新股，你看：

一、主力选股策略

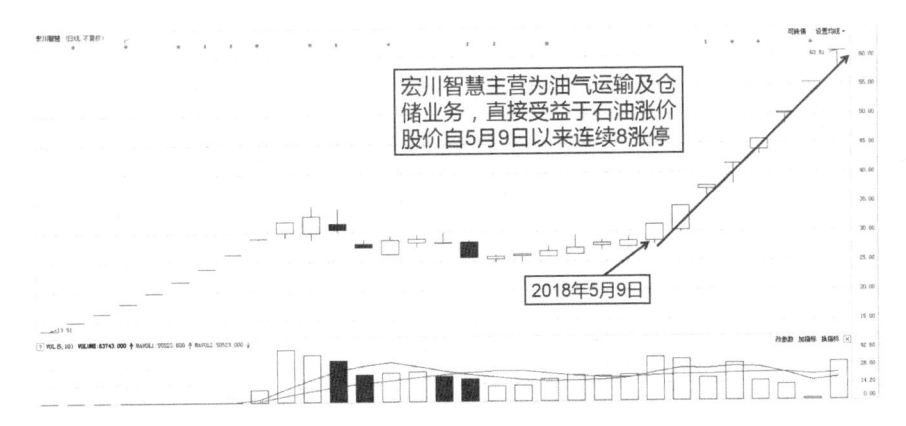

案例一：石油涨价直接受益的是石油产业链，如石油运输的宏川智慧

宏川智慧主营为油气运输及仓储业务，直接受益于石油涨价，所以这跟刚才讲的那两个条件都是吻合的，业绩有刺激，跟这个事件是直接相关联的，图形也做得不错，连续8连板。你会发现这些个股是不是可以买在涨停时啊？因为涨停就意味着主力的崛起，主力的突袭，所以买涨停，回头来看，其实风险是比较小的，只要控制好你的止损点，有些机会可能不经意就会被放大了，当然能抓到宏川智慧，特别是能吃到大波段的话，运气也占了很重要的成分。基本上很多人就算吃到涨停，第二天或者第三天，吃十到二十个点，基本上就出局了，大部分人是属于这种博弈的格局，能吃十到二十个点是正常的，但你要吃八个涨停板，肯定是有很多运气的成分在里面的。

案例二：道森股份主营天然气销售，作为石油替代品，公司主营产品直接受益

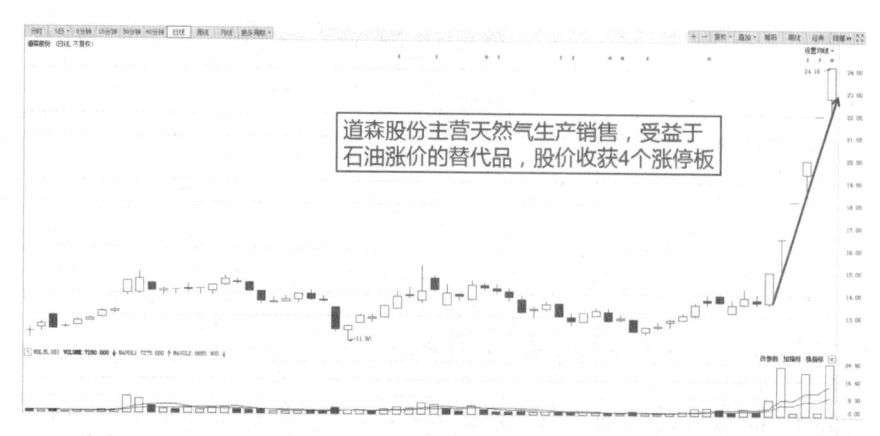

道森股份主营天然气生产销售，受益于石油涨价的替代品，股价收获4个涨停板

道森股份收获四个涨停，板块效应。其实这个板块很明显是有板块效应的，道森也好，宏川也好，都是受益股，你看这里都已经两只个股了，后面还会讲到一只个股，至少有三只个股是涨停的。大家可以想象得到，一旦一个事件刺激，板块有三只个股涨停，那这个板块就有一定的持续性，这个时候，你哪怕追到涨停问题都不是很大。所以教大家一个方法，有些时候一个事件来了，判断他是强是弱就看看这个板块有没有三只以上个股涨停，如果有，那我们视为板块事件性的机会可能有一定的持续性，至于持续性能有多强，我们再去看接下来的博弈，然后继续演绎继续观察。如果当天有三只以上个股涨停的话，你是可以追的，追这三只涨停之中的任意一只，都是可行的，实在追不了这三只的话，你可以追其他没有封死涨停的个股，但是可能就不一定是龙头了，明天尽可能要换到前面三只封死涨停的个股里面去，如果你认为板块有持续性的话，这是很简单的一个技巧。

不论是天然气也好，原油也好，还是贸易战也好，这些即使有持续性也无法引领市场突围，为什么呢？首先因为他们占市场权重不大，另外，这些板块对市场人气的提升也不够振奋，所以这些都没法形成突围，而未来真正能够形成突围的，我认为文化传媒是有这个基因的，比如说

哪一天光线传媒涨停了，比如说金逸影视涨停了，新经典也涨停了，很多文化传媒都涨停了，那你就不用想了，涨停里面去找了，哪怕排队买涨停。涨停买进去，你可以采取这种策略，我觉得这个时候买到就是赚到，当然赚到的话，等第二天冲高到时候你看具体强弱程度再做一个策略。或者科技股涨停的话，比如说哪一天出现科大讯飞涨停了，人工智能板块好多只都涨停了，当然必须要有板块效应，不能够分开涨停板，一个人工智能，一个物联网，一个芯片，这也不行，要么就全部芯片，要么就全部物联网，要么就全部人工智能，这个板块效应是非常之重要的。当然有人说科技能不能有两个板块崛起呢？那当然最好了，人工智能，物联网都崛起了，范围越大影响就越深远。

我们要注意的是，不论是贸易战也好，包括原油也好，接下来，特别是原油调整的概率非常大了。当然原油上涨有它的特殊性，我们要盯着原油的价格，接下来能上涨到什么阶段，它可能有反复，但是短期一定会有剧烈的动荡，因为透过这次引爆，涨幅已经非常惊人，获利盘比较多了，所以适当的休整是必然的，休整之后就要看原油未来的走势了，如果原油继续疯狂，那他们可能还会有第二轮。

你看同样受益于石油涨价：

2. 而化工属于石油的下游，部分化工产品直接受益石油涨价而提升公司的业绩

- 从2017年化工行业年报和2018年1季报相关数据数据来看，行业高景气增长，业绩的稳定增长带来板块炒作的一根强心剂。
- 作为石油下游行业，石油涨价是引爆化工炒作的源头，因为部分化工产品会直接受益石油的涨价带来的业绩上涨。

案例三：建新股份系中间体龙头，主营氨基苯酚，产品量价齐升

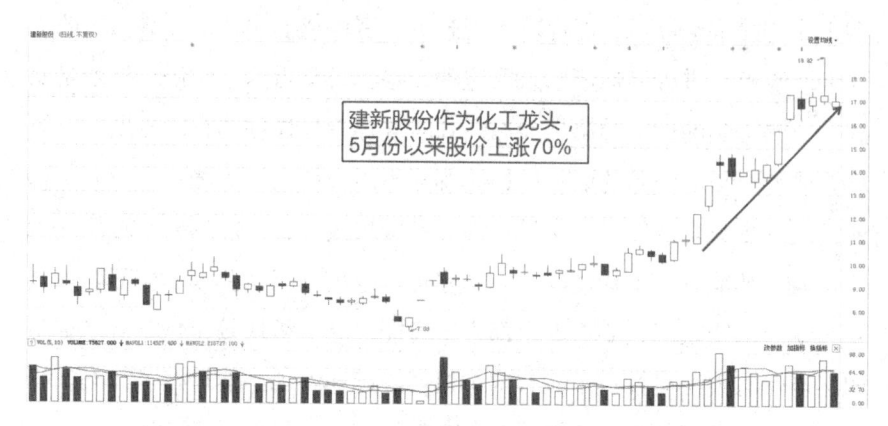

建新股份作为化工龙头，5月份以来股价上涨70%。

案例四：主营尼龙的南京聚隆

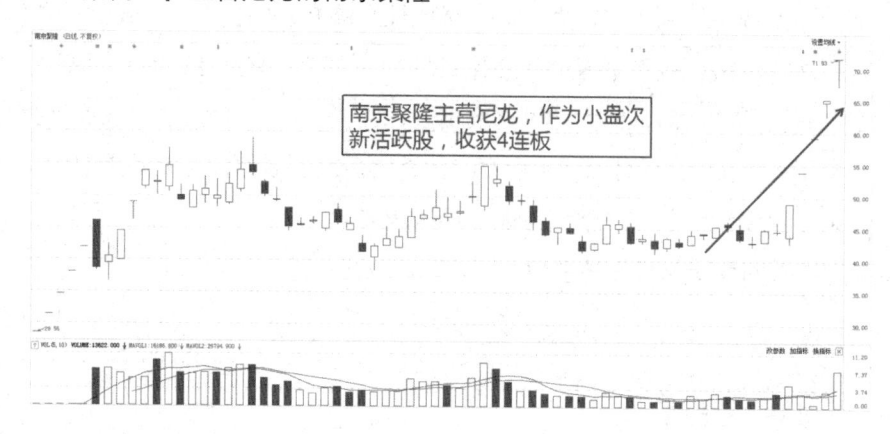

你看南京聚隆，也是受益于原油的。利用板块效应，就可以找到相关的一个机会了。

1.3 小结

▲1、操作上首先应选择公司主营业务跟事件的关联度最直接相关的个股，例如石油龙头的宏川智慧，市场资金所指。

▲2、在操作中可以选择好事件相关的产业链个股轮动操作，尽量

买市场龙头股。

尽量买市场龙头，为什么我说如果一个板块三只个股涨停，尽量在这三只涨停里面去找，不要找那些跟着才涨 5 个点的，虽然他才涨 5 个点，貌似涨的比较少，可能会有更大的补涨空间，但正是因为它是跟着涨的，没有涨停说明他们的主力资金实力不够凶悍。所以我们一定要选择那些封死涨停的个股进行跟进，这样我们可能不经意地买到了市场的龙头。

【学习温馨小提示】

△ 什么叫龙头？龙头就是市场中表现最强悍，一呼百应的，板块内很多股票看它的眼色行事，跟随它一起涨跌。被公认的龙头在板块内具有溢价效应，一波大的上涨行情，龙头的涨幅比跟随者可能高出 30%～40%，甚至更多；

△ 板块内一般会分龙一、龙二、龙三，它们的位置并不绝对固定，有时龙二、龙三也会抢夺龙一的位置。

2.短线主力选股：对次新股的倾向性

二、短线主力选股：对次新股的倾向性

○ 为什么短线主力偏好次新股？

○ 因为次新股刚上市，没有太多的机构进驻，没有太多的套牢盘，筹码干净，易炒作。

○ 次新股还有募投产能释放、高送转等题材的加持。

为什么短线主力选股偏好次新股呢？其实逻辑并不复杂，因为次新股刚刚上市，没有太多的机构进驻，没有太多的套牢盘，筹码干净易炒作，而且由于次新刚刚上市，大家关注度也比较高，这就是很重要的一个原因。再加上我们之前专门讲次新股专题的时候谈过的，刚刚上市的次新股，不论他的募投产能释放也好，包括将来的高送转题材也好，都会有期待的空间，所以次新一上市，天生就有炒作的基础，所以市场环境稍微回暖，次新股往往就容易出妖股。但是你要把握好次新股的这些机会，说真的，也不是那么容易的，因为次新股很多时候，特别是做这种主题性的，包括刚才说的宏辉果蔬，它们事实上是没有什么成长性的，更多的是题材。

像这些个股的走势往往是什么特点呢？暴涨暴跌啊，你看上市以来，都是暴跌暴涨，所以这些是没有成长性的，就是说你买进去只能是做短线，你做成了中线是有危险的，因为他本身的基本面不是特别理想，所以你要找到一个基本面符合的，题材又符合的，真的蛮难的。

所以我们更多的是倾向于什么呢？虽然刚才学到了怎么选事件性，选关联度这些方法，但是记住，我们不需要追逐在这种热点之中，因为这样会让自己很疲惫，最终很有可能迷失自己。因为每个人的火候、功底不同，包括我们自己在这个千变万化的市场中，每一次战役、每一次事件性的机会都把握得如鱼得水，你可能某一次战役把握得非常漂亮，比如说原油这一次，但是不见得在贸易战，或者其他的主题性机会里你也把握得如鱼得水，甚至有些主题，你进去之后就挨套，这种可能性是存在的。也就是说，你有那么一次的精彩，就算有那么一次的精彩，我就要问大家一句了，你的仓位有没有可能每一次都是重仓？一般是不可能的。如果你是仓位不重，很轻的仓位，这样去做的话，就算压中一次，其实对你总资金的收益率也没有多少贡献，那好了，还有几次折腾来折腾去，又有回撤的话，最终的这个收益率可能不见得有多高，这其实跟股价的波动是一样的，看似宏辉果蔬阶段性蛮精彩的，但是如果放在一个历史长河里来看，整体来说它还是跌的。我还不如做好一只成长股，比如说新经典：

做好成长股，短期虽然没有像宏辉果蔬那么精彩，折腾来，折腾去，但是放在这个历史长河里来看，新经典至少是赚的，还翻倍赚，而宏辉果蔬放到历史长河里来看，他是亏的，还亏不少，所以大家领悟到这个方法，可以怎么去做呢？可以把它融合！按照刚才说的，事件的机会与个股的成长性相融合，如果个股在成长行业里面，比如我一直看好文化传媒，如果文化传媒这个板块真的出现三只个股以上涨停的话，你原来才十分之一的仓位，就可以大胆提升到三分之一，甚至二分之一的仓位，因为这个板块中线是有潜力的，只是市场还没有给出信号，既然市场突然给出三只个股涨停的信号的时候，你就可以相对大胆地重仓。因为第一符合短线战役的逻辑，本身也意味着赢的概率很大了，第二符合你中线的逻辑，你之前已经研究很透了，基本面没问题，只是没有一个很明显的引爆点，那突然之间来了，不就是给到你一个很好的重仓出击的机会？

所以呢，我们有些时候就要像猎豹一样。平时那些事件性的机会可不可以做？可以，小仓位，就是像啄木鸟一样啄一下，玩一玩，小赌怡情嘛，可以锻炼一下你的手感，锻炼一下你的盘感，或者是增添一些你的乐趣。但控制好你的仓位，平时就拿十分之一，甚至更少的钱玩一玩，你抱着玩一玩的心态去做这个事件性机会，往往有些时候会有意外的收获，但是千万不要说，做得好的时候，把玩的仓位变重了，一旦你变重了，你的心态就变坏了，当你一不小心就踩到了一个纯题材的机会，然后一个大幅度的下跌，套得你死死的很难再翻身。

所以我们要懂得短线的思维逻辑，小赌怡情，玩一玩是可以，但是记住赚大钱，一定是在看透了的成长板块里面，找到机会重仓出击的一个博弈，这才是我们真正赚大钱的一个机会啊！之前跟大家讲过，两种赚大钱的思路：如果是纯粹做短线，你拥有主导权的话，你的资金有没有五千万元到一个亿元啊？没有的话，那你还是放弃吧，你只能像刚才说的，用很轻的仓位，跟随这个五千万元或一个亿元资金的后面，啄一啄，那这是可行的。更多的机会还是回到我们的成长为王的博弈过程去把握未来。

【学习温馨小总结】

△ 短线炒作很多时候是纯题材性炒作，不少公司仅有概念而缺乏实质性的业绩支撑，所以很容易形成过山车走势，又因为事发突然，基本上是涨停板追高介入，所以一旦题材熄火很容易被套牢；

△ 短线炒作高风险高收益，我们为了控制风险，除非低位潜伏，大多数时候都只能轻仓介入，所以即使押对了一只股票，获利在总资金中

的占比也会是较少的，而我们又无法保证自己次次出击均获全胜，所以选择基本面优异、高成长的公司持有，在有板块效应的时候加至重仓，可以大大提高收益，这不失为一种很好的操作策略。

2.1 次新股炒作的逻辑推演

逻辑推演

- 在受益程度类似的前提下，近端次新强于远端次新，远端次新强于非次新。

- 近端次新：刚开板的次新股。股性最活跃，筹码最干净，最容易被游资接受。

- 远端次新：开板三个月以上的次新股。它们还是次新股，但股性不如近端次新。

在受益程度类似的前提下，近端次新强于远端次新，远端次新强于非次新，现在的市场形成了这样的一个炒作逻辑。但是市场未来的突围，绝对不是靠次新，我刚才强调了，而是要靠非次新，所以当非次新有持续性的机会，跟次新股的这种板块机会一起出现的时候，那就是市场突围的一个绝佳时机了。

你要知道科技才是未来最具有想象力的细分板块，再放到更高的格局来看的话，你会发现现在很多次新股的这种炒作，其实是对未来更大行情提前的一种预演，他们不会是最终的主角，最终的主角一定是那些又有成长又符合未来发展潮流的这些行业的个股，那时他们不是涨幅一倍的问题，我觉得应该有涨三倍，五倍，甚至十倍的可能性。因为一旦市场行情到来的话，未来的这个机会，绝对是超越市场想象的，超越所有人的想象！

归根结底，市场博弈的就是人气，本质上来说市场都是人在交易的，人心在交易，情绪在带动。那情绪就好像火山一样，在某个阶段积蓄了很多，压抑也好，郁闷也好，这些能量虽然有很多负面的，但也有些正面的能量，不管怎么样，这些能量在堆积，堆积，到了某一个阶段它会转化，会释放，一旦释放的时候，就好像火山喷发一样，喷薄而出，那对于股价来说就像脱了线的风筝一样，飞起来，越飞越高，像火箭一样喷射了出来，那是很猛烈的。

当白马蓝筹涨得很好的时候我说过，白马蓝筹包括白酒，这些酒是不能够拯救中国经济的，未来真正突围的力量不在那里，我一直都是这么坚信的，虽然有段时间是踏空了，但是现在它们都在修整。现在有一些创业板的个股开始崛起了，未来突围的力量在创业板，在创业板里面的科技领域，文化传媒领域，因为这些对未来中国经济的突围才会有一个正面引领的作用，因为中国未来的经济，它需要更多中小企业的崛起，腾飞，那才是真正高质量飞跃。所以我们要看到未来的一个发展潮流、洪流在哪里，这个是非常重要的。当然在看到之后你要做到，其实这本身就需要一个系统，要比常人付出更多，同时需要各方面的能力：忍耐，坚持等等。但是就好像过去的新经典，只要你坚持、忍耐、付出了，最终结果一定会是非常积极的，所以呢，理解了这种逻辑推演之后，我们再结合整个市场的格局演绎，我们更加确定的是，接下来的两个细分领域是我们要密切留意的，要把握好的。

回到刚才说的这个炒事件性的逻辑，我们强调这些炒事件性的逻辑，无非就是告诉大家，我们要有这样的思维：静如处子动如脱兔，机会到来时你要有猎豹一样的动作。你的思维是可以开拓的，只有开拓了你的思维，未来你一旦有机会的把握的时候，你才能吃的很爽，否则你是吃不到多少的，只能喝点粥而已。

2.1.1 逻辑推演之贸易战主题

以贸易战为例：

○ 同样是受益于贸易战的军工（大飞机），爱乐达、安达维尔远强于非次新股中航飞机。

○ 而同样是次新股，爱乐达略强于安达维尔（虽然安达维尔比爱乐达开板时间更短），因为爱乐达的受益程度比安达维尔更高。爱乐达直接为国产大飞机C-919供零部件。

○ 因此，受益程度是第一位的，次新股的倾向性是第二位的。

案例1：爱乐达

同样是次新股，爱乐达为什么略强于安达维尔？因为爱乐达的受益程度，比安达维尔更高，爱乐达更加直接受益，所以受益程度是第一位的，次新股的倾向性是第二位的，你看：

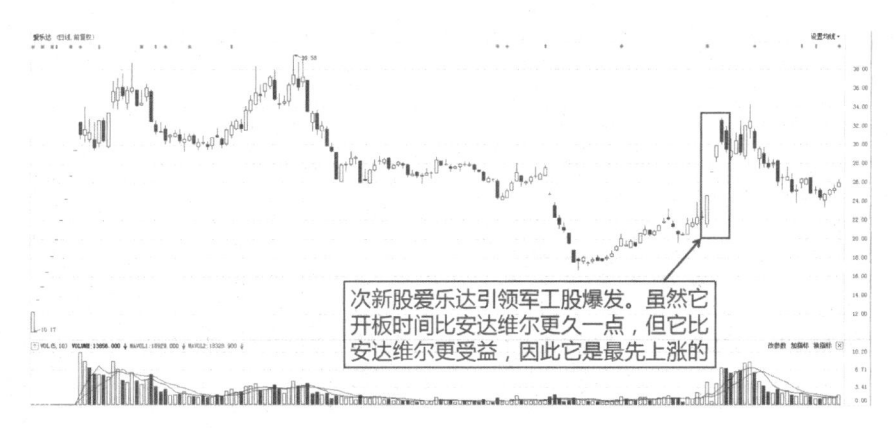

次新股爱乐达引领军工股爆发。虽然它开板时间比安达维尔更久一点，但它比安达维尔更受益，因此它是最先上涨的

虽然爱乐达开板时间比安达维尔更久一点，但它是最先上涨的，引领军工股爆发。当然这种事件后面也是休整，不是特别强的持续性，最

终休整的结果是不可避免的。

案例2：安达维尔

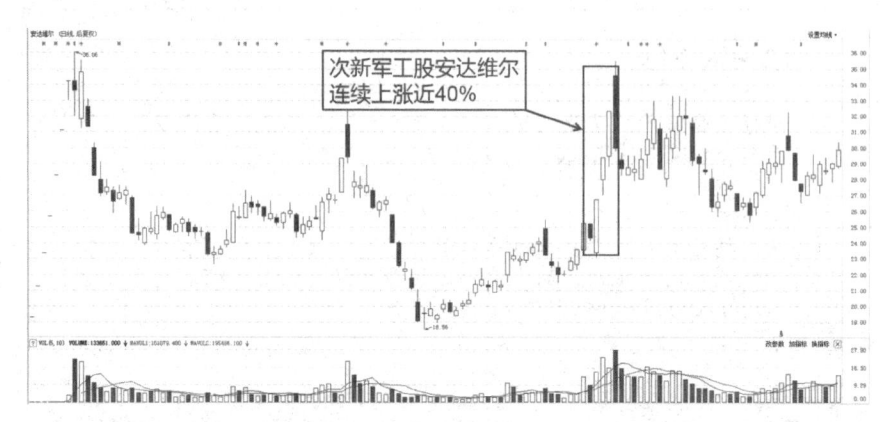

次新军工股安达维尔连续上涨近40%

安达维尔近端次新连续上涨近40%，后面也是休整的。所以一旦发现整个板块，特别是不具备广泛的群众基础，或者持续性的发酵因子的话，一定要学会落袋为安，毕竟你进去的时候图的就是短线的一种波动。

案例3：中航飞机

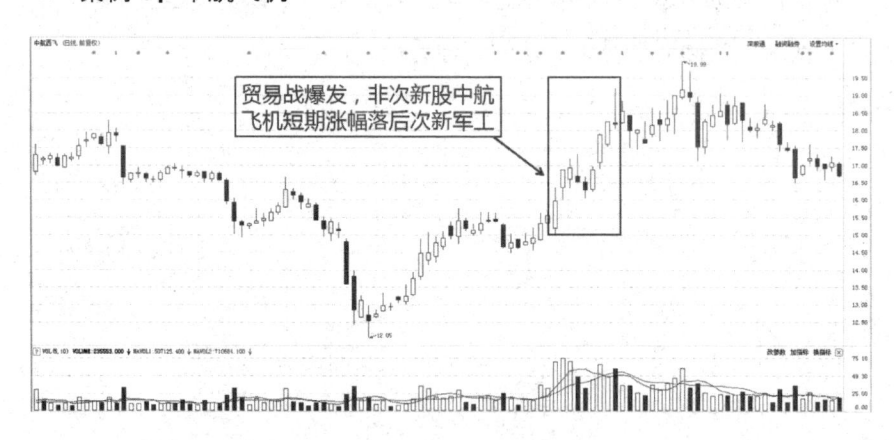

贸易战爆发，非次新股中航飞机短期涨幅落后次新军工

贸易战爆发，非次新股中航飞机短期涨幅落后次新军工。

2.1.2 逻辑推演之原油涨价主题

以石油涨价主题为例

- 宏川智慧是刚开板的次新股,而且也属于最受益的那一类公司(石油存储和运输),直接成为龙头,再成为妖股。

- 而南京聚隆、苏博特等开板时间更久,受益程度也不高,表现相对落后。

石油涨价主题,这个板块是近期的一个亮点。宏川智慧是刚开板的次新股,同时属于最受益的那一类公司(石油存储和运输),所以他不仅成为龙头,还成了妖股。而南京聚隆、苏博特等开板时间更久,受益程度也不高,表现相对落后一点。所以市场资金是很聪明的,他会找到一个最直接受益的标的,如果它又符合次新股的条件,近端次新而且形态又做好的话,就很容易形成一个巨大的合力。

案例1:宏川智慧

为什么我强调形态要做好?你看宏川智慧:

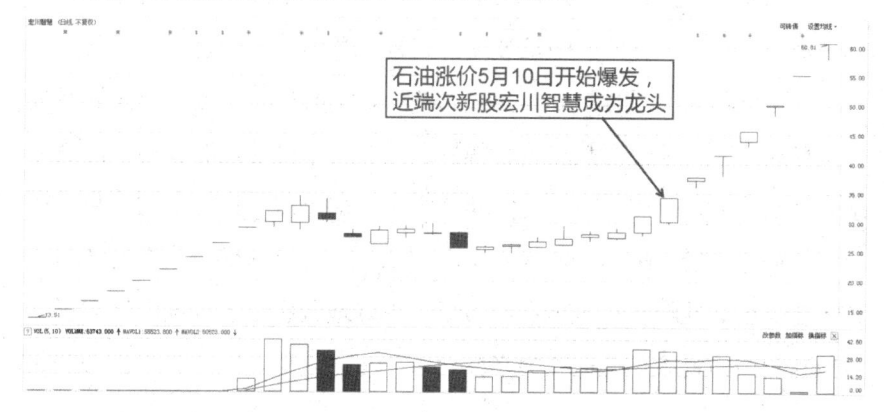

之前它本身就走出了一个比较不错的筑底的形态。就好像我们现在市场很多个股一样，如果现在低位形态做好了，一旦引爆点来了，这个时候涨势就会很猛。有一句话说得好，很多时间的筑底，很多时候的反复，其实就是为了等待爆发的一两周，因为一爆发的时候，那一两周涨幅就可能会非常惊人，可能达到50%，甚至一倍以上的收益，所有前期的付出就会换取巨大的收获了。所以看股票我们要拥有这种格局。为什么我说多一点反复是好事呢？因为比如像创业板一样：

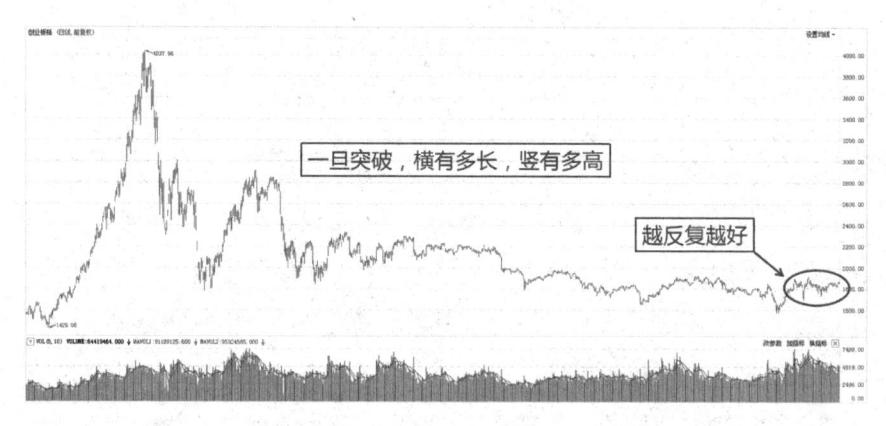

这里多一点反复，大家想一想，如果他真的突破上去，就好像刚才很多个股底部形态形成了，一旦突破，那接下来的持续性，还有空间都会非常可观。你看横了那么长时间，有句话说得很好，横有多长竖有多高，这里越是反复折腾，一旦选择向上的话，空间将是极其广阔的，三千点肯定是挡不住的，三千点一旦突破，它肯定又到了历史新高了。

你看创业板积蓄的能量很多吧，能量不断的积蓄，这么长久的能量一旦释放出来，那就会是波澜壮阔啊，虽然不知道他能有多高，但是他这样反复一下，折腾一下，这空间我觉得三四千点是挡不住的，我觉得中国的证券市场，也需要迎来一个新的牛市，只有这样，我们的资本市场才能够更好地屹立在全球资本市场，更好地吸引更多的国际性的资金参与到我们的资本市场博弈中来。

为什么美国华尔街那么强大？是因为他聚集了全球的资本，吸引了全球的资本，特朗普很聪明，在他上任之后，利用减税，美国优先啊等等政策，不断地让美国一些优秀的企业回流，也同时吸引更多的资金聚集到美国，然后参与里面的一种博弈。所以你会发现整个美国市场依然是在牛市运行格局之中。那我们中国呢？因为跟美国的这个贸易战，也激发了我们国内的一个内在的能量，或者说让我们更加清晰地认识我们自己，有段时间因为过去的巨大成绩，让很多人可能有点骄傲自满，迷失自己。但是特朗普这次一折腾的话，我一直都强调一点，如果放到未来更长的一个历史长河来看，特朗普一定会是中国未来崛起的一个神助攻，他一定会对中国崛起起到一个加速跟刺激的效果，虽然他是为自己，为美国的利益争夺，但是在争夺的过程当中，中国也更加地认清楚了自己，知道接下来的博弈我们应该怎么去面对，怎么在未来的博弈过程当中，赢得更多的时间和空间，去发展壮大自我。

我觉得这一点，不论管理层，还是国家已经很清晰地认识到了，对于股市而言，未来更多的会带来机遇，这次很多独角兽可以上市了，富士康复出了，还有很多国外上市的独角兽也可以回归 A 股市场，这些在过去都不是一时半会儿就能实现的，现在都在不断地打破常规啊，包括这段时间退市的个股也开始实质性的不断推进，整个资本市场建设这块儿是有质的飞跃，当然还有很多不足的地方，但是整个格局态势是向好的。另外很清晰的一点是，大家发现没有，为什么今年的次新股能够炒的厉害，也跟今年的新股发行的数量是有实质性的下降，现在基本上每周只有两只，这营造了一个相对宽松的环境，那为什么营造这样的一个环境呢？本质上来说也是希望我们的 A 股市场能够走出更好的一个上涨行情，只有这样子，才能够让更多的资金参与到这个市场，营造出一个健康向上的一个氛围，这对于我们的股市是有利的，对我们中国的经济发展也是非常之重要的。毕竟中国很多新兴经济的推动跟发展是需要股市的推动力的，没有股市这个助力的话，经济转型是较难实现的。

【学习温馨小总结】

△ 外部的阻力只能倒逼我国更加改革开放，更加坚定信念地进行科技创新和发展新经济；同时也会倒逼我们的资本市场不断进行制度创新和改革开放，不断地发展壮大并反哺社会经济体系。

案例2：苏博特

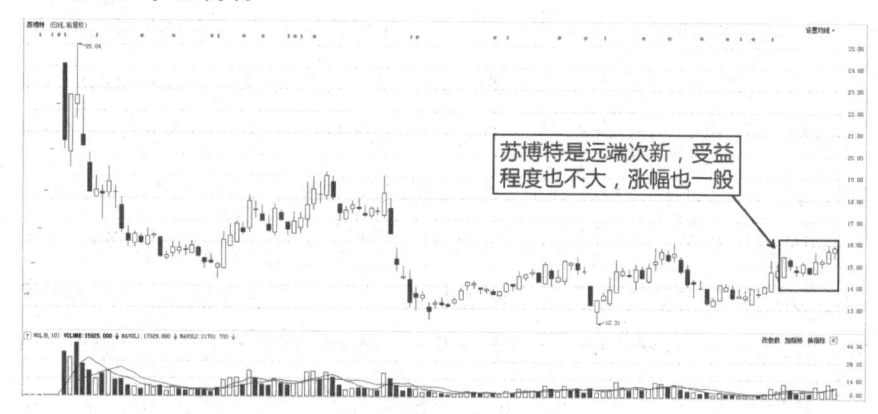

苏博特是远端次新，受益程度也不大，涨幅也一般

它是远端次新，受益程度也不大，涨幅一般。

2.1.3 小结

小结

1. 在受益程度类似的前提下，近端次新强于远端次新，远端次新强于非次新。

2. 受益程度是第一位的，次新股的倾向性是第二位的。即是说，哪怕A的开板时间更久，但如果它的受益程度更高，股价也会强于近端次新股。

记住，受益程度是第一位的。所以只要它受益程度是最好，最直接的，哪怕他不是次新股，也会被市场所激发出来的，所以现在市场的博弈是很敏感的，一旦有一些事件出来，市场就会迅速挖掘到相关受益的一些个股，那相关的个股，它受益程度的多少就决定了他是否会被资金挖掘出来成为龙头，最终盘面一定会反映出来。正如我刚才所说的，如果刚好这个板块三只个股以上涨停，而且你所选的这只个股是率先涨停的，你又能抢进去的话，那好了，恭喜你，你肯能一不小心抓到了一只阶段性的龙头标的了。

龙头标的的特点就是什么呢？只要市场没有持续性的暴跌，短期内它会给你非常安全的获利机会，当然捕捉这样的一个机会难度也是蛮大的，所以你保持一个良好的心态就行了。你学会了这些思路，按小赌怡情的思路去做，那么你慢慢会找到一些感觉，对于你感受市场的脉动肯定是有帮助的，最重要的是一定要去等待什么呢？找到未来最看好的一些行业里的中线受益标的，然后等待市场风口给它助益，一旦市场风口或者市场事件到来的时候，这个中线的板块，你深入研究的板块就可以加仓了，加到一个比较重的仓位上去，吃一个很不错的波段，那就很爽了。而这个波段就会创造一个非常好的战役，让你获利丰厚，让你突围而出，这个可能性是非常之大的。

我一开始也跟大家分享过了未来能引领市场方向的板块，我们在等那个板块的一个持续性的机会，一旦崛起，那就是挡也挡不住了，到时候其他的就是配角了，他们就是主角，现在主角还没发力嘛，主角还在不断的酝酿、蓄势。但是这里所有的酝酿、蓄势都是为了等待那一刻，有句话说得好，台上三分钟台下十年功，所以呢很多时候，板块的最终崛起从状态上来看很简单，无非就是一两周的事情，形态弄好了，突破了，就这样子，但是他之前台下经历了什么，你要去思考，现在很多近端次新台下经历了什么？刚才也说了，没有太多的机构，筹码比较干净，还有未来有送配炒作预期，这就是它的台下，简单也是十年功的一个表现。那还有一种是什么呢？他在台下还没爆发，比如像老的科技啊，老的文化传媒啊，他需要一定的反复跟蓄势，需要在市场追逐热点的过程当中，保持一种相对区间动荡的博弈当中，去完成筹码进一步的集中或者是洗礼，这些洗礼同时也在等待什么？等待一个真正引爆板块崛起的事件，这个事件有可能是等待股指运行到差不多要突破的那个阶段，它们才有可能成为市场集中攻击的一个最好时点，他们之前没有崛起并不代表他们就没戏，有些时候不是不爆发，只是时机未到而已。

因为对于运作资金而言，爆发就是让市值迅速的涨上去，要一只个股飞起来并不难，你只要有足够多的资金就可以了，但最难的是什么？你能不能找到这个板块未来的持续性？投机炒作就是有资金就可以了，但是成功的概率对于运作资金来说有些时候是非常低的，因为他推上去了，有时候出不来啊！明白吗！

最厉害的运作是什么？低位完成大面积的底部建仓，然后不紧不慢地运用市场的力量推上去，最终高位能够全身而退，这是操盘境界当中最难的做到的。要做到这一点，他要考虑的事情方方面面，面面俱到。比如说我现在是科技板块主力，我在等待什么呢？市场的时机，因为我知道要上去，用资金强攻上去也行，但是如果没有市场的合力，这种站上去可能是非常失败的，所以有些时候需要等到我这次一攻击就有市场合力的这个事件，为什么很多板块、个股必须要等到事件性机会？某种意义上来说，这个事件也是他需要的一个时间节点，用这个点来完成最终持续拉升的动作，明白吗？

一、主力选股策略

就拿东方财富为例：

如果是说里面没有主力资金去运行的话，请问这样的个股能扛到现在吗？很显然不可能，因为大家都知道有那么多的个股出现了崩溃式的下跌，我们案例的很多个股是涨的，但是记住这个市场也有很多的个股是跌的，甚至有很多个股退市了，所以当你看到机会的同时，你更需要看到这个市场风险是无处不在的，有很多也是运作失败的案例。那么，为什么我们要紧紧抓住一个关键点：抓住看的懂得机会呢？那是因为只有看得懂才会让你输的概率比较小，你被市场的一些不确定的东西带下去的概率比较小。当然在这个过程无非就是需要我们付出忍耐，能够耐受寂寞，因为市场很热闹啊，天天都有所谓的近端次新、龙一龙二，难道你都要去跟随嘛？不一定，我说了小赌怡情可以，但是你重仓出击，有些时候是非常非常冒险的，你最终的结果可能就是丢了西瓜，捡了芝麻。

所以我们自己在做的时候，是不屑于这样去做的，我们只需要做什么？在自己看得懂的这个细分领域重仓，坚持和等待，最终获取最大的收益，但是这个过程当中，我们能看到的这些短线的战机，除非我们看得非常清晰，适当的小仓位去参与一把，快进快出，不恋战。战完迅速地回到原位等待自己更看好的一些板块，看他什么时候有一个引爆点，一旦引爆点来了，那就大军压上，发起总攻，完成最后夺取城池的动作。所以对于主力资金来说他不是看每天的，他看的是整个格局，整个格局他看清楚了，然后他等再发动猛攻的那个时机，或者是明天，或者是后天，没有关系，但一定会有那一天，但这个时候要做的就是说，准备好子弹，静心等待，然后一旦市场出现这种信号之后，全面阻击完成最后的战役。

【学习温馨小总结】

△ 一只个股拉升的时间可能非常短暂，但是它蓄势等待的时间却非常漫长，因为主力要收集筹码，要蓄势、要洗礼，作为投资人，我们也要随主力一起守得住寂寞，耐得住繁华，在漫长的蓄势等待中终有一天春暖花开，硕果累累；

△ 主力的个股运作需要天时、地利、人和，很多时候准备充足后仍然会默默等待一个引爆点，从而达到四两拨千斤拉升效果；而当市场形成共识之时，众多资金蜂拥进来抢筹，他底部收集的廉价筹码也就容易从容派发了。

好，布置今天的作业：

★ 作业：

☆ 选择一个事件驱动完成两三个主力选股案例分析

这就是今天的课程，大家还是要做好功课的，然后温习我今天讲的这些，事件性机会带来的一些思考、方法。

有人说今天的课太重要了，我觉得我的课都很重要，但问题是，很多人都是吸取了一般般的，最重要的都没有吸收掉，所以大家还是要不断的成长啊，这个市场是非常的残酷的，也是非常的折磨人的，你的成长是不是能够真正地强大，就好像上市公司一样，你依然都没有成长的话，长期的徘徊在反复区域，折腾来折腾去的话，有些时候，最终的结果可能会很悲惨。我们的学习方向是很确定的，盯着那个点，然后坚定不移地往前走，那最终一定会有很好很好的飞跃。

二、主力建仓策略

2.1 短线主力建仓策略

2018 年 4 月 25 日

学习须知：

1. 所谓的主力就是机构、大户等大资金的合力；主力可分为短线游资，波段、中线主力和中长线主力，不同的主力建仓策略不同；短线游资建仓策略是拉高建仓为主，整体节奏是快进快出，不恋战，止损坚决；短线游资的加仓方式分为几种：低吸翘楚"乔帮主"操盘手法揭秘，盘中不断建仓至涨停，如"欢乐海岸营业部"操盘手法，还有低吸买入建仓等手法。

2.牛散大学堂股威宇宙等级划分为：大学生级别。

课前综述：

今天是我们成长系统第三季的第一堂课，2018年4月25号。不知不觉我们就过了大半年了，迈入了新的一个季度，迎来新的一个开始。当然我们有老学员，也有新学员，在这里先欢迎新学员加入到我们的大家庭。待会儿我会讲讲学员守则，然后再展开今天的课程。

在讲这个课程之前呢，先分享一下现在的市场，我们的市场呈现一种怎样的格局呢？四个字概述：底部阶段。那怎么去看这个市场？怎么去把握未来？其实，我们这个季度就会从一个主力的角度，去剖析个股底部、拉升、出货整个过程。那么，怎么从主力的角度去看底部呢？我们今天重点就从这个角度去思考一些东西。今天也是非常应景，刚好市场处于一个相对底部阶段，大家来看看市场的图形，像今天上证指数：

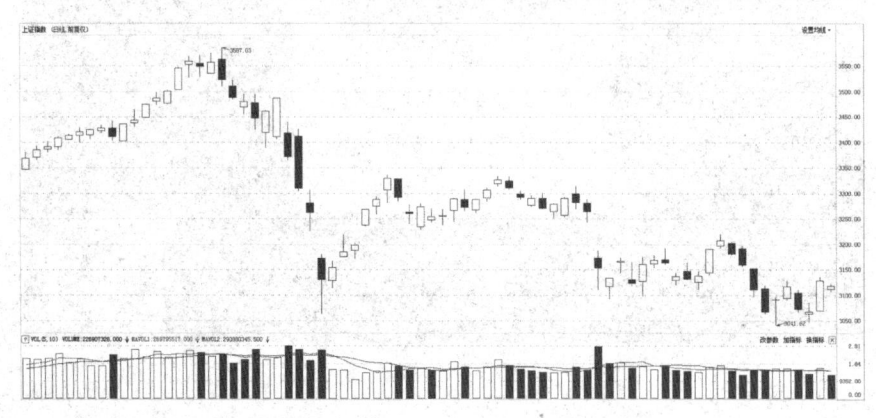

昨天一根大阳线，涨了两个点，今天一个窄幅动荡，这个窄幅动荡就是预示着新的方向马上要选择了。昨天大阳线是留下缺口的，现在是上有缺口，下有缺口，市场会先补哪个呢？我觉得大概率是要先补上面的，下面如果不补的话，就是一个反转的缺口，明天就很关键啦，明天如果强势动荡一下往上走的话，再一根中阳线，甚至补掉缺口的话，那整个双底形态就接近完成体了，那就非常非常精彩了。

那当然更精彩的是什么呢？肯定是在创业板，我们来看一下：

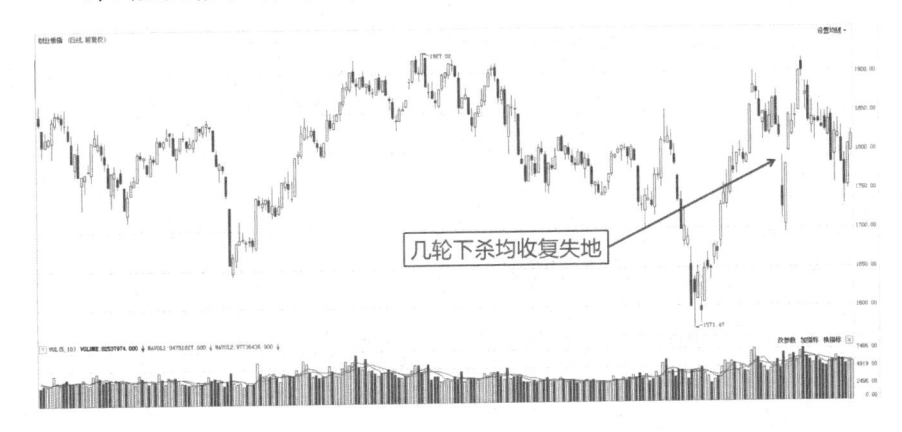

经历了好几次下杀，都再次收复，就像打不死的小强！那图形呢，也是越来越好看了，我前期谈到的一个思路叫头肩底形态，左肩构筑的时间足够长，反复反复；右肩时间上来说不能跟左肩相比，但是也是接近蓄势充分的一个状态，尤其是今天啊，能够保持强势推进，不知不觉当中，量变就会促成质变。

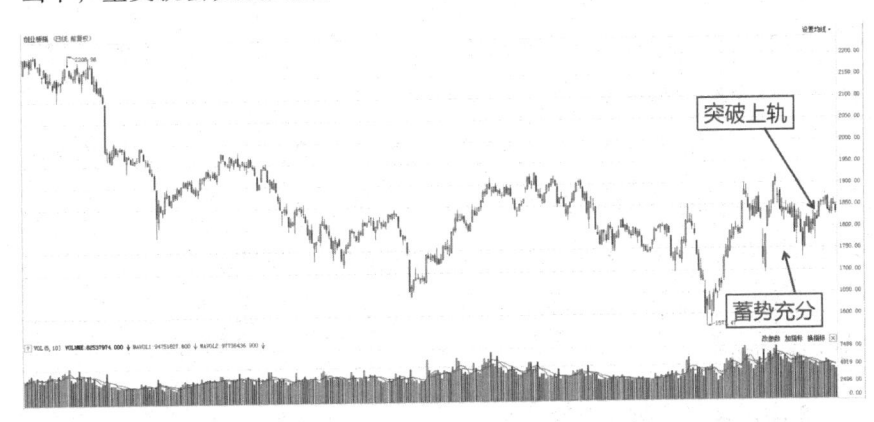

最近的这个蓄势小型下降趋势线，是不是开始突破下降趋势线的上轨线？今天的量稍微放大了，如果明天带量继续往上突破，头肩底就会形成，完全体就要一触即发了，那更多的跟风盘，更多的资金就会涌入

进来。

那市场有没有这样的情绪呢？我觉得是有的，大家来看中国软件：

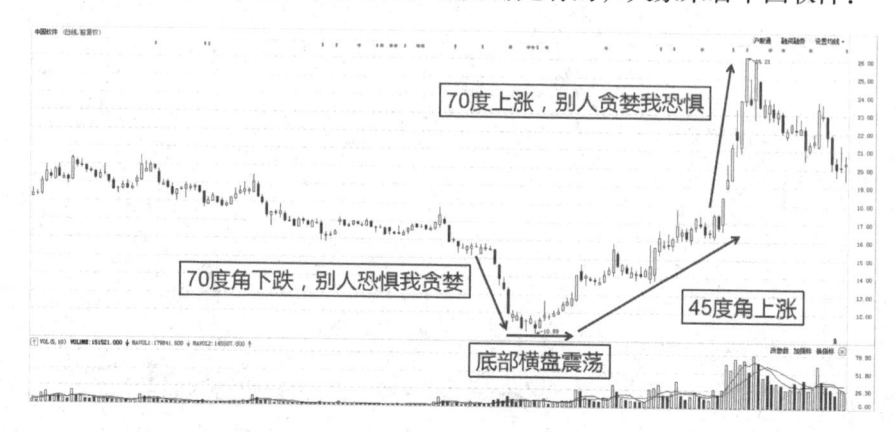

我近期文章中也谈过这个标的，70度角左右的下跌，在这个阶段曾经是"地狱"，跌得很惨，你能想到接下来这样的走嘛？没有人能想得到！之前一路下来跌得非常非常惨，但是跌势转缓，进入短暂横盘，然后开始45度上涨，现在70度了，所以按照我的角度线方法论来说，这是疯狂的时候，我们考虑的是什么时候退的问题了，这是阶段性的高点了，他的股价已经进入一个加速的状态，这个时候你可以让利润尽情地释放，看看他的市盈率也是100多倍了。

所以一旦市场行情来了的时候，有些个股转势就是那么快，你看中国软件11块钱直接飞到26块了，基本上把之前这段所有的套牢盘都解放了，如果再上涨，就把更高的套牢盘解放了。当然他是夹了概念的，我们也是发了内参，核心就是拥有自主可控核心竞争力的一个主题，就把他炒上天了。

【学习延伸突破小细节】

△ 中国软件 实际控制人：国务院国有资产监督管理委员会；大股东：中国电子信息产业集团有限公司（CEC）。

△ 中国软件拥有完整的从操作系统等基础软件、中间件、安全产品

到应用系统的业务链条，覆盖税务、交通、知识产权、金融、能源等国民经济重要领域；

△ 公司旗下的中标麒麟操作系统连续 7 年位列国内 Linux 操作系统市场占有率第一；银河麒麟作为 CEC 集团"PK"体系的关键组成部分，呈应用崛起之势；武汉达梦作为国产数据库第一梯队厂商地位稳固。

△ 从上面可以看出，即使是题材股，市场对于龙头的选择也不是随意的，也会与个股在行业中的独特卡位及行业地位紧密关联的。今日的题材股也许就是明日的高速成长股，当有国家政策之春风吹拂时，享有天时地利人和的行业和公司经过冬日蛰伏，很快就会破土而出了。

所以呢，市场就是这样，风一来，你想不飞都难。那么透过这些标的，未来会有些跌得很惨的个股，成为中国软件的翻版。这个当然需要指数的配合，创业板指数现在还是横来横去，大家心态也是比较迷茫的，理论上来说，上也可以下也可以，但是如果真的飞上去，大家知道了未来方向是向上的，那这个时候，很多资金就敢于大胆地去做多了。

事实上现在也有资金在大胆做多，为什么？因为在相对平稳的状态之下，一些符合市场主题的个股，能够受到资金的狙击，尤其是做短庄的资金。今天我们课堂就是重点谈这部分的内容，因为这个市场分短庄和游资主导、中庄、长庄，当然有一些是游资，有一些是公募私募联合主导个股。那我们的成长为王呢？游资就不光顾了吗？也会光顾，就好像中国软件，他未来是成长股的话，那近期的一种疯狂就是游资光顾了，明白吗？

所以一只个股要成为大牛股，一定是各路资金合力使然，公募、私募，甚至游资在某个阶段契合市场的主题，那种疯狂的躁动。为什么我说涨的时候要关注角度线呢？30 度的时候，可能是左侧交易的一些大机构开始进去了，比如公募，包括一些私募；45 度，大家发现了，其他的中户、散户开始进去了；70 度的时候，游资来了，当然原来的机构也会持续的加仓，他往往是这样的一个过程，大家合力继续使然。

待会儿，我会讲一下个股直接加速状态，就是一下子变成70度的。为什么要这样去做呢？做的根源是什么呢？道理并不复杂，根源就是抢眼球，就是吸引更多的跟风盘，因为只有暴力的波动，才能够吸引到市场最聚焦的目光。就好像近期的乐视网一样，本身他话题很多，里面运作资金要吸引更多的跟风资金，那只有一条路：撬动涨停。所以前期连续涨停，那连续涨停也引起监管层的注意，毕竟这家公司基本面是很复杂的。监管层肯定会采取果断的措施，近期八个账户限制交易，公司的年报也提示亏损进一步扩大，这样把市场吓到了这也是近两天主动回调的原因。

当然不管如何，请记住，一只个股如果要抢眼球，要让更多跟风盘进来的话，可能暴力的涨停方式是必须的。当然这个涨停什么时候来是很考究的，不是说什么时候来都有效果。如果现在不在风口，你硬是搞一个涨停，那可能会事倍功半，为什么呢？因为你没踏上风口嘛！所以很多个股的底部阶段，他要蓄势、蓄势、再蓄势，其实等的就是风口嘛！包括中国软件，他挖坑蓄势，强势动荡，在等什么？就是等风口，风口一来就飞上去了，大家合力使然。个股股性一旦激活，相对来说你就很从容了，因为出货容易了，你要出货的话，除非筹码是流通盘的百分之几十，只有流通盘几个点的筹码是很容易出的，这就是一种手法。

【学习温馨小总结】

△ 一个完整的中长线资金的运作通常会经历30度、45度、70度角的变化斜率上涨，这是由于公募、私募、大户、散户、游资的操作思路和风格所决定的，其上涨过程会是一个合力的过程，这种走势往往包含了对个股业绩的预期由分歧、一致到高估的过程。

△ 很多短线题材股则是直接70度角陡直上涨，这基本上是短庄、游资、散户的合力，由于没有业绩的支撑，这种股票下跌也非常迅速。

好了，我们回到课堂里面，谈谈学前须知：

牛散大学堂

学前须知

为了让每位学员更好的投入学习当中，牛散大学堂教务处制订了以下规则：

- 每位学员应做到尊敬老师、同学、礼貌待人，不在群里发送违反法律法规的内容、不实用粗俗不雅言语来讨论。
- 所有作业和笔记必须独立完成，不可在网上随意摘抄。
- 每位学员应该自觉遵守学习秩序和班级纪律。

微信公众号：吴国平财经　新浪微博：吴国平财经

这个主要是针对新学员，每次新开学都要谈的学前须知，尊敬老师、同学，礼貌待人，传播正能量。

牛散大学堂

学前须知

- 非工作人员私信加你，切记注意风险，不排除有部分朋友过来搜集客户信息，所以建议请勿添加除吴国平小助手以外的任何微信号，如果发现有人私自加好友拉群，我们会直接开除学籍，并取消所有积分。
- 讨论问题的过程中，如有不同观点的可以争论，但不得对其它成员进行人身攻击，或是传播负面能量，如果发现，直接送您飞机票；

微信公众号：吴国平财经　新浪微博：吴国平财经

如果学员不遵守，违纪违规的话，就直接送张飞机票。学员要好好学习，遵守班规，具体的大家看一下，注意一下。

接下来看下积分制度：

积分制度

- 为了提高大家的学习积极性，每一季《技术博弈训练营》结束后，我们将在本季系统课程中共选出五名优秀学员，优秀学员或他的朋友将免费学习下一季课程。优秀作业将获得奖品一份；详情看下⬇⬇⬇⬇

- 本次评定优秀学员的标准将采用积分制，每位学员起始分为100分，完成以下条件者可增加相应分值：

- 1. 学习过程中有做笔记，并将笔记拍照上传管理系统者每次加50分（笔记上传至"牛散课堂学员服务中心"里）；

- 2. 每完成一次作业者加150分，若《盈利系统班》布置的作业全部完成者再加500分，每期将会评选优秀作业，每次成为优秀作业的同学再加100分，课程结束后再选出最优秀作业奖，最优秀作业将从全部作业完成者选出，并获得神秘礼品一份；

- 3. 在课堂中，优秀的提问经我们采纳回复者，每次可加20分，多次提问只加3次；

- 4. 学习过程中积极反馈意见者（有意义的反馈），每次加20分；

- 5. 每次周三的课程结束，把自己认为本次课程学习心得1-2点写在跟谁学平台的评价上面，截图发到牛散课堂学员服务中心，每次可加50分；

- 6. 分享吴国平财经公众号任意一篇文章去朋友圈，截图发给吴国平助手，每次可加30分，每周加分仅限一次（每周转发一篇即可），谢谢大家的支持！！

微信公众号：吴国平财经　　新浪微博：吴国平财经

为什么要做这个积分制度？说白了就是希望大家做笔记、做作业、多反馈、多写学习心得等等。大家真的要学习提升，就要多温故知新，设计这种制度让大家能够提升自己。

还有看一下风险提示：

风险提示

- 1. 所有由本团队发出的内参、实盘案例、股票池均为附赠分享，不构成对学员们的最终操作建议。学员们应自主做出投资决策并自行承担风险，根据本分享做出的任何决策与本分享无关。

- 2. 请严格控制仓位，开新仓不超过总仓位的六分之一；

- 3. 请各位同学务必观看吴老师每一课的课程，吴老师会在课程上分享他的操作思路，切勿在不听课的情况下随意买入；

- 4. 买入卖出如有问题可以咨询小助手，切勿随意追涨杀跌。

微信公众号：吴国平财经　　新浪微博：吴国平财经

特别是针对新学员，我们这里强调，你在开新仓的时候，总仓位是不能超过六分之一的，老学员现在第三季了，那操作的时候可以接近二分之一了。因为你在不断的成长，慢慢理解了我的思路，不能理解我的思路的人，你刚刚学的时候，请注意只能用总仓位的六分之一去把握市场的机会，这样你才能够稳健的成长，这是要特别强调的！股市里的成长讲究的是循序渐进，不可能听一堂课，一个季度你就实现一个大的飞跃，那是不现实的，能力是需要时间来打磨的。就好像我从1998年入市，近二十年了，仍然需要不断的成长，对于很多人，特别是新学员、新股民，你的未来时间还非常非常长，我们要一起不断的努力前行。

学前寄语

这些都是学前寄语。那么我们开始讲今天的内容：

主力建仓策略（一）

吴国平　牛散大学堂导师

1.1 什么是主力

主力

- 什么是主力？

- 以前那种庄家控盘的时代已逐步远去，如当年的德隆系等等。

- 现在所说的主力，准确来说应该是机构、大户等大资金的合力。现在是诸侯割据的时代，而不是某一家绝对控盘。

首先映入大家眼眶的就是：什么是主力？过去的庄家控盘时代已经远去，如当年的德隆系等，就是一股力量全面操控整个盘面，那个时代已经过去了。就算你能做到，现在都是大数据，监管那么严厉的背景之下，你很容易被发现，造成一些违规，触犯法律。那么，现在的主力是什么？现在的主力不是单一的个体，是各路机构、大户资金的合力。

为什么是这些机构跟大户资金的合力？因为这些资金才有主导权嘛，你说几十万有主导权呢，还是几个亿有主导权呢？当然是几个亿有主导权嘛，对不对？所以大户的资金，包括机构的资金，私募、公募、游资，如果大家都看好的东西，当然就水涨船高了；如果这个东西只有散户看好，比如乐视网，你说它能不能涨呢？也能涨，有时候群众的力量也是非常巨大的，但是这个也要形成一个相当大的合力才行，这里面的群众肯定有些特别突出的群众，比如超级大户，他们来引导市场，也能形成一种合力，但是这种合力就不会像大机构的合力，做起来更稳健、更好看。乐视网波动多大啊，为什么？因为散户主导嘛，散户很容易受情绪的影响。市场涨的时候，噼里啪啦就涨上去了，市场动荡的时候，它就马上打下来了，波动非常大！但是有些机构把持的标的，就不会这样子，甚至大盘跌的时候，大家不怎么卖，那波动也不会特别大，不会频繁出现涨停，跌停，顶多跌个四五个点，五六个点，就算是波动比较大的啦，涨的时候也不会经常涨停，偶尔涨个五六个点，七八个点，可能大半年都不会出现一个涨停的，这就是机构合力使然的比较健康的波动状况。

当然我们今天探讨的是什么？就是上来就涨停的个股，游资的这种运作。我们探讨游资的一些操盘手法。

过去呢，有个温州帮，现在已经销声匿迹了，但是不管什么帮啊，所有的套路，本质上都是一样的，都是通过拉高股价的方式来吸引市场的眼球，最终实现派发。派发的方式有所不同，有些是温柔型的，慢慢

二、主力建仓策略

派；有些则是断头镰刀，直接跌停板派，这种手法是很凶残，很凶悍的。

经典庄股走势图

经典庄股走势图

当然，还有一小部分庄股。当他拉的幅度差不多的时候，有足够多的获利，就直接一个跌停板，反正跌停板出货也是赚钱的，闷杀很多散户，因为散户不知情啊，涨得好好的一根阴线跌停了，以为捡便宜了，就拼命去买，那就成接盘侠了，后面就一路下跌。

为什么我一直讲成长为王呢？当你看清楚一只个股内在价值的时候，他真的是一只好股的话，哪怕游资这样干了，这里跌停可能真的是给你捡便宜的机会了，因为他是好股，成长股啊！但很多时候这些个股纯粹是题材，或者基本面比较差的个股，那这种跌停就不是给你捡便宜的机会，而是给你一个遭遇风险的机会。

1.2 主力的建仓策略

不同的主力，有不同的建仓策略

- 1. 短线游资（本节课）

- 2. 波段、中线主力（下节课）

- 3. 中长线主力（下节课）

他们怎么建仓的呢？待会儿我慢慢跟大家分享一下。今天主要讲的是短线游资，波段、中长线下节课慢慢讲。建仓，大家要好好地理解，你理解了以后对市场盘面就会看得更清晰。好像市场盘面，这个位置为什么有那么多折腾呢？说一千道一万，还是要筹码嘛，多一点的折腾才能够把更多带血的筹码震出来，否则很难建仓，对吧？就好像股票一样，今天来了个涨停，明天跌五个点，大部分人都被震出来，就算没出来，跌三个点再震一下，行不行？当然可以。

我曾经举过一个例子，我问一个阿姨，当时中石油处于低位，她说要留给孙子。过了几天，中石油不是有段暴涨嘛，两个涨停板左右，我就又问她，怎么样，还拿着吗？她说，哇！涨的好厉害啊，我先考虑做个差价了等等。两个涨停板她还没考虑出，但是一调整的时候，比如出现一根阴线，她就想我先出来一下。我说你不是要留给孙子嘛？她说，短期已经二十个点了，涨得很厉害了，现在又动荡先出来一下，到下面再接回来嘛。貌似很有道理，是不是啊？她的行动说了一个什么问题呢？说明她把刚开始的理念否决了，为什么她要这样做呢？原来它波澜不惊的时候，她心态很好，反正不涨不跌，小幅折腾，这样就算了，留给孙子。但是连续来两个涨停的时候，特别是涨停后又动荡的时候，她马上就要做一做差价，出现了一种戏剧性的变化。

很多资金，特别是主力资金，抓住大部分散户的心态，我相信这里上课的学员，十个里面有九个就是这种心态：个股波澜不惊的时候，就会蛮有耐心的，一旦动荡的时候，马上就换了一个心态，不管它基本面多好，我先做个波段再说。所以有些机构要筹码，其实很简单，一定要剧烈的波动，涨停，或者是连续涨停，然后下杀，在这个过程当中，散户其实没亏钱或是赚了一点钱，但是，因为这个剧烈的动荡，本来平静似水的心就搅起了波澜，这个波澜变得非常大，那他的心态就会发生改变，他的操作也就发生了改变。所以散户的操作不是因基本面的变化而改变，也不是对市场背后博弈理解的变化而改变，他操作思路的变化很简单，就是股价的波动决定了操作的变化，这就是最原始的一种操作心理，这种心理最容易被市场所利用。还有一点，为什么那么多人冲进去呢？这又是抓住了大部分散户的贪便宜的心理，刚才的温州帮案例，持续大涨的时候他不会进的，为什么？吴老师，我又不是傻瓜，涨了那么多天了，我不买。好，拉到35块你不买，我就拉到42块。哇！早知道35块要买了。我知道你42块也一定不会买的，那么我开始砸，跌回35块了。其实还是35块，而这个时候你就买了，为什么？吴老师，我又不傻，40块多跌下来捡便宜咯。贪便宜的心理就这样淋漓尽致地体现出来了。其实这个35块时曾经有人叫他买也不敢买啊，觉得高啊，但是今天为什么又觉得低了呢？那就是因为拉上去再打下来，其实还是这个价，因为抓住了一个根本性的原理，这个原理就是捡便宜嘛！你捡便宜了，主力就出货的很爽咯。

所以我告诉大家，作为主力资金、顶级游资，或者中线资金，他们都要研究对手牌，对手的心态，他们是怎么想的，然后我们应该怎么做，说白了就是斗智斗勇嘛。所以，当你看穿对手心态的时候，散户很多贪婪啊，捡便宜啊，很多这种人性的弱点，你就很容易战胜对方了。有这样一句话：你要看清一个人，就让他去股市博弈一把。因为股市博弈的过程中，会把人性的弱点体现得淋漓尽致。涨的时候是什么样的状态，跌的时候是什么样的状态，它都会体现得淋漓尽致。我相信很多人听到这儿都会觉得自己就是这样子的，没错，就是说你啦！你能认识到说你那是好事，至少你已经开始认识自己了，认识自己以后就要改进，不断改进的话，未来就会更精彩。

【学习温馨小总结】

△ 主力的建仓会充分利用人性的弱点，在底部区域频繁的震仓，让散户交出手中的筹码。

△ 如何避免被股价波动影响自己的操作心态呢？对个股基本面研究透彻，了解它未来业绩的增长点从而坚定持有的信心，以及充分理解股价波动背后资金的博弈本质。

2.1 短线游资的建仓策略

短线游资建仓策略

1. 先确定大盘没有系统性风险；

2. 以拉高建仓为主，甚至是涨停建仓；分时冲高是明显放量的，盘口有积极的大买单持续进场。

3. 整体节奏是快进快出，不恋战，止损坚决。

微信公众号：吴国平财经　　新浪微博：吴国平财经

　　跟波段、中线、中长线不一样，短线游资首先要确定大盘没有系统性风险。你看大盘这段时间都动荡，没有什么系统性风险，所以他就敢干，现在这段时间出很多"妖股"，这就是短线游资的天堂。当然建仓的话是拉高建仓为主，甚至是涨停建仓，分时冲高是明显放量的，盘口有积极的大买单持续进场。整体节奏是快进快出，不恋战，止损坚决。短线游资的资金就是打一枪换一个地方，比如说看到了中国软件，感觉着可以，重枪打一下，打了五千万元进去，明天不涨，亏一天忍一忍，第二天还不涨，不好意思砍了，五千万元照样砍，一般来说是有成功的概率嘛，五千万进去，明天最好能赚钱，赚十万元、五十万元，甚至是五百万元都可以，赚得越多水平越高啦。为什么赚的多？就是你打一枪，打中的是市场的大主题，像中国软件刚好市场形成合力，有很多击鼓传花的资金都进来了，所以你这五千万元一不小心赚了几百万元，就很正常了。他们的思路是什么？以小胜积大胜，当然这个要有些手法，怎么去看呢？我之前说过了，你们不具备，就像刚才说的分析对手牌你都分析不来，你是散户，怎么有能力去做这样的东西呢？偶尔短线小赌怡情，玩一玩是可以的。当然你说你有上亿元的资金，那你要好好学一下，你以后也做"乔帮主"，做短线游资，但是我告诉你，这个一般人真做不了，也非常累，但是我们要知道他们是怎么做的。就好像我大部分时间不去做，并不代表我不能做，以前熊市的时候我也能做，但是我现在更愿意去找"成长为王"的这些个股，明白吗？或者说我更愿意分享我们的金融文化给更多的有缘人，这才是我更愿意去做的事情。

【学习温馨小总结】

△ 短线游资需要高超的技术水平和对市场情绪周期敏锐的判断，他们基本上是今天进，明天出，赚一二十点就坚决离场，绝不贪婪；

△ 短线游资拥有严格的纪律，会把亏损限制在极小的范围内，不赚钱立即斩仓出局，避免大的亏损被套。

△ 其总的策略就是运用高超的超短技术提高胜率，控制亏率，从而达到盈利的积少成多，集腋成裘。

2.2 短线游资建仓方式

短线游资建仓方式，又分几种：

1. 低吸翘楚"乔帮主"操盘手法。

2. 盘中不断建仓，直到涨停，如著名的"欢乐海岸营业部"游资。

3. 低吸买入建仓。

二、主力建仓策略

低吸翘楚"乔帮主"操盘手法;盘中不断建仓,直到涨停,如著名的"欢乐海岸营业部"游资;第3点就是低吸买入建仓。

短线游资建仓就是这三种,我们具体来看:

2.2.1 低吸翘楚"乔帮主"操盘手法

牛散大学堂

1. 低吸翘楚"乔帮主"操盘手法揭秘。

- 主要手法:
- 1. 强势股的5日均线企稳低吸。
- 2. 强势主题类龙头低吸。
- 3. 午后偷袭板(尤其是叠加次新和连板个股之后横盘走突破类型的)。

微信公众号:吴国平财经　新浪微博:吴国平财经

"乔帮主"是怎么低吸的呢?第一,他们选择的标的都是强势股,只有强势才能更好地吸引资金。那强势怎么看呢?比如说股价在5日线之上啊,所以他就是依托5日线来低吸,像用友网络:

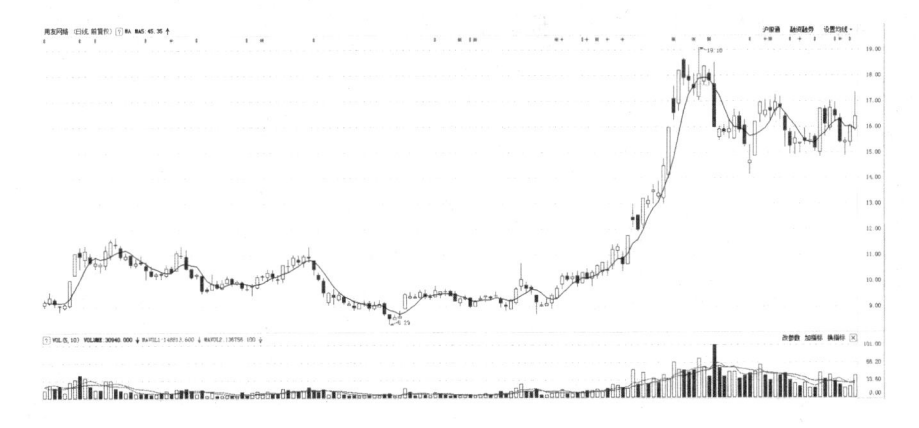

可以看到，就是围绕 5 日线来做一个低吸的动作。他会选择强势主题类龙头低吸，因为一般龙头个股到 5 日线的时候，都会有资金去抢反弹，这个原理跟刚才说的贪便宜心理是一样的，都觉得到支撑线了，抢一个反弹。这对强势个股是有效的，那什么时候突袭呢？低吸差不多了，就午后突袭干上去呗。接着看：

乔帮主常见的券商席位：

低吸翘楚"乔帮主"
招商证券深圳蛇口工业七路
（简称招商深圳蛇口七）。

"乔帮主"是低吸的翘楚，常见券商席位有招商证券深圳蛇口工业七路。每一个短线游资，他都有几个自己的主要的营业部，在某个阶段呢，就会上榜（龙虎榜）体现出来。

案例一：南都物业

强势股的 5 日均线企稳低吸

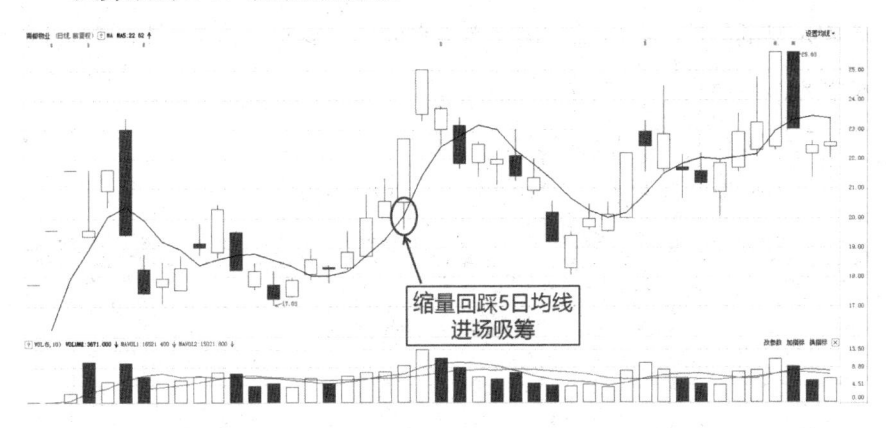

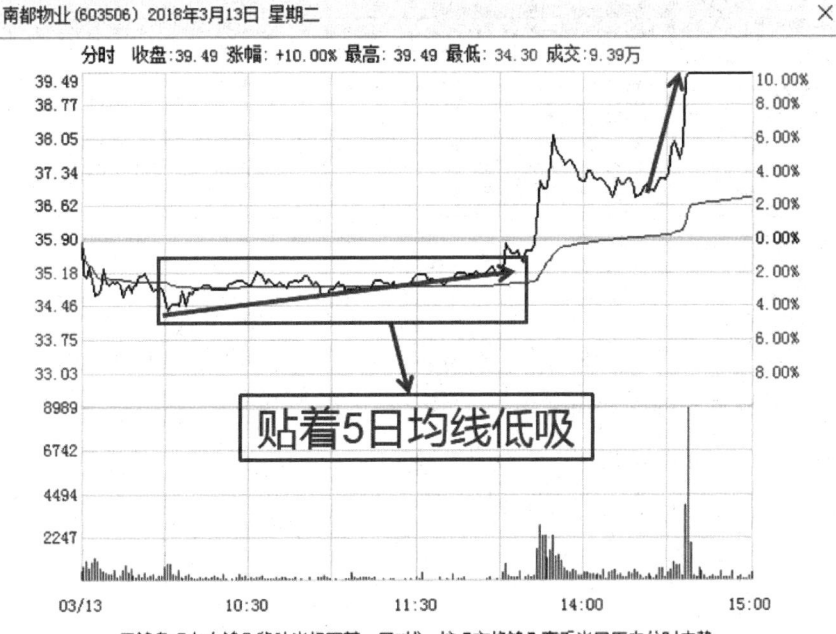

贴着 5 日均线低吸得差不多了，然后就拉升封涨停，大家看分时图的均价线最高才一个多点，一下子封涨停，当天他的平均成本顶多才一

个多点，已经封住涨停，当天浮盈就七八个点了，即使第二天他跌回去三、四个点也是赚钱的。所以低吸的好处是什么呢？就是在下面这个位置吃足够的筹码，拉升的时候吸引更多的资金参与进去，第二天就可以从容地全身而退了。

我们来看下买入龙虎榜数据：

（南都物业）龙虎榜：2018年3月13号乔帮主买入951万。

机构名	买入(万)	卖出(万)	净额(万)	持有预估(万)
机构专用	1791.76	0.00	1791.76	1791.76
华泰证券股份有限公司上海澳门路证券营业部	1111.73	0.00	1111.73	1111.73
招商证券股份有限公司深圳蛇口工业七路证券营业部	951.31	0.00	951.31	951.31
中泰证券股份有限公司宁波江东北路证券营业部	655.14	0.00	655.14	655.14
中国银河证券股份有限公司南京洪武路证券营业部	605.48	0.00	605.48	605.48

卖出金额最大的前五名

机构名	买入(万)	卖出(万)	净额(万)	持有预估(万)
申万宏源证券股份有限公司上海浦东新区靖东路证券营业部	0.00	604.72	-604.72	0.00
华泰证券股份有限公司杭州解放东路证券营业部	0.00	517.18	-517.18	0.00
东北证券股份有限公司上海虹口区吴淞路证券营业部	0.00	303.75	-303.75	0.00
广发证券股份有限公司佛山季华路证券营业部	0.00	270.82	-270.82	0.00
浙商证券股份有限公司义乌江滨北路证券营业部	0.00	253.61	-253.61	0.00

合计 买入总计 5115.42万元 卖出总计 1950.08万元 买卖总净差 3165.34万元

当然这只是他其中一个营业部啦，肯定还会有其他营业部，这个营业部主要是去做标杆的，让大家知道我进来了，更多的跟风盘追进吧，大家一起玩儿，把他活跃性做强。那隔一天3月14号：

（南都物业）2018年3月14号涨停板出货。

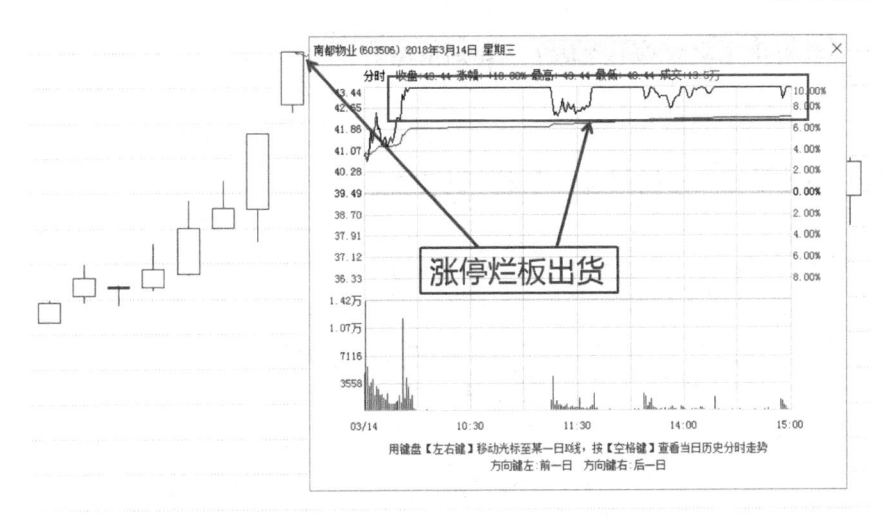

二、主力建仓策略

涨停板出货，烂板，不断地开板，这个就要小心了，封上涨停，很多跟风盘进了，然后打开涨停，卖卖卖。这是短线交易经常用的一个手法。

来看下这天卖出的龙虎榜数据：

（南都物业）龙虎榜：2018年3月14号乔帮主卖出1051.25万。

你看进去了就马上卖掉了，获利出局。

案例二、冀东装备

冀东装备（主题类龙头个股低吸案例）

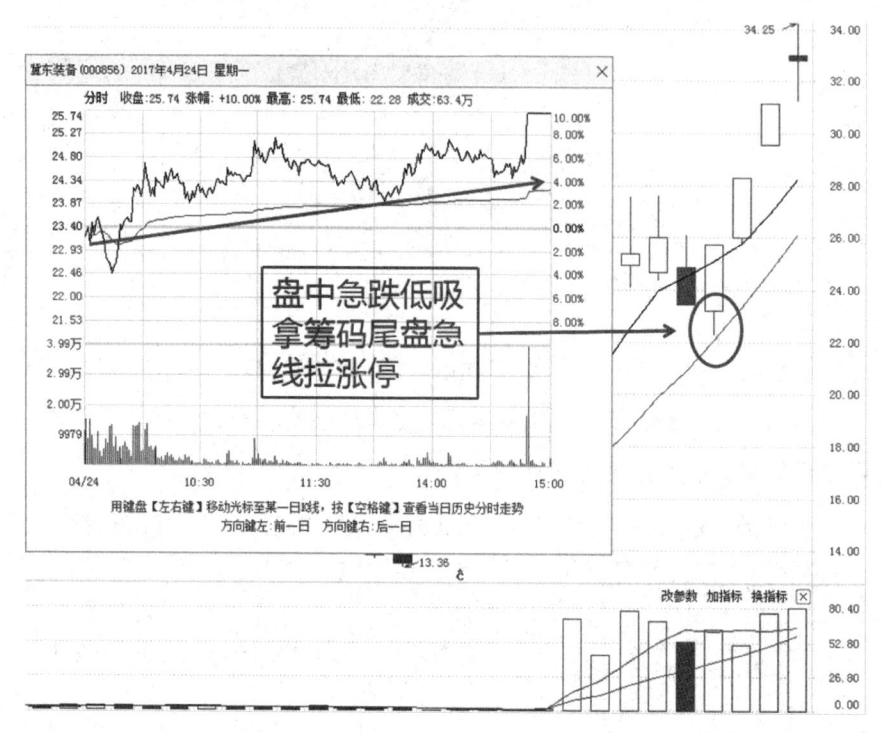

依托均价线低吸，然后尾盘封涨停。你踏准了那个主题的话，就很容易遇到"妖股"，连续涨停；如果没踏准，第二天低开，动荡，他基本上也能全身而退。所以这种方法是比较保守的方法，比较独到的一种方法。这个模式可以好好去看的。

我们来看下买入龙虎榜数据：

（冀东装备）龙虎榜：2017年4月24号"乔帮主"买2405.84万。

2017-04-24 星期一	类型：振幅值达15%的证券			收盘价：25.74元	涨跌幅：10.00%	成交量
买入金额最大的前5名						
序号	交易营业部名称			买入金额(万)	占总成交比例	卖出金额(万)
1	华福证券有限责任公司上海遵义路证券营业部	0次	-	13767.09	8.25%	11.55
2	机构专用	341次	47.51%	4412.00	2.64%	324.32
3	招商证券股份有限公司深圳蛇口工业七路证券营业部	27次	25.93%	2405.84	1.44%	209.95
4	安信证券股份有限公司上海虹桥路证券营业部	2次	50.00%	1951.44	1.17%	0.25
5	华鑫证券有限责任公司南京中山北路证券营业部	12次	41.67%	1897.93	1.14%	0.00
卖出金额最大的前5名						
序号	交易营业部名称			买入金额(万)	占总成交比例	卖出金额(万)
1	华融证券股份有限公司北京金融大街证券营业部	2次	50.00%	0.00	0.00%	13748.25
2	兴业证券股份有限公司成都航空路证券营业部	10次	40.00%	38.97	0.02%	2938.88
3	华泰证券有限责任公司厦门厦禾路证券营业部	125次	42.40%	1500.75	0.90%	2911.86
4	中信证券股份有限公司湖北分公司	15次	20.00%	0.00	0.00%	2105.27
5	申万宏源西部证券公司南宁英华路证券营业部	8次	37.50%	0.48	0.00%	1552.78

你看机构也进去了，这就是当时的合力嘛，这种合力下来就会显得非常精彩。有些时候营业部进去能不能形成大的合力，你看龙虎榜就知道了。又有机构，又有顶尖游资，劲往一处使，场外的资金看到了就更有信心了，这几个哥们都上了，我们一去干呗！这时脉冲式行情就会值得期待了。

昨天已经获利五六个点了，你看第二天又封涨停：

冀东装备隔日涨停板出货，获利了结。

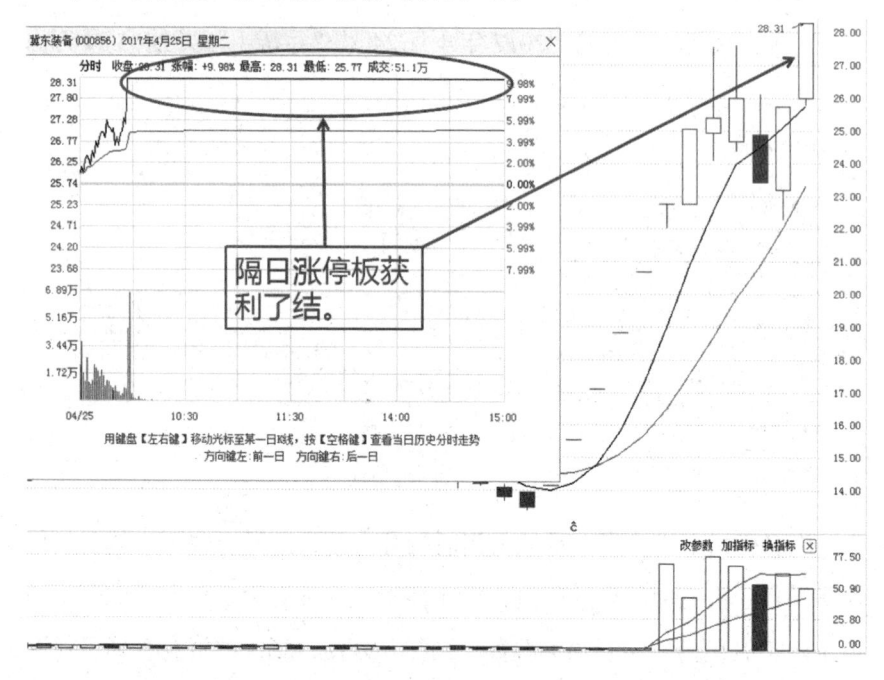

盘中突袭封涨停，那你说有没有理由不出呢？正常来说都会出嘛，除非这个主力特别厉害，一般涨停板就慢慢出货了。

所以第二天你看龙虎榜：

（冀东装备）龙虎榜：2017年4月25号乔帮主卖2636.74万。

基本上已经出光了，赚的很爽啊。进的时候两千四百多万，第二天出了两千六百多万，赚了几百万非常爽。当然这个要感谢其他兄弟们了，你看其他继续买进去的资金，首创厦禾进去一个亿，中泰欢乐海岸又进去九千万，股性起来了，开始击鼓传花了，比如首创厦禾认为，你出没关系啊，我比你更牛啊，我继续封，继续涨。所以各取所需，有些资金说兄弟不好意思我先走了！哦！没关系兄弟，谢谢你昨天搞了涨停，今天我继续干。后天又来另外一家，基本上就这样接来接去。行情稳定，市场主题给力，散户又追捧，那就很容易出现连续大涨，市场就会强者恒强，强化它的力量。

案例三、中国软件

就好像中国软件连续涨停一样，不就是击鼓传花嘛，你看这个涨停一起来：

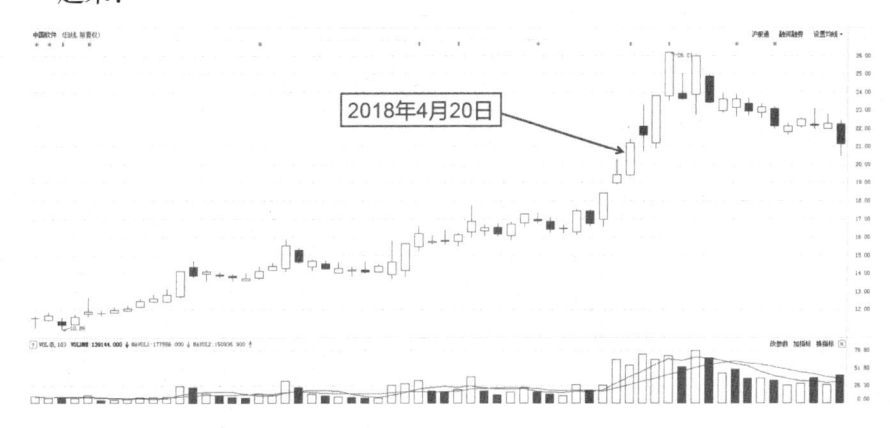

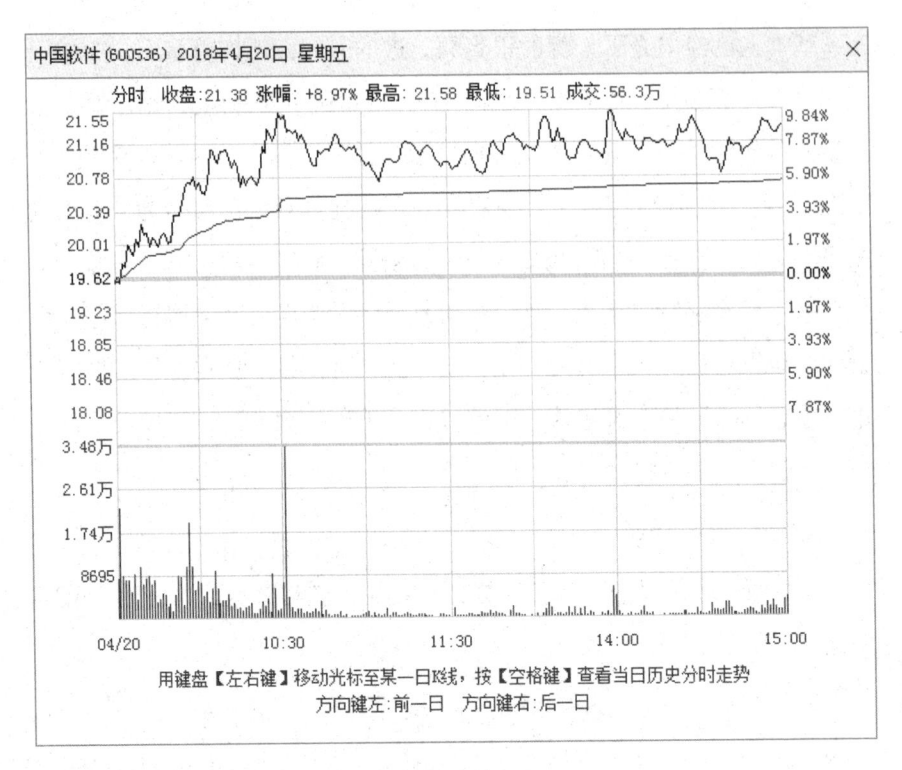

没封死比较难看啊，第二天看一看：

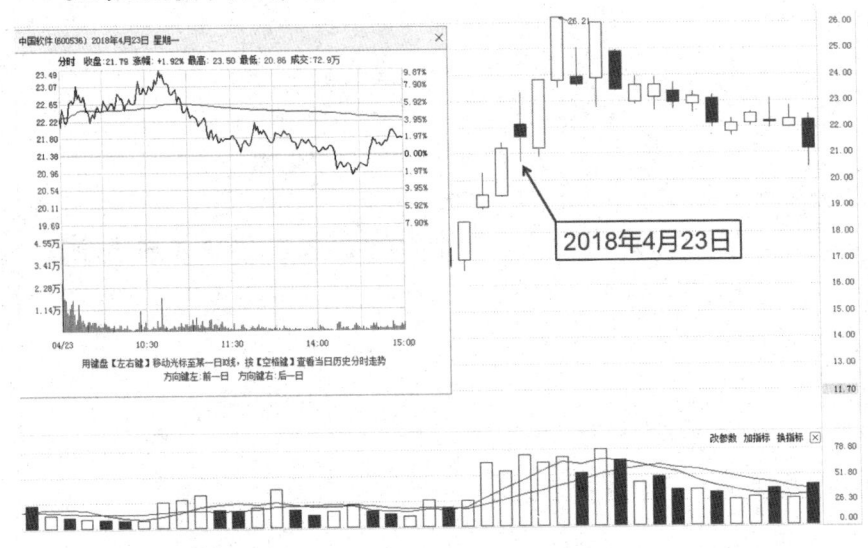

高开动荡，回落有点厉害，有点慌啊，那其他兄弟说，兄弟们别怕，我来了，第三天你看尾盘突袭，封板：

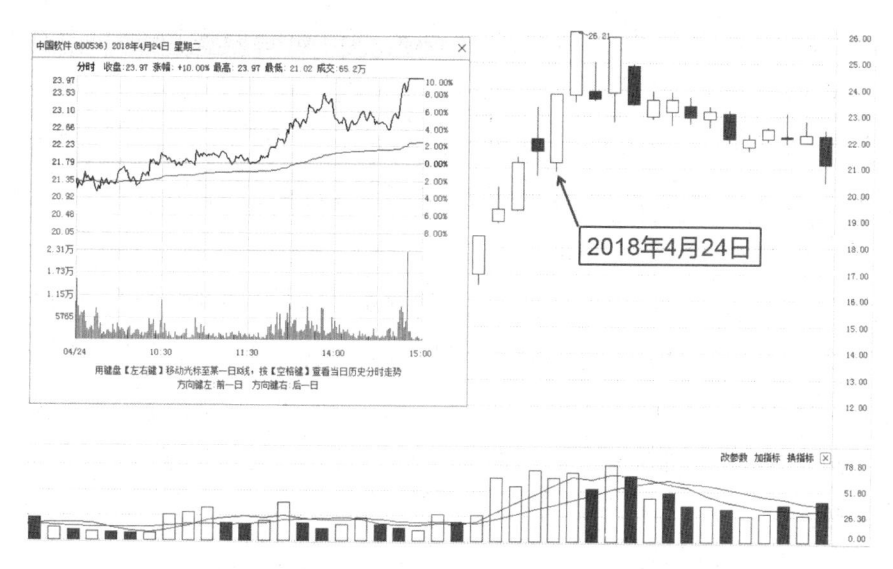

5日线低吸然后尾盘封板。之后这天，刚好这个主题还在风口就继续涨停。涨了那么多之后很多资金都只关注他了，包括今天：

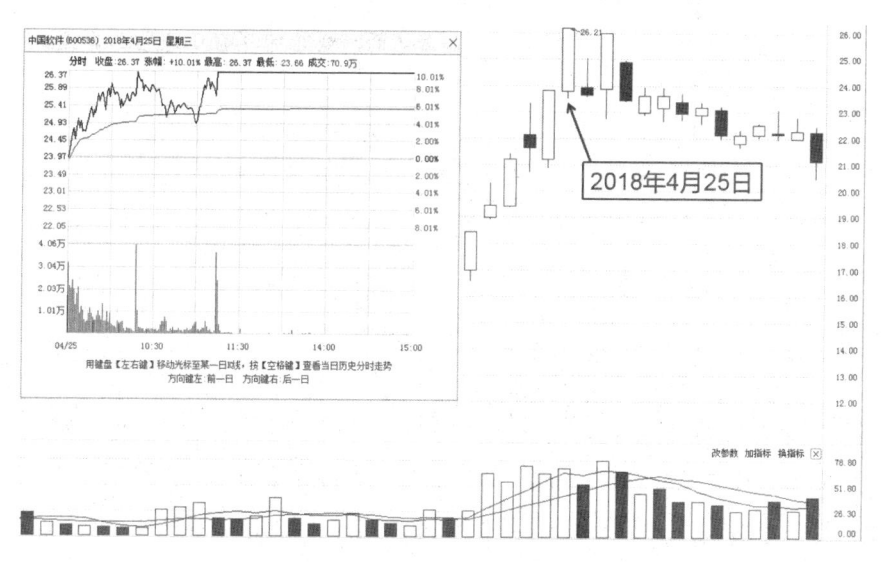

刚好没什么热点，大家看又那么多资金进去了，干脆一不做二不休，继续搞他，其他合力来了。就好像你去赌场，一个人越赌越大，周围的散户群众就会越来越多，你买大我就买大，跟风的人就越来越多，因为你是一路赢啊，越跟越厉害，就是这样强化他。而市场呢，当这个主题没有退潮的时候，也是这样不断强化。买的就是这个预期，这里面换几拨人都可以，最终就是看谁倒霉呗，或者说谁对未来顶部这个判断出现了问题，谁就接最后一棒了。

这个就要靠功底了，对市场主题的判断，对资金的判断，还有盘面的状态，这些东西不是说我指点了一下你就会的，没有那么简单的，还要看盘面的一些细节，工夫在细微之处，那个是更考验大家的，但是整个思路我先帮大家梳理一下，清楚之后，大家慢慢看细微的东西更有些感悟了。

2.2.2 龙头专业户"欢乐海岸营业部"操盘手法

2. 盘中不断建仓，直到涨停，如著名的"欢乐海岸营业部"游资。

○ 主力手法：

○ 1. 在市场上极少出手，但一出手只买龙头股，敢于买了锁仓。

○ 2. 建仓快，拉升急，其他资金跟风打造阶段性市场龙头股。

○ 3. 曾经操作武汉凡谷、贵州燃气、药石科技、华能水电、七一二、万兴科技。

欢乐海岸曾经操作过很多牛股。所以他们就专做强势，哪一个牛就做哪一个，就这么简单的道理对吧，为什么？因为市场活跃嘛。

欢乐海岸常见的营业部就是这些了：

欢乐海岸常见的券商席位：
(1) 华泰证券深圳益田路荣超商务中心
(2) 华泰证券深圳海德三道
(3) 华泰证券深圳分公司
(4) 广发证券深圳民田路
(5) 中信证券深圳总部
(6) 中泰证券深圳欢乐海岸
(7) 中天证券深圳民田路
(8) 中国国际金融云浮新兴东堤北路

为什么他要那么多营业部呢？很简单嘛，如果你看到封板资金两千多万元，看上去并不很多，但是，分那么多营业部就是考虑到：如果只是一家营业部上榜，一家独大，很容易受到市场监管层的关注，或者很多问题的衍生。所以分一些营业部，比如我有十个亿资金，我就每一个营业部分一个多亿资金，这样分别买之后，大家的感觉就没这么强烈了。可能今天我只买了三个亿，但是分了八个营业部去买，那一个营业部上榜也就几千万而已，几千万元大家就觉得没有那么显眼。就好像龙虎榜数据，如果你是排名前五，大家买进的营业部资金都差不多，这反而是好事，最怕的是什么？最怕第一家营业部资金特别大，他进入一个多亿，其他几千万，其他资金会怎么想呢？这哥们厉害啊，一天进去了那么多，想吃独食啊？这种人要干掉他，或者说我不跟他玩了。他压力就非常大，同时这样也暴露了自己的目标。所以最好的方式呢，就是你野心暴露的不要太多，今天买两个亿只是暴露两千万，这样市场感觉还行啊，散户和其他公私募就觉得，两千万还好，他要出货的话市场能消化，但是你看到两个亿的话，想想就怕了，为什么？万一他明天出货了怎么办？我买进去不就是接他盘，人都是会这样去想的，明白吗？

案例一、万兴科技

以万兴科技为例：

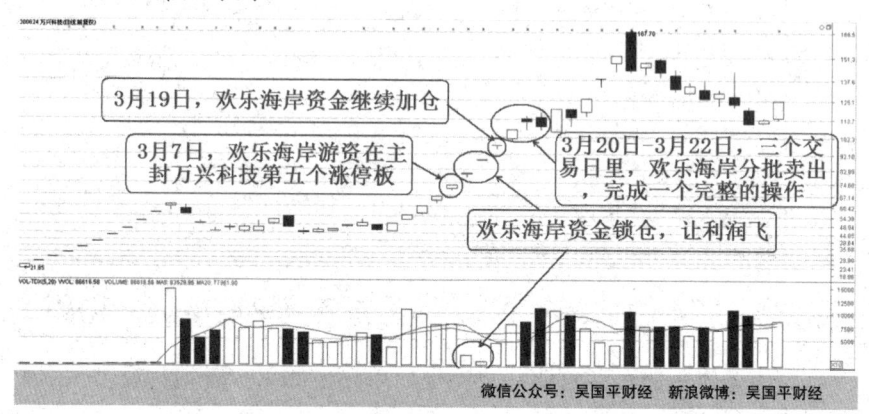

图中标注：
- 3月19日，欢乐海岸资金继续加仓
- 3月7日，欢乐海岸游资在主封万兴科技第五个涨停板
- 3月20日-3月22日，三个交易日里，欢乐海岸分批卖出，完成一个完整的操作
- 欢乐海岸资金锁仓，让利润飞

3月7号欢乐海岸游资封第五个涨停。为什么他第五个涨停还继续买呢？塑造标杆嘛，难得做得那么好了，干脆一不做二不休做第五个涨停，哪怕停牌也不怕，大不了复牌后继续干呗，当然他们要冒着什么风险呢？被监管层处罚的风险，但是他们既然做了这个事情，他们也想清楚了，只要我们不是特别过分，你大不了限制我交易嘛，我换一个账户就行了。3月19欢乐海岸资金继续加仓，3月20日~3月22日，三个交易日分批卖出，完成了一个完整的操作。

第五个板进去，资金锁定，锁仓两日，利润充分释放，然后继续加仓，接着三日卖掉，这整个阶段操作多厉害啊，但后面又被人家接盘了，继续干一票，简直是疯了！有时候资金一旦膨胀起来啊，什么都挡不住。为什么这只股这么"妖"？大家难道不知道监管层这个风险嘛？都是知道的！但是为什么还要进去呢？就是有侥幸的心态，都想着我不是接最后一棒，我肯定没那么倒霉，包括散户，虽然他明明知道这里面有风险，但是都有着赚快钱的想法，想着我今天买进去，明天涨停，赚10%多爽啊！你看成长股每天波澜不惊的，实在受不了。所以很多人都是被这种急切的心态，把自己折腾死了，都想着干脆把现在涨的不好的个股先卖掉，去追这些东西。你越是这样，又没那个技术水平和能力，结果你亏的更惨，为什么？市场就需要你这种人啊，市场十个里面至少九个都是这样的人，都是想赚快钱。

所以为什么那么容易吸引到这帮人？因为每个人都觉得，第一自己不是傻瓜，第二上涨趋势明显，我赚一点就走，第三个反正都抱着赌博的心理，存在侥幸的心态。这就造就了这些疯狂！游资没有这些散户的追捧，去接盘，他是兴不了风，作不了浪的，就是因为有散户这么大的群体，所以才呈现这样的局面。散户为什么那么高了仍然愿意进去呢？人性的弱点使然呐。但是，散户十个里面九个最终会成为下降通道的接盘侠，大概率如此。因为涨的过程中他根本就不敢买，或者买了没怎么赚钱就跑了，就算偶尔他碰到了赚了钱，后面一定会在其他标的上面亏的更惨。因为他没有这个技术水平啊，他不可能把把都这么赢啊，他纯粹博的是运气。也有一种人在股市上能赚钱的，就是他运气特别好，买一个彩票就中一等奖的，这种人就不应该在股市里面，直接买彩票，今天买明天兑，买成李嘉诚这样的财富了，但是这样的人有几个呢？亿万分之一吧。

【学习温馨小总结】

△ 短线炒作需要高超的技术水平和坚强的心理素质，能够成功抓住龙头并坚定持有的人少之又少，所以作为散户要么努力提高自己的技术水平，要么做自己能力范围之内能够把握的股票，急功近利、好高骛远很容易让自己损失惨重！

这是过去万兴科技的 3 月 7 日分时走势图：

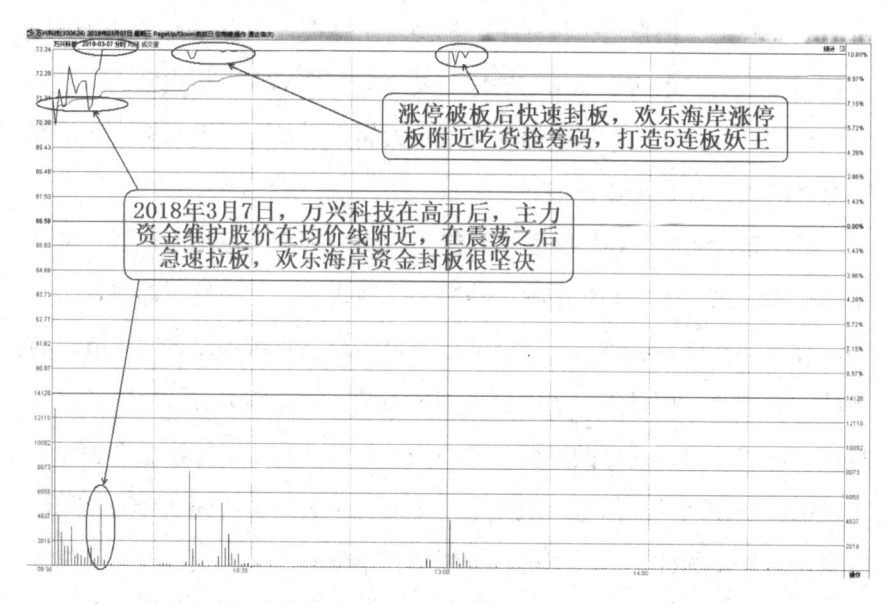

涨停破板后快速封板，欢乐海岸涨停板附近吃货抢筹码，打造5连板妖王

2018年3月7日，万兴科技在高开后，主力资金维护股价在均价线附近，在震荡之后急速拉板，欢乐海岸资金封板很坚决

该日欢乐海岸进场，来看龙虎榜数据：

3 月 7 日，收盘龙虎榜显示，欢乐海岸 2 个券商席位介入总资金 2700 万

该股持续的上涨：

3 月 8 日万兴科技缩量涨停板，欢乐海岸锁仓。3 月 16 日万兴科技

特停后复牌一字板。

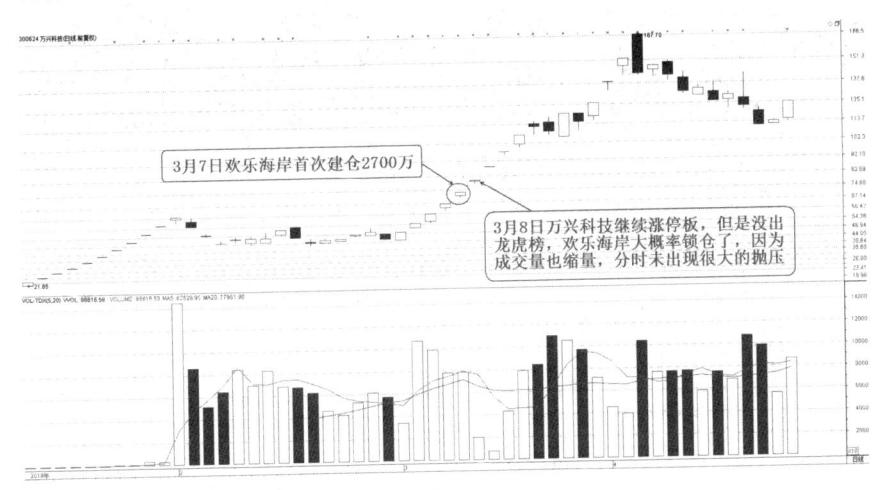

股价气势如虹，欢乐海岸3月19继续加仓：

在3月16日万兴科技特停复牌一字板后，3月19日欢乐海岸继续加仓。

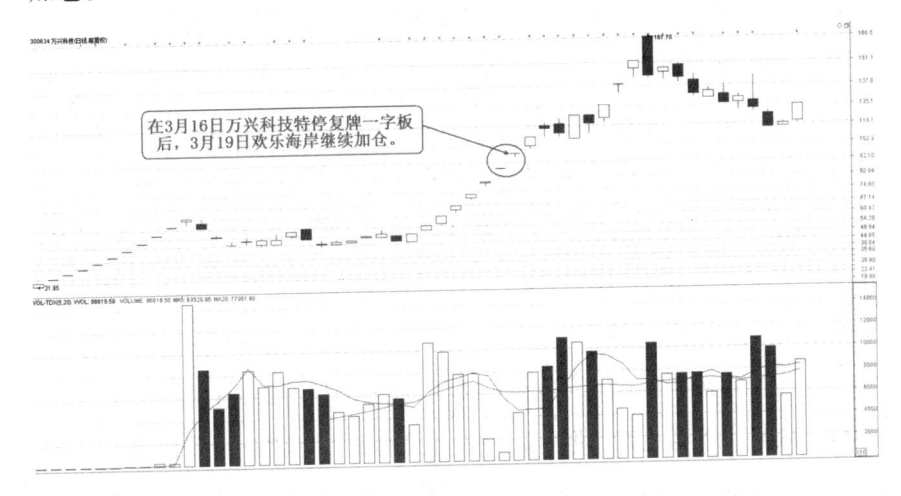

来看该日的龙虎榜数据：

3月19日，欢乐海岸继续大手笔买入，龙虎榜4个营业部合计买入6600万，股价继续封涨停，人气膨胀。

万兴科技龙虎榜数据
2018-03-19

排序	营业部名称	买入金额/万	占总成交比例	卖出金额/万	占总成交比例	净额/万
	买入金额最大的前5名 买入总计 8619.26 万元，占总成交比例 20.57%					
1	中国国际金融股份有限公司云浮新兴东堤北路证券营业部	2177.26	5.20%	0.00	0.00%	2177.26
2	中国中投证券有限责任公司深圳宝安兴华路证券营业部	1616.02	3.86%	2.92	0.01%	1613.10
3	中信证券股份有限公司北京北三环中路证券营业部	1489.60	3.55%	22.42	0.05%	1467.18
4	中天证券股份有限公司深圳民田路证券营业部	1413.46	3.37%	0.00	0.00%	1413.46
5	华泰证券股份有限公司深圳分公司	1402.59	3.35%	0.00	0.00%	1402.59
	卖出金额最大的前5名 卖出总计 4886.66 万元，占总成交比例 11.66%					
1	海通证券股份有限公司深圳分公司红岭南路证券营业部	13.57	0.03%	2056.56	4.91%	-2042.99
2	华宝证券有限责任公司舟山解放西路证券营业部	4.79	0.01%	782.75	1.87%	-777.97
3	华泰证券股份有限公司沈阳大西路证券营业部	489.35	1.17%	763.08	1.82%	-273.73
4	招商证券股份有限公司深圳益田路免税商务大厦证券营业部	12.63	0.03%	644.08	1.54%	-631.45
5	宏信证券有限责任公司江油金轮干道证券营业部	0.00	0.00%	614.84	1.47%	-614.84

买卖净差：3732.60万元

这是一个经典的战役。股价上涨越厉害，人气就会越膨胀。他就抓住了这个心态，为什么要拉那么多涨停？不是不知道风险，他也知道有风险，但是必须要塑造标杆，自古华山一条路，涨停、涨停、再涨停才能让人气达到鼎沸，才能让人失去理智。就好像之前说的散户心态，一个涨停你买嘛？不敢买，高。两个涨停买不买？不买，太高啦。三个涨停买不买？不买，我没那么傻。四个涨停买不买？嗨，我有点忍受不了了。五个涨停你买不买？我一定要买啦。所以不怕你不买，最怕你不关注，你只要关注就一定会买。就好像赌场的原则：它什么都不怕就怕你不来，你只要来就不怕你不输。你只要来我赌场，你就一定会输光，因为你有人性的弱点，你不具备职业操盘手的禀赋。职业赌徒他懂得克制自己，懂得该出手时就出手，不该出手管住手，他总能抓住一个概率的问题，冷静的审时度势。但是，一般人没有这种能力，而只是随机选择，觉得这个牌好就去跟。就好像一开始说的中国石油这个例子，没有自己坚定的逻辑跟思路，很容易被市场盘面的动荡而影响到情绪，最终影响到操作，就是没有这个技术根底，那些真正有底子的人，他知道这是什么手法，我可不可以跟，跟的话跟到什么地步等等；没有底子的人纯粹

二、主力建仓策略

随性而为了。

【学习温馨小总结】

△ 不能把股市投资当做赌场，如果这样你可能最终血本无归；真正的投资是一门艺术，需要在市场中拥有良好的投资心态和完善的投资体系，然后运用复利的原理不断的积少成多，成长壮大。

所以时机到了，之后的几日，欢乐海岸就完美结束战斗：

在3月20日至3月23日，三个交易日分批出货，完美结束战斗。

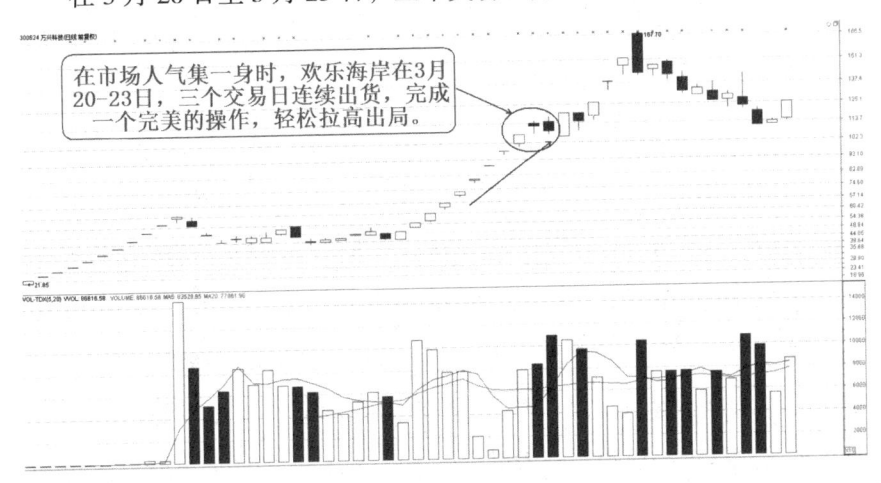

在市场人气集一身时，欢乐海岸在3月20-23日，三个交易日连续出货，完成一个完美的操作，轻松拉高出局。

我们来看3月22日的龙虎榜数据：

万兴科技龙虎榜数据
2018-03-22

日期：2018-03-22 总成交金额：123318.75万元，总成交量：1097.48万股

排序	营业部名称	买入金额/万	占总成交比例	卖出金额/万	占总成交比例	净额/万
	买入金额最大的前5名 买入总计 6439.29万元，占总成交比例 5.22%					
1	中信证券股份有限公司上海东方路证券营业部	1809.30	1.47%	6.45	0.01%	1802.85
2	方正证券股份有限公司冷水江梯都中路证券营业部	1166.87	0.95%	49.36	0.04%	1117.51
3	兴业证券股份有限公司福州湖东路证券营业部	1149.45	0.93%	77.40	0.06%	1072.05
4	海通证券股份有限公司蚌埠中荣街证券营业部	990.11	0.80%	198.53	0.16%	791.57
5	国金证券股份有限公司上海奉贤区金碧路证券营业部	955.80	0.78%	1166.03	0.95%	-210.23
	卖出金额最大的前5名 卖出总计 21965.32万元，占总成交比例 17.81%					
1	中泰证券股份有限公司深圳欢乐海岸证券营业部	0.00	0.00%	6111.86	4.96%	-6111.86
2	中国国际金融股份有限公司云浮新兴东堤北路证券营业部	2.18	0.00%	4965.15	4.03%	-4962.97
3	华泰证券股份有限公司深圳分公司	0.00	0.00%	3921.54	3.18%	-3921.54
4	中天证券股份有限公司深圳民田路证券营业部	210.15	0.17%	3320.06	2.69%	-3109.91
5	中信证券股份有限公司北京北三环中路证券营业部	155.43	0.13%	2148.94	1.74%	-1993.51

买卖净差：-15526.03万元

欢乐海岸大幅出货

119

出货完成，这就很完美了，非常精彩的战役。

所以小结一下：

小结：

- 1. 欢乐海岸是市场上最聪明的顶级游资，资金体量大，往往他们操作的个股都是阶段性市场龙头股。
- 2. 个股的流动性是顶级游资选股要考虑的，出来容不容易，换手率高不高都是要考虑的要点，所以，他们选股上倾向于开板次新股，流动性较好，换手率高，进退都比较容易。
- 3. 欢乐海岸操作的个股弹性都比较大，股价类似上证50，虽然流动性和容纳性都好，但是股价弹性不好，所以他们都不会去做，而次新股涨停很常见，动不动涨停、连板，很容易受到资金跟风青睐。

欢乐海岸是市场上最聪明的顶级游资之一，资金体量大，往往他们往往操作个股都是阶段性市场龙头股。个股流动性是顶级游资选股要考虑的，出来容不容易，换手率高不高都是要考虑的要点，那么，他们为什么要找这些强势股呢？因为进出容易啊。所以他们倾向于开板次新股，流动性较好，换手率高，进退都比较容易。为什么暴炒次新股？因为次新股刚上市人气高，换手率大。你会发现很多次新股换手都是几十个点的，就是说今天进去一个亿，明天可以一个亿出来，这样多爽啊。

欢乐海岸操作的个股弹性都比较大，类似上证50的股票，虽然流动性和容纳性都好，但是股价弹性不好，所以他们都不会去做，而次新股弹性大，动不动涨停、连板，很容易受到资金跟风青睐。所以上证50游资一般不会去搞，实在没办法才顺势做一把。大部分的时候，他们一定是做一些次新股、主题投资这些，做起来会比较爽。

2.2.3 低吸买入建仓操盘手法

3. 低吸买入建仓。

- 1. 选取题材上比较有特点的公司，作为狙击标的；
- 2. 在股价短期上涨趋势中，择机出手买入；
- 3. 在买入前股价维持较强的攻击态势；
- 4. 开盘初期，股价大幅调整后的低吸，往往是买入的最好时机；

低吸买入建仓就是说，他们一定会选择比较有特色的公司。记住：有特色！什么是有特色的公司？就是有自己的核心亮点，一涨起来大家能有充分的想象空间，业绩好不好倒是其次。因为业绩特别好的公司都是蓝筹股，机构把持着你要吸筹都吸不到，所以一般来说业绩不是特别好。当然你能发现业绩一般，但有成长性的，那就两全其美了。

股价短期上涨趋势中，一定是上涨趋势择机出手买入。为什么有些个股涨到45度会变70度，就是因为游资进去了，因为他发现45度不错嘛，技术上很有特色嘛，干吧！在买入前股价维持较强的攻击态势，说明股票本身就处于蓄势待发的状态，他只是点一把火，他就赚这点一把火的钱，明白吗？里面的资金也很开心，有哥们来抬轿了多好，他做完一把出来，我再接着做。但这个特指成长股喔，不是成长股不一定是这样子。

所以呢，开盘初期，股价大幅调整后要低吸，你看次新股很多都是开板之后，脉冲一下然后慢慢调整，长期调整低位横盘的过程中给你低吸的机会。万兴科技也是这样子，没涨之前不也是这样嘛？

股市主力全局运作盈利体系解析

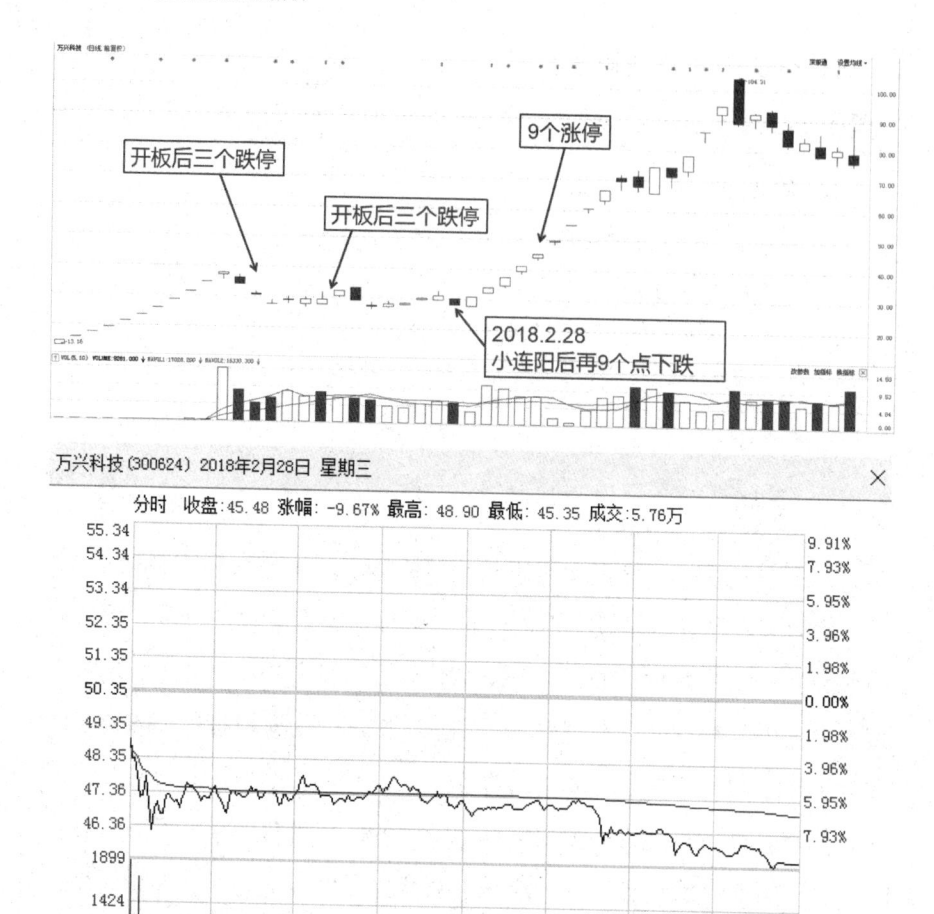

开板之后连续跌停，洗盘，启动之前还来一个跌 9 个点的洗盘，吓死人了，所以这个过程散户最容易被震荡出来了。比如说开板那天进去的投资者，连吃几根跌停马上想着，我留给孙子算了，反正亏得那么惨，跌了几十个点了，好了，后面来了三根阳线，第三根阳线还是涨停，这

一涨停很开心，马上兴趣就来了！接着第二天直接来个跌停，哇，这个留给孙子的事情还是再议，下一日要先出来。接着他就幻想等它跌下来很多再买回去，可是他不跌了，连续四阳，怎么回事啊？接着又一个9个点巨阴，哈哈，你看我就说嘛，一定还会有更低的嘛。然后，不好意思直接涨停上去了，然后九连板。最后他跟朋友分享的时候说：万兴科技我做过，但是我被洗出来啦！为什么你会被洗出来呢？因为那是跌停板，当时风险很大，我要规避一下市场风险。美其名曰规避市场风险以及运气不好。是的，运气不好，你说对了，下一次你依然还是会被洗出来。

所以你会发现一个奇怪现象：散户基本上跟牛股都是有缘分的，只是每一只牛股呢，可能启动之前，他都先下车了，为什么会被下车呢？并不是说他不能拿，而是他在这个动荡的过程中，很容易被三震出局。因为这个动荡的过程把人的情绪彻底撩得不行了。连续跌停来了小涨之后又跌停，你受不了了是吧？第一次受不了的人就已经跑了，一次不够再来一次，小幅五连阳再跌9个点，你跑不跑？如果你身在其中的话，连续三次杀你，你是不是绝望了？你是不是觉得这个根本没得玩了？对，就是要让你有这种心态，其实整个波动就是区间动荡而已嘛，但是人就是在这个过程当中，被反复动荡折磨的不成样子。

记得上一次牛市，有个段子说一个投资者是新股民，重仓买了一只个股，买后去了美国，待了一年回来发现，哇！涨了几十倍，然后卖掉。这有一个核心的原因是什么啊？是他去了美国根本没看，假设他天天看着账户，这种波动对于一个有正常情绪的人来说，你不会被这种盘面所影响吗？不影响是假的，包括我们，都会有影响。只不过是你能不能最终挺住的问题，我相信大部分人挺不住的，或者说是看不懂的，很容易就这样被摧残出来了，那最终的结局就是留下一段回忆咯，这是必然的。

就好像现在的市场一样：

我说可能过几个月之后这里就是底部区域，很多人就会说，吴老师我曾经在创业板头肩底的时候，在爆发之前重仓，但是爆发之前的这些根阴线我先出来了，为什么？因为当时看到贸易战、中兴事件，还有市盈率特别高等等N多理由，我出来后股票就涨上去了！事后又感慨，吴老师，我觉得当时不应该出，但是当时市场环境太恶劣了，这不怪我，怪运气不好，但是没关系，老师你还有什么好票可以买的嘛？那时，我告诉他了，他又会感慨，怎么那么高哇？没办法啊，已经爆发一阶段了，但是他依然不会买，那他什么时候会买呢？就好像刚才说的，35块钱他不会买，这太高了，一涨到50他受不了了，但也不敢买，说真的到50的时候我已经出货了，但是人家还在等啊，等到跌回三十六七的时候，他啪进去了，吴老师你上次说的那只个股，后面涨了一波好厉害啊，现在调回来，我现在买了！我又能说些什么呢？我在50的时候已经出光了。

所以为什么有些时候，同样一只个股，我们分享给不同的人，但是不同的人操作的时候是完全不一样的。最终人性使然啊！

案例一、路畅科技

路畅科技带有无人驾驶概念

二、主力建仓策略

当时的股价：

2017 年 9 月 15 日，买入之前，股价处于上涨通道

我们接着看：

短期带量上涨缩量回调的攻击态势

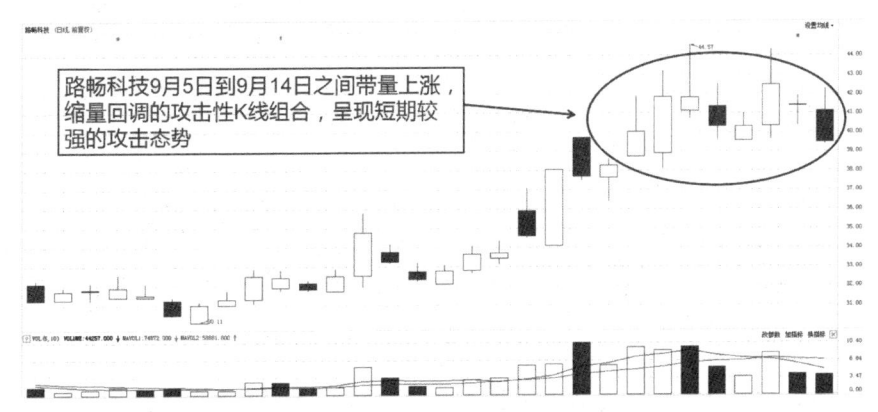

路畅科技9月5日到9月14日之间带量上涨，缩量回调的攻击性K线组合，呈现短期较强的攻击态势

图形做的很不错。

我们来看一下他 9 月 15 日买入的分时图形：

早盘低吸，午盘拉升买入，尾盘继续拉升买入的走势

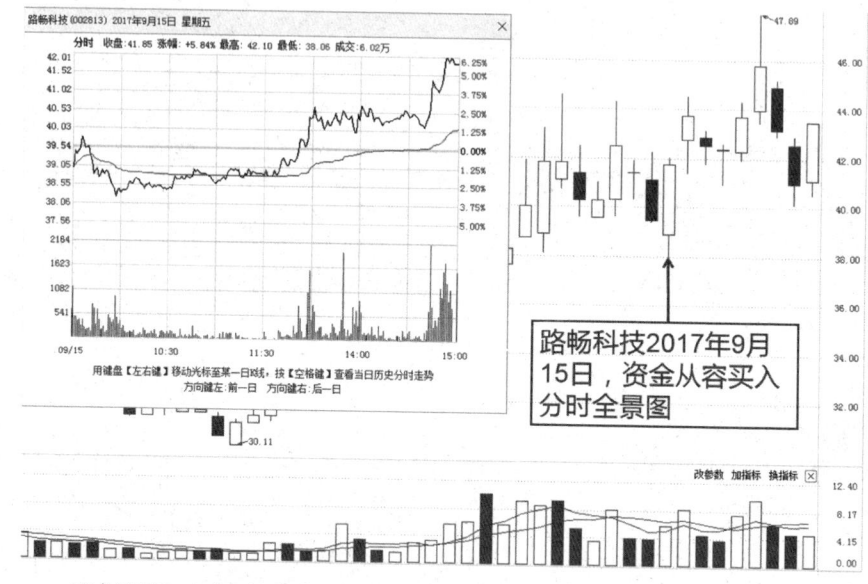

路畅科技2017年9月15日，资金从容买入分时全景图

我们把该日分时图放大来看一下：

在日内分时上看得更清晰

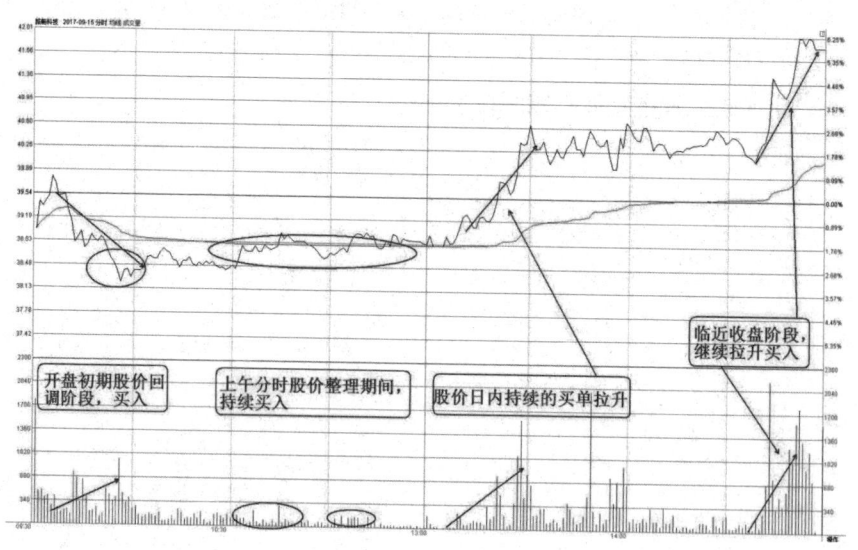

开盘初期股价回调阶段，买入

上午分时股价整理期间，持续买入

股价日内持续的买单拉升

临近收盘阶段，继续拉升买入

低吸，午后及尾盘拉上去，很不错。

股价走得不错，均价线也走得不错：

　　拉升时均价线跟随上移

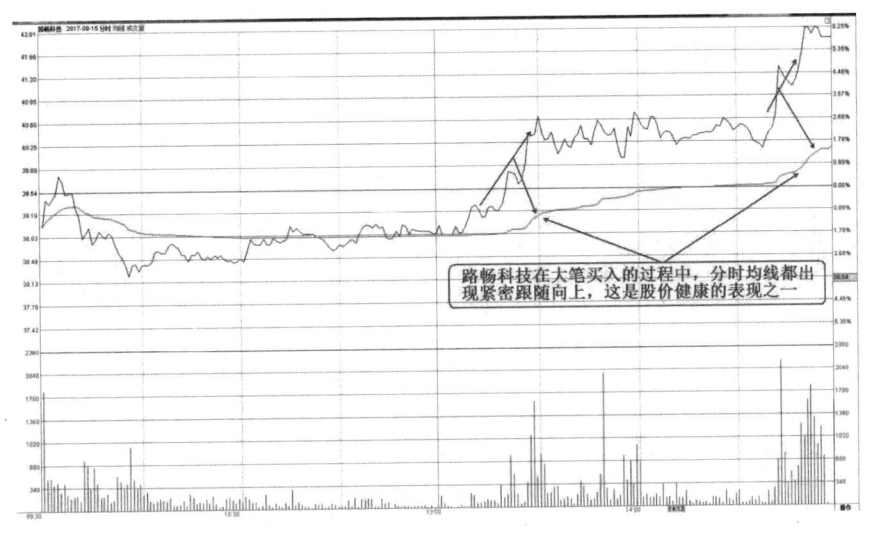

路畅科技在大笔买入的过程中，分时均线都出现紧密跟随向上，这是股价健康的表现之一

均价线跟随上移，说明有跟风盘啊，做的不错啊。

走势是非常健康的：

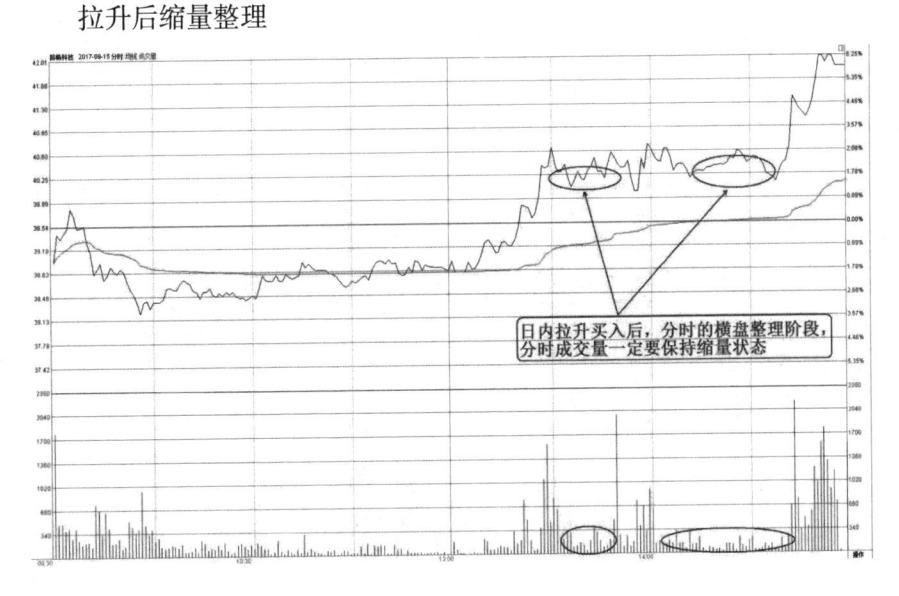

　　拉升后缩量整理

日内拉升买入后，分时的横盘整理阶段，分时成交量一定要保持缩量状态

拉一下，缩缩量，充分换手嘛，之后再拉。一波又一波。

接着来看下买入的状况：

买入阶段成交量不能过于放大

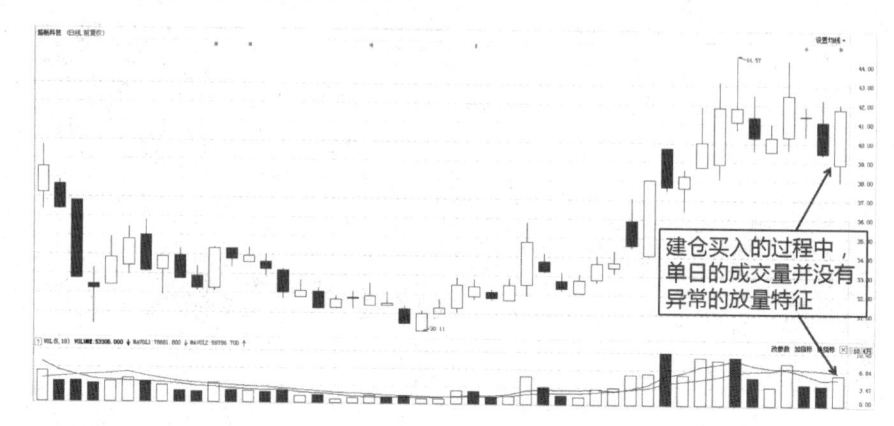

[图：建仓买入的过程中，单日的成交量并没有异常的放量特征]

成交量过大说明什么？说明出的和进的都挺大的，就是拉升的时候抛压会比较大。

股价冲高阶段，果断卖出，完成上一个交易日低吸的策略

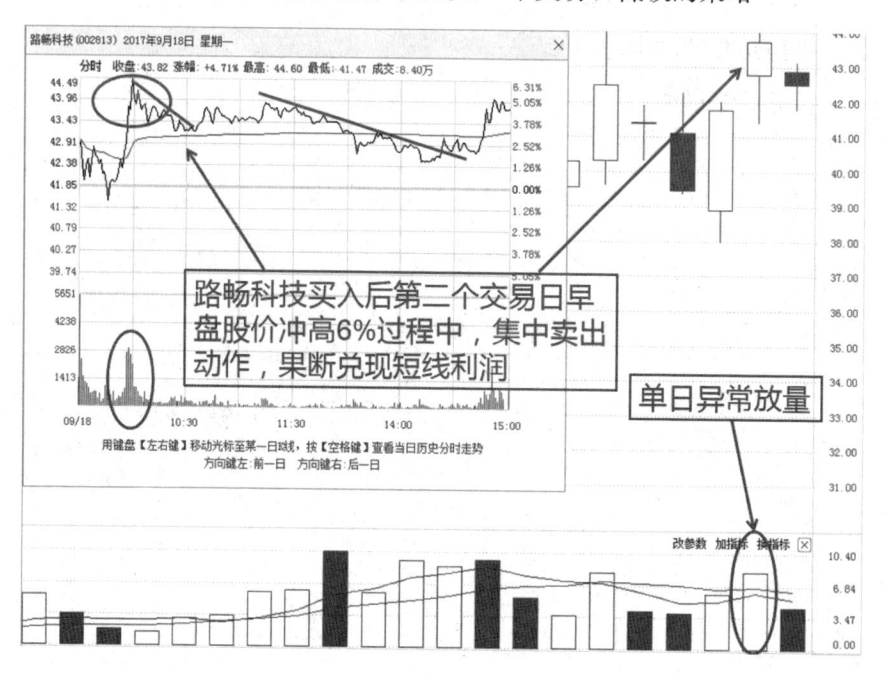

[图：路畅科技买入后第二个交易日早盘股价冲高6%过程中，集中卖出动作，果断兑现短线利润；单日异常放量]

二、主力建仓策略

因为第一天比较轻嘛，所以大家愿意跟，后面第二天高开动荡阳线，越来越多的跟风盘了，理论上来说就可以在这里做一个短线获利了。

回顾一下今天的整个思路，就是短线游资啊，他选股的要点是有特色的个股，趋势还不错。这是一个短线资金，他早盘建仓尾盘拉升，冲高的时候往往都会考虑套现，除非这个是涨停。大部分都是利用短线的市场波动，吸引跟风盘。为什么能吸引到跟风盘？因为整个图形比较好看嘛。所以我可以明确地告诉大家，图形是可以做出来的，不论涨或者跌都是可以做出来的。你看上图这根阳线，完全可以再做高一点，前一日的阳线已经足以让更多的人关注到他，大家就会觉得，形态不错啊，并且这个阳线也许会改变技术指标，比如量价背离啊，量价齐升啊，K线形态啊等等。所有的技术指标都是辅助这种图形的，有些时候做为操盘手，他要看技术指标，进行换位思考，假设我来一根阳线甚至涨停，是不是技术指标有利于做多？如果是那我就这样去做，可以吸引到更多的技术派，因为有些技术派根本不看资金背后的博弈，他只看技术图形、术指标，信号来了就干。

当然这个技术指标有他的价值，为什么？因为透过技术指标、图形你就能发现，有主力资金进场了，其实主力资金确确实实也是这样去做的，所以两者之间相互影响，相辅相成的，我中有你，你中有我，股价最终涨上去，产生了一种共振的结果。然后，市场的合力来了，更多的散户跟进去了，至于说这场战役能不能打的更大呢？那就要看大的市场环境，你要有一个客观的判断，你把握这个主题是不是够精准。

【学习温馨小总结】

△ 主力资金可以进行换位思考来吸引技术派散户跟风，那么作为散户可不可以学会换位思考呢？当你经常用一个主力的思维来思考股价是处于建仓、洗盘、拉升的哪一个阶段，这个阶段怎么走会更好的时候，你的股票操作就已经上升到一个更高的层次了！

就好像近期的芯片，为什么游资要做这些芯片呢？很简单啊，因为他们知道这个阶段是最好的时机啊，因为你一涨，很多人爱国情绪就起来了，或者是投机心态起来了，然后拼命买。买了之后跌了，就问怎么回事啊，芯片要上升到很高的高度，要振兴国家，怎么就不涨了呢？你要思考一下：所有的利好归根结底你都要看什么？还是他的成长性！

有一只个股是最牛的，今天还涨停了，你可以说他是海南板块，事实上他不是，普利制药：

案例二、普利制药

二、主力建仓策略

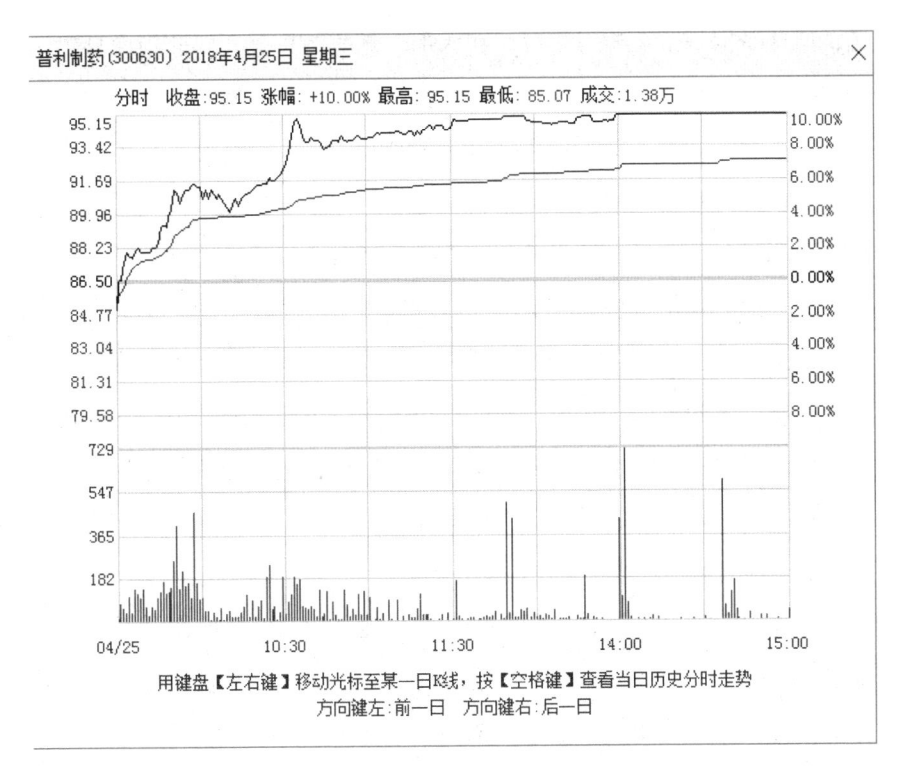

[图：普利制药(300630) 2018年4月25日 星期三 分时走势图，收盘95.15，涨幅+10.00%，最高95.15，最低85.07，成交1.38万]

你看今天是涨停的，他是属于海南的一家医药公司。海南板块表现强势的时候，跟了一点点，但并不是特别明显，他是走独立行情的。前段时间还有大幅度的减持，减持公告都出来了，很多人吓坏了，结果继续涨，今天还涨停了。很多人问这是怎么回事啊？这就是合力，下一个环节我会讲中线资金的合力。这里明显是中线资金，他图的是什么？不是短期这个主题有多爆炸，而是图的长期成长性。为什么我要成长为王？你看这个中线资金的运作，从底部区域三十多块到现在九十多块，去年七八月份到今年四月份，涨了三倍了，有些时候慢就是快啊。

你想想不到一年的时间涨三倍，你天天做短线能赚那么多钱嘛？大部分做短线的人，今天赚，明天亏……一年下来能有十个点，二十个点已经很不错了。所以你别看那些游资表面很风光，他也不是把把准的，他亏的时候也很惨的，并且每把也不可能全仓进，比如他总共有十个亿，他这一把一个亿赚一千万，明天那一仗亏八百万，如此周而复始，他做的也是一个总数，总数下来一年有二三十个点，其实是很牛的了。但是也不要听我刚才讲了顶级游资，就神化他了，虽然万兴科技他赚了一些钱，但是对他总的资金量来说，这就是偶尔增加点他的利润而已。比如说总资金十个亿，这里赚几千万，对总资金也就几个点而已，十个亿里面其他配置稍微动荡一下，那就亏回去了。所以这些资金最终讲究的是配置，对于他们来说也是需要成长股的，成长股的合力更持久。在这个市场长久的生存才是更重要的，所以为什么游资跟机构是要一起合力呢？道理就是如此了。在股市里，我们要活的更长，需要懂这些东西，这样我们的未来才会更加的精彩和美好。

【学习温馨小总结】

△ 短线游资会通过仓位配置来分散风险，所以即使抓住了一只龙头也难以让总体盈利暴涨，因为其他的仓位也许是亏损或者微盈；短线炒作很多时候是凭借概率来赚钱，高利润同时伴随高风险。

这是今天跟大家做的一个重要的分享，看下作业：

☆ 作业

★ 找一个主力短线建仓的案例进行分析

时间过得特别快，不知不觉又到了要跟大家说再见的时候了，总的来说就是要和大家分享游资整个的思路，建仓的方法和运作模式。希望大家在了解这些之后思维会越来越开阔，能够更加清晰的认识市场的本质，那样我们就很清楚未来在哪里？我们懂得短线博弈，适当的把握一些短线博弈，更重要的是抓到成长为王的个股，这才是我们的核心中的核心。

好了，今天的课程就到这里。希望大家都有好的收获，加油！新开始！新未来！新精彩！

2.2 中长线主力建仓策略

2018 年 5 月 2 日

学习须知：

1.主力小波段建仓策略会更加重视市场风口、热点题材、技术形态等作为狙击目标，在股价整理末梢区域买入；其建仓特点为花费时间不久，围绕一个价格中枢持续买入，一般会伴随底部形态出现；中长线主力是指持股时间 1～3 年以上的主力资金，因为持股时间长，面临的不确定性高，因此更加注重基本面、估值，只有优质成长股、蓝筹股才有中长线持股的价值；中长线主力建仓策略有成长型公司建仓策略和长周期运作的主力建仓策略。

2.牛散大学堂股威宇宙等级划分为：大学生级别。

课前综述：

大家好，今天是 2018 年 5 月 2 号，假期之后的第一个交易日，今天的走势还是蛮动荡的，股指看上去波澜不惊，个股分化却非常剧烈。

先分享一下今天的市场状态，随便打开 81、83（——上海、深圳综合排名）的话，涨停有，跌停板一大堆，说明今天的市场很不理想。你看这个83就更不用说了，那么多跌停的个股呢。原因呢，五一之前几个交易日，很多上市公司刚刚公布季报，有一些季报不是特别理想，直接砸跌停板，现在市场信心不是很足，导致了这种局面。所以，你说现在市场有风险吧，确实局部存在比较大的风险；你说有机会吧，确实局部有些个股，机会也是很明显的。

比如说光线传媒：

二、主力建仓策略

上周一个涨停，今天呢也是先抑后扬的。很多人会觉得，怎么回事呢？今天怎么还能阳线呢？其实也不难理解，毕竟上周出现了涨停，今天哪怕所谓的票房造假等一系列利空，但是他最终顽强收红了，这也从一个侧面反映出，这些所谓的利空对他的影响也就是盘中的一个低开下探而已，最终看他需要一个大的格局。所以从光线传媒顽强收红来看，我对创业板的这个思路还是维持原来的判断。

我们看现在的市场，不是说看一天两天的，而是要放到更高的高度去看，看当下的一个大的思维，我们抓几个关键点，光线传媒也好，东方财富也好：

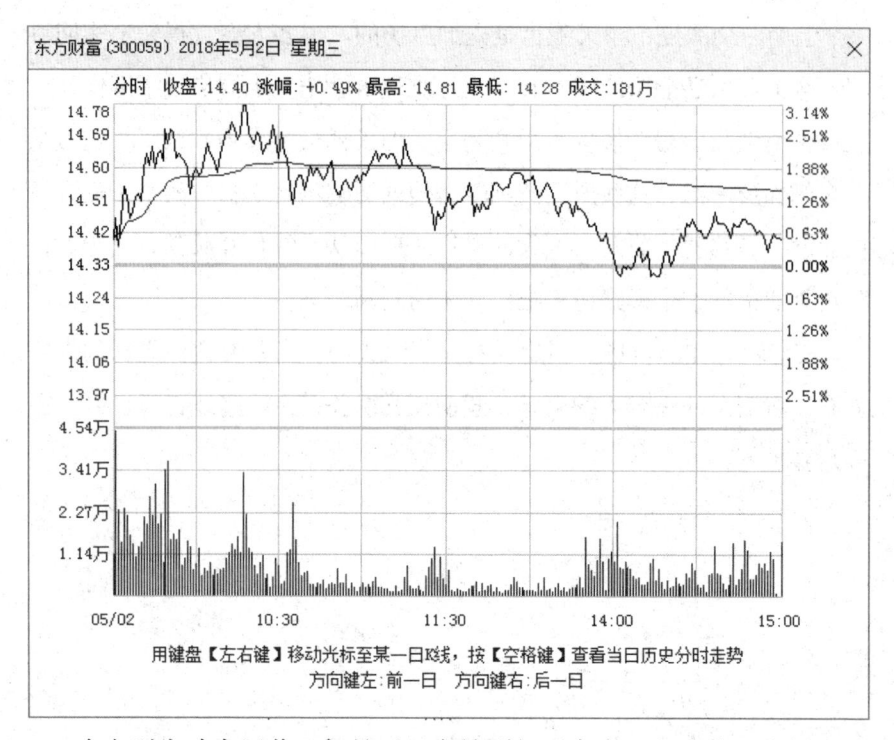

东方财富冲高回落，但是不经意就刷新了高点，很强势。在周末我写了一篇文章，大家好好去看一下，就是说，他们的季报表现不错，主营业务是同比增长的，因为他在券商这块儿有快速的发展，导致很多资金对他比较看好，你会发现它现在的走势，相对来说是稳中有进的，它不倒下你说创业板要倒的概率很小，你看创业板：

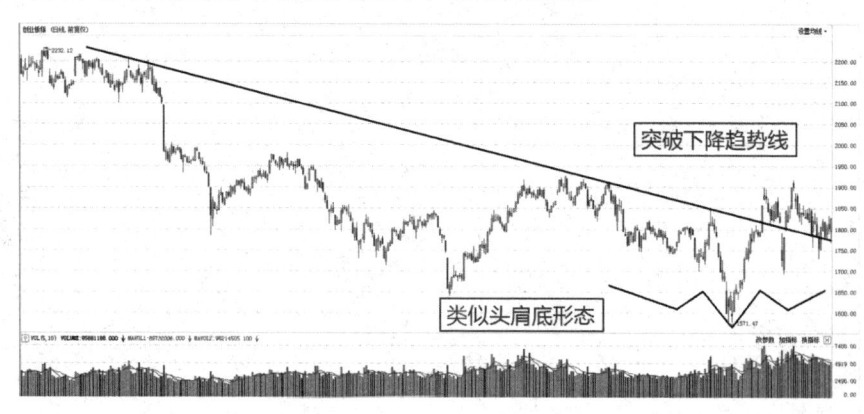

二、主力建仓策略

大的形态来说，它是一个底部刚起来的一种状态，接下来的走势肯定会反反复复，但不管如何，大的方向是没有什么问题的。

所以我依然看好整体市场演绎的格局，在这个阶段，很多机会会逐步地展现出来，当然这个过程是蛮煎熬的，因为有些个股分化非常厉害。这个时候大家看看中国软件：

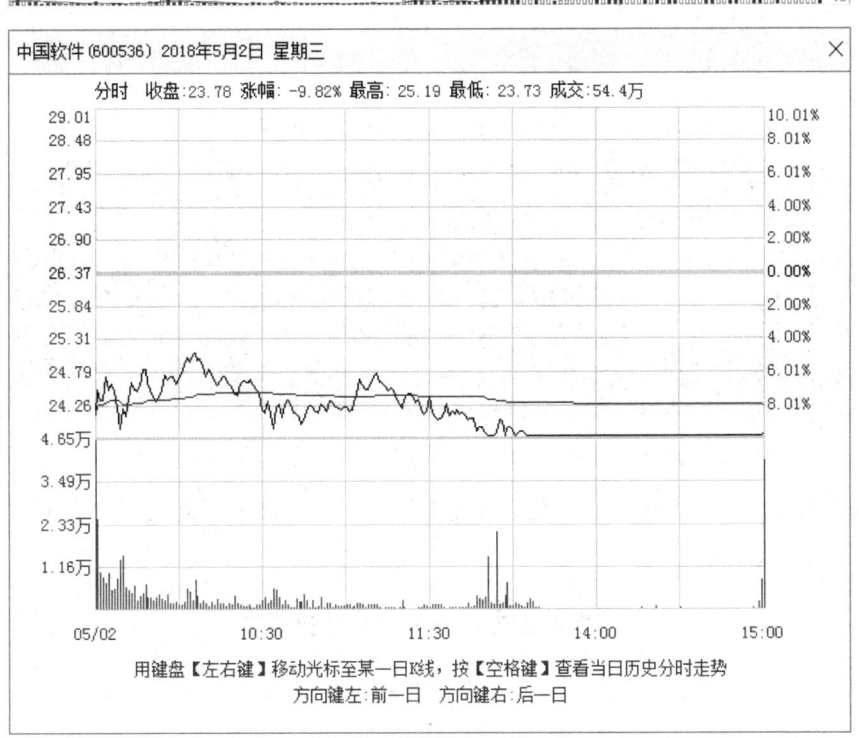

中国软件曾经也是跌得非常惨,从70度角下跌,到现在70度角向上,上周讲课的时候我就提醒过大家,当他70度角向上的时候,我们应该考虑的不是机会,而是风险了,为什么?因为70度向上往往会迎来剧烈的动荡,当然并不代表动荡后马上见顶,因为大多数个股见顶都是有反复的,像今天这种跌停,明天可能又涨一涨,后天又动荡一下,这个时候操作难度会加大,而这是一个非常好的拿出一部分仓位做差价的时候了。比如我做期货的时候,商品期货也好,股指期货也好,如果开始急拉,70度角向上,其实就是一个很好的高抛,或者反手做空的时候,理念是一样的。原因是什么呢?因为急速的上涨,意味着动能极速的宣泄,宣泄完之后会有一个动荡的过程。一旦动荡完的话那就沉静了,当然动荡、沉静之后会不会再次上攻呢?也有这种可能性,有时候可能性还很大,那就要具体个股具体分析了,比如基本面啊,盘面的动态啊,这就要我们整个融合了,这是一个盘面的功夫,不在这里细谈,但是这样的一个思路。

好,今天的一个主题呢,就是延续我们之前的主题:

主力建仓策略二

吴国平　牛散大学堂导师

为什么要讲主力建仓?我们认为现在是一个非常大型的底部区域,大家懂得了主力建仓,就会更懂得把握未来的机会。不同的主力有不同的建仓策略:

不同的主力,有不同的建仓策略

◇ 一、主力小波段建仓策略

◇ 二、中长线主力建仓策略

1. 主力小波段建仓策略

上一节我们讲了敢死队的一些手法，那么接下来我们进一步探讨中期的主力怎么去建仓，我们以自己的经验来给大家做一个分享。来看第一部分：

牛散大学堂

一、主力小波段建仓策略

1. 波段操作时间周期在几周几个月之内完成，一般来说，整个波段操作以不超过1年的时间周期为界定的较常见，具体建仓阶段，一般在几周之内快速完成；

2. 标的选取比较有题材特点的公司，相对长线投资而言，主力在操作上会更加重视市场风口、个股的热点题材、个股技术形态特点等，作为狙击标的；在股价整理的末梢阶段区域出手买入；

3. 在建仓后，短期会刻意维护股价不跌破重要的支撑位，遇到股价调整阶段，会做日内的洗盘整理；

微信公众号：吴国平财经　　新浪微博：吴国平财经

主力小波段操作时间周期在几周、几个月内完成，建仓标的重点是要选择一些有特点的，相对有唯一性的，或者一旦上涨能够让市场形成共鸣的标的。主力在操作上会更加重视市场风口，个股的热点题材、技术形态等特点，作为狙击的目标，在股价整理的末梢阶段区域出手买入。

那在建仓之后，短期会刻意维护股价不跌破重要的支撑位，遇到股价调整阶段，会做日内的洗盘整理。一旦建仓完毕，他的波动就慢慢趋于有规律，就好像区间动荡一样，比如说：

1.1 案例一：新劲刚

1.1.1 主力用区间震荡方式建仓吸筹

[图：拉升与派发阶段；建仓洗盘阶段新劲刚2017年7月17日-9月22日]

你看他的建仓区域的话，就是日线的区间动荡，在一定的范围之内波动，伴随着洗盘，建仓就意味着有一定的洗盘，所以为什么说越动荡越精彩呢？就是在一个区间动荡的过程中，拉一拉，跌一跌，反反复复，这是一个消耗里面存量资金的方法。因为对于很多资金而言，他们最大的敌人不是股价的下跌，而是时间的消耗，怎么理解呢？就是说股价的下跌还是可以忍受的，他会觉得跌着跌着差不多见底了，但是区间动荡不涨，其他股票在涨，这个是很多人无法忍受的。所以有些时候，他以区间动荡的形式，让一些存量资金在其中消耗完毕。另外很多资金也会觉得找到了一种规律，比如说你形成了一种区间买卖的思维，更愿意在相对高位的时候卖掉股票，但是，你一定会有一次是错误的，为什么？因为这是洗盘呐，这是建仓区域啊，到了某一时刻突然就拉上去了！所以你一定有一次卖掉之后他就涨上去了，如果你没有反手买回来的勇气或策略，你很可能跟这只股票失之交臂了。

所以为什么很多人有这个标的，他在波动的过程当中差价做的还蛮不错的,但是最终跟更大的机会失之交臂？因为他太专注于区间波动了,主升浪完全没有想到，或者说他没有一个完整的主力运作思维。当主升浪到来的时候，他完全没有预案，还是想当然的认为到了区间上轨就会下来，但事实上一旦向上突破股价就一去不复返了。

【学习温馨小总结】

△ 主力会运用区间动荡的方式吸筹建仓，同时伴随洗盘，这个时期很多人会忍受不了时间的消耗而出局，从而错失后面的主升浪。

那新劲刚的题材特点是什么呢：

他就是军民融合题材，这是一个阶段性反复炒作的题材，我们当然要跟军民融合的板块指数相结合来看啦。

一般板块指数比较强的时候，你去把握个股机会，赢面的概率比较大，所以你会发现，2017 年 7 月 18 日到 10 月底，这个是反弹周期，所以在这个过程当中去把握军民融合题材赢的概率是比较大的。

就好像我们做个股，如果未来市场指数整体向上，或者重心慢慢上移的，那你的赢面概率就会很大，是这样的一个逻辑。所以要先大后小，大的是一些市场指数，小的是一些个股，这样循序渐进，为什么我看好文化传媒个股呢？那是因为我认为整个行业会迎来机会啊，行业迎来机会，一些个股肯定会收益。光线传媒作为里面一个重要的标的，阶段性受益是很正常的，哪怕有一点利空也不会影响它大的基本面，除非这是毁灭性的利空。但是一般而言所谓的利空都不具备毁灭性。因为一般的利空是不具备毁灭性的，却可能给你一个逢低建仓的机会。

对主力资金来说，越低的时候他会越贪婪，特别是在建仓初期想逢低吸纳的时候。所以当你选择好标的物，当你有建仓的思维的时候，你可以在大阴线的时候参与进去：

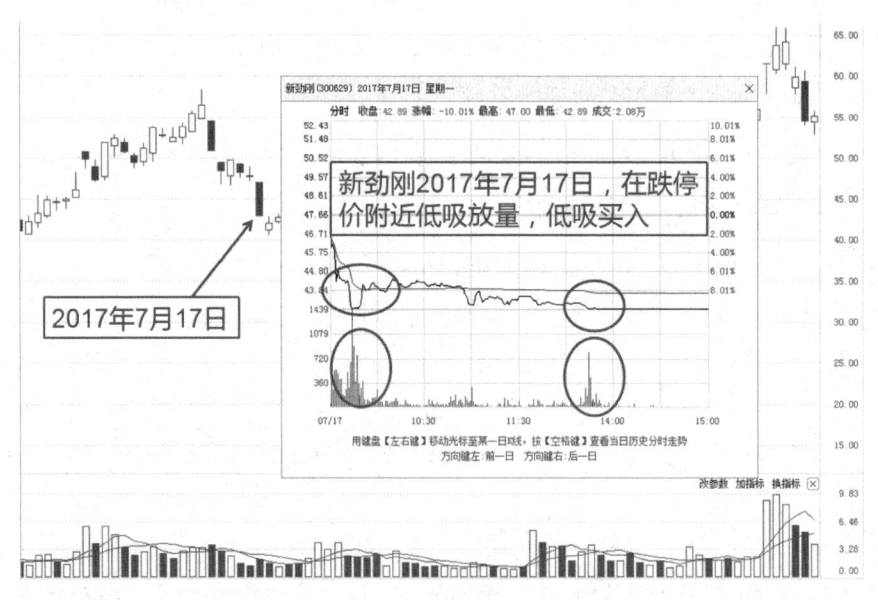

哪怕他是今天跌停，因为你是试探性建仓，买一点无所谓，找找感觉，第二天看怎么走，慢慢它越来越强了，后面再逢低加，直到有一天实质性的突破。所以区间动荡的时候，其实是给到你一个试盘的过程，就是买进去感受一下，这个时候你有仓位了，但是并不重，你可以跟里面的主力同步，等到他实质性突破的时候再加仓，而不是减仓。很多人是在实质性突破的时候拼命减，这是错的！

1.1.2 主力用放量大阳线突破震荡吸筹区间

当你瞄准这个标的，有建仓思维的时候，突破就是你加仓时机，所以有时候我跟同学分享，他问我一些在低位徘徊动荡的个股，什么时候可以加仓？我一般会回答，在涨停加仓。他再问我一句，为什么现在不能加，一定要等到涨停加？我只是想告诉他，涨停说明离真正爆发的时间很短了，甚至是到了爆发的这个阶段，所以涨停加，你就不必忍受这个阶段性动荡的煎熬。你在区间动荡也可以加，但是如果你加的太重，可能这个动荡对你就是一种杀伤，会有反作用力了。一天、两天你能忍受，那一个星期、一个月就不耐烦了，两个月就更受不了了，所以有时候这个过程会把你耗死！为什么我说涨停加仓？你不要以为涨停就买高了，有时候涨停对应未来的空间只是开始！

就好像我之前做的新经典一样，当时加仓的时候，我的客户就不太理解。

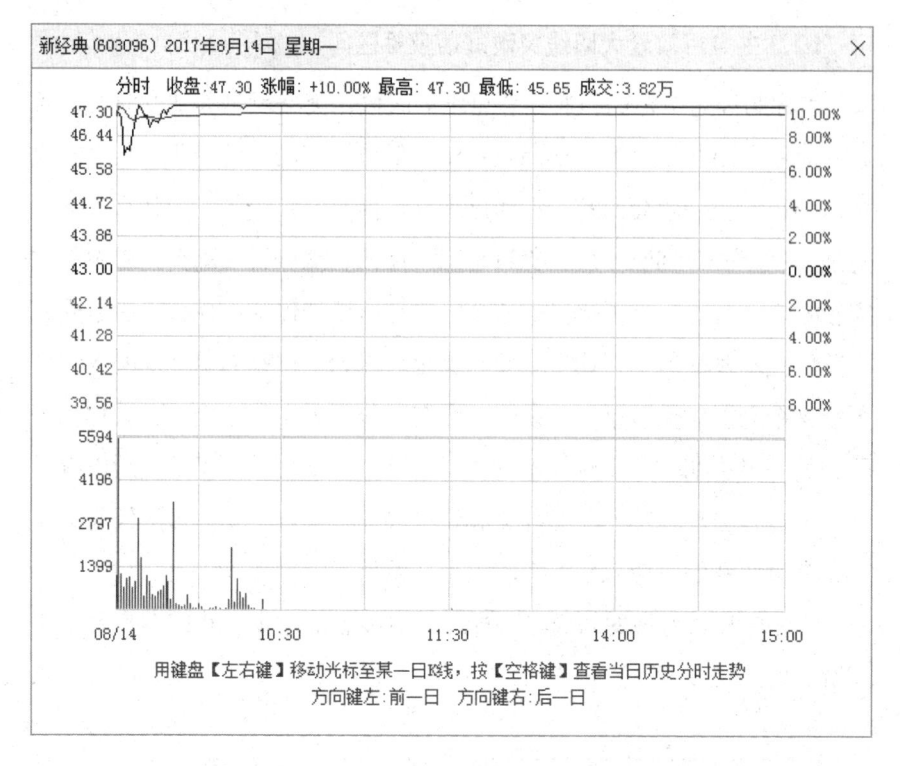

[图：新经典(603096) 2017年8月14日 星期一 分时走势图，收盘47.30，涨幅+10.00%，最高47.30，最低45.65，成交3.82万]

我在涨停拼命加仓，他就问我，吴老师这里加是不是追高了，会不会被套啊？这是最近几个月最高价了，为什么不能在区间内加呢？我回答说，这个涨停是一个确认信号，这时加仓无非是我们成本抬高十个点，这时加我们是确定的。如果区间内加，股价也有可能选择向下探一下啊，那时候岂不更难受？还不如我让给市场十个点，涨停确认加就很舒服，而且如果你的格局足够大，你就看得到未来；但是如果你的思维很小，格局不够大，你看到的就是短期的高点。事实上，这个涨停对于后面的涨幅来说就是启动点，40多块到现在80多块了，那这个绝对是启动点啊！

我们追求的目标是让利润最大化，但是千万不要让自己养成患得患失的心理，过度在乎一城一池的得失，你在操作上一定会缩手缩脚，一点的波动都可能让你不知道怎么办。所以在这个市场，认清市场风险后

二、主力建仓策略

的操作要有格局，果断甚至凶狠。很多人不理解的事情，你去做了很多时候反而是对的，为什么呢？因为市场中只有少数人是赢家，如果大多数人都觉得正确，反而是有风险的。所以有些时候运作要学会反向思维。

【学习温馨小总结】

△ 主力在建仓洗盘之后会用凌厉的拉升快速脱离成本区域，许多人热衷于做区间的高抛低吸而错失个股的主升浪，所以我们必须要拥有主力运作思维，懂得在突破时加仓，尤其是涨停突破之时，因为主力用涨停来进行底部区域的突破，说明了其拉升决心之坚定和较为彪悍的操作风格。

继续看下新劲刚这里：

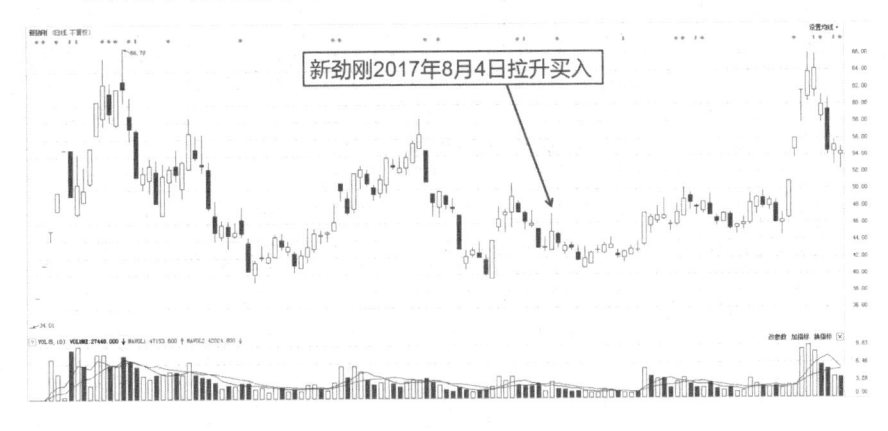

145

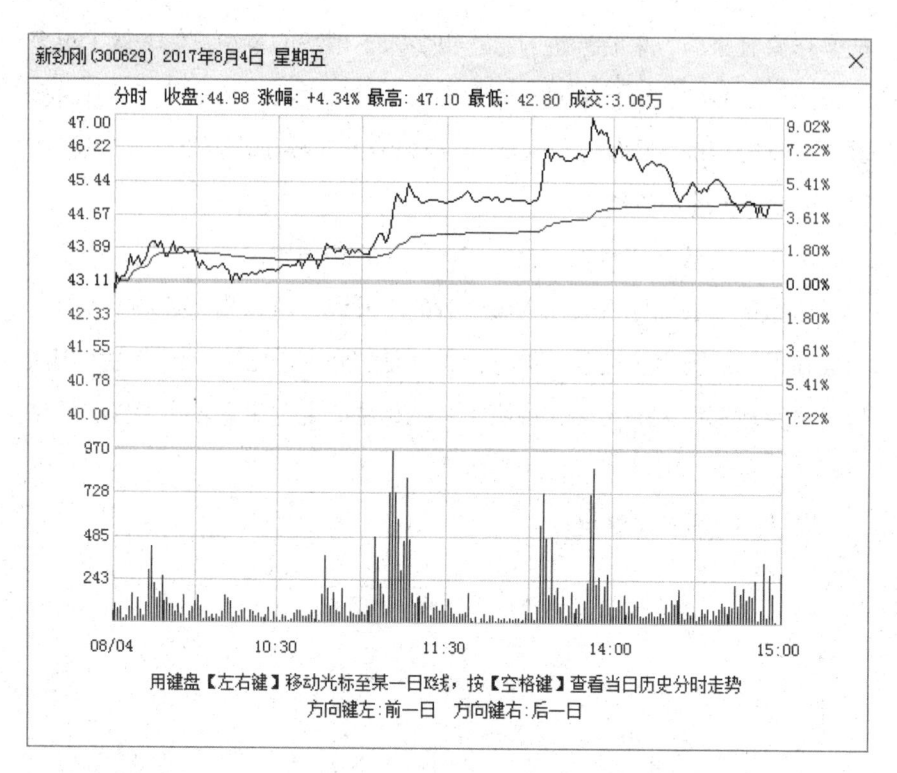

这个过程当中，不时伴随着拉升，你看盘中接近涨停了。后面的两个涨停其实都是是加仓点，你看：

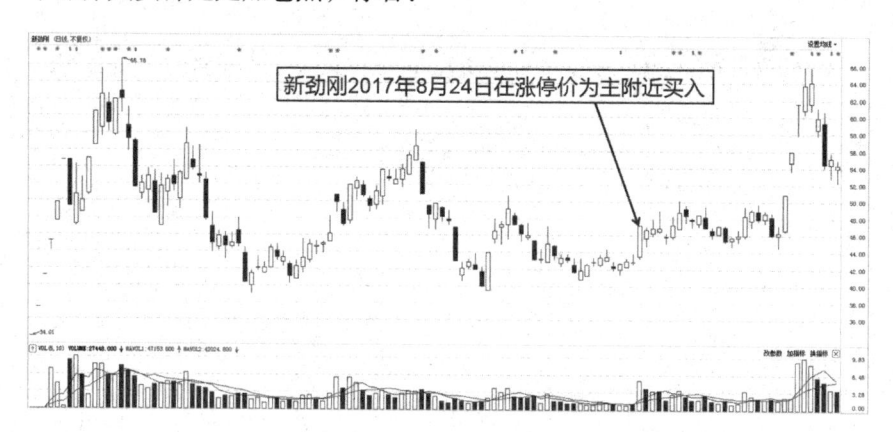

二、主力建仓策略

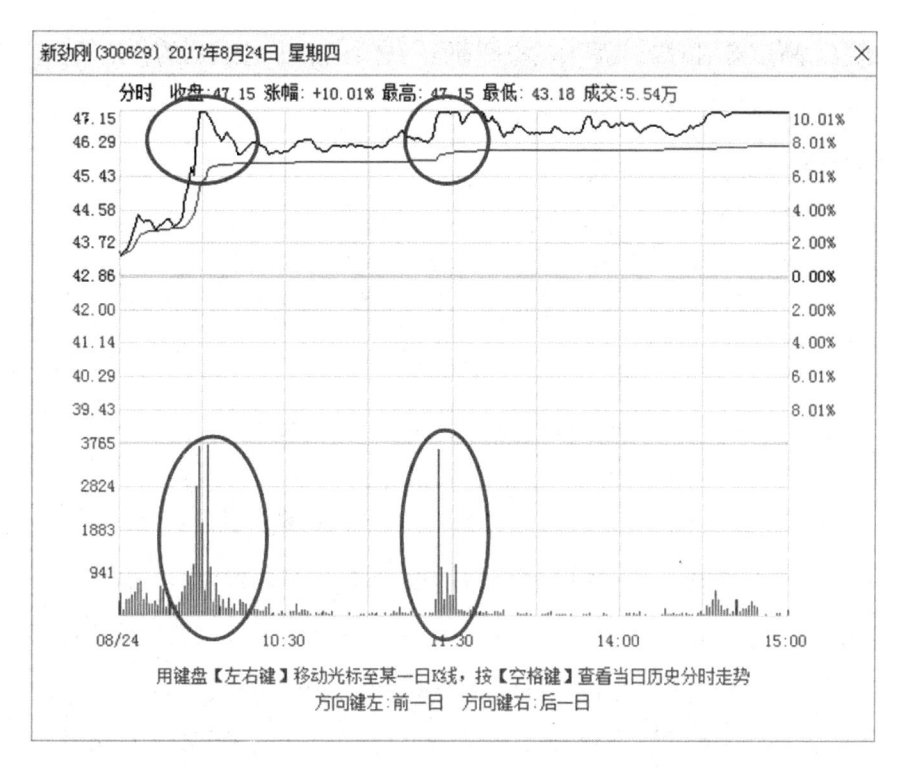

我们为什么说低位建仓区域涨停就是加仓的时机啊。

1.1.3 主力建仓区域会形成底部形态

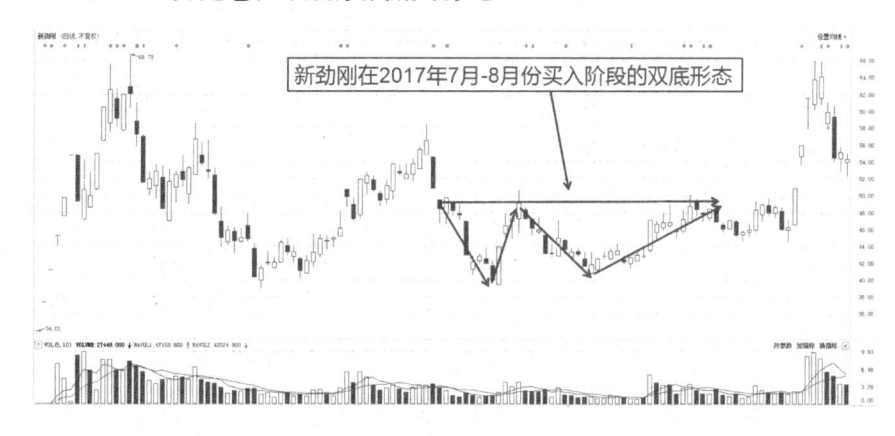

每一只个股在他的底部区域，都会形成一个不错的底部形态，你看这里是双底形态，后面涨停加仓点，再后面基本上不给你回档买入的机

会了。所以有时对未来后面的空间而言，这个涨停价格就真的就是低价。

好，我们继续来看：

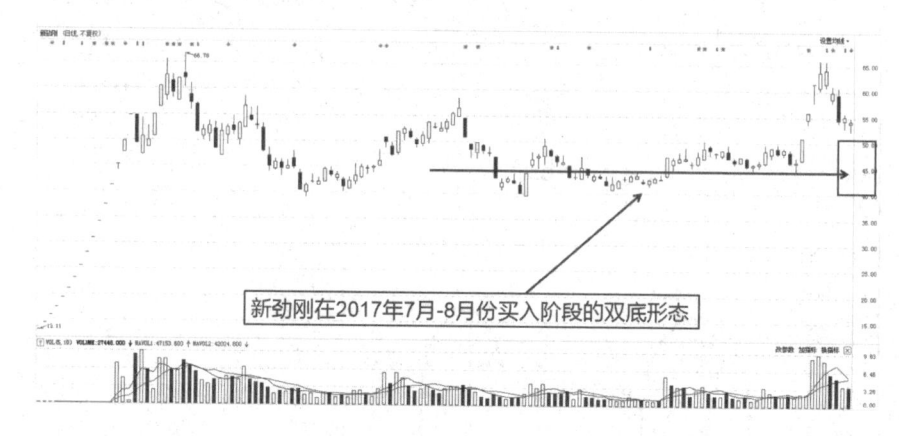

新劲刚在2017年7月-8月份买入阶段的双底形态

拉升之前呢，建仓区域在这个区间内波动，让你养成一个高抛低吸的思维，当你养成了这个习惯的时候，主力的机会就来了。所以看看刚才讲的新劲刚，包括新经典的底部区域，你就能理解建仓区域的波动是怎样的波动，如果你要再看细一点，可以打开那个阶段的分时图来看，最终你把每一天的K线分时图都去感知一下，感知他当时波动的脉搏，你感知的越多，你的盘感越会慢慢提升。当然这个感知不只是看他怎么波动的，你还要感知他波动状态背后的东西，感知他前面跟后面是怎么联动波动，还有结合当时的市场背景去整体的感知，慢慢地你对这只个股的敏感度会不断地增强。

虽然每一个主力资金建仓时在盘面表现不完全一样，但是，每一个主力资金的思维、思路本质上是相似的，这个相似的背后一定会营造出一些图形来，很多时候这个图形就有相似性。当然每一个主力资金运作手法不一样，所以在展现的过程中会有差异性，有些是双底，有些是头肩底，有些是圆弧底，不管怎么样，都是底部形态，所以我们要通过形态，去感知这些个股未来上涨的力量，这个是形态学了，是用技术来辅助了，大家可以去看我的操盘论道五部曲其中的一本，专门讲的形态，里面谈到了一个能量转换守恒定律，我自己首创的，是说形态是怎么样的能量转换，以后有机会我再跟大家展开讲。我们融合这个东西，你就能看的更加清楚，一旦上涨他的力量有多大。不同底部的个股，他的形态不一样，也就造就了未来空间也不一样，并且他的行业，他的基本面不一样，未来的空间也不一样。

但是记住有些形是相似的，就好像我刚才说的，神可以不一样，形是相似的。

【学习温馨小总结】

△ 当你想介入一只个股时，可以查看个股某一阶段的K线分时走势图，感知主力的运作思维和习惯，这样能够更好把握时机，获取收益；

△ 由于主力在底部建仓中的思路本质上是相似的，所以会有一些相似的底部形态展现出来，我们通过这些底部形态来研判其未来上涨空间，但是基本上只有成长股才会步入一个长期上升通道，也就是说基本面才是决定股价走势的最本质因素。

1.2 案例二：昭衍新药

案例2：昭衍新药波段吸筹拉升

○ 引爆点：

○ 1. 医疗改革刺激了资金对医药板块风口的炒作持续性，板块有持续性，个股才有走波段上涨的机会。

○ 2. 医药独角兽药明康德在A股上市，相关概念股有炒作的可能，昭衍新药属于医药临床前研究CRO公司。

1.2.1 主力波段建仓、拉升全景

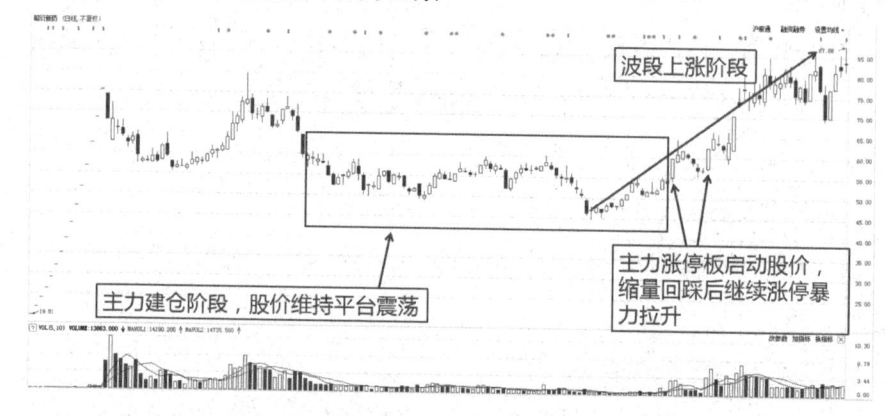

图中标注：
- 波段上涨阶段
- 主力建仓阶段，股价维持平台震荡
- 主力涨停板启动股价，缩量回踩后继续涨停暴力拉升

他是不是跟刚才的新劲刚有类似的地方，你看都是一个底部反复，而且反复到最后他还来了一个创新低洗盘的走势，无非是形态上，新劲刚没有创新低直接上了，他是再往下一点点，形态上来可以理解为一个复合多重底，就是右边的底比左边的底低了一点，但是整体模式，套路是相似的。他真正的启动点也是涨停突破的这个阶段，你看他涨停突破后还洗了一下，后面就开始一发不可收拾了。

所以，每只个股底部建仓一定会伴随着反反复复，你判断它是不是底部建仓，很重要的一点要结合它的基本面，你认为基本面有没有价值？在新经典40块钱左右我认为是底部，是因为我对它基本面的判断，我认为是低估了，同时图形又出现了底部建仓的形态，那我基本上断定，这应该是一个很好的低吸建仓的阶段，当然也有极限的风险，就是市场环境不配合，他可能再往下杀十几、二十个点，这个风险我们要有预判。

昭衍新药这里为什么会下杀？肯定是跟当时市场环境有关系。当时市场环境不是特别理想，所以还会有一个下杀的动能，但是这并不代表区间前段部分没有吸纳筹码，只是市场不配合就顺势洗一洗，然后市场环境一配合，就涨上去了。因为在每一个主力的运作过程中，他也要随机应变，不是一个僵硬套路，有些时候要跟随盘面，市场是好是坏，借

二、主力建仓策略

其势。什么时候拉升，什么时候涨停，也要找到适合的环境，这样才能够用最小的兵力达到最大的效果。最怕的就是硬上，硬上有一个先决条件，就是你的资金实力足够庞大，但是这种硬上涨得快，跌得也快，因为市场不认可啊！往往市场认可的是波段向上，你会发现涨的过程中，反反复复波段向上，这样资金就会前赴后继地涌进来，进入一个良性的上涨循环；最不良性的就是急涨急跌，行情一来，大家急速拥进去，跌的时候只剩下一地鸡毛，所以我一直提醒大家，你要警惕它接下来会有一个平衡，这个平衡就是还债行情，一旦还债的话，时间空间各方面消耗也会比较大。

就好像曾经的方大炭素：

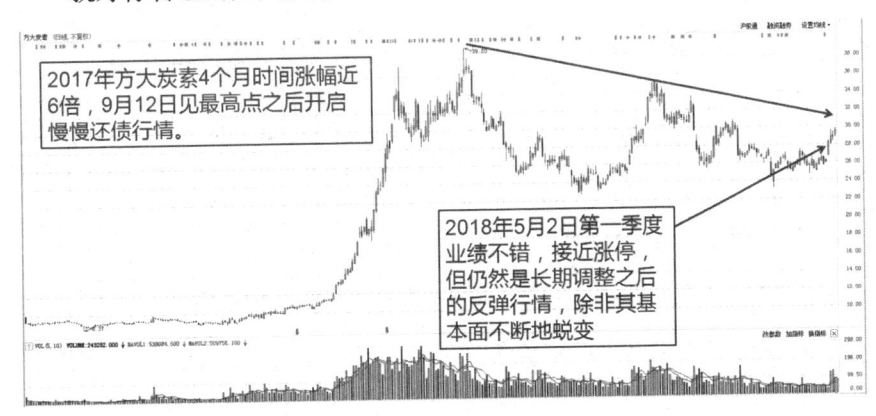

2017年方大炭素4个月时间涨幅近6倍，9月12日见最高点之后开启慢慢还债行情。

2018年5月2日第一季度业绩不错，接近涨停，但仍然是长期调整之后的反弹行情，除非其基本面不断地蜕变

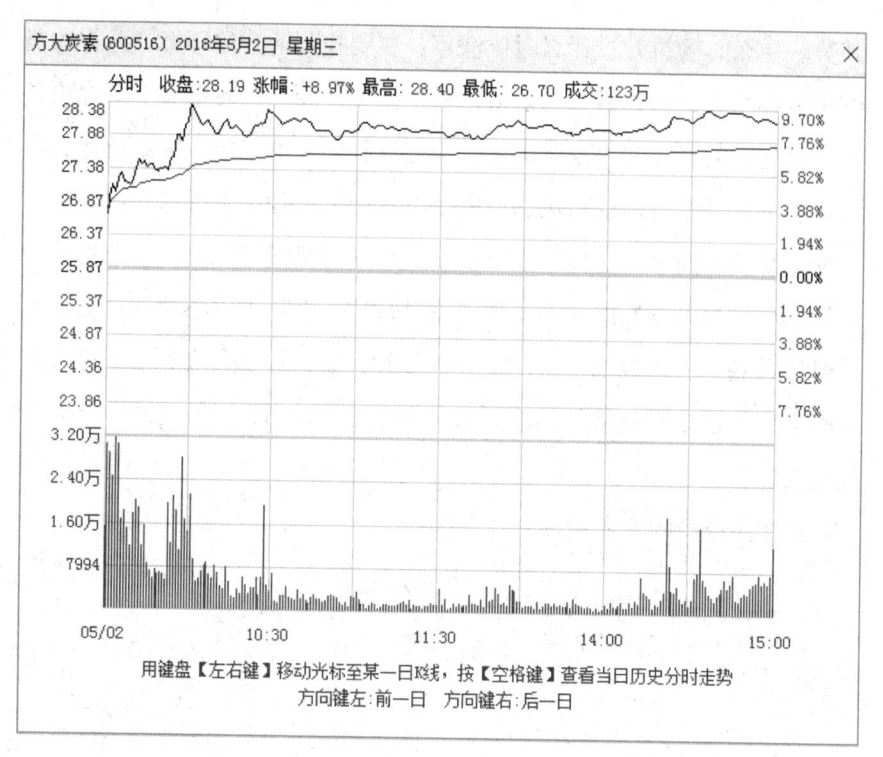

你看这波行情，来的非常快，可以说把几年的行情一下子吃完了，那之后就是消耗咯，所以2017年8月份到现在，基本都是一个调整的态势，哪怕今天第一季度报表不错，接近涨停了，也没有办法去刷新前期的高点，为什么呢？因为之前这个行情来的太猛了，所以后面属于一个还债行情，他如果真的要创新高，一定要基本面不断地蜕变，才能再创新高。目前来看，他依然还是一个阶段性调整后的反弹行情，还是一个还债的过程。假设你高位进去到今天，一直套到现在的话，那基本上该磨死的人都会磨得差不多了。磨得差不多，那他不时脉冲一下，也就合情合理啦，像今天的这种波动，很明显就是短期资金突袭一下，借利好，第一季报不错，大家干一下，如果我是里面短线资金的话，我肯定明天就出了，或者是前几天的阴阳K线先建点仓，今天涨停已经出了大半了，明天就全跑路了，后面有没有可能接力呢？那是其他资金的事情，跟我

二、主力建仓策略

没关系了，这个短线资金已经大功告成，完成任务了。

【学习温馨小提示】

△ 如何发现一只成长股在底部建仓，我们可以先寻找具有底部形态的个股，然后深入挖掘其基本面是否具有持续增长潜力，最后再对盘面进一步仔细观察来综合判断；

△ 主力在建仓区域会随大盘调整而挖坑，其目的有两方面，其一可以更低价格收集筹码，其二可以在建仓末端顺势洗盘；

△ 一些题材或者周期股借利好急速拉升之后经常是漫漫的还债行情，其时间、空间的消耗都会比较大，这类还债个股我们要谨慎介入；

1.2.2 主力的建仓条件：暴跌与逆境反转

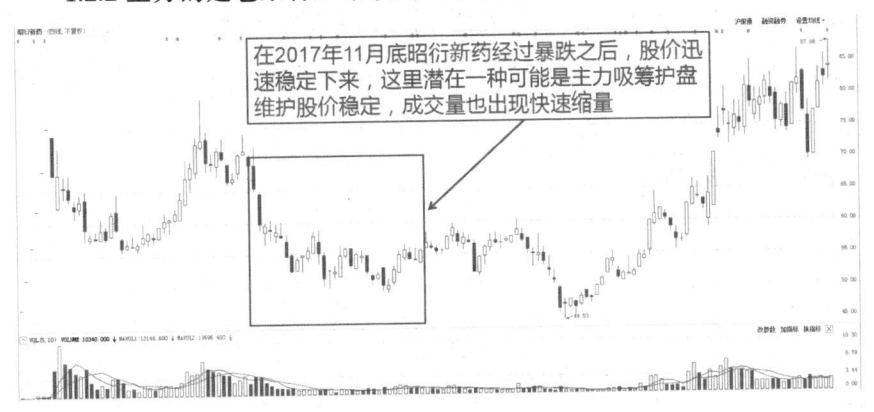

在2017年11月底昭衍新药经过暴跌之后，股价迅速稳定下来，这里潜在一种可能是主力吸筹护盘维护股价稳定，成交量也出现快速缩量

你看昭衍新药，其实每一只个股的建仓区域往往都是经历了暴跌的，暴跌就是风险的释放，新经典是，新劲刚也是。所以什么是建仓区域呢？那一定是之前已经跌了一波，跌的够惨，市场已经绝望了，这时新的资金才有兴趣嘛，这个时候进去等于是拿带血的筹码，而且这时成本比之前还要低，这个建仓就非常爽，而不是直接在高位去接棒。比如说新经典开板后由60元跌到38元，刚开板的时候进去的话，那就不是主力建仓了，而是主力接棒，接完之后直接做到120元或者多少，是这种手法的。那建仓呢，一定是发生在相对低点的，并且这些建仓的筹码往往都是血

淋淋的。

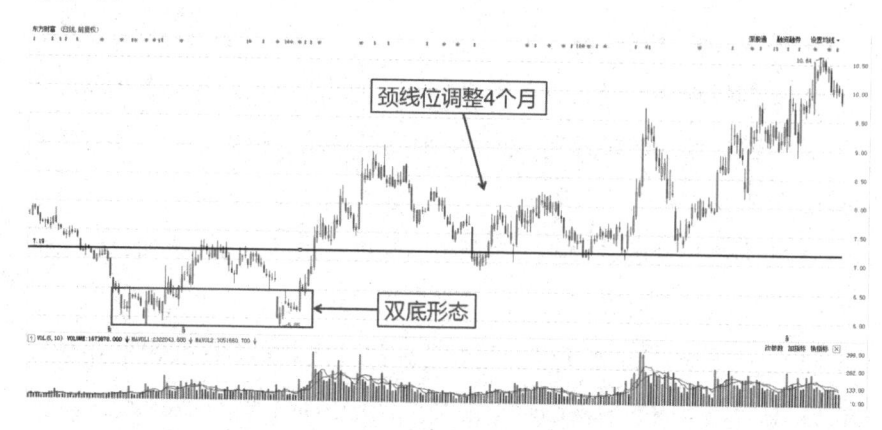

就好像东方财富的筹码一样，你看这个底部区域：是不是带血的筹码？双底形态折腾了一段时间就上来了，而后调整整理了很长一段时间，某种意义上来说也是建仓区域，因为位置比较低嘛，筹码也都是带血的，现在慢慢上来了。

还有光线传媒，你看：

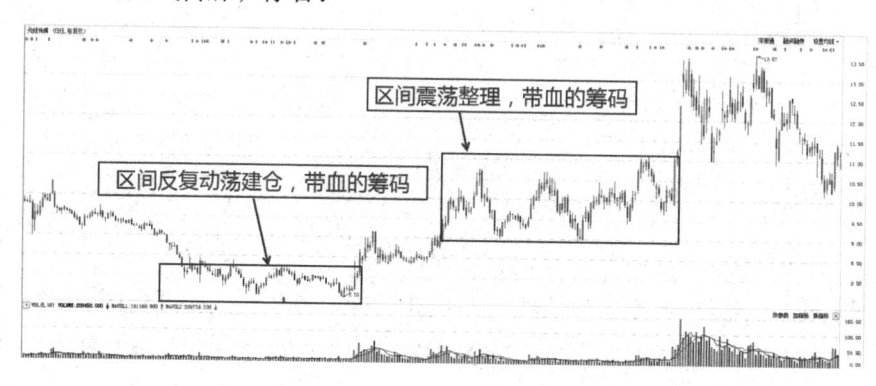

这个区域也是带血的，七八块钱的时候反复震荡，到了后面这个平台，又是吸带血的筹码，之后再上一个台阶，现在下来了。所以你会发现主力的建仓波动都是一种区间的演绎模式，因为区间就说明动荡，你动荡的越厉害，区间持续的时间越长一点，接下来一旦爆发，他的能量也就会比较大。

就好像方大炭素一样，你看：

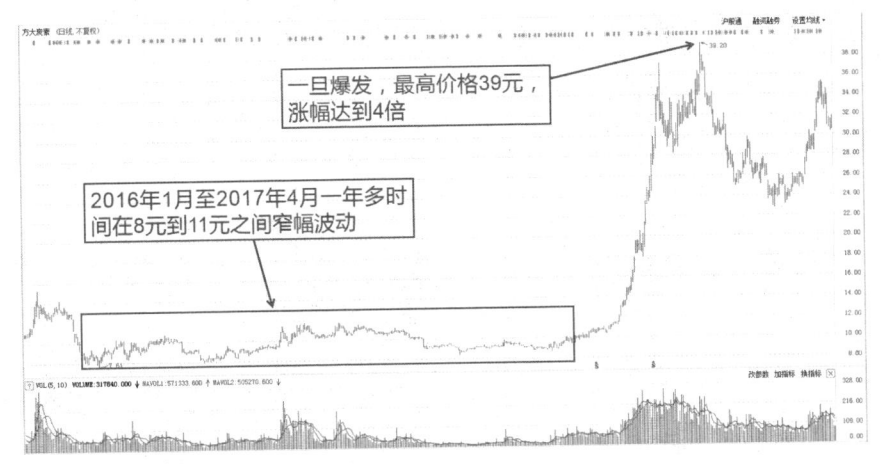

一旦爆发，最高价格39元，涨幅达到4倍

2016年1月至2017年4月一年多时间在8元到11元之间窄幅波动

他这波行情那么大，是因为从他的区间动荡来看的话，是从2016年1月开始，一直动荡到2017年4月，一年多时间跨度的区间反复动荡，那么大的一个形态，价格也就是8块到11块之间窄幅动荡，当时很多人定义这只股为死股，就是买进去基本上仅微幅波动，然后就没戏的个股。最终，死股变为宇宙第一牛股，那是因为他在低位的时候，积蓄了足够大的能量，然后迎来了基本面的蜕变，那就变成了市场极度的情绪上的宣泄。本来这家公司是没人看好的，突然之间听说他赚了很多钱，那他的形象就出现了一个360°的大改变，那市场会怎么样？他的情绪就会宣泄，展开报复性的反弹。

再举一个从一个极端到另外一个极端的例子，比如乐视网，现在的市场形象是一落千丈，大家都知道贾跃亭负债累累，翻身的概率貌似很小，但是假设有一天他新能源车卖得很火了，把债还了，上市公司又注入资产了，那市场会怎么样呢？那某一个阶段一定会出现爆发性的宣泄行情。这个宣泄行情肯定类似方大炭素，从一个低点一下子涨了几倍，都是完全有可能的。当然这个前提是他的基本面发生极大的蜕变，这才有可能。所以有一种机会，专业术语叫做逆境反转，就是本来他是差到极点的，大家没抱希望的，这个就是逆境，但突然之间反转了，业绩突然暴涨，受益于涨价或行业政策，或者他自身的努力。情况逆转了，市场就会给他重新评估，这就等于乌鸦变凤凰，天壤之别了！原来只卖5块钱的，现在要卖25块或者50块了，这个机会就真的是可遇不可求的。

逆境反转有没有呢？中国软件就是如此：

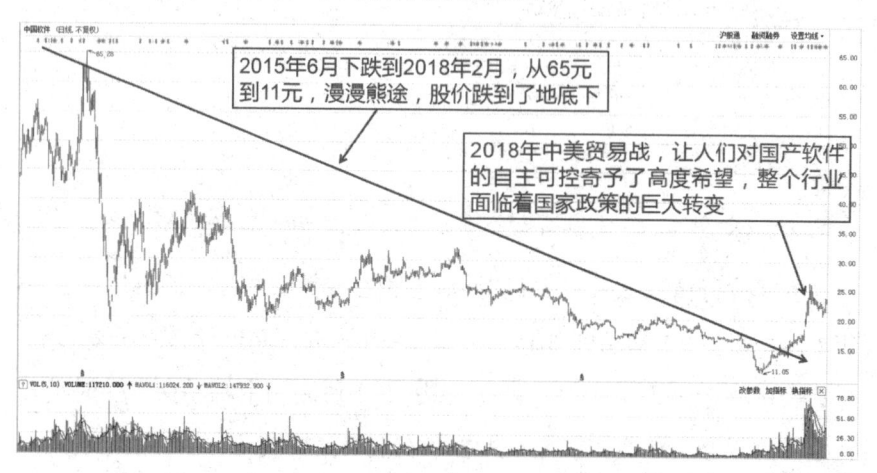

(图：中国软件股价走势图)
- 2015年6月下跌到2018年2月，从65元到11元，漫漫熊途，股价跌到了地底下
- 2018年中美贸易战，让人们对国产软件的自主可控寄予了高度希望，整个行业面临着国家政策的巨大转变

本来股价是踩到地底上了，突然之间行业状况发生了变化，逆境反转，来了一个70°反转的形态。你说他在近几个月基本面发生蜕变了嘛？肯定没有，但是因为大家对他的预期发生了逆转，股价就反映出来了。未来基本面如果真的逆转了，两者融合共振，那么它现在的拉升就只是小荷才露尖尖角了。当然，前提是基本面要逆转，如果不逆转，可能宣泄差不多就进入反复了。

所以你就会发现，乐视网：

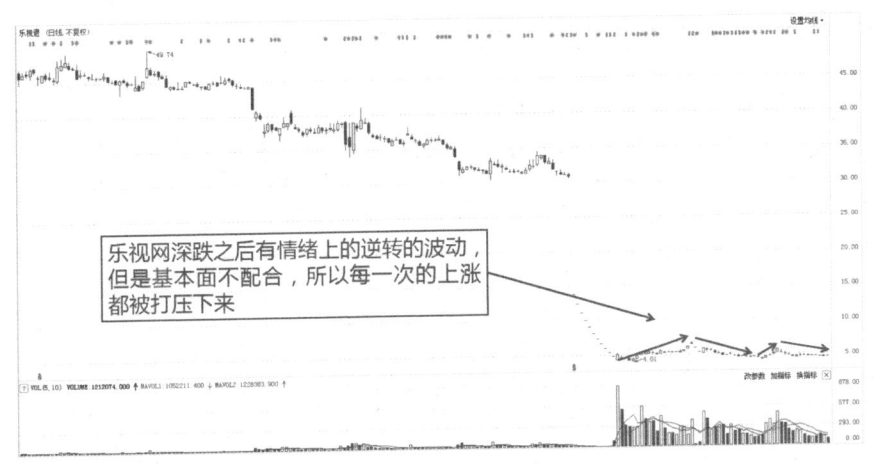

乐视网深跌之后有情绪上的逆转的波动，但是基本面不配合，所以每一次的上涨都被打压下来

它有没有这种波动呢？你看它前期有情绪上的逆转的波动，但是基本面不配合，所以还是跌下来了，每一次的上涨都被打压下来就是因为基本面不配合，单独情绪的逆转是没有用处的，只能影响一时。但是如果基本面也发生逆转，两者一共振，就变成了戴维斯双击，那呈现的效果是非常之可观的。

【学习温馨小总结】

△ 大多数的建仓区域往往都是经历了股价的暴跌，风险充分释放之后，主力进场拿带血的筹码，建仓会以一种区间震荡的模式演绎，动荡的越厉害，区间持续的时间越长，一旦爆发后它的能量就会越大；

△ 困境反转有两种形式，一种是单纯的情绪上的反转，这种反弹很容易又回到起点；另一种是公司的行业空间或者业绩发生巨变，从而导致业绩和股价的戴维斯双击，使得股价发生一个真正的转折；

1.2.3 判断主力的建仓的辅助工具：股东人数

那么在博弈的过程当中，你一定要看一些辅助数据。比如说他的股东人数：

在 12 月 31 日—1 月 31 日期间，股价维持横盘震荡，但是股东人数急剧减少，筹码越来越集中，主力吸筹明显。

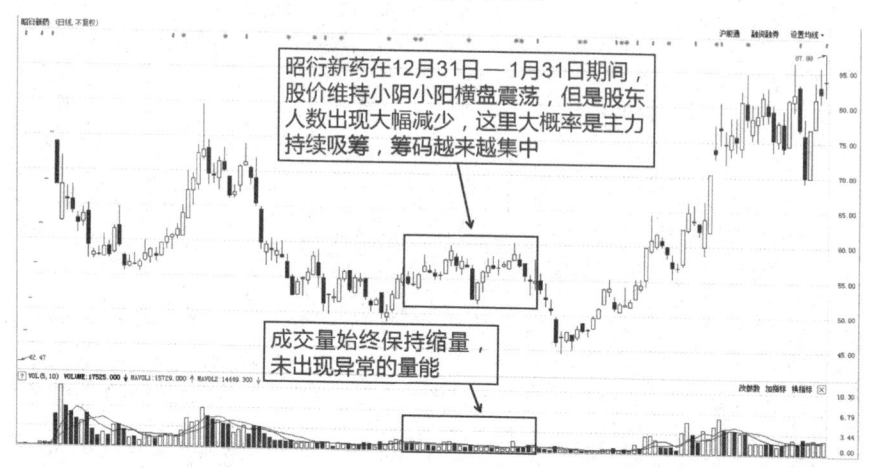

昭衍新药在12月31日—1月31日期间，股价维持小阴小阳横盘震荡，但是股东人数出现大幅减少，这里大概率是主力持续吸筹，筹码越来越集中

成交量始终保持缩量，未出现异常的量能

你看昭衍新药在区间动荡的时候，我们从一些侧面数据，比如说股东人数去进一步验证，如果他的股东人数没有增加而是减少了，那么这个区间建仓的思路就是正确的。为什么我们避免片面地去看一些个股？只看到这里指标背离了，那里指标见顶、见底了，不是的，你要看他的基本面和其他的一些信息，如果综合起来都是指向底部或是顶部的话，那这个判断的概率就会越来越大，只是一个方面，并不能说明全面的问题，比如说这个概率可能达 30%，但是如果再加其他方面的东西，就变成 40%，60%，70%，概率就变大了，这是一个综合考虑的问题。

所以呢，当你发现相对低位的时候，他的股东人数也在减少，盘面经常不时地异动，这些都是给你辅助判断的工具。

二、主力建仓策略

你看他的股东人数：

2017 年 9 月 30 日—2018 年 1 月 31 日期间，股东人数急剧减少。

变动日期	股东总人数	较上期变动	A股股东数	B股股东数	H股股东数
2018-06-30	6805	-21.11%	6805	--	--
2018-03-31	8626	+5.12%	8626	--	--
2018-01-31	8206	-14.53%	8206	--	--
2017-12-31	9601	-34.1%	9601	--	--
2017-09-30	14568	-38.46%	14568	--	--
2017-08-25	23674		23674	--	--

股东人数不断的减少。就好像新经典一样，他上涨的过程当中，你如何研判主力是不是在出货呢？你看他的股东人数，他的股东人数不仅没有扩张，而且在不断地减少，那你拿着他就会淡定一些，为什么？这说明里面的人，散户在走，更多的机构在集中筹码，也就是说看好的人还是很坚定的。如果底部区域股东人数在不断地减少，说明在这个过程当中，时间对散户来说是很有杀伤力的，散户一两个月，两三个月受不了了就走了，那么谁进去了呢？你要思考，你再去分析股东的结构怎么样，未来题材怎么样，你一步一步地推导，推导出未来可能的引爆点。

我们继续来看：

在收集筹码差不多后，主力借大盘调整之际，顺势缩量洗盘。

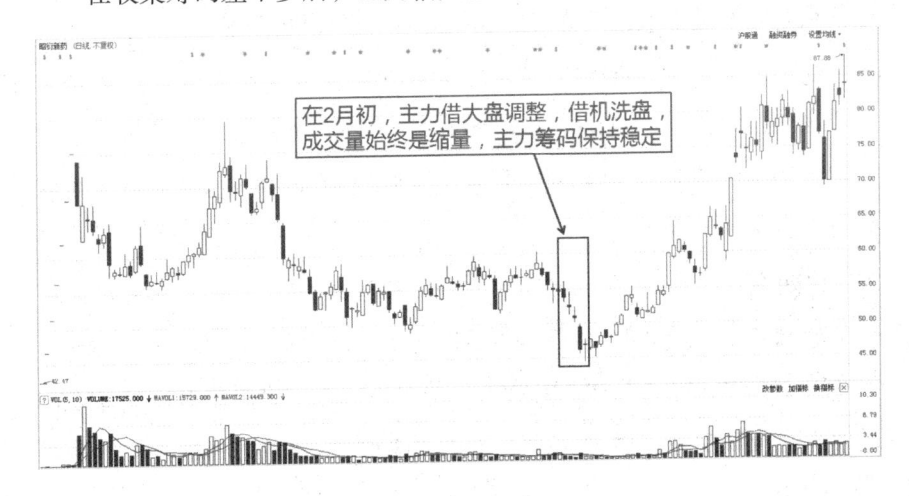

在2月初，主力借大盘调整，借机洗盘，成交量始终是缩量，主力筹码保持稳定

159

你看股东户数减少了，筹码收集差不多了，还是再挖了坑，洗盘后再上。你看洗盘的过程当中，我们来看2月7日的分时图：

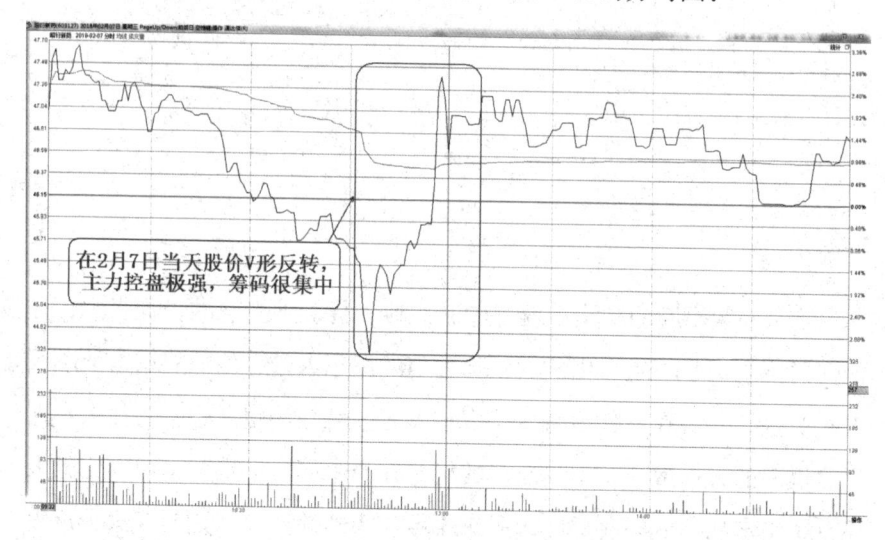

在2月7日当天股价V形反转，主力控盘极强，筹码很集中

你看这天股价"V"形反转，主力控盘极强，筹码很集中，洗盘完毕，拉升在即。

这时很多人就说了，财报披露滞后怎么办？其实无非滞后个两三个月，对你来说还是很有价值的，为什么？因为你可以对比、分析和思考，比如说这滞后的两三个月的涨幅对于建仓的几个月来说涨幅不大，也就是获利空间不是很大，那你可以继续采取一种跟随策略嘛。

另外还有个小小的技巧，很多上市公司股东人数的变化不是等到季报或半年报才会公布的，他每半个月也会公布，如果你有心的话，不论是上海还是深圳的交易所，你可以在互动易里面咨询，有些上市公司会告诉你最新的股东人数。

比如说新经典，你只要去问，他都会跟你说我还有多少人，这样对你的研判非常有帮助的，也就是说这时你滞后的时间无非是半个月而已，半个月对你来说已经是非常有参考价值了。所以很多时候有问题是正常的，但是出现问题，你有没有想出可以解决的方法？好像刚才说的滞后的问题，其实市场上已经有解决的方法，另外，这个滞后数据对你研判一些个股来说，他的走势是底部区域还是什么区域，你看不懂的时候，依然还有很大的研判价值的。我刚才强调了一点，股东人数等等这些东西只是其中一个辅助工具，这个工具如果你觉得太滞后了，你可以找其他的工具，然后综合研判就可以啦！你越是看得懂，你就越有信心，如果你看不懂，自然你就迷茫。

【学习温馨小总结】

Δ 我们要用技术指标、筹码集中情况、基本面以及盘面表现来对底部区域进行综合研判，提高胜算概率；

Δ 财报披露的股东人数会有滞后性，有些上市公司会有近期股东人数即时发布供投资者查看，有些可以通过互动易等问询答复；

1.2.4 主力的建仓完毕后的涨停拉升

你看这里杀跌之后：

股价迅速收回，股价强度好，主力控盘力度强，走势很流畅，那后面就开始走出主升浪了，所以呢，当他的股价迅速收回的时候，你看强势的时候：

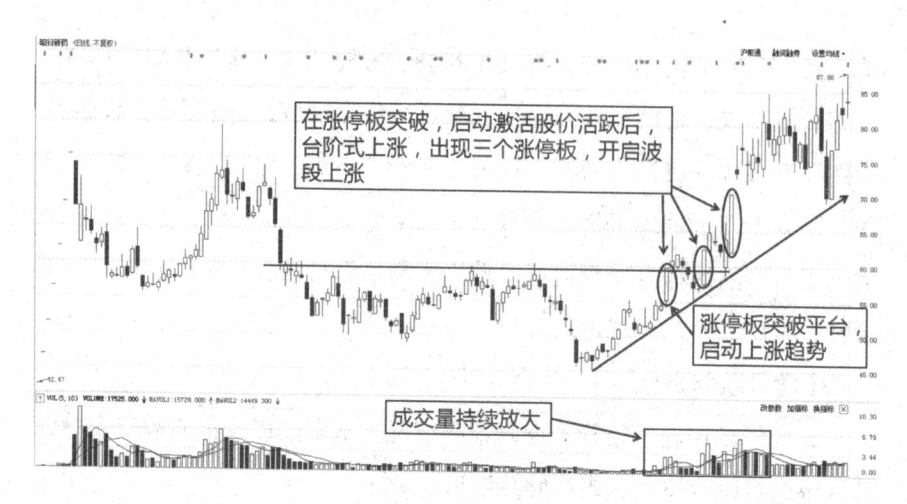

底部区域越是创新高的时候，你不要想着怎么去高抛，而是想着什么时候去加仓，这个加仓点就是涨停启动法，你看到涨停启动加进去，那你就很舒服了！当然涨停启动有时候它会再洗一洗，很多人在涨停启动阶段追进去了，第二天冲高没出，后面三根阴线就把他洗出来了。这也很正常，股价的波动千变万化，你涨停进去了，首先要有个思路：我是怎么进法？这个涨停之后为什么回落？

每一个涨停的背后，他的分时走势肯定是不一样的，比如说昭衍新药，我们看一下这个涨停：

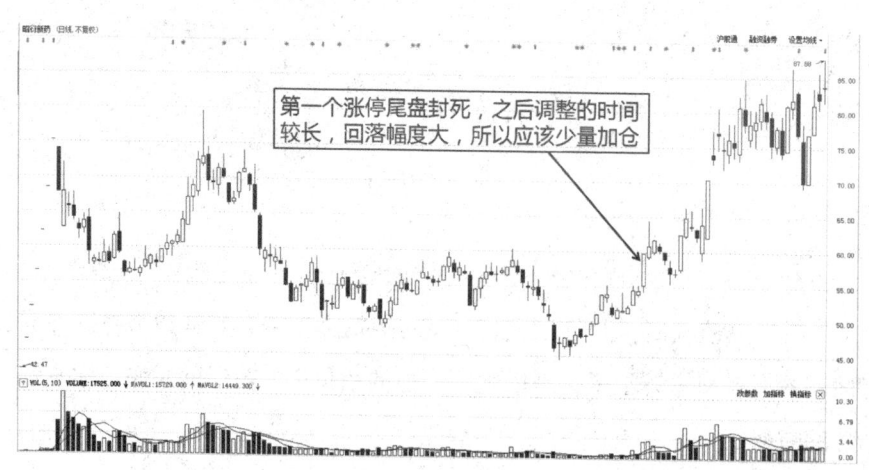

为什么他会洗呢？其实这个就要看具体涨停的波动了，你看这个涨停很明显，他是尾盘封死的，所以这个涨停本身就意味着是有很多获利盘的，你看第二个涨停就不一样嘛：

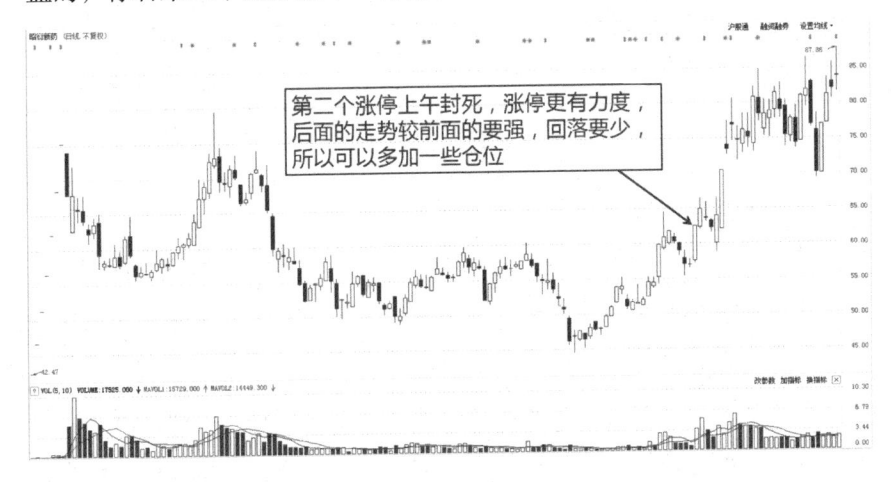

> 第二个涨停上午封死，涨停更有力度，后面的走势较前面的要强，回落要少，所以可以多加一些仓位

他是早盘封死的，所以看上去同样是涨停，但是分时波动不一样，结果也必然是不一样的。所以每一个涨停的背后，你也要看清楚它是什么涨停，比如说这个涨停突破了，尾盘封死，你担心他动荡，就加少一点嘛，为什么？因为他是尾盘封死的，即使回落下来，你也更淡定一些。第二个涨停上午封死，那你就可以多加一点了，为什么？因为这个涨停相对来说更有力度，你会发现后面的走势较前面的走势要强，回落少。到了第三个涨停时间又更靠前了，没到十一点就已经封死涨停，这个涨停就更凶悍了！

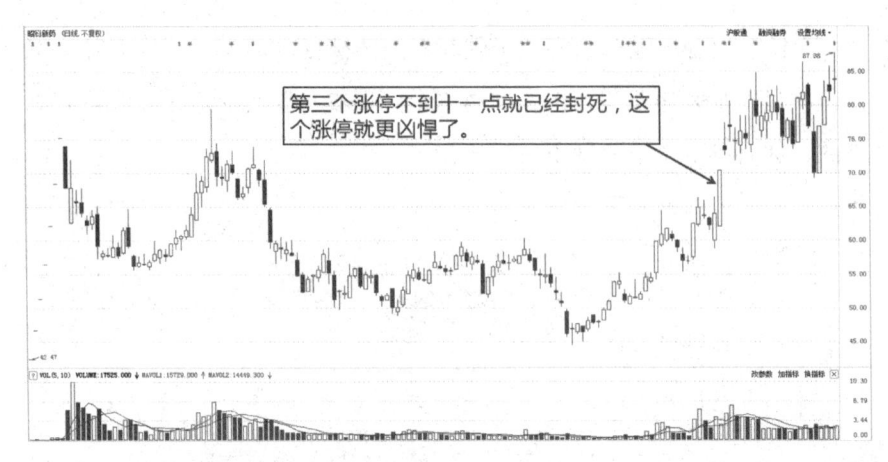

[图：K线图，标注"第三个涨停不到十一点就已经封死，这个涨停就更凶悍了。"]

可以看到三个涨停的封死时间，是不断地递进，封死的时间是往前移的，你会发现越往前移走势就越强。

从这里我告诉大家什么呢？我们去追涨停的时候，不同的涨停要采取不同的策略。所以不同的涨停有不同的分时形态，各个涨停我们采取的买入策略是不同，这就涉及一些具体的看盘技巧了，大家可以温故知新一下，我提供这样一个思路给大家，希望大家在把握的时候，要结合这个特点去把握。

1.3 小结

小结

1. 因为是波段操作的策略，在买入阶段，花费的时间一般都不会太久；

2. 在买入阶段，资金一般会围绕一个价格中枢持续买入；

3. 在买入阶段，一般会伴随圆弧底、双底、头肩底等形态出现；

所以你看建仓区域，资金一般会围绕价格中枢持续买入。比如说35到40块钱这个中间区域是38块，大家不断地买入，在38左右的成本就行了。那波段炒作的话，他买入花费时间不会太久，一般操作时间，几个星期或者一两个月就差不多了，除非更大规模的操作时间更长一些。一般会伴随圆弧底、双底、头肩底等形态出现，每一个底部都有一个形态展示给我们，所以我们结合不同的形态采取不同的策略，这个东西属于形态学啦，以后专门讲技术的时候再好好去吸收。

2. 中长线主力建仓策略

二、中长线主力建仓策略

- 所谓的中长线主力，是指持股时间1~3年以上的主力资金。

- 持股时间长，面临的不确定性较高，所谓的热点、概念、形态等，都会在时间的长河中抹平，因此更注意基本面、估值。

- 只有优质成长股、蓝筹股才有中长线持股的价值。

所谓的中长线主力，是值持股时间 1~3 年以上的主力资金，所以这个时候，他一定更注重基本面跟估值，就是这个公司中长期的基本面好不好，比如说它未来能不能乌鸦变凤凰，或者是凤凰变成更牛的凤凰，这些都是运作资金需要考虑的，只要它是优质的成长股，中长线资金就愿意跟它玩到底。那怎么去辨别优质的成长股？那就是之前谈过的，怎么去看成长股的逻辑，一般而言很多是新兴产业，与同行比较有亮点的公司，或者是他所处的行业未来很有看点，或者空间非常大的，往往能够吸引到一些中长线的资金。你说科大讯飞有没有中长线资金？我认为肯定有啊，因为这个行业本身就注定了会吸引到一些中长线的资金。像科大讯飞这类个股，肯定不是一两个机构能把控的，它是一种合力使然，对吧？所以目前来看，他走出一个长期比较健康的走势。

我一直强调成长为王，很重要的是要了解行业，了解新兴产业，因为他们的未来会有非常广阔的前景。你会发现今天跌停的个股，很多是周期性行业或者之前的涨价题材。像一些钢铁股等等，这段时间都跌得蛮惨的，今天又是很多个股往下杀，为什么？因为这些个股本质上来说，他吸引到的资金不是中长线的，是阶段性的资金。你看八一钢铁今天跌停板：

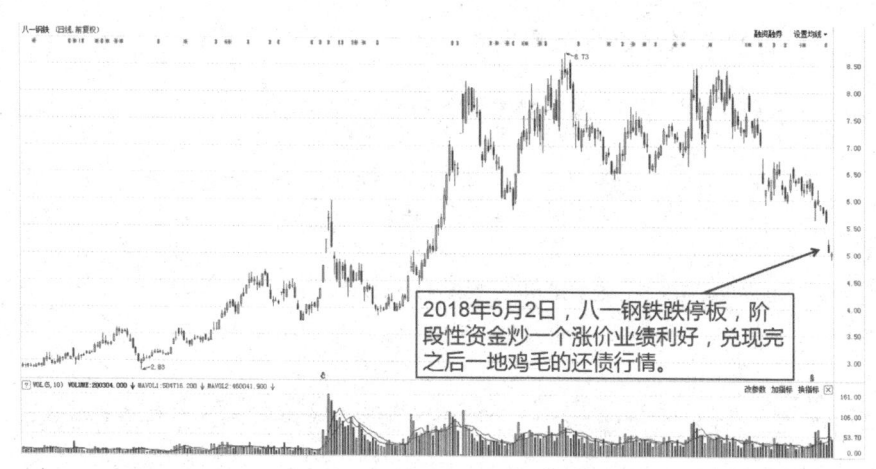

2018年5月2日，八一钢铁跌停板，阶段性资金炒一个涨价业绩利好，兑现完之后一地鸡毛的还债行情。

阶段性炒一波，炒一个涨价、业绩利好，兑现完之后一地鸡毛的还债行情。很多人看不懂，买的是当下。当然明天跌停的概率很小了，因为今天的封单不是很大，但是至少现阶段对他们来说是泡沫的释放。接下来他们可能会慢慢构筑一个阶段性的低点，现在70°角下跌，他会先慢慢横盘，慢慢地又吸引到一些短线、波段性的资金，你看到时候是不是会形成阶段性底部的形态，如果有，可能又是一个波段性的机会要来临了，所以这类个股适合做波段，但不适合长期运作，因为他本身就不是成长股。

2.1 两种主力建仓策略

所以呢，我们做成长股，跟随公司成长，这就是其中一个策略，来看：

牛散大学堂

两种策略

- 第一种是基本面优秀的个股，跟随公司成长。
- 如片仔癀、新经典等。

- 第二种是主力资金的长周期运作，配合重组、高送转等资本运作。
- 如三圣股份。

你看像片仔癀、新经典就是属于可以跟随它成长的，所以它们能走出中长线的走势。就好像我们做新经典，我并不是说买进去一两个月就不做了，你看到现在我们也还有一些仓位啊，那是因为我们在做成长，它最终能成长到什么阶段，我们也只能走一步看一步，不断地跟踪他的动态，所以为什么上市公司调研，持续跟踪是非常重要的？就好像新经典季报出来了，很多人说这个季报增长不是很厉害，是一个重大利空，但是你发现今天是跌了，先抑后扬，那是为什么？那是因为你要看清楚他背后的东西。有方法的研究跟没有方法的研究，有逻辑的思考跟没有逻辑的思考，结果是截然相反的。很多人问格力电器、中国平安跌那么多，为什么呢？因为像这些"大象"，他要保持持续的高增长，本身现实性不大，再加上阶段性基本面有一些波动，那很容易影响到他未来的成长性，那这个过程，很多资金一定会选择先避险，那格力电器自然就出现了这种情况。

2.1.1 成长型公司主力建仓策略

好，我们具体来看第一种：

牛散大学堂

第一种是基本面优秀的个股，跟随公司成长。

- 注重基本面，看好它未来三年的成长性。

- 建仓之时，股价会明显放量，并构筑较漂亮的底部形态。
- 1. 尽量在调整时建仓；
- 2. 阳线放量、阴线缩量，走势较流畅；
- 3. 股价形成标准的底部形态。

微信公众号：吴国平财经　新浪微博：吴国平财经

基本面优秀的公司，即主力注重它的基本面，看好它未来三年的成长性。所以为什么我说看一家公司，有时候你要问问自己它三年之后会怎么样，如果你发现他三年之后是很牛的公司的话，那你就要买他的未来，明白吗？怎么去买呢？那就要讲究方法了，所以我们要懂得建仓的方法。第1小点，尽量在调整时建仓，第2小点，阳线放量，阴线缩量，走势较流畅是比较好的，第3小点就是股价形成标准的底部形态。每一个建仓他都会有底部形态的，我们来看：

二、主力建仓策略

案例一：片仔癀

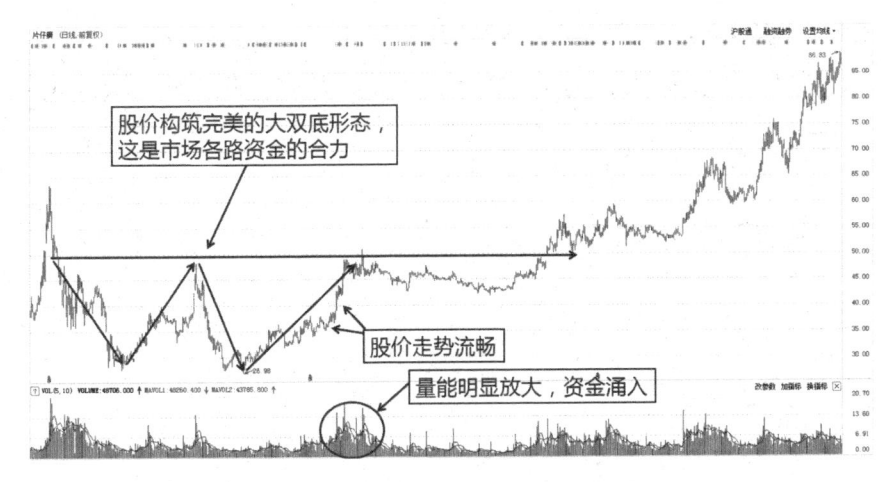

股价构筑完美的大双底形态，这是市场各路资金的合力

股价走势流畅

量能明显放大，资金涌入

这就是底部形态，股价走势流畅，大双底，量能放大，资金涌入，市场各路资金形成合力，展开一波又一波的上攻。

案例二：新经典

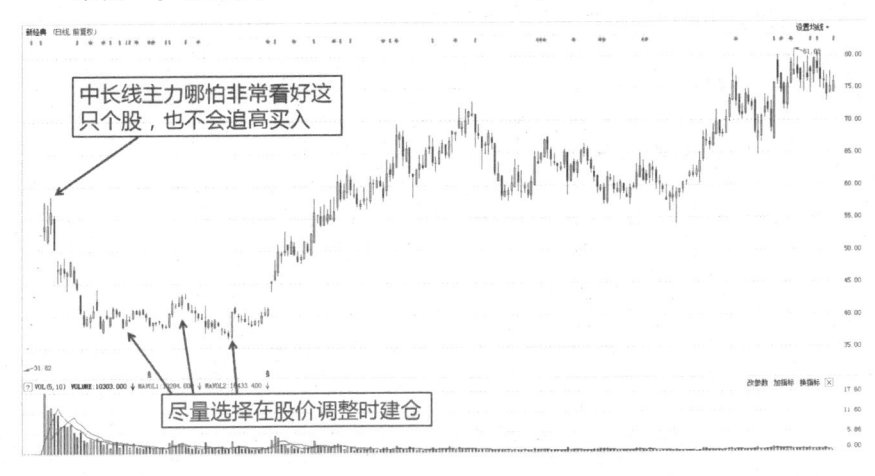

中长线主力哪怕非常看好这只个股，也不会追高买入

尽量选择在股价调整时建仓

股价调整的时候建仓，你看跌了之后底部区域买买，第一个涨停之后横盘买，又出现了第二个涨停突破的信号了，其实也是给你加仓的信号啊！第一次涨停你不要，第二次涨停突破启动你要不要？你不要的话那就底部完成，突破，不等你了！其实市场不会不给你机会，他会给你

机会，甚至反复给你机会，问题是你有没有收到这个信号，或者说有没有看懂这个信号，这是非常之关键的。

所以当你看懂了，你买入就显得很简单了，那回过头来看，你会发现：

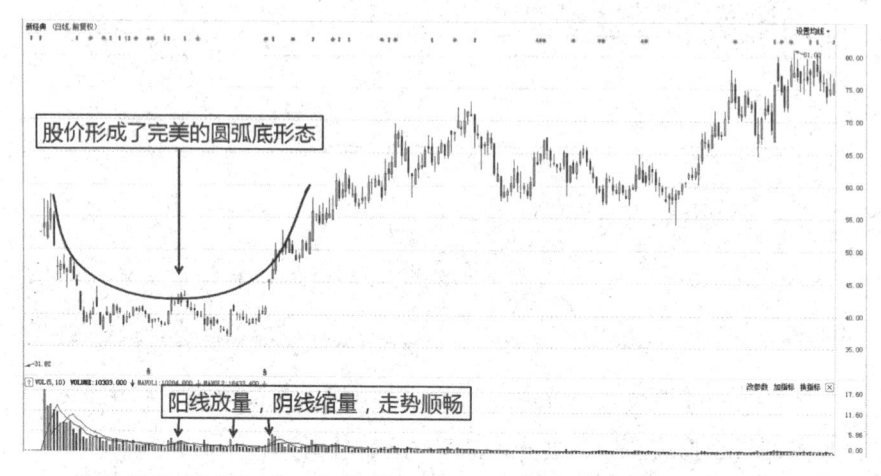

[图：新经典（日线，前复权）走势图，标注"股价形成了完美的圆弧底形态"及"阳线放量，阴线缩量，走势顺畅"]

他就是个圆弧底嘛，走势都是非常有规律、很健康的。

而且你辅助看他的筹码：

新经典的筹码表现

- 筹码不断集中，预示着主力的建仓动作。

【主力运作过程统计】

截止日期	股东户数	户均持股	较上期变化	筹码集中度
2017-12-31	5708	5844.43	趋向集中	非常集中
2017-09-30	6611	5046.14	趋向集中	非常集中
2017-06-30	15350	2173.29	趋向集中	非常分散
2017-04-24	33884			

你就会发现筹码是在不断集中的。

2.1.2 长周期运作的主力建仓策略

第二种是主力资金的长周期运作，配合重组、高送转等资本运作。

- 特点：
- 1. 因为运作周期长，所以会构筑较长时间的大底部，有时长达一年以上。因为主力要吃足够的筹码，又不想大幅拉高成本，只能长期横盘震荡；
- 2. 大底部形态很标准，一般横有多长，竖有多高。
- 3. 建仓时伴随利空消息。

长线资金的运作特点就是周期长，构筑较长时间的大底部，就好像刚才说的方大炭素一样，构筑底部时间长达一年以上，所以处在这个过程中是非常煎熬的，但是一旦突破了，逆境反转，这个涨势也是非常迅猛的。有句话说得很好：三年不开张，开张吃三年。这是什么意思呢？就是说行情三年都不来，如果一来，可能一下子吃掉三年的行情。我们这个行业特别明显，所以大家心里要非常的清晰。你别看有些个股两三年都没行情，一旦来行情的话，一开张的话，你就要转变思维了。为什么我们的思维要与时俱进呢？要用新思维把握未来呢？就好像很多大型的互联网公司一样，如果哪一天它跟不上时代了，它就会被市场所淘汰。同样，你用老的思维比如说区间动荡的思维来看待股价，比如说10块到12块区间动荡，你的思维如果固化的话，那就永远是两块钱的差价了，而当他从10块涨到20块的时候，你根本不敢相信，你跟不上这个思维，你一定就会提前下车，你会丢失很大的利润。

现在，注意看第3小点，建仓时伴随利空消息。很多时候都是这样子，你看今天的光线传媒是有利空的，今天低开跌两三个点的时候建仓的话，是不是伴随着利空消息呢？是的，如果你做短线，今天进去，明天不就赚了两三个点嘛？一般来说，他不可能今天尾盘拉成红盘，明天一下子就低开三四个点，这种概率是比较小的，因为它不是小盘股，盘子比较大，就算明天低开也是在一个点以内，那也是给你足够的出货空间了。

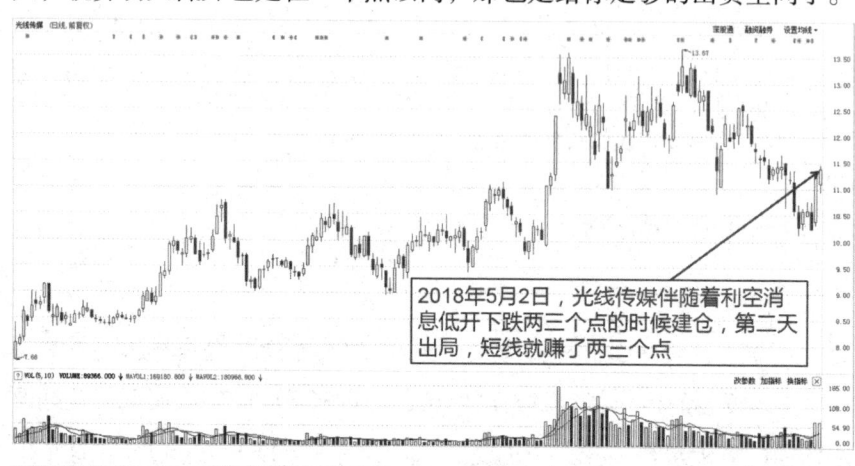

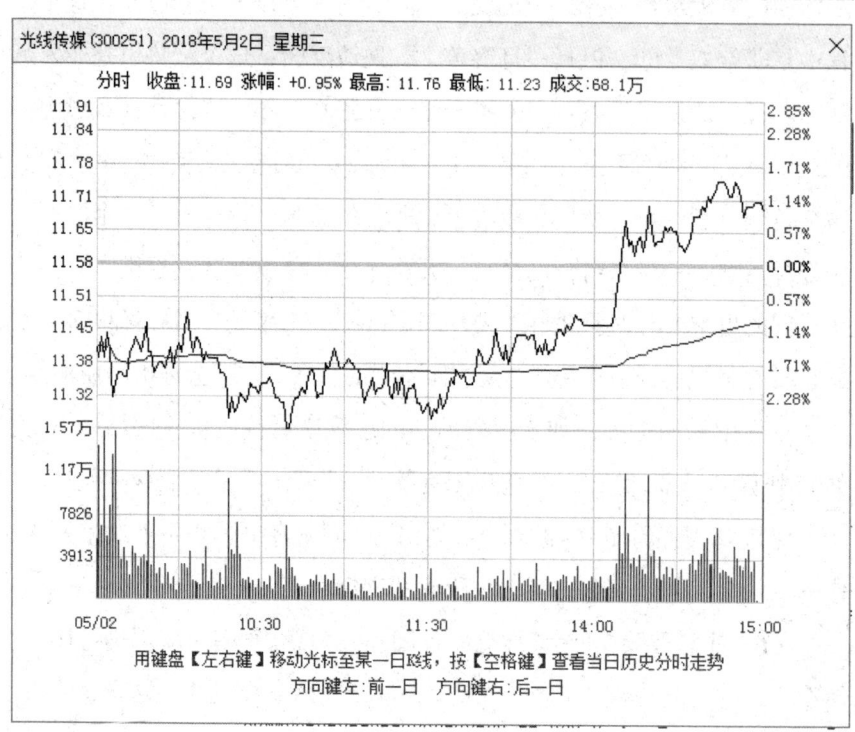

2018年5月2日，光线传媒伴随着利空消息低开下跌两三个点的时候建仓，第二天出局，短线就赚了两三个点

二、主力建仓策略

伴随利空低开两三个点，上午随便吃，下午就拉红了，那你上午吃的筹码，是不是都能够在 11.58 元左右出掉？那支撑你敢于低吸的一个很重要的逻辑，其实也不复杂，就是前一日的涨停：

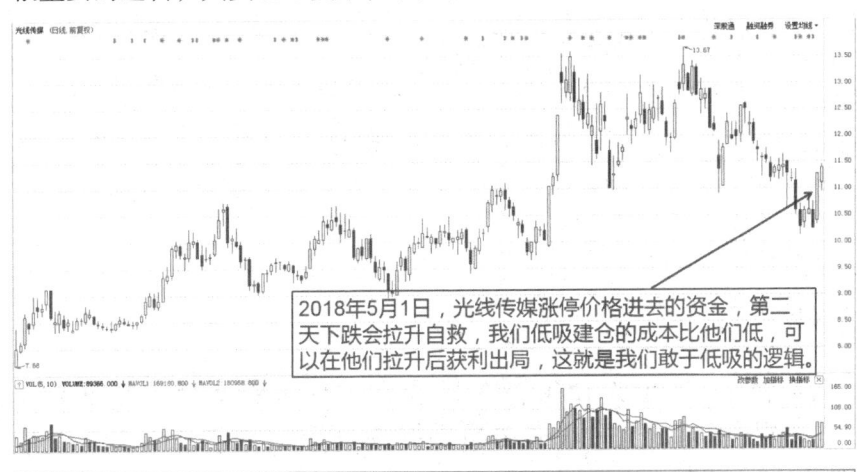

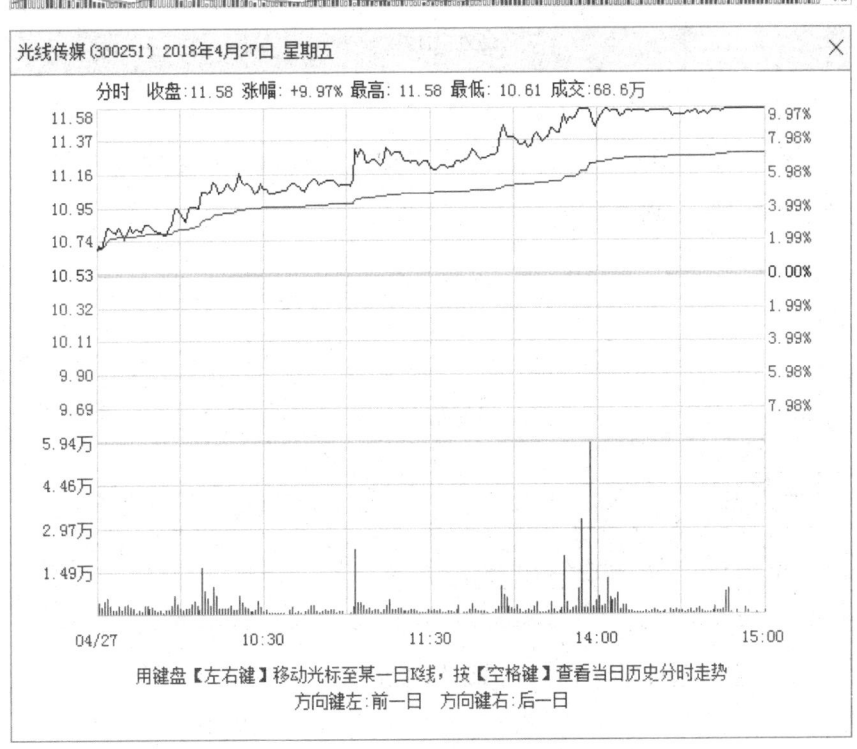

2018年5月1日，光线传媒涨停价格进去的资金，第二天下跌会拉升自救，我们低吸建仓的成本比他们低，可以在他们拉升后获利出局，这就是我们敢于低吸的逻辑。

这个涨停价 11.58 元进去至少上亿的资金了，人家都那么凶悍，敢进去，今天你还比他进去的价格还低，你的风险就比他还小，有何惧呢？如果我是里面的资金，涨停进了几个亿元，我怎么也要想办法自救嘛，你可以理解今天是资金的一个自救，啪啪拉上去把自己救了，或者赚点钱，或者平盘出货。他是自救，而你是更低价进去，你就不是自救了，你是一个短线了，如果说他不是自救，他明天还是封板，那就有可能复制前面的走势了。我们只能是走一步看一步，但是我们在具体博弈的过程中，这种思考是需要的。

案例一：三圣股份

三圣特材：关于终止发行股份及支付现金购买资产并募集配套资金暨关联交易事项并撤回申报文件的公告

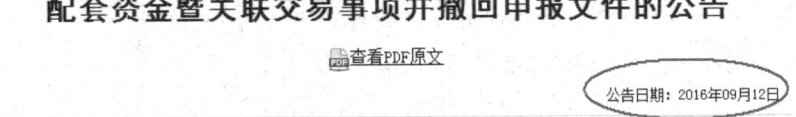

查看PDF原文　　　　　公告日期：2016年09月12日

你看中长线建仓，会利用利空消息配合打压股价，2016年的9月份，你看就来了一个跌停：

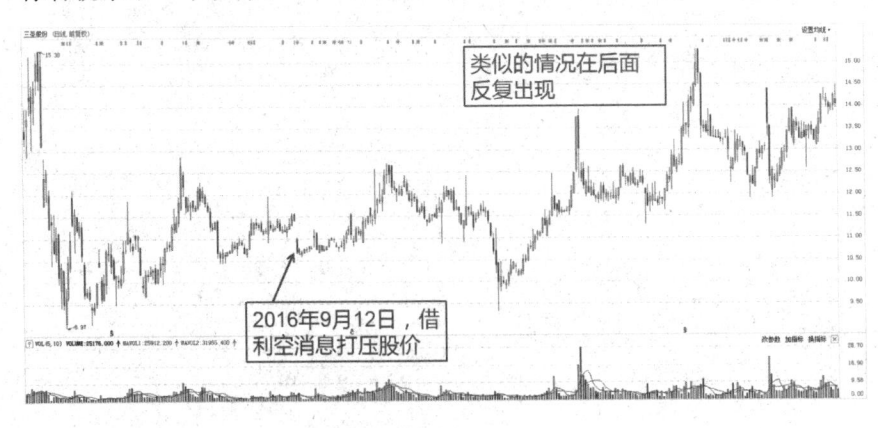

借利空消息打压股价，后面还是在反复：

二、主力建仓策略

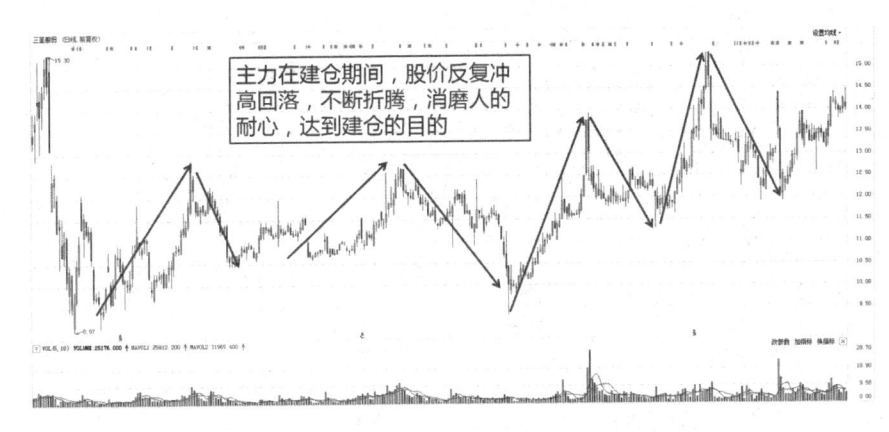

> 主力在建仓期间，股价反复冲高回落，不断折腾，消磨人的耐心，达到建仓的目的

你看，股价反复冲高回落，所以我说过股价越是折腾，未来就越精彩。你看折腾了那么久，后面来了一波行情：

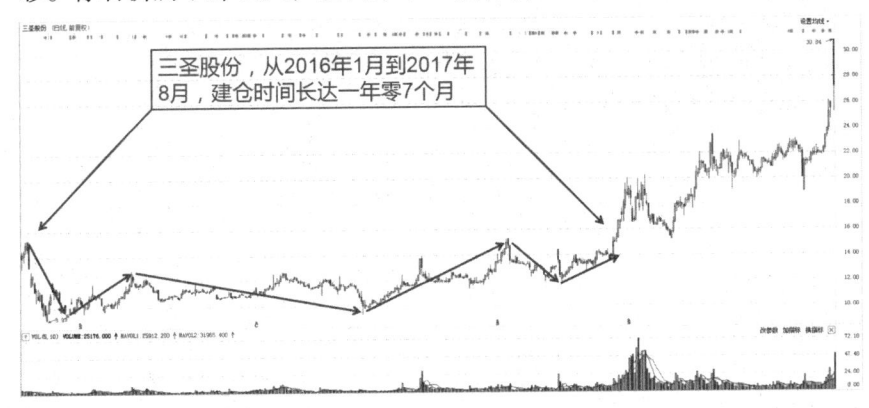

> 三圣股份，从2016年1月到2017年8月，建仓时间长达一年零7个月

你看图形做得很好，一波翻倍的行情，虽然后面又回落了，但是这个波段做的是蛮成功的。

建仓的时候会配合利空；出货的时候会配合利好。

出货时也是配合利好消息

一、合同签署概况

经招投标，重庆三圣实业股份有限公司（以下简称"公司"）控股子公司三圣建材有限公司（以下简称"三圣建材"）中标了埃塞俄比亚国家电力公司（以下简称"埃塞电力公司"）混凝土电杆一期项目招标。2018 年 3 月 15 日，三圣建材与埃塞电力公司签署《混凝土电杆供应合同》，约定由三圣建材向埃塞电力公司供应预应力混凝土电杆，供货期限 3 年，合同总金额 1.39 亿比尔（折合人民币约 3,400 万元）。

二、交易对手方介绍

公司名称：埃塞俄比亚国家电力公司
Company Name: Ethiopian Electric Utility
总经理：固赛义.门吉斯特
General Manager: Mr .Gossaye Mengiste
经营地址：皮亚萨.德格尔广场，亚的斯亚贝巴，埃塞俄比亚
Business Address: Piasa Degol Square, Addis Ababa, Ethiopia
成立时间：2013 年 12 月 9 日
Registration Date: December 9,2013

埃塞电力公司与公司及三圣建材不存在关联关系，其信用状况及履约能力良好。在本合同签订之前，公司及三圣建材未与埃塞电力公司发生类似业务。

你看它借利好出货：

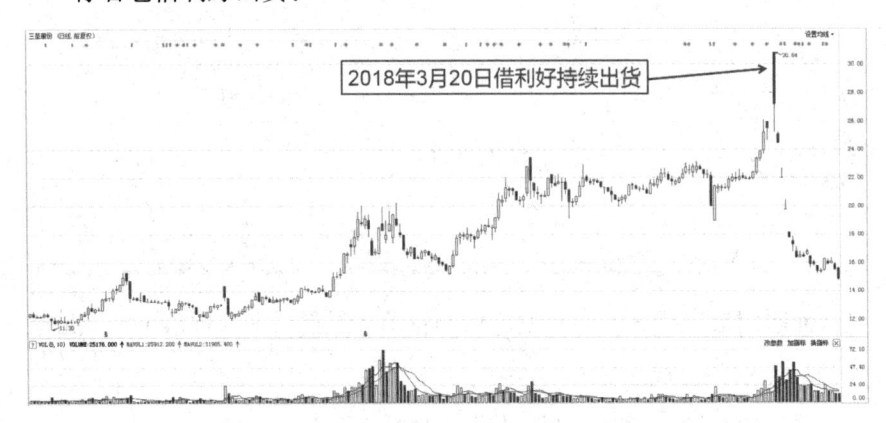

2018年3月20日借利好持续出货

你看漂亮地完成了出货。说真的，这种庄属于比较令人生畏的了，他玩的不是成长，玩的是筹码收集，拉升，借利好出货，这种是玩题材操作的，不是我们要做的主题。我们要做的是什么？真正的成长。具有成长性的公司就算未来阶段性的调整，你的资金出来了，它也能够吸引到另外一部分资金去接盘，那是看好它未来的其他机构的资金，这个是前赴后继的，我希望我们做的是这种长期走牛的公司。它可能阶段性调

整三十或四十个点，但是就中长期而言，调整完毕之后，它还能创新高的，这样的一种不断波段走高的走势。这是我们希望去寻找的，未来主要去做的标的。而不是说做完这个标的，他冲高见顶的话就变成一个中长期的顶部，这不是我们所想要寻找的公司，这种公司我们偶尔一部分仓位去做个小波段。

【学习温馨小总结】

△ 中长线主力建仓分两种策略，一种类似主力坐庄的思路，这种公司往往缺乏良好的不断成长的基本面，在主力运作的最后阶段，主力借利好出货之后股价就可能进入长期的调整还债行情；

△ 我们更看重的是做基本面优秀的成长股，这种公司即使有阶段性回调，也会因为业绩的不断提升导致估值降低，从而吸引其他机构资金陆续进场，不断的拉升股价，走出长牛行情。

2.2 两种主力建仓策略小结

小结

- 中长线主力分两种：
- 一种是从基本面出发选择优质股票，在调整时建仓，会放量；
- 一种是长周期资本运作，配合消息完成建仓，形成大周期底部形态。

中长线主力分两种，一种是从基本面出发选择优质股票，在调整时建仓，会放量；另一种是长期资本运作，配合消息完成建仓，形成大周期底部形态。

我们大概思路就梳理好了，之前讲了短线的，现在讲的是中长线的，他往往会配合一些消息建仓，底部区域形成一些形态，区间动荡涨停突破的时候，往往是加仓的时机。还有股东人数等一些辅助工具，也可以同步去运用，这样就会看得更清晰。不管如何，最重要的是，你一定要选择一个很不错的成长性的行业，选择未来三年都可能保持良好的成长速度的公司。这样的话，风口来临的时候，一个超预期的机会就给你展现出来。过去的方大炭素是这样子的，前期的新经典、江丰电子等等很多都是如此，这些是过去的一些案例，我们可以在不断的温故知新的过程中，再去寻找新的类似的标的。因为市场一定是会反复、反复、再反复，演绎、演绎、再演绎，模式都是相似的，套路也是相似的，只是不同的环境，会造就不一样主题的牛股，当我们看透本质的时候，我们就能够慢慢地抓到一些机会。只要我们专注地研究好这些新兴行业，明晰这些套路，一旦逆境反转，整个市场的大机会一来，角度线也开始向上翘的时候，你运用我们这些方法，一定会更加得心应手，你一定会比过去抓到的机会更大，比如你过去抓到的是10个点，但是靠我们的方法，你抓到的机会有可能是这个10的后面加一个0，变成一倍，这完全有可能的。

所以为什么思维决定你的未来，格局决定你的未来，性格决定你的未来，道理就在于此啦！

好，最后布置作业：

★作业：

☆运用主力建仓策略，举一个波段或中长线案例具体分析

希望大家好好完成作业交给我。

我们牛散大学堂的宗旨：学最好的课程，做最牛的散户。

今天晚上非常感谢大家的支持，我们一起努力继续向前，下期我们再会！

二、主力建仓策略

三、主力拉升策略

3.1 中线主力拉升策略

2018年6月6日

学习须知：

1.中线主力拉升对时机的选择是非常重要的，一是大盘的配合，二是内在逻辑是不是要发酵了；什么是股票上涨的内在逻辑呢？了解主力拉升的节奏，明晰当下个股运行所处的阶段，才能制定相应的策略，进行仓位管理。股价加速上涨，成交量急速放大，换手率放大的时候会形成阶段性高点的原理剖析。

2.牛散大学堂股威宇宙等级划分为：大学生级别。

课前综述：

前段时间奔波了一圈，现在回到了广州，当然未来还会有奔波，为什么呢？因为对于我们来说，目前是一个非常关键的时期，我们需要更多的力量，需要更多的整合，所以一切只是刚刚开始。那么回到今天的市场，今天是个非常好的日子，2018年6月6日，所以今天的标题就是顺顺顺：

这三个字，顺、顺、顺，希望我们接下来能够否极泰来，那么看一下当下的市场，今天我的文章也谈到了，破净值个股再这样发展下去啊，都有可能创历史新高了，2016年1月27日熔断底部2638.30也好，2008年10月28沪指盘中探底1664也好，我们的数量已经达到一百多只了，应该是创出那些阶段以来的新高了。我们随便看一个，你看券商都有破净值个股，海通证券：

三、主力拉升策略

你看净资产10.35元，前段时间最低10.26元，破下来了，现在在净资产附近，透过海通证券大家想到了什么？最高30元跌到现在10元，差3分就要跌破2015年最低的价格，现在还在往下探底。其实券商呢，海通证券也不差啊，但是为什么会这样"跌跌不休"呢？根源是什么？我们要思考。当然海通证券代表券商过去势力，新生代表在哪里啊？在东方财富，你看：

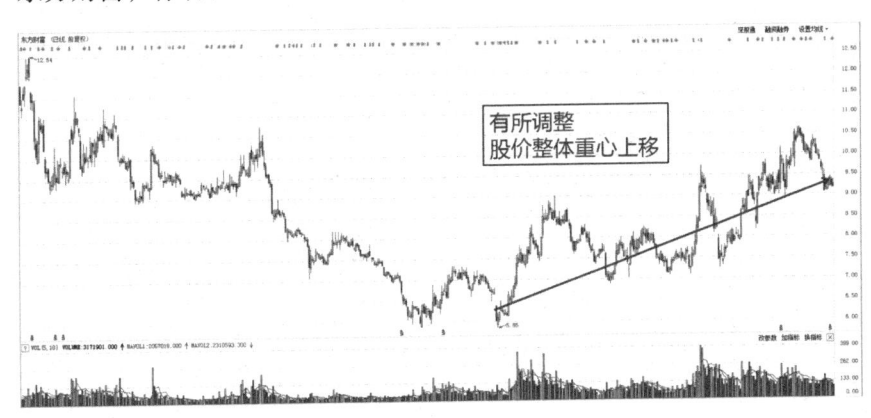

你就会发现东方财富呢，也算是半只券商股啊，虽然这段时间有所调整，但是大家发现没有？他的重心整体是上移的，对比一下就很清晰了。再看第一创业：

183

他还好，这段时间有一种企稳的味道，毕竟他的盘子相对比较小啊，提前企稳也是正常的。中信证券：

三、主力拉升策略

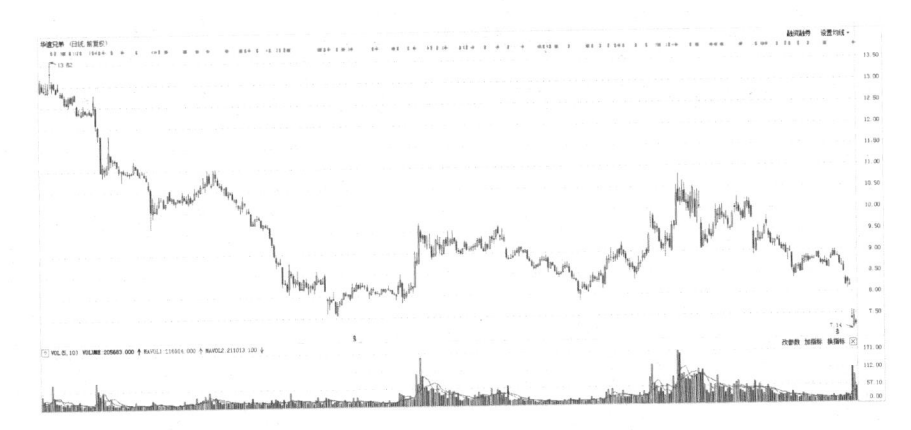

光线传媒没有创新低:

他的新低是 7.51 元啊,现在 9.78 元。

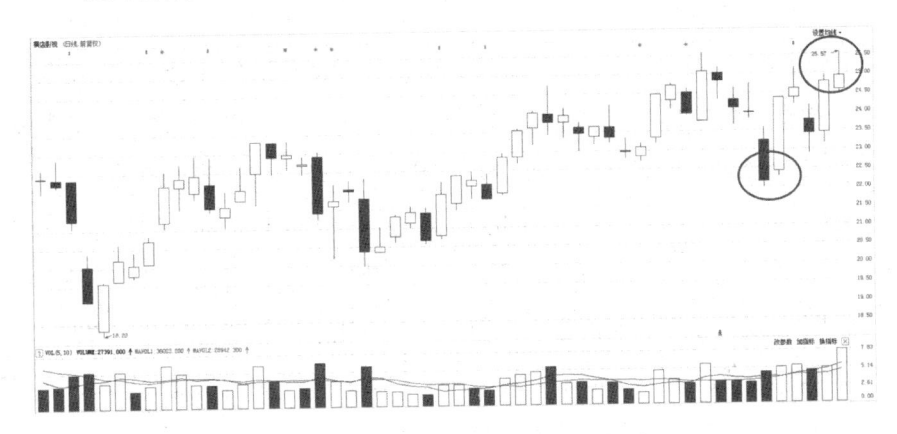

横店影视不知不觉又快刷新高点了，虽然圆圈处打出了一个低点，但是你看今天收盘基本上是创了这段时间的新高。金逸影视也是收复了失地：

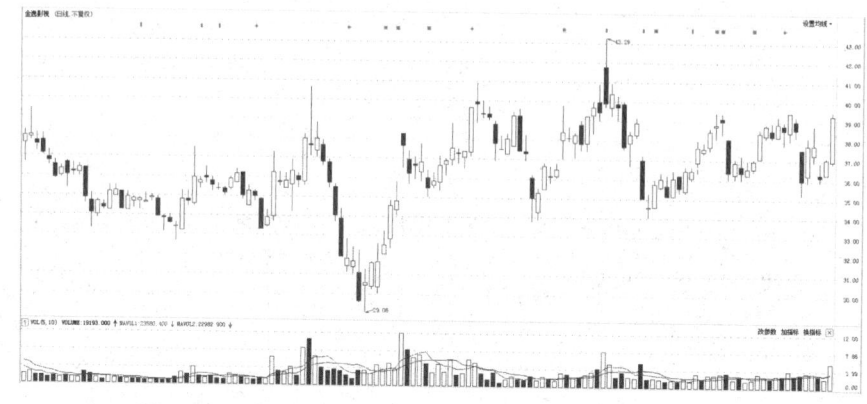

新经典不知不觉的也在往上攻：

所有你会发现同一个板块，券商也好，文化传媒也好，第一个市场分化很剧烈，我们看到很多破净的，很多"跌跌不休"的，同时同一个行业，同一个板块分化也相当剧烈，现在就是处于这样的一种状态。股市也代表社会，人比人气死人呐，对吧？我们只要一对比，无论是横向纵向你会发现很多有趣的东西，但是这个对比过后你就会思考，这背后的根源是什么呢？这是我们要深入去总结的。这段时间我也在思考，也在总结，比如这个标的，涪陵榨菜：

周线

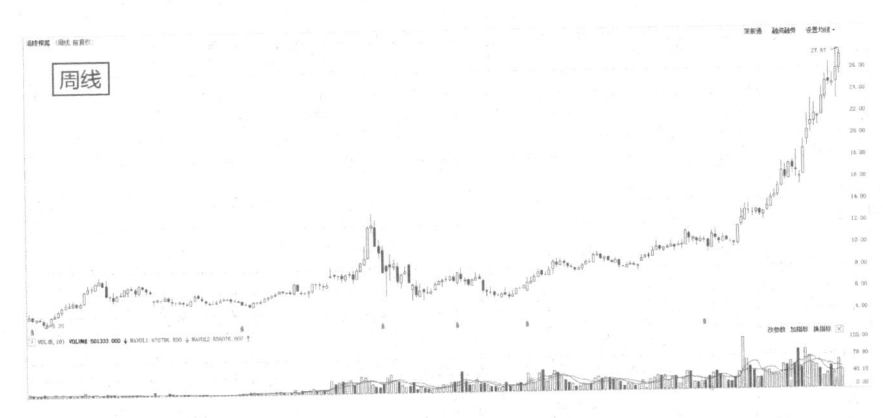

大家有没有吃过它？不知不觉他已经连创新高。

比音勒芬也创新高了，大家可以留意一下，我穿的衣服大部分就是这家公司的。

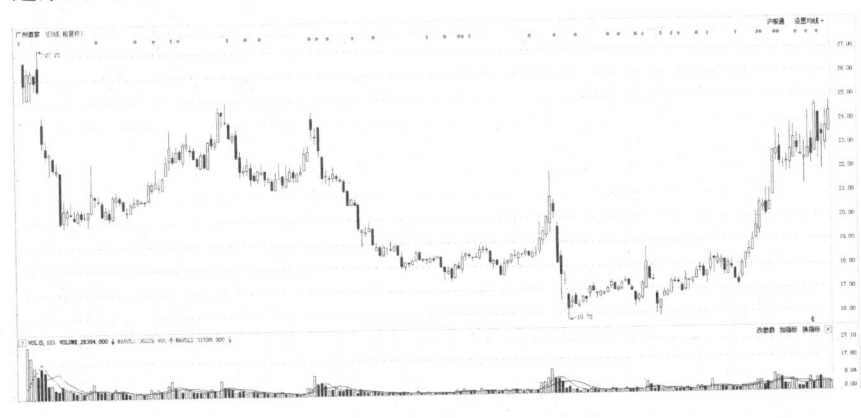

广州酒家，我们广州的，不知不觉又逼近前期高点的走势了。

所以我发现啊，我们生活当中能接触到一些的消费类个股，如果他的前景是值得期待的话，你会发现他的重心在不断地往上移，这是我们可以看到的一个特点。但是有一些前景不是特别明确的，比如，为什么海通证券连创新低呢？我做一个简单的分析，第一个他也算是大券商，第二在大券商里面，他的特色没有中信那么鲜明，或者说实力没有那么雄厚，转型的过程当中，也没有其他大券商那么积极猛烈，你会发现他背后的走势，反映了一些资金对他未来不确定性的一种投票。那么他有没有可能扭转乾坤呢？当然可以，那就要看他是否有基本面的一种深刻的变化了，这是需要我们去观察，或者持续跟踪的。他会不会跌出机会呢？现在大家的情绪是比较悲观的，所以这个时候他的波动并不能真实地反映他当下实质性的状态，很有可能是跌过头的，但是不是真的跌过头，那还是要依靠他基本面未来的运行状态。但是，我个人的看法，随着有一些券商往净资产以下走的话，我认为这个板块应该会迎来阶段性低点，我不敢说这是最低点，但我认为这是一个底部区域，我是这样看的。

【学习延伸突破小细节】

△ 市场分化很剧烈，横向、纵向对比股票后，你就会思考其背后的根源是什么呢？当一只个股未来的前景是值得预期与期待的，市场就会给予它良好的估值；当个股前景较为不黯淡，市场就会不断的杀估值，所以在市场弱势的环境下，业绩为王，估值为王，真金不怕火炼。

创业板大家可以看到：

这个 1571 出来之后，到处都是反复，前面左肩在反复，右肩也在反复，越折腾，未来就越精彩，包括金逸影视，你看看这些板块个股就知道了：

你看，在这个反反复复的过程当中我相信，不知道有多少人，上了又下，下了又上，是赚不了钱的，但是一定也有人能赚到钱，有些人不为这个区间动荡所动，他可能就选择持股，持股待涨这也不失为一种策略。所以策略有很多种，有一种就是符合预期范围之内的波动就任由你波动，我等最终结果就行了。有一些人喜欢什么啊？喜欢追逐每天的波动。后者很累很累而且不一定能赚到钱，前者相对轻松可能不经意赚到了大钱。

回到市场本身,我要跟大家分享一下下半年的机会。我今天提前跟大家做一个分享,打开中兴通讯:

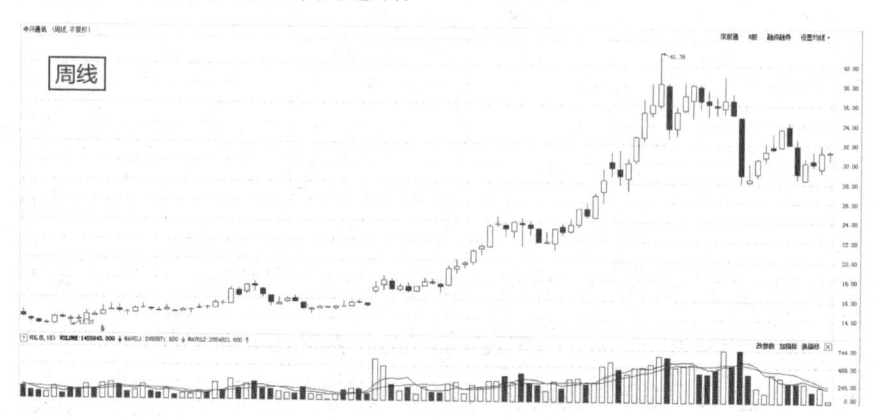

我们要看到,中兴通讯代表的是一个行业,我认为下半年要开始重点挖掘 5G 行业了,当然我不是推荐中兴通讯啊,5G 这个板块我觉得可以衍生来深度挖掘,去寻找相关的一些个股,因为明年 5G 手机会上市,那相关行业个股会做一种提前的炒作跟布局,这是我个人的思考。当然我在下月底的线下活动,欢迎大家过来,有时间的一定要过来,到时候我再来深入地跟大家探讨,包括我们一些沙盘的推演,沙盘推演会涉及更具体的板块和个股,更具体的逻辑分享。到时候我跟大家做一个深入的剖析,今天先点一点题,点一点方向。

【学习温馨小总结】

△ 面对反复震荡的市场,散户如何操作更好?在行业前景广阔的公司里面精选优秀公司,然后持股待涨,不为小的区间震荡所左右。

当然 5G 只是一个方向,未来下半年,科技包括文化传媒都有可能砸出一个阶段性的低点。尤其是这段时间,文化传媒的个别明星事件、名人事件,大家一定觉得阴阳合同杂七杂八的好黑啊,但是我问大家了,任何一个行业就都没有问题?我们还记不记得三聚氰胺事件?看看事件之后伊利股份：

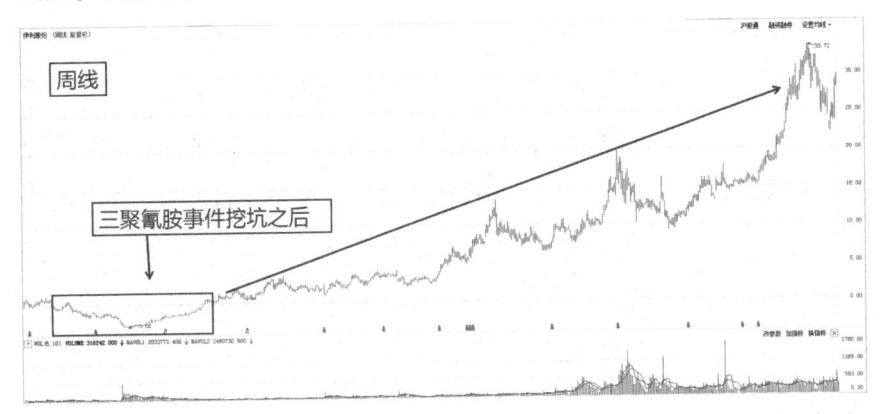

[周线图：三聚氰胺事件挖坑之后]

我相信大家历历在目，三聚氰胺砸出了一个底部，砸完之后，后面展开了一个波澜壮阔的牛市行情。正是因为三聚氰胺事件促使了整个行业更加健康的发展，如果没有三聚氰胺事件，那整个行业发展可能就不会那么的迅速，那么的健康。为什么一个事件能够促使行业的发展呢？很简单，因为这个行业本身是必须要发展的，是生活当中不可或缺的，换句话说，比如三聚氰胺发生了，第一个你要问自己，三聚氰胺事件能不能解决？他肯定能解决；第二个，牛奶是不是因为这个事件之后就不喝了？不是，人还是要喝，只是喝那些更健康的牛奶。那就行了嘛。

那电影，因为有这个事件，难道大家就不看电影了吗？逻辑肯定是不成立的，一定会看，只是说拍电影的时候，整个流程会更加规范，整个模式会往更好的方向前行，促使整个行业更加健康的发展，这对整个行业来说，有什么不好的呢？当然这里面会有阵痛，没有阵痛是不可能的，但是阵痛过后的蜕变，那是更加值得期待的。就好像当年的史玉柱一样，一度有一个重创，但重创之后就代表他不会再发展、再前行了嘛？只是代表他会更加认清自己，其实他会从低谷当中，慢慢再往前走，最终你会发现，他又创造了奇迹！所以有些时候看一个人也好，看一个行业、一个股票也好，记住，不是看他的当下，当下有问题有危机，并不代表未来不会更精彩，正如我前期所说的，天将降大任于是人也，必先苦其心志……正好像现在的行情一样，要引发一个剧烈的行情，一个精彩的行情，必先整个市场本身已经苦到阶段性的极致了，极致的特点有很多个股破净值，很多个股崩盘的走势，只有少部分出现独立的牛市行情，但是记住也是极少部分，结构化的机会展现在我们眼前。整个市场本身现在是非常、非常的折磨人，行情分化，市场分化，板块也分化，一个行业里面都分化这么明显，你可以想象整个市场有多么的撕裂，多么的复杂，这个复杂撕裂的背后，就是酝酿着新的未来，新的腾飞，我是这样看的。

【学习延伸突破小细节】

△ 阴至极则阳，物极必反，一个行业发生重大恶性事件并不会击垮这个行业，反而会让它迎来更好的机遇和发展；

△ 这个理论运用到股市里也一样，当这个市场遭遇到非常重大的打击之后，市场的至暗时刻也意味着黎明即将到来。

△ 做投资必须要拥有足够的逆向思维和看透市场，领悟本质的能力。

所以我们会积极寻找新的未来，新的机会。我们经历过这么多的曲折之后，要思考总结的一点是，接下来怎么更好地把握未来，这是摆在我们眼前很重要的一个课题。那好了，洋洋洒洒讲了那么多，接下来开始讲讲我们的主题之一，怎么更好地把握未来？正好谈一谈主力拉升策略。

主力拉升策略一

吴国平　牛散大学堂导师

要把握未来，大家不得不看得到的就是很多个股，我们只有认清他发展演绎的一种模式，那么我们在把握未来的时候，就会更加地清晰、明了、坚定。那今天讲一讲中线主力拉升策略：

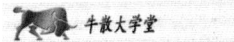

主力拉升策略（上）——以中线主力为例

- 一、拉升的时机选择

- 二、拉升的节奏

以中线主力为例，我们去看一看拉升的整个要素，一个是拉升时机的选择，第二个就是拉升节奏的选择。

1. 中线主力拉升时机选择：

中线主力拉升对时机的选择是非常之重要的。

一、中线主力拉升策略——拉升时机的选择

- 中线主力拉升，对时机的选择是非常重要的。

- 时机的选择分为两部分：
- 一是大盘环境的配合；

- 二是内在的逻辑是不是要发酵了。

就是两个部分，第一个是大盘环境的配合；第二个就是内在的逻辑是不是要发酵了，引爆点的问题。

1.1 大盘环境的配合：

那我们先来看第一块内容的第一部分：

一、大盘环境的配合

- 中线主力拉升之时，绝大多数都是选择在大盘偏暖之时（或者风险连续释放之后）。

- 道理很简单，股价要连续上涨，如果环境偏暖，可以起到借势的效果，拉升起来不那么费力。

大部分中线主力拉升时，都是选择在大盘偏暖之时，或者风险连续释放之后。就好像前期大盘稳定的时候，是一个时机；后者是在暴跌完之后，市场相对稳定的时机，这个道理也不复杂，因为只有风险释放完毕了，市场相对稳定的时候，你去拉升——对资金而言这个时候是主力对敲，这个时候会起到四两拨千斤的效果，换句话说就是借势，火借风势，所以我们必须第一个要看市场环境。

那有些时候逆势拉升，大盘不是很好的情况下他逆势拉升，那一定是因为什么呢？第二个原因出来了，就是他本身引爆的契机出来了，所以中线主力也不得不往上攻，因为他是中线嘛，不在乎大盘差一点，往上攻就是了。就好像今天对知识产权的这个利好，对相关的一些个股的刺激，有些个股又是中线主力，那他就不管那么多了，哪怕大盘稍微弱一点，动荡一点，他也选择向上。

案例一：新经典

我们有一只标的大家都很清楚的，中线博弈的个股，就是新经典，我们回顾一下，他选择拉升的时机，往往都是在什么时候：

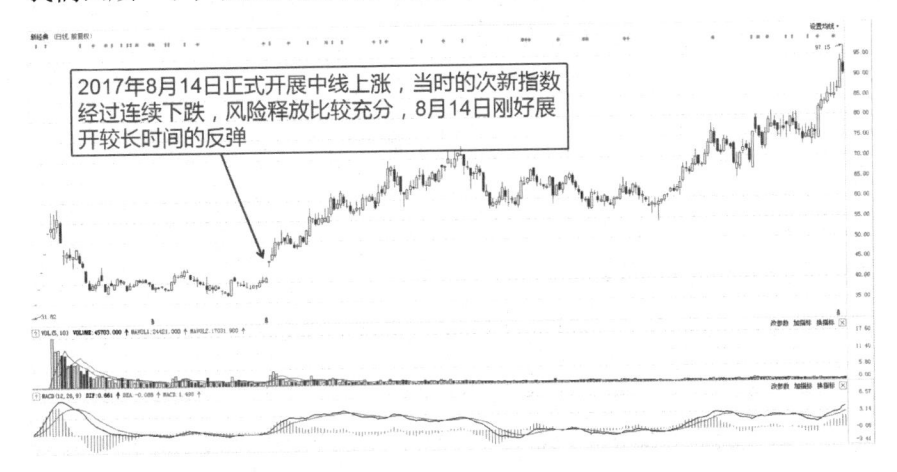

> 2017年8月14日正式开展中线上涨，当时的次新指数经过连续下跌，风险释放比较充分，8月14日刚好展开较长时间的反弹

那我们可以看到他首次拉升，是在什么时候呢？我们当时讲过，引爆点是当时中报超预期，也就是说拉升的契机是围绕着中报展开的。中报超预期，所以直接一字板，后面打开再封板，展开了一波上攻行情，这就是当时一个比较好的引爆点，同时次新指数风险释放的比较充分，刚好也是展开一波反弹，所以当时一个大盘环境偏暖，一个个股内在的的引爆点，这两者刚好结合，一二点都吻合的时候，这个涨起来就会更加的持久，所以你就会发现40块钱，直接干到了六七十元。这是它2017年8月份的拉升的关键点。

我们再看看盘整后面的拉升，你会发现，后面这一波拉升的环境也是选择在大盘趋暖的时候，经历了一波洗礼之后，大盘一旦趋暖，他就选择进一步的上攻。再后面的两次回调拉升，也是有引爆点的，要不就是年报，要不就是季报，都是有一些导火索的，这个大家回顾他的时候，可以逐一的观察一下，去感受一下。

回到 2017 年 8 月 14 日：

[图：次新指数日线图，标注"2017年8月14日，次新指数开始展开为期三个月的反弹周期"]

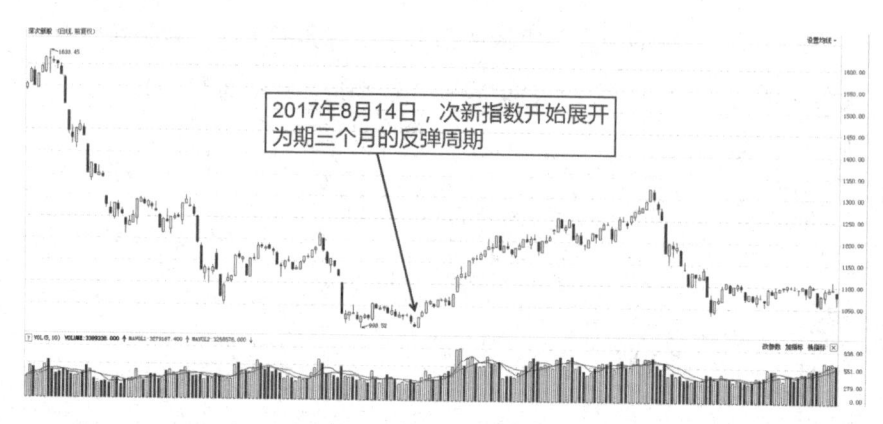

次新指数展开三个月的反弹周期，次新当时跌透了，所以指数低位差不多调整到位，再结合个股本身中报的利好，两者一合力，咔地就上去了。新经典后面能走出一波上涨行情，也跟指数本身比较稳健上涨有很大的关系。

那他第二波拉升：

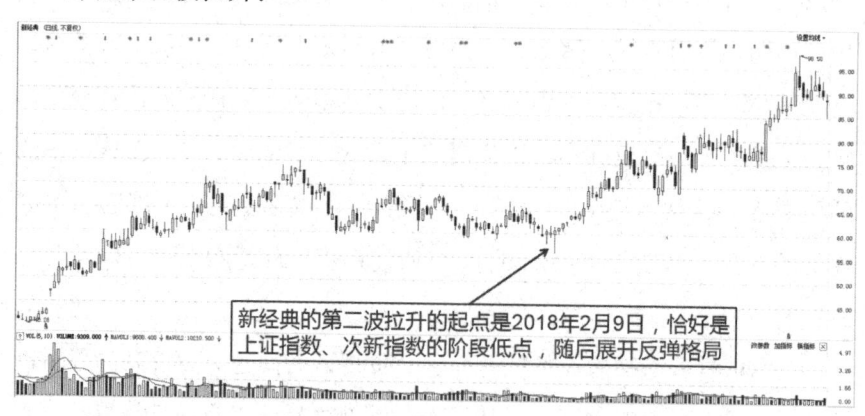

[图：新经典日线图，标注"新经典的第二波拉升的起点是2018年2月9日，恰好是上证指数、次新指数的阶段低点，随后展开反弹格局"]

起点恰好是 2018 年 2 月 9 号，是上证指数，次新指数的阶段性低点，随后展开反弹格局，所以这个也是符合指数相对的低点的，只要指数相对低点了，环境具备了，然后再往上攻，就出现一波拉升了，跟当时的类似，你看；

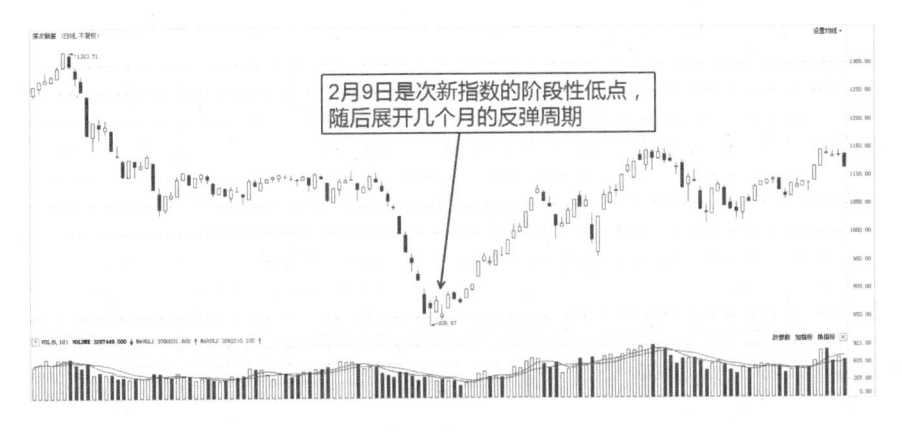

2月9号，也就是次新大幅释放风险，然后开展的。

大家发现没有，这两点大家来看一下，前者当次新释放风险的时候，新经典选择了横盘，现在这个次新释放风险的时候，新经典照样选择横盘，所以你会发现，强势个股都有个特点，就是说市场不好的时候，他以横盘来抵御你的这个风险，或者是对冲你的风险，区间动荡的方式来对冲你的风险，一旦行情开始企稳了，开始上攻的时候，他就跟随或者是远远超过市场的这个涨幅，展开新一轮的上攻。这往往都是中线主力的一种运作手法，道理也不复杂嘛，就是说中线，比如我的周期是两年的，甚至更长时间，那我们本身也知道行情是有波段的，不可能天天涨，那我们涨的时候就顺势不断地涨涨涨，一旦发现大盘动荡低迷的时候，要做的事情就很简单了，转入防守，防守并不是说像有些题材股直接断了线的风筝似的杀下，他是要布防的，比如说他在 60～70 多点里面做一个区间动荡，这个就是我的防守，我的防线就是坚守，这个坚守并不是为了马上爆发，而是为了中长线能够涨得更好。这个防守横横横，他的图形就自然会形成一个旗形啊，上涨中继啊等等，他也不可能一直调整下去，等到市场行情回暖，他调整差不多了，一个月甚至两个月，他开始新一波行情的时候，就慢慢展开新一轮的上攻，这往往就是中线的特点。

【学习温馨小总结】

△ 中线主力运作特点是在大盘环境不好时用横盘震荡来抵御风险，这就在图形上就形成了一个大的中继整理形态，行情回暖后再展开一轮新的上攻。

那很多人就会问，吴老师这段时间大盘也是调整的：

现在大盘好像有点企稳了，然后新经典对比一下：

新经典也是在防守的，图形明显的动荡，而现在大盘企稳，他又有点蠢蠢欲动了，那是不是新经典又要展开这种慢慢上涨的波动呢？我只

能告诉大家有这种可能性，关键第一个就是要看大盘，是不是在这个位置形成一个有效的阶段性低点，这个我们要去观察的，第二个就是它接下来的业绩——能不能在某一天出现大阳线，因为新经典往往上攻的时候啊，一开始都会有个中大阳线的，第一波是一个涨停，第二波的时候有根中阳线，然后慢慢展开，那现在呢，只能说它目前有点企稳，但并没有出现一个明显的大阳线，如果是哪一天，它出现一根中大阳线，比如涨六个点、五个点，那么这种概率就会大幅度地增强，否则它很有可能延续之前防守的策略，也就是反反复复，所以要走一步看一步，当然也要继续结合接下来中报的业绩等因素，做出一些综合的判断。这是给大家做一个思路的分享了。

案例二：圣邦股份

那圣邦股份也是我们曾经关注的标的：

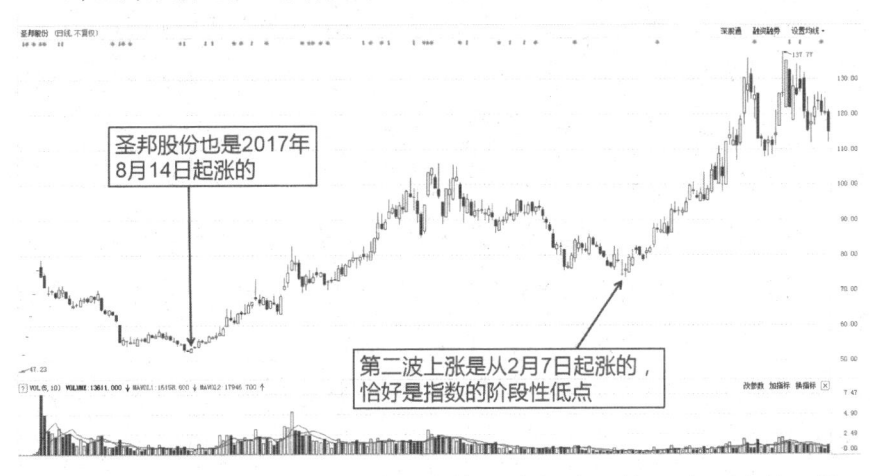

2017年8月14日，这里跌透了第一波起涨，第二波上涨是2月7号起涨的，恰好是指数的阶段性低点，为什么他们突然之间涨了起来，就是因为这些有内在价值的个股，往往都是在指数回暖的时候，他就迅速收复失地，或者展开上攻的过程了。

1.2 内在的逻辑是不是要发酵了

好，继续来看第一块内容的第二部分：

二、内在的逻辑是不是要发酵了

- 所谓的内在逻辑，是指推动股价上涨的因子，如业绩大增、政策大力支持等等。

- 世界上没有无缘无故的爱，也没有无缘无故的恨，股价上涨是需要原因的。

- 内在逻辑即将发酵，会有越来越多的资金进来助力股价的上涨。

内在的逻辑是不是要发酵了，就是我刚才说的有没有引爆点，所谓推动股价上涨的因子就是业绩大爆发，政策大力支持，等等。有句话说得很好，世界上没有无缘无故的爱，也没有无缘无故的恨，股价上涨或者下跌都是需要逻辑的，内在逻辑发酵，就会越来越多的资金进来助力股价的上涨。就好像这段时间有人说世界杯开始了，雷曼股份啊，体育类的股票就躁动了，但是大家会想，这些东西都是属于非常短期的，所以你会发现短期蹭蹭蹭地上涨，跌起来也很凶。

那刚才我提出了一个5G，他内在发酵的逻辑就很简单，2019年要推出相应的手机，包括商业运营，那么2018年下半年难道不是一个提前的发酵了嘛，而这个逻辑是经得起推敲的。每一只个股你要想清楚他上涨的逻辑是什么？第一是不是就像5G一样，接下来很好的一个政策预期，或者是一些订单的预期；第二他接下来的业绩是不是能够保持高增长，或者是超预期等等；第三行业本身是不是有一些机遇等等。一定要找到这个点，你找的越清楚，你对它上涨的逻辑就看的越明白，就越知道它大概能到什么位置，在它上涨的过程当中，你也能够吃到这个涨幅，否则你不了解这个内在逻辑，你就吃不到这个涨幅，甚至有可能今天买，明天赚一两个点就跑了，很有可能是这样子，因为你根本就不了解他上涨的内在逻辑，只是一个主观的判断。

【学习延伸突破小细节】

△ 股票上涨的内在逻辑是一个贯穿主力建仓、拉升、出货的所有行为的最本质的东西，我们也只有弄清楚了这个内在逻辑，才能看穿主力的内心，识破主力伎俩，与主力共进退。

反证案例一：涪陵榨菜和海通证券

比如看新经典也好，贵州茅台也好，包括看所有的一些强势个股，一个主观判断的特点是什么呢？就像刚开始说的涪陵榨菜一样，一般小散户他会相信自己所谓的第一感觉，就是对比市场，比如这两天大盘跌得很多，或者很多个股跌得很惨，他就会对比这只个股，第一个反应就是涨了多少，悄悄地告诉你，已经涨了两倍了，你看一下：

2017 年 7 月份到现在，它差不多从 10 块钱涨到 30 多块，已经两倍了，马上小散户的心态就是太高了，涨幅太厉害了，一定有很多获利盘，主力一定要出货了，这是条件反射，包括新经典也是，我曾经跟朋友分

享的时候，六七十块钱我让他去持有，包括 80 块的时候，那他就会问，这只个股什么时候涨起来的？从去年差不多 40 块钱开始涨起来的。哇！涨了好厉害了，翻了一倍多了，这里明显是主力出货区域嘛。也就是说他根本不看这背后的逻辑，只是觉得涨的多了，一倍甚至更多了，就一定是在出货。这种逻辑是会害死人的，你一定是赚不了钱的。就好像涪陵榨菜去年五六月份 10 块钱的时候，涨到去年年底，十七八块已经接近一倍了，那正常来说也挖了一个坑，这里确实是挺高的，获利盘也很多，而且放量了，难道不是出货吗？好了，如果真的是出货，你会发现后面依然涨涨涨，从 20 多块直接干到 30 块，这个过程很多个股崩了，很多个股调整很厉害，大盘也跌下来了，他为什么还能涨到 30 块？很多人就想不通，比如说 2017 年 11 月份的时候，他去买了海通证券，你看一下 2017 年 11 月份海通证券：

2017 年 11 月份海通大概在十四五块，当时已经看上去蛮便宜的了，散户的思维就是抓紧卖涪陵榨菜，因为他已经十七八块钱，对比去年 10 块钱已经涨了接近一倍了，历史高位，赶紧出了，买海通证券，因为他跌得非常惨，而且又是券商，净资产多少等等各种一大堆的理由，然后换过去。你就会发现海通证券呢，不涨，还不经意的到了 2018 年

年中的时候，杀到10块，等于又亏了三四十个点，但是卖掉的涪陵榨菜，十七八块直接干到二十八块，又涨了四五十块。你看一个涨了四五十块，一个跌了三四十块，你想想十万块一下子，你拿着涪陵榨菜你可能变成十五六万块，但是如果换了海通证券，就变成了六七万块，差距可不是三四万块，差距接近十万块，所以有些时候人的投资差距是怎么拉开的？一定是在某个阶段，一个投资对了，一个投资错了，这个差距就拉大了，如果这个投资对的再投资一个对的，你再投资一个错的，那这个差距就会越来越大。

所以巴菲特为什么跟我们的距离那么大，在巴菲特几十年的投资生涯里，他做到了每一次正确的复利增长，投资了一个涪陵榨菜，下一个又是涪陵榨菜，再下一个又是涪陵榨菜……他大部分都是成功，或者成功概率非常高，不断地扩大他的战果，而我们在原地踏步，甚至往后倒退，我们在不断反复海通证券的这种模式，所以我们一定要醒悟，突破自我，把过去这种传统的思维摒弃掉。如何摒弃？就是我们看一只个股不要主观的按照你小散的思维去判断，不要那么快下结论，而是要在深入的理解，研究他背后的逻辑之后，你再下一个结论也不迟，明白吗？这才是最重要的，这也是我成长为王的一个重要的核心内容，当然你悟到了这一点，同时又能在行动上做到这一点，这里面又是一个很重要的距离，很多人能悟到，但不一定能做到，所以在我们这个行业里面，人与人之间的差距就是这样不断的越拉越大。

我自己曾经也跟大家一样，也是这样想的，也是这种思维，也是付出了惨痛的代价，透过实战，不断地总结总结，不断地成长成长，我不敢说我现在有多厉害，但是我敢说我的思维已经要超越很多人，现在我在努力做什么？努力做到我的思维与实践能够更好地完美统一，这是非常非常难的，但是我们在努力。我相信你们听课也好，学习也好，也在实践当中不断地努力，请记住，这个努力是值得的！我们只要付出这个精力，付出这样的实践，终有一天，市场就是我们的印钞机，哪怕我们身上只剩下一万块，我相信这一万块在你的有生之年能够让他变成一千万，一个亿甚至更多。人家巴菲特就是从十万起家，现在富可敌国。有人说饼画得太大了，没错，梦想总是要有的嘛，你连梦想都没有，你还谈什么其他呢？所以就好像我自己看高管，看上市公司这些团队，我是欣赏那些有梦想的，虽然能不能实现要看他的能力，如果他连梦想都不敢展现出来，不敢说出来的话，那还谈什么其他呢？就是这么简单。

【学习温馨小总结】

△ 不断成长的股票可能涨了还会涨，而业绩增长停滞或者下滑的股票可能跌了还会跌。所以并不能完全依据一只股票的涨幅来判断主力是否出货了，重要的是要研究这只股票的上涨逻辑，当你弄懂了一只股票是否拥有长期投资价值之后，持有它的心态就会坦然很多。

△ 我们经常领悟到了，但行动上不一定能够做到，努力做到思维与实践完美统一是我们孜孜以求的目标。

案例一：新经典

好回到我们的分享，你看新经典：

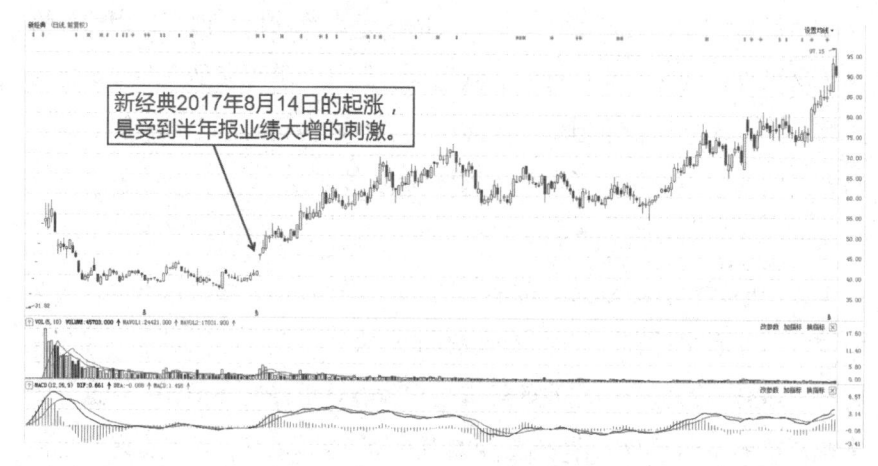

2017年8月14日受半年报业绩大增刺激起涨。当时8月12日公布

三、主力拉升策略

半年报预告：

603096:新经典2017年半年度业绩预增公告

证券代码：603096　　证券简称：新经典　　公告编号：2017-029

新经典文化股份有限公司
2017年半年度业绩预增公告

本公司董事会及全体董事保证本公告内容不存在任何虚假记载、误导性陈述或者重大遗漏，并对其内容的真实性、准确性和完整性承担个别及连带责任。

一、本期业绩预告情况
（一）业绩预告期间
2017年1月1日至2017年6月30日
（二）业绩预告情况
经财务部门初步测算，预计2017年半年度实现归属于上市公司股东的净利润与上年同期相比，将增加50%到65%。

> 8月12日公布半年报预告，大增50%-65%，恰好是周末，8月14日是周一，起涨。

业绩大增50%~65%，恰好是周末，8月14日是周一，起涨。这个数据我们当时是有测算的，这确确实实是大幅超预期的，因为当时券商的报告停留在30%~50%之间，所以超预期市场自然就会有一个很好的上涨格局。

接着看新经典第二波上涨：

> 新经典的第二波上涨，内在的逻辑是对年报业绩、高送转预期，以及IP资源的发力等

内在的逻辑是对年报业绩、高送转预期，以及IP资源发力等，这些很明显，就是这样涨上去。

205

案例二：圣邦股份

再来看圣邦股份：

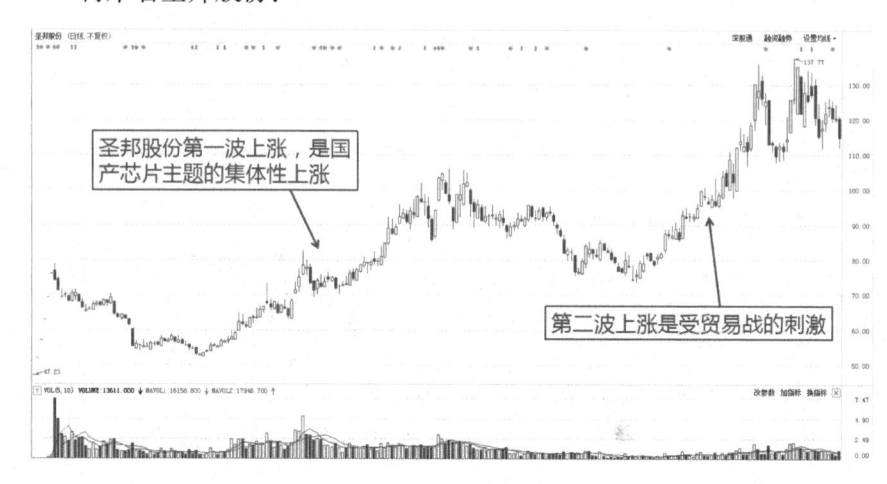

（图中标注："圣邦股份第一波上涨，是国产芯片主题的集体性上涨"；"第二波上涨是受贸易战的刺激"）

他的第一波上涨，是国产芯片主题的集体性上涨，第二波是受贸易战的刺激。看下当时的芯片指数：

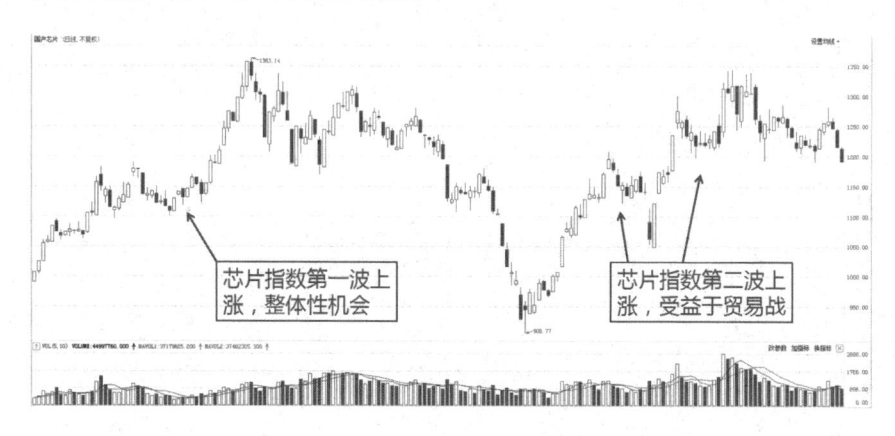

（图中标注："芯片指数第一波上涨，整体性机会"；"芯片指数第二波上涨，受益于贸易战"）

芯片指数第一波上涨，集体性机会，第二次上涨受益于贸易战。芯片啊，我要谈一谈，芯片这个行业本身呢，周期是很长的，所以它未来的利润、收获存在很大的不确定性，所以他未来的波动，一定也是类似过山车的这种波动。除非你对这家公司研究非常透，你对它芯片未来的一种运用、价值非常有自信，那么这家公司是值得你中长期去投资的，否则你纯粹靠题材撑起来的炒作，未来还是存在很大的不确定性。

当然我想要告诉大家的是，对一些行业，首先要看他大的趋势，之后再深入理解，就说刚才的芯片，这家公司能不能做出非常厉害的芯片，其实最终还是看团队，行业是不错的，如果他的这个团队又有梦想，又有执行力，那你可以对他多一份的期待，就好像我很看好智能家居，比如300128锦富技术也是涉足智能家居，当然它刚刚开始做，那我们也去调研过，我们看的是团队，虽然这项业务本身存在很大的不确定性，但是这个团队给我们的印象还蛮深刻，就好像刚才说的，梦想总是要有的，最终未来如何演绎，那只能是持续跟踪，了解他之后的进展，如果它能做到慢慢落地，那市场自然会反映出它的一个价值。如果他怎么折腾都做不出来，都落不了地，那市场也会给他一个做不出来的估值。

所以这种公司跟新经典还是不一样的，他是属于一个刚刚开始，也意味着它的风险肯定是阶段性比较大的，但是如果成功了，他的机会也会比较大的，所以你要这样去看。所以我们研究一家公司，两种风格都会去综合，做融合，比如新经典，看他未来相对确定当中，会不会稳中求进，这是一种特点。锦富技术属于什么？他不敢说是稳中求进，而是未来有机会，但需要我们更好地去深入，去跟踪，去等待，或者去研究的这样一种机会，这个是需要时间的，需要耐心，甚至需要折腾的，说真的，我认为这个过程是蛮艰辛的。前景是光明的，道路是曲折的，如果经历过这个阶段，假设他最终能蜕变成功的话，这个收获相信也会远远超出大家的预期，这是我个人一个简单的思考啦。

我们跟踪过、看过的一些公司，我都会反复实地去调研，透过调研最新的状况，我们会对他有一个新的评估，等等。就好像很多人说，吴老师我们去调研就调研一次吗？那当然不是，每个阶段都会有的，就好像新经典一样，我去的也不止一次啊，每次我去北京基本上都要去新经典那里看一下，或者是跟他的董秘、高管聊一聊最新的情况，比如前段时间他那个欢乐英雄，原来说要拍电视剧的，后来不拍了，为什么呢？他回答说，我们是风险厌恶型的，我们觉得有风险，就这么简单！幸好没拍，如果拍了的话，这段时间这个利空是不是对他有一个大大的冲击呢？所以有些事物两面看，有些人说激进一点好，有些人说稳健一点好，这个要看什么时候，我认为顺势的时候激进一点好，像这种动荡市的时候，稳健一点好。

【学习温馨小总结】

△ 一家企业,如果它的行业是不错的，并且团队有梦想，又有执行力，我们可以对他多一份期待；

△ 不同类型的企业要运用不同的研究方法：有些是稳中求进的，我们的关注点在它增长的方面；有些是目前业绩尚未体现，但是未来有潜力的，这更需要我们去跟踪，去等待，去研究；

△ 调研是一个动态的过程，我们要通过反复实地调研，透过最新的发展状况对企业进行动态把握和评估。

1.3 本章小结：

好，小结一下：

小结

- 中线主力的拉升，一是看大盘环境的配合；

- 二是看内在逻辑是否逐步发酵。

中线主力的拉升，一是要看大盘环境的配合；二是要看内在逻辑是否逐步发酵。

2. 中线主力拉升节奏：

二、中线主力拉升策略——主力拉升的节奏

- 了解主力拉升的节奏，明晰当下个股运行状态所在的阶段，才能有相应的策略，进行仓位管理。
- 1. 初级上涨阶段，股价不动声色的上涨，赚钱效应不明显。（随风潜入夜，润物细无声）
- 2. 主升浪阶段，上涨有持续性，回踩都是买点，后面都能继续创新高。股价上演最后的疯狂，加速上涨，达到阶段高点。

初级上涨阶段，股价不动声色的上涨，赚钱效应不明显；主升浪那就很厉害啦，那就疯狂、加速了，就好像我们一直说的，上升斜率会从45°变成70°以上。

就好像长川科技一样：

2.1 初级缓慢上涨阶段

案例一：长川科技

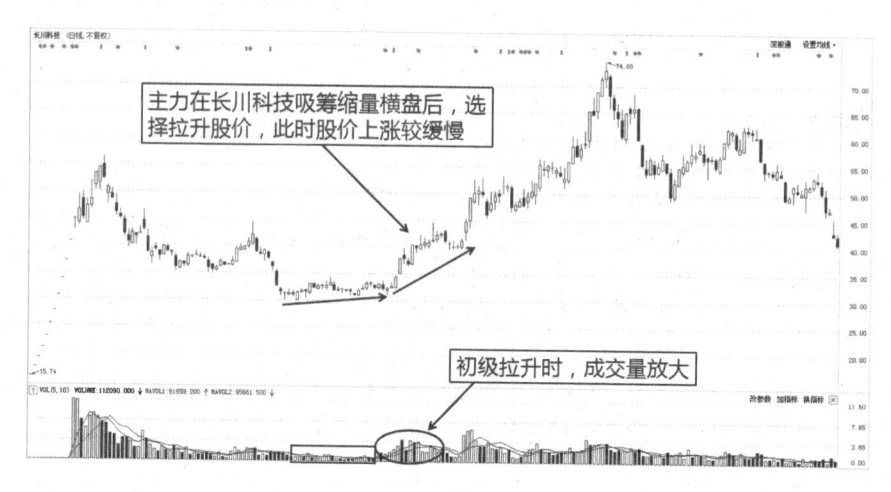

[图中标注：主力在长川科技吸筹缩量横盘后，选择拉升股价，此时股价上涨较缓慢；初级拉升时，成交量放大]

初步拉升，润物细无声，再看进入45°，接着再到70°以上，好了，高点出来了，所以每一只个股，它往往都是这样的轮回，有时候我们要看个股处于什么阶段，就看他的角度线，30°，45°还是70°。角度线越陡，你越要警惕阶段性的动荡，角度线70度并不代表它一定见了顶部，只是有可能见阶段性高点，高点之后有可能再来一个45°到70°的一个过程，都是有可能的，这叫衍生浪，疯狂之后往往就会这样子走。那最终如何演绎，价格落到什么节点？这又回到我们成长为王的视角，就是你要对这家企业有深入的评估，评估他到底值多少钱，这是非常之重要的，而不是仅仅看技术指标。以前我就吃过一个亏，什么亏呢？看到一只个股，技术指标非常好，量价齐升，RSI等等什么金叉都来了，然后还封住涨停，又符合我们涨停龙头战法，这么多符合，啪地杀进去了，之后你知道怎么样吗？晚上发公告，明天开始戴帽，连续两三个跌停板杀下来，蒙圈了。其实这种风险能规避吗？事实上是能规避的，其实稍微看下基本面，看一下里面的东西，都已经提前预告了什么时候带帽，包括经营状况、连续亏损等等，都一五一十地告诉你了。但是你还那么无知地杀进去？这就是不看基本面，不看重成长的一个非常大的风险，这种风险有时候非常致命！当然你带个帽还好，无非也就是两三个，三四个跌停板，还能承受，那如果你碰到那些退市的，比如 ST 昆机，最近退市的吉恩，而且还是国企，这种风险说真的没法承受了！当然不是说我们重视基本面就一定不会碰到这样的一些个股，也有可能，只是这种概率会相对减少很多。像以前纯技术的话，那碰到的概率可能就有 50%，如果我们重视一下的话，你碰到的概率可能就是几个点，很低啦，基本忽略不计啦。

【学习延伸突破小细节】

△ 不依据个股的内在价值，单纯依靠技术分析炒股票存在很大的投资风险，甚至有全军覆没的风险，所以在投资前对个股的基本面进行全面了解可以避免我们在投资中的触雷现象。

△ 对企业进行深入的研究，评估他到底值多少钱，把它的估值与现有市值相比较，评判它是否具备足够吸引力，这才是我们最需要做的事情。

好，我们继续来看长川科技：

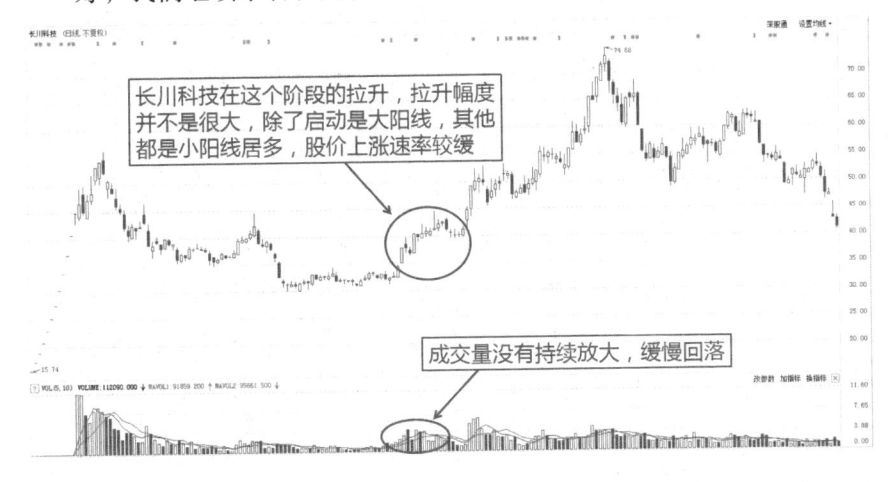

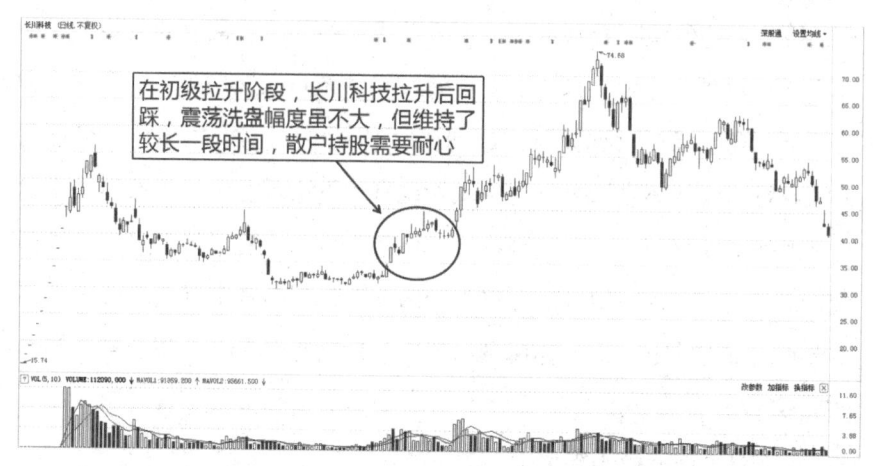

阶段拉升，然后慢慢涨，最后加速拉升，就是这样的一个模式，你看：

图中标注：在初级拉升阶段，长川科技拉升后回踩，震荡洗盘幅度虽不大，但维持了较长一段时间，散户持股需要耐心

其实很多次新股啊，上市之后都会演绎类似的模式，那么为什么很多人会去炒这些次新股？其实逻辑也不复杂。第一刚刚上市，没有历史包袱，意味着它相对干净一点，没有太多老股票的这个问题，那个问题，所以跌透了，筹码收集了，就会来一波这种行情，而且来一波行情的时候，特别是技术派喜欢，容易吸引跟风，但是跟风有那么容易赚钱吗？很多人会觉得，宏川智慧啊这些跟着多爽啊，但问题是你抓到一次宏川，下一个宏川你那么容易抓到吗？而且大部分后面追进去的时候，出现剧烈动荡的风险，很有可能折腾来、折腾去，最终是不赚钱的，很难赚钱。我们曾经也是次新之王嘛，我们在次新股上赚过大钱，同时也吃过大亏，所以后来为什么我们在次新股上面，不太喜欢宏川智慧这种模式呢？至少重仓我们不喜欢这种，有段时候我们敢于重仓，但是这种重仓代价很大，万一搞错了的话，反杀的风险也非常大，现在我们一两层仓位去玩一玩是可以的，但是特别重仓我不喜欢，我们还是做成长为王为主导，是这样的一个思路。我相信重仓去参与过这些的机会的人就应该知道，这种可不是一般人能玩的，虽然说赚钱好像很容易，亏钱也一定是非常容易的。

三、主力拉升策略

【学习温馨小提示】

△ 纯题材炒作的次新股行情，疯狂上涨的同时积聚了大量的风险，可以轻仓尝试，不可重仓持有，仍然应该以成长为王为主导，踏实地做自己看得懂的投资。

好，我们来看下一个案例：

案例二：三超新材

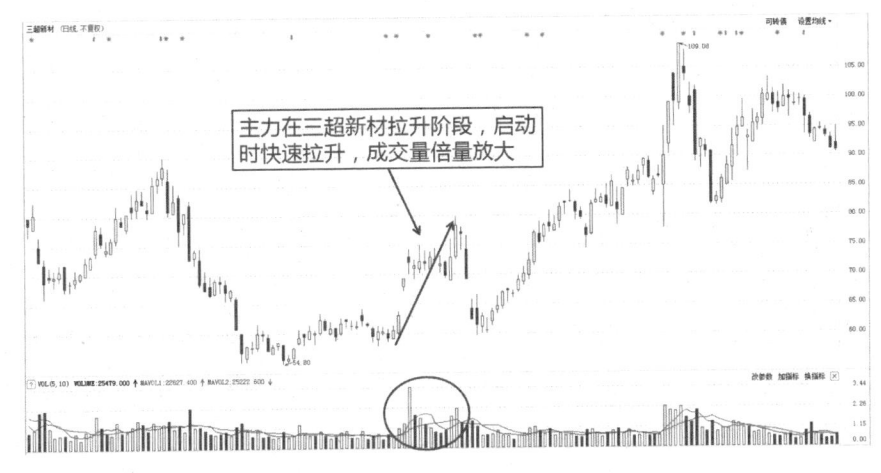

主力在三超新材拉升阶段，启动时快速拉升，成交量倍量放大

拉升阶段的时候，快速拉升，成交量倍量放大，接着看：

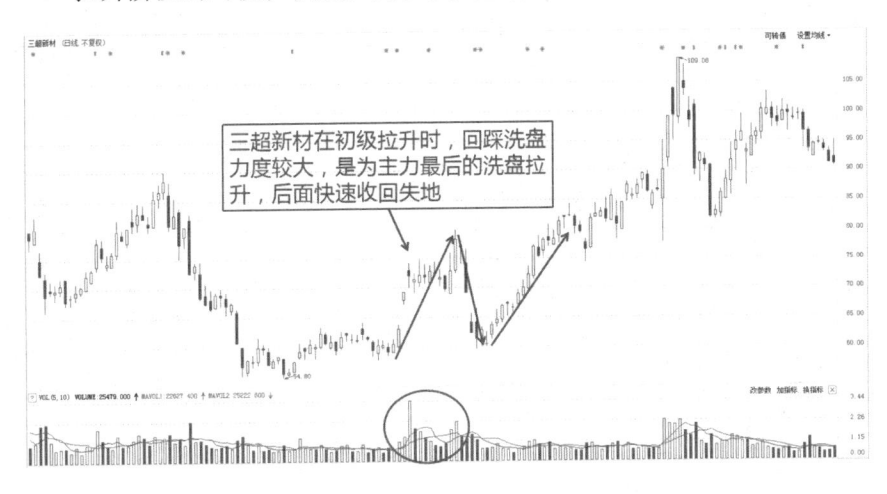

三超新材在初级拉升时，回踩洗盘力度较大，是为主力最后的洗盘拉升，后面快速收回失地

然后慢慢开始涨。底部、初步拉升的阶段，一定会伴随着反复地折腾，相对低位横盘和区间动荡。其实底部阶段跟初级拉升，跟最终拉升，回到我们之前教大家的角度线就知道了，底部的话，基本上没什么角度的，横盘或者30°角，初步拉升往往就开始进入45°角了，35°角以上，主升浪的时候就70°角以上了，往往就遵循这样的一个过程，这样的演绎模式是非常健康的，这叫正常套路。那你要看懂他现在处于什么位置啊，你就能吃到这个正常套路的机会。很多游资特别喜欢从45°角到70度角的这个转折点，因为来得快，快钱嘛，但不是所有人都适合，大部分人适合什么？从30°角慢慢涨到45°角的时候开始跟进，就是初步拉升到主升浪这个阶段吃起来是比较舒服的。大部分人会死在底部折腾这个阶段，因为大部分人都是没耐心，底部的时候，横一天你能忍，横两天你也能忍，横一个星期你咬咬牙也就过去了，横两三个星期你忍不了，为什么？这两三个星期又有一些个股不断飞涨会刺激你的眼球，让你最终推翻自己的逻辑，去追逐这些热点，人的思维会出现这样的一种转变，这是正常的一种模式。

2.2 加速上涨的主升浪阶段

案例一、长川科技

依旧来看长川科技：

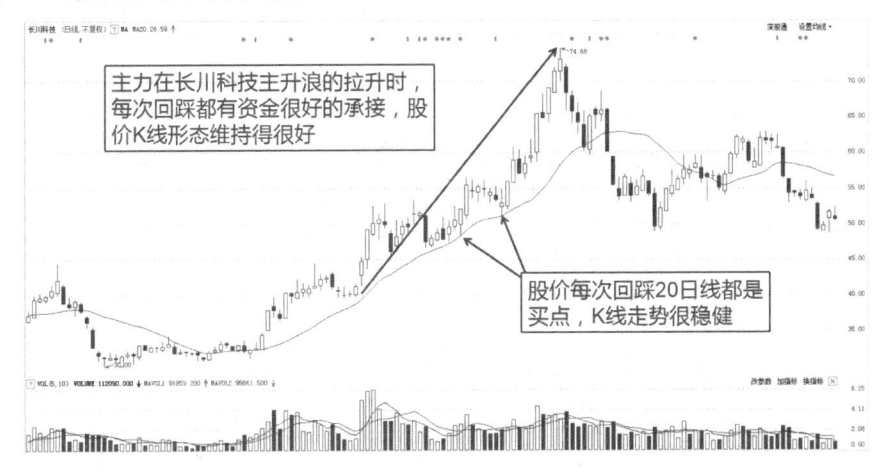

主力拉升时，一波三折走势稳健，但是你看最后疯狂阶段：

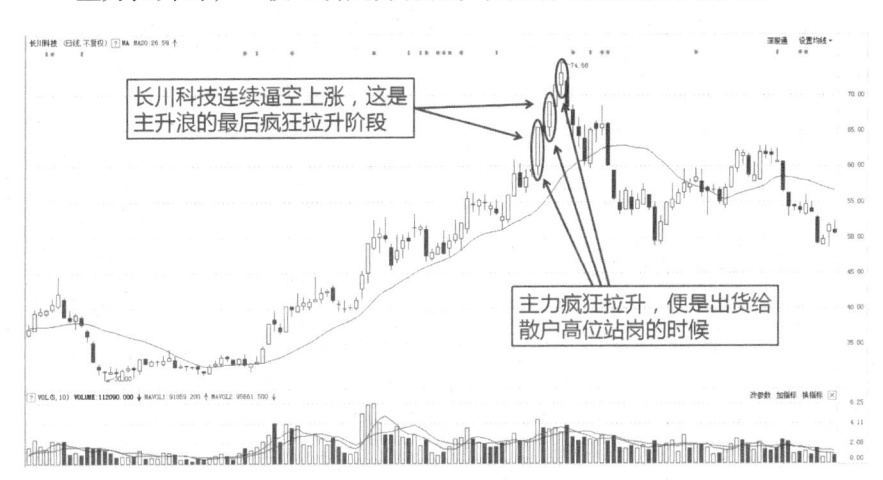

连续逼空上涨，70度角拉升的时候，这是主力最后疯狂拉升阶段，也就是散户高位站岗的时候啦，因为人性，都是希望赚快钱的嘛。你别说我不喜欢，我也喜欢赚快钱，但是有些时候没这个命，或者是说为了赚快钱付出了惨痛的代价。

继续来看:

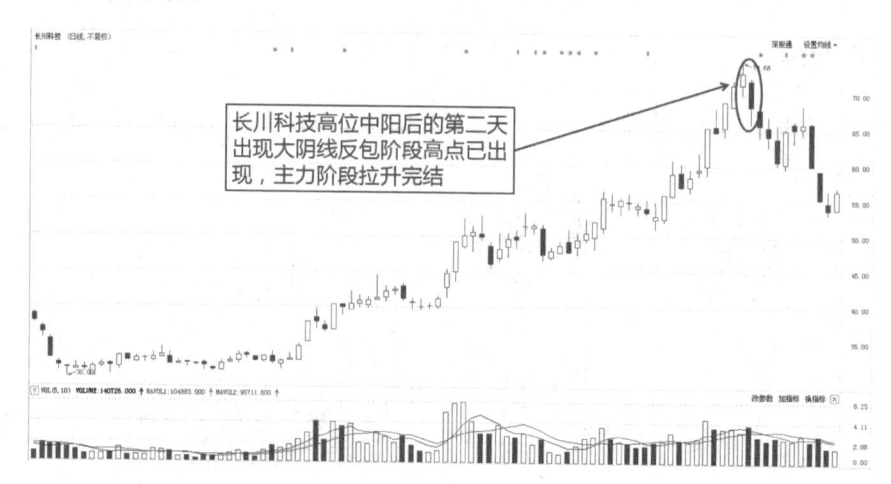

[图:长川科技高位中阳后的第二天出现大阴线反包阶段高点已出现,主力阶段拉升完结]

长川科技高位中阳后第二天出现大阴线反包,阶段性高点已现。所以一般相对高位 70°角拉升,出现大阴线的时候就是我们要开始警惕的啦,就意味着筹码的松动,这个我跟大家分享过,逻辑也不复杂,大阴线意味着里面有主力开始撤退了,否则他会维持好整体的一种波动格局,依托 5 日线啊等等强势上行。

案例二、三超新材

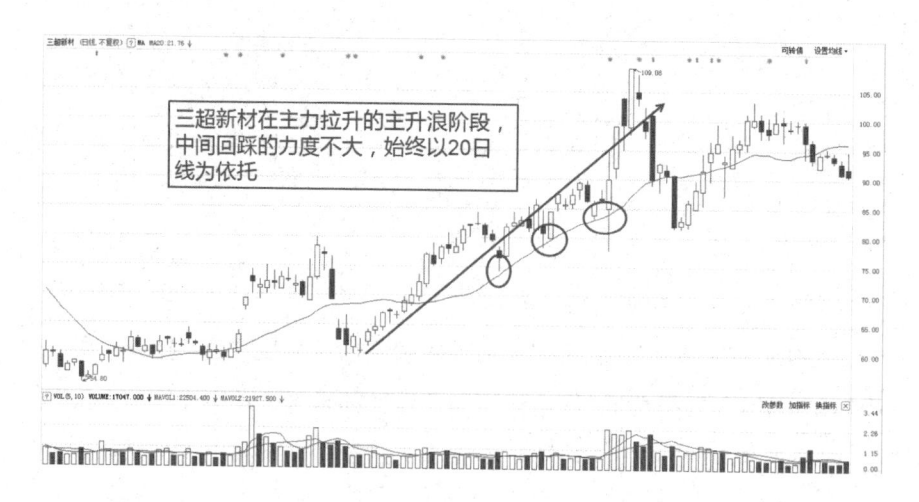

[图:三超新材在主力拉升的主升浪阶段,中间回踩的力度不大,始终以20日线为依托]

在上涨过程当中，它都会尽量保持一种强势，在没有出货阶段，比如围绕 20 日线啊，10 日线，5 日线慢慢地上涨，这样会让整个市场觉得他是一只很好的股票，这就是做图形嘛，也只有市场主力分歧开始加大，有人出逃了，股价开始击穿这些均线，也就意味着这只个股开始面临筹码进一步分散的风险了，这个时候你就需要高度警惕了。

你看：

主升浪阶段，成交量前期未异常放大，保持很稳定，说明分歧不大，筹码很稳定且集中

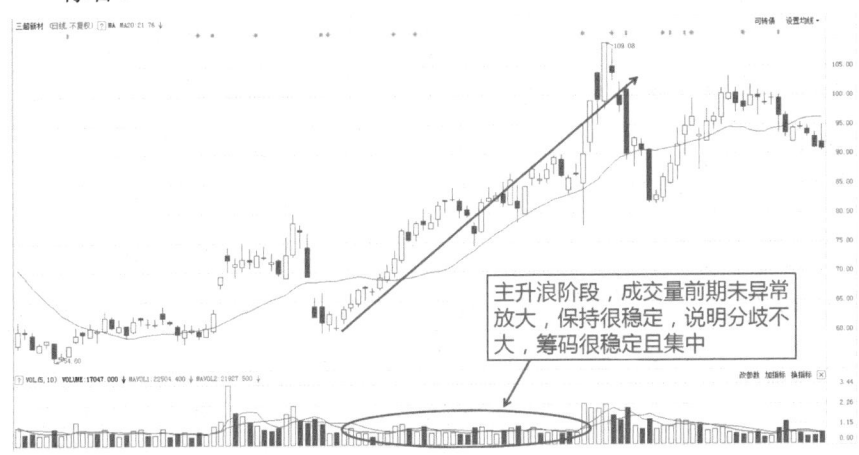

前期拉升的时候，成交量未异常放大，筹码很稳定且集中。

我们之前谈过换手率的问题，当换手率保持在合理范围之内，没有急剧放大的时候，不论他怎么逼空，怎么涨，如果他的换手率保持在一个合理的范围，你都可以视为相对健康的，但是一旦上涨加速，成交量急速的放大，换手也率放大的时候，你就要警惕这是不是会形成阶段性高点了。因为换手率的大小意味着里面资金分歧的大或者小。

为什么有一些题材股很容易看出来呢？比如说次新股，一天换手率百分之四十至五十，说明里面的分歧蛮大的，很多人在做差价，说白了这个位置根本不是长线资金认可的区域，而是短线击鼓传花的区域，这个时候玩的是短线，换手率就看出来了。真正中线的票，往往上涨的时候换手率都是相对较低的，为什么啊？因为中线资金筹码是锁定的。比

如说我买了一个亿，我没考虑第二天做差价，我就考虑用这一个亿以后再赚一个亿，所以买了之后，我就想着睡大觉，或者偶尔做做差价。但做差价我肯定不可能拿一个亿元去做，顶多拿一千万元去做，所以当所有的大主力机构都锁定筹码，只拿一小部分去做差价的时候，你可以想象二级市场的换手率有多高？他肯定不会高到哪里去。既然高不了，你就不用担心，他慢慢涨你就随他，到了哪一天你需要警惕呢？涨到某一天，散户都认为他很好，很多资金涌进来的时候，比如我有一个亿的筹码，平时都没有看到什么大单，今天很多大单拼命买，价格推高很厉害，这个时候我会考虑慢慢地派发筹码，原本我派个一千万元做做差价的，那这个时候我就考虑五千万元拿出去了，派发给那些有需要的朋友们。所以拿出去之后换手率就会加大啊，你拿五千万元，人家也拿五千万元，大家都拿五千万元，散户拼命买进去，还理解为放量上涨，但事实上低位放量上涨是好事，相对高位放量上涨就意味着分歧进一步加大，除非散户的力量非常强大，或者其他机构的力量非常强大，会一直逼空上去，但这个时候一定会有越来越多的人加入，只是说击鼓传花之后，谁接最后一棒的问题，总会有最后一棒，一旦到最后一棒，形成逆转的时候，跌起来也很猛。

所以你会发现那些换手率很高的个股，涨的时候好像很强，一棒又一棒，但是为什么跌的时候也很厉害呢？那是因为本来大家就是玩短线的，一旦跌，比如今天跌 5 个点你不止损，那跌 10 个点呢？肯定有人要止损。那就会形成多米诺骨牌效应，就是涨的时候大家不断买，跌的时候大家不断卖，都一样！不断卖的根源是大家不断止损，就是承接——止损，承接——止损，恶性循环。所以有时候涨起来一下子涨一倍，跌的时候可以一下子亏个百分之五六十，就是这么来的。背后的根源也是主力资金的博弈，筹码之间的博弈，所以这个过程看量就行了。那么像这种高位换手率很高的个股，跌下来以后什么时候开始会企稳呢？很简单，就看他的换手率开始缩小到一个极致的时候，缩到一个合理的范围的时候，那就意味着市场到了一个多空平衡的阶段了，里面的资金也不愿意出啦，这个时候相对平衡了，或许就会有一个反弹的机会，就是这样子。

好，我们接着看：

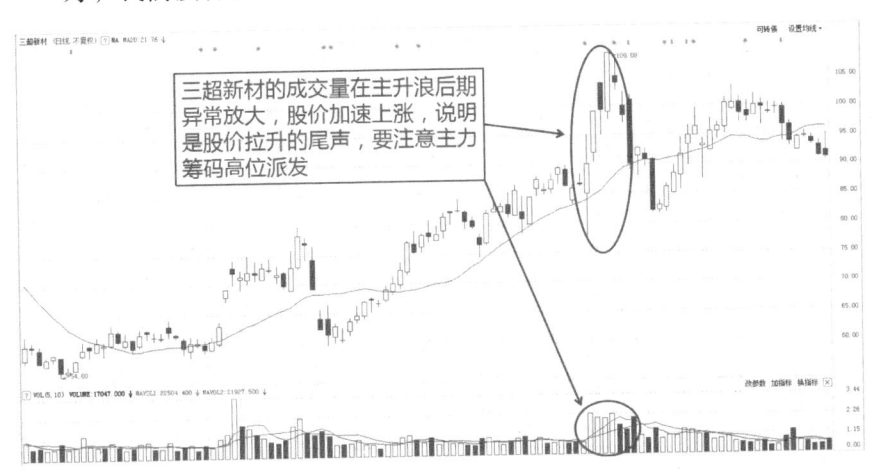

[图：三超新材K线图，标注"三超新材的成交量在主升浪后期异常放大，股价加速上涨，说明是股价拉升的尾声，要注意主力筹码高位派发"]

成交量异常放大，加速拉升，吸引眼球，这个时候就是筹码高位派发啦，你看暴涨后暴跌，套路就来啦。

【学习温馨小总结】

△ 一般相对高位70°角拉升，出现大阴线的时候我们要开始警惕，这意味着筹码的松动。

△ 股价依托某条短期均线缓慢上涨（10日、20日），当加速上涨之后转为下跌并有效击穿这条生命线，那就意味着这只个股开始面临筹码进一步分散的风险。

△ 一旦加速上涨，成交量急剧放大，换手率急剧放大的时候，你就要警惕这是不是形成阶段性高点了。

△ 许多中线股见顶时都会构筑一个大的顶部形态，我们要结合成交量、技术指标等等综合研判。

2.3 本章小结：

我们小结一下：

牛散大学堂

小结：

- 1. 主力初期拉升幅度通常较小，而且中间的洗盘较为煎熬，力度小则时间长，时间短则回踩力度大。

- 2. 主升浪阶段要关注量能、K线形态，注意及时逃顶，会买的是徒弟，会卖才是师傅。

微信公众号：吴国平财经　新浪微博：吴国平财经

主力初期拉升幅度通常较小，就是我跟大家说的30°角，中间的洗盘较为煎熬，时间就是洗盘的一个最好的武器，一天到一个星期很多人忍得住，两个星期，三个星期，很多人就不一定忍得住了，不要说更长时间了。为什么有些中线个股的洗盘往往都是挑战人的极限的？因为这个时候，里面的浮筹就会缴械投降，等你缴械投降之后再展开新的一轮上涨，因为这个时候浮筹已经很少了，那么上涨的过程当中，阻力也会很小。

主升浪阶段要关注量能、K线形态，注意及时逃顶，这个之前卖出战法有谈，大家可以回顾，温故知新。

好，布置今天的作业：

★ **作业：**

☆ 选取一只个股，分析主力拉升的时机和拉升节奏。

我今天洋洋洒洒谈了那么多，无非就是讲拉升过程中，我们需要注意的一些事项，中线拉升的一个时机啊，拉升初期的一种模式啊，无非就这几个。这几个你领悟好了，那你就知道刚才提到的5G、文化传媒等，有没有引爆点，时机到没到，对吧？还有一些现在走势很强的个股，敢于逆势拉升的契机，拉升的逻辑，慢慢你就越来越清晰了。

你就知道，当大盘稳定，个股低位开始拉升，它属于一个什么阶段？当然今天讲的，很多都是中线主力资金的运作模式，所以大家要从中线的角度去挖掘一些个股，而不要纯粹沉浸在短线（就是那种连续板模式）里面，这种短线模式不太适用我讲的中线模式，这种连板往往都是70°角以上了。它们的区分原则很简单，看清换手率。

中线的话，按我今天讲的这个逻辑，大家去回顾、思考、总结一下。具体的案例可以看看新经典，复盘一下，感受深刻一点，看看所有的这些中线标的一些特征。今天讲的涪陵榨菜也是中线个股，去年到现在涨了多少？它的整个特点；包括我今天讲的比音勒芬（服饰类），近期强势的广州酒家，好多类似个股，因为市场已经走出来了，走出来之后你再去总结、复盘，很多东西你就能够越来越清晰了，然后你再去找新的类似标的。

当你再去找的时候，你就不会犯刚刚所说的散户第一感觉的错误，看到股价涨高了，你就觉得出货了。当你慢慢脱离了这个错误之后，你就回归到一个真正的成熟的思考模式了。这时候你的思维就会蜕变了，你离最后的赢家就会越来越近了。

所以我们看一只股票，他的价值高低，并不是只看他的价格。很多人选择股票就是只看价格，十块以下低的是好股票，五十块以上高的是坏股票，不是这样子的！一只股票好还是坏，是看它的估值，它的总市值，总市值在这个行业里面是否具备吸引力，是否合理，这些才是我研判一只个股的关键指标。就像今天大家都知道茅台不经意突破了上万亿，其实很早之前我心里面就想，当他九千亿的时候，八千亿的时候，他离一万亿也就那么一个关卡，那一个关卡难道他不站上去，让整个市场为之沸腾一下嘛，如果主力要出货也需要这样的一个动作啊，所以你会发现他九千亿的时候杀了一波，但是慢慢又上来了，这个就是它背后主力运作的一个逻辑，另外一个是他本身持续成长带来的市值增长的逻辑。当然我不是推荐大家去买贵州茅台，贵州茅台上万亿，他还有没有空间呢？还是要看他的未来。这个行业我研究不深，所以我更多的是选择欣赏，但是透过茅台这种走势，更加坚定的一点是什么呢？我们更要坚定寻找你熟悉的行业，走成长为王之路，这一定是未来的大趋势，一定是能够赚大钱的关键逻辑和方法，希望大家在长期听课的过程当中，能够吸收，能够成长，能够蜕变。

3.2 短线主力拉升策略

2018 年 6 月 13 日

学习须知：

1.短线主力拉升策略之一就是对于近端次新的偏好，这是由于近端次新是市场情绪的直接反映，代表了市场最敏感游资的动作；短线龙头个股的拉升，分时明显放量，拉升的节奏和力度都很强，跟风个股，分时拉升的量能配合不理想，力度不强；短线主力拉升的逻辑在哪里？快准狠的拉升是资金常用的手法，所以在方向选择上会寻找市场认同的主线题材，有资金合力的作用更容易拉升和出货，所以策略之二为短线资金会在市场认同的主线题材上反复炒作，同时在主线题材下越靠近题材时间点的细分领域越容易产生题材龙头。

2.牛散大学堂股威宇宙等级划分为：大学生级别。

课前综述：

好舒服啊！为什么这样说呢？因为刚才吃了一位学员寄给我的杨梅，非常大颗也非常甜，吃了之后有一种感觉叫做：苦尽甘来！

所以今天我送给大家的字也是：苦尽甘来。我手上还有颗杨梅，也是预示着我们的市场也要到了一个苦尽甘来的时候了，因为市场持续下跌，跌到这个阶段，还能跌到哪里去呢？我们要有这个底气跟信心嘛！当然市场始终是分化的，现在不是齐跌齐涨，未来的博弈在市场渐渐见到底部的过程当中，我们去寻找那些真正能够穿越市场的上市公司，这是最为关键的。大家一定要很清楚我的核心理念，"成长为王"这四个

223

字是放在最前面的，十二字箴言：成长为王，引爆为辅，博弈融合。

这几天我出差了，去调研锦富技术这家公司现在的具体状况，因为很多学员担心这家公司的情况，所以我们切身去参与、去调研。可以告诉大家的是，这家公司生产经营一切正常；还可以告诉大家的是，这家公司还是有很多值得期待的地方，当然更多的思考、更多的内容以后有机会再跟大家慢慢分享一下。看公司就像我之前谈的，不是看一年、两年，是要看三年的，看公司是要看这个团队，我们有这个条件，我们这次直接见了肖董事长，然后跟他们沟通、交流、探讨未来。所以这个公司跟有些公司，我个人理解还是有区别的，他们还是实实在在做一些事情的，只是做的事情最终能不能落地，能不能被市场所认可接受，这个需要点时间，需要点过程的。当然我们也期待市场能苦尽甘来，希望锦富技术也能苦尽甘来，希望我们的所有学员在未来的日子里，在市场博弈的过程当中，最终也能苦尽甘来。我想最终一定会来的，该来的始终会来。

好了，不延伸那么多，今天的主题还是讲主力怎么去运作这一层面，待会儿会慢慢跟大家分享，在讲课之前先分享一下我们的市场。你看上证指数：

今天又是反杀的，在这 5 个交易日里面，大家可以发现短期又出现了向下的缺口，算上之前的那两个，已经出现三个了，十几个交易日出现了三个，这从一个侧面反映出当下市场是一个相对低迷的运行格局，包括创业板也很明显：

上证指数十一个交易日出现了三个向下缺口，缺口很多意味着市场有点过度压抑。过度压抑的背后，从技术上来说，这个时候只要市场释放一些正能量，释放一些暖意，那它可能就会有一个猛烈的反攻。就好像创业板前几日的这根阳线，它的诞生是七八根阴线刷下来之后来了个猛烈的反扑，反扑之后，因为之前的惯性，趋势向下，继续压，又迎来了一个小阳，现在再压，那最终结果会如何呢？我们拭目以待，市场能不能迎来类似前面 5 月 23 号后的波动走势？我个人判断是明天，后天，至少未来一周内，有可能酝酿一根类似这样的阳线。阳线出来之前我们怎么做？我觉得等待盘面出现积极的信号，什么叫积极信号？大家看一下这段时间文化影视股的横店影视：

这段时间虽然大盘跌得有点惨，但对于这些股来说就是强势震荡。如"华谊兄弟"：

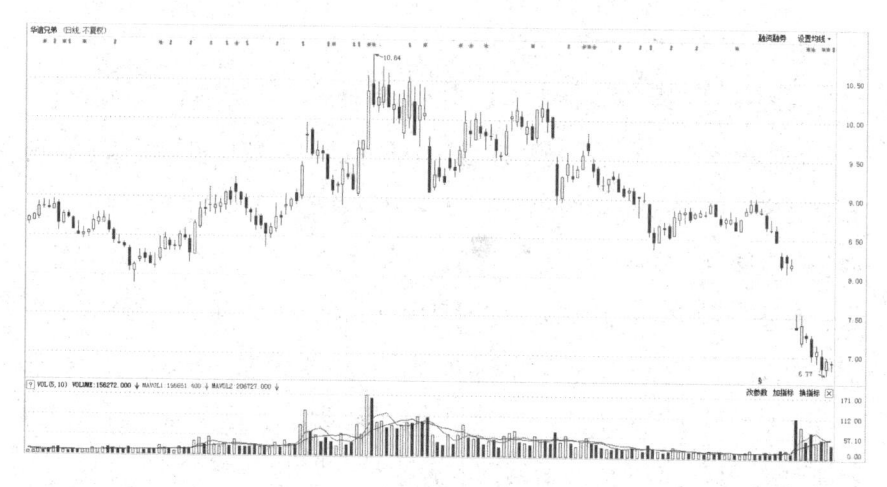

但是你会发现，不是所有的影视股、文化股是这样子的，它只是个例。你可以考虑一下为什么它下来了，而横店还强势？难道这部分进去的资金很傻吗？当然不是。包括光线传媒的对比：

正常来说，华谊兄弟跟光线传媒是有联动性的，为什么光线传媒没有走出那么恐怖的走势？光线传媒跌幅没那么大，而且这段时间它反弹了，这是大家需要思考的，还有一个华策影视：

华谊兄弟行情下跌，而华策影视两三下又快要收复失地了，所以这个板块是我一直提醒大家需要关注的板块。你看金逸影视：

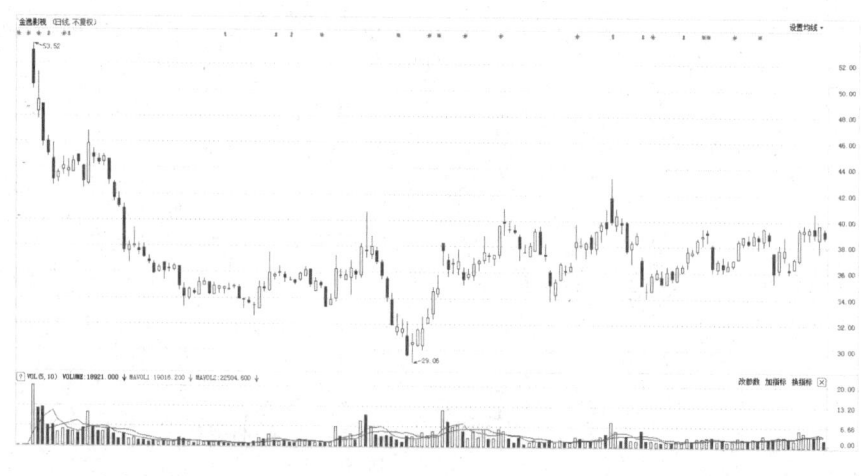

还有新经典：

经典标的，大家发现没有，如果把这波调整定义为一个小型的股灾的话，除了华谊兄弟以外，光线传媒也有一定影响，包括横店、金逸、华策、新经典，它们在这波杀跌的过程当中受到太大的影响吗？没有，真的没有。你看今天收盘，几只在历史高位附近，涨一涨就创新高了，基本上这波股灾到目前来看毫无影响，事实上它们就是在穿越现在的熊市，能不能成功穿越我不知道，但盘面告诉我们它们呈现出一个强势的运行格局。

所以这个板块是我一直提醒大家关注的板块，因为我看好这个产业的发展，在技术层面上它们也有一些亮点，比如之前谈的形态，我个人觉得现在还差的就是板块效应，接下来文化传媒真的要崛起，需要有一个引领的力量。之前教过大家，这个板块至少三只个股以上封死涨停的走势，比如哪一天横店、光线、金逸、新经典或者是其他的文化传媒的个股，有三只以上涨停，我们就视为是一个很重要的盘面启动的信号，这时我们要高度地关注它，我们就可以出手或者是加仓了。很多人可能布局了文化传媒，但是不知道什么时候加仓，涨停就是加仓的时候，涨停买进去也没关系啊，这是我个人的看法，仅供参考哦。设好止损位就行了，就这么简单。

这是我市场接下来的一个思路，我认为文化传媒接下来肯定会有一点动作的，只是什么时候动作的问题，光线传媒昨天异动，涨了5个点，

今天歇菜了，不过回调幅度也不大，两天相加还是涨的啊，但股指是跌的：

我们现在关注的是什么？股指跌，它们没怎么跌，甚至还涨，我认为这是资金提前流入的重要信号。当然我们也要看看这段时间的科技股，科大讯飞：

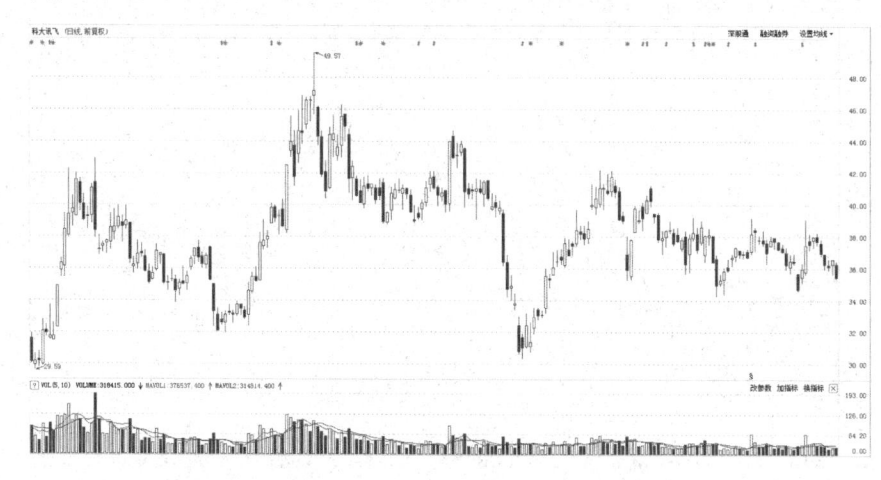

它是区间动荡，波动算太大，对比华大基因你就知道了：

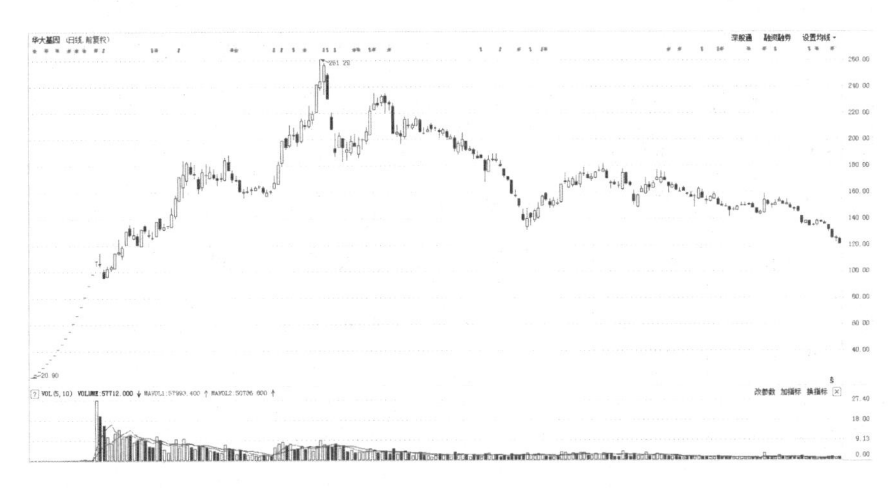

三、主力拉升策略

相比之下科大讯飞的走势健康很多，华大基因像是断了的风筝一样，不断地往下压。知道是什么原因吗？这与之前过度看好，价值高估有关系，还有一点就是马上要解禁了，有巨额的解禁股。所以不论是生物医药，还是科技，它都没法沾上边，因为接下来的解禁压力蛮大的。这样你就可以理解现在的独角兽，很多独角兽上市公司比如药明康德：

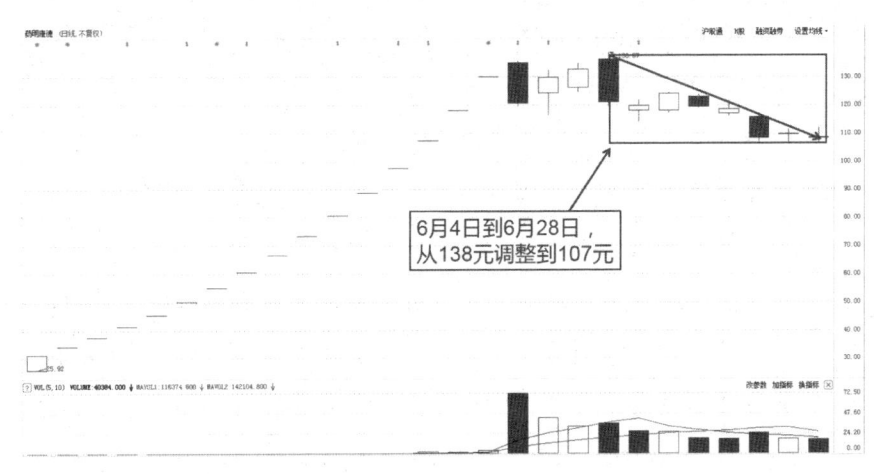

6月4日到6月28日，从138元调整到107元

告诉大家，这些个股上市以来，大家已经追捧过度，你欣赏就好了。这些只会给你博弈的机会，它们要什么时候才有机会？调整比较充分的时候。你看它从138元调整到107元了，短期也许是充分的，但是中期

还是不够充分。像这种个股，如果调到七八十，那掀起一波升浪是正常的，调整幅度有百分之四五十才比较合理。所以类似这样的新股，大家打新就好了，等到开板的时候，正常情况下都可以考虑先出来，为什么呢？因为它们都需要有一段还债的行情。等它还债差不多的时候，再选择去关注它，看看它的成长性能否支撑当下的股价？若能支撑，我们就参与。

这里有个标的，凯莱英：

跟大家分享一下，现在很多独角兽就像凯莱英一样，大家回想一下当时上市的时候凯莱英也是万众瞩目，非常精彩。虽然上市公司质地很好，但是开板后它给到你的机会并不多，你看它一直横盘，区间动荡，从16年12月份上市连续十几个板，直接从17块涨到71块相当瞩目，之后只有小波动机会，几乎一直横，还债接近两年，调整足够充分了。而它的基本面本来就很好，直到现在，它的基本面和技术面产生了完美的共振，才又渐渐迎来了升浪。因为它基本面是持续成长的，价格也慢慢往上走了，这个时候它才能体现出大家当时预期的价格，比如当时预期股价能够到八九十，那是因为你预期的是两三年后的业绩，现在业绩真的开始落地了，它的价格也就慢慢上来了。

对于很多的"独角兽",我们的预期不是两年、三年的时间,是四年、五年甚至更长的时间,所以股价一步到位透支了的话,你可以想象未来还债行情将是比较厉害的,要不是时间换空间,像凯莱英一样横了那么长时间,等到业绩符合再上来;就是空间换时间,急速调整,100多直接打掉一半,从估值打到合理位置,到那个时候它也会触发一波行情。凯莱英大家都知道它好,更多的是时间换空间,所以现在很多"独角兽"无非就两种走势:大家一致看好的个股以时间换空间,类似凯莱英一样横盘很长时间,等到基本面再符合的时候再上;一下子就过度追捧的,就像刚才说的华大基因一样,一开始过度追捧,然后迎来还债。还有360也是一样:

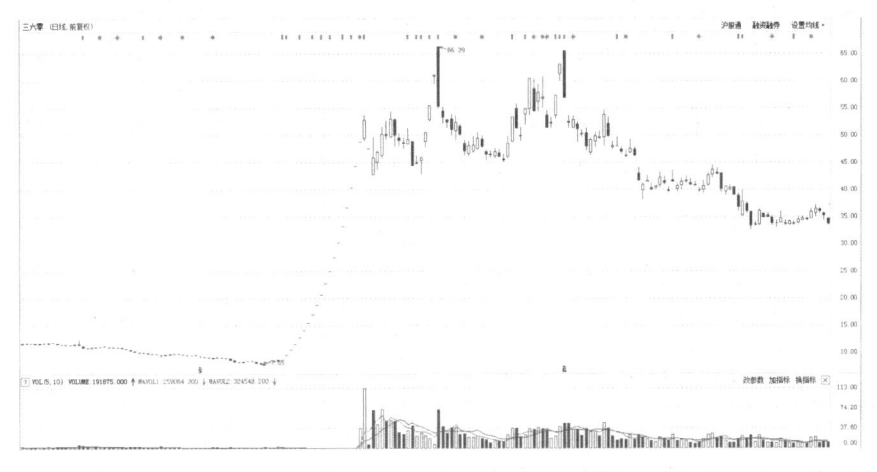

它被过度追捧,有一波脉冲,然后还债。还债的幅度我认为一定是斩半,它不斩半都不到值得中线介入的时机,所以你就看看接下来它最终的价格。

两种运行格局,一种是时间换空间,它不会反转,不断地区间动荡,这个过程可能有十几二十个点的区间波动交易的机会;另外一种就是直接脉冲式炒作一番,然后高位区间动荡,然后开始斩半行情。不管哪一种,对于我们操盘来说难度都很大,给到我们的机会都很小。不过有些

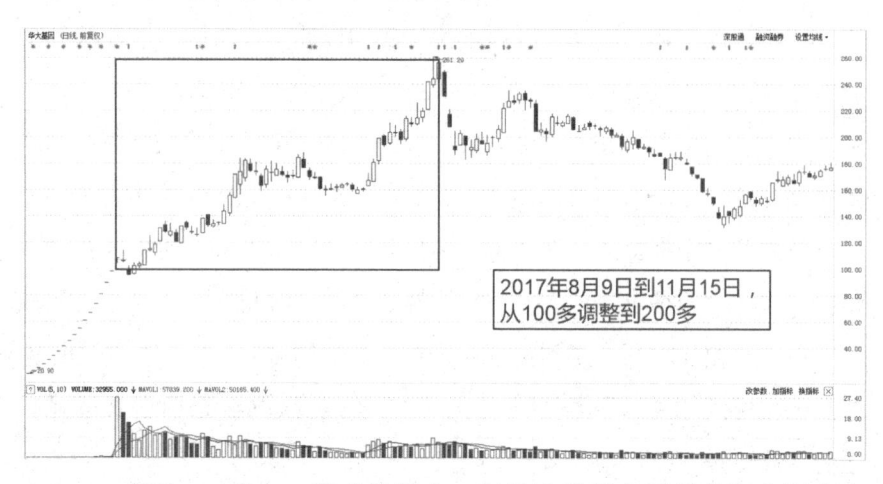

时候也会有机会，像华大基因这种机会：

2017年8月9日到11月15日，从100多调整到200多

　　100多到200多，一倍多的机会，但是这种机会需要艺高人胆大和行情的配合。行情配合的时候会出现这样的机会，你可以博弈一把，但还不是我们成长为王里面能够真正去把握的机会。这种是市场合力形成的阶段性机会，也就是我待会儿要讲的应用短期主力运作的思维去面对的机会，阶段性把握一下就可以了。

　　我再提一个思路：现在大家都一窝蜂地去追逐这些"独角兽"，很多股票被抛出了，包括中小板、创业板的很多股票，有些是"跌跌不休"的，你看像光线传媒，我个人认为它在文化影视领域也算是一个未来的"独角兽"，或者是现在有可能已经是"独角兽"，它也是"跌跌不休"，不过跌幅也不算很大，但是大家思考一下有些"跌跌不休"的个股，难道它不是"独角兽"，或者说它未来也有可能是"独角兽"？现在把手上的"独角兽"，或者是未来的"独角兽"扔掉，它们受到市场不断地打压，往更加估值合理的方向在走，而去追逐大家认可的"独角兽"。你去追逐这个泡沫，然后舍弃已经到了价值的洼地或者是价值区域的"独角兽"，那最终的结果会怎么样呢？它们会有一个修正。

　　修正是什么意思呢？修正就是一个"独角兽"是高估的，一个独角兽是低估的，然后找到一个平衡，往中间拉平的趋势。以后一定会有这样壮观的景象：现在上市的这些"独角兽"，它们可能滞涨，横在那里或者是在往下压，但是那些跌得很惨的"独角兽"，比如光线传媒开始往上涨，慢慢它们会有一个趋于平衡、趋于合理的状态，这个时候市场会呈现怎么样的状态呢？创业板和中小板开始涨起来了，所以有人真的是丢了西瓜去捡了芝麻！现在的行情就是这种特点，很多人丢掉西瓜去追逐开板的独角兽，我认为这种机不会太大，最多也就是行情波动的十几二十个点，你不要幻想都像华大基因开板后涨一倍多的那种机会，未来有没有？有，但是凤毛麟角，你能抓到吗？10只里面可能就那么一只，很难！但是现在你能发现这种压抑的个股，是"独角兽"的或者是未来潜在的独角兽，现在在跌，在等待市场行情企稳，或者躁动，这里的"独角兽"机会比那里的机会大得多，假如有一波行情支持，那边也许有几十个点，而这边也许会是翻倍的大行情。

这是我跟很多人不一样的观点，我希望大家好好去消化一下。这个不只是贯穿近期的，我这个思路可以贯穿未来相当长的一段时间，你按照这个思路去筛选个股，就会发现很多个股现在跌到黄金坑里面了。有一个故事放在这里挺贴切的，过去很流行去挖金子，有一户人家也拼命挖金子，四处去挖，天天挖也没挖多少，每天很辛苦，跑遍各座山，但是有一天，他们不经意在自家院子挖一下，原来自家院子下面全是金子，最大的金矿就在这里。自家这里就是一座金山，旁边的山只有金沙甚至没有金子，只是你自己不知道而已。有些人是到死都不知道，有一些人可能顿悟就发现了，或者是有一些听了我的课之后思维就又突破了，原来天天寻寻觅觅的"独角兽"如此接近！

这个独角兽的上市怎么评估是芝麻琐事了，如果是一级市场没上市之前的股权，我当然有兴趣，但现在是一级市场的盛宴，并非是我们二级市场的盛宴。它们上市之后，你说中期有没有机会？中期要看，比如阿里巴巴上市的时候，也是万众瞩目，一下子追捧得很高，但是你会发现它也有一波相当大幅度的回调，回调完之后，业绩也慢慢上来了，大家觉得它真的很好，就会又助推它创新高，然后形成反转继续向上。所以，连阿里巴巴都需要经历这样的阶段，何况一般的公司？你想一想，现在上市的"独角兽"公司有没有哪一家比得上阿里巴巴？既然没有一家比得上它，你就不要奢望在这里会给你比阿里还大的机会！

好好消化一下，可能你身边的个股或许已经是"独角兽"，或者在往新的"独角兽"方向走的，就像我们的这个交易学习平台牛散大学堂一样，会不会就是未来即将诞生的"独角兽"呢？如果是有一个更成熟的平台和我们的这个平台，你会选择哪一个呢？如果从风险投资者的角度来说，选择我们可能会更好一些，为什么呢？因为我们未来的上升空间会更广阔一些，那个成熟的平台，它阶段性的波动幅度可能没有那么大，机会也没有那么大。

这堂课的干货内容在此，你只要能吸收到，我觉得就价值不菲了。

【学习温馨小总结】

△ 资本市场里价格围绕价值波动，因为市场情绪的影响会有价值高估和低估，但是把时间拉长了观察，这个价值规律仍然一直在资本市场发挥作用。

△ 所以真正的投资者要紧紧记着巴菲特的名言：在别人恐慌的时候贪婪。我们至少努力做到在个股价值被极度低估时守住仓位，而不是去追逐极度高估的热门题材，因为世事有轮回，当你追的高位股开启还债行情，而你抛掉的低位股又走价值回归之路时，你将会是双向打脸，亏损又亏损。

△ 无论怎样，你都要对自己的个股有深入的研究，从而依据价值做出合理判断，这样才可能拥有坚定的持股信念。

三、主力拉升策略

上节课我们讲了中线主力拉升策略，这节课我们来讲一讲短线主力拉升策略：

主力拉升策略

- 上节课讲到中线主力的拉升策略，从拉升的时机和节奏两个角度切入。

- 本节讲短线主力的拉升策略，以案例的形式进行。

微信公众号：吴国平财经　新浪微博：吴国平财经

1. 短线主力拉升策略之一：近端次新

短线主力拉升策略之一：近端次新

- 众所周知，近端次新是市场情绪的直接反映，是最敏感游资的动作。

- 每当市场即将开始反弹、情绪转暖之时，近端次新都会有强劲的表现。

- 通过研究短线游资的拉升，对我们把握短线是很有帮助的。

微信公众号：吴国平财经　新浪微博：吴国平财经

大家都很关注次新，短线主力也很喜欢追逐次新，上一次我讲过次新容易受到炒作的逻辑，因为大家都比较关注。为什么药明康德、工业富联等"独角兽"上市后会有那么多资金去追逐？因为大家喜欢炒新，虽然也知道它的机会不会特别大，但是大家都渴望着今天买进去，明天赚五个点或者十个点就出了，每个人都这样想，所以还是会被吸引去参与博弈，尤其是行情稳定的时候，更加会有这样的一些力量、目光，这样的一些资金去参与。所以每当行情稳定的时候往往就是次新强劲表现的时候，所以我不是说工业富联接下来没有机会，如果行情稳定，外面的游资觉得它有搞头，合力又能形成，这些个股有可能走出脉冲式的行情，当然我们要走一步看一步。

一般来说，如果这些个股出现行情了，大盘其他的个股也都出现行情，那么这个能量就会很大；如果还是处于炒小盘的状态，那么市场能量也许是一般般，所以我们看盘面就要看它炒作的动向，是哪种类型的次新被市场炒作？这个也能反映当下实质的状况。为什么类似工业富联这些大盘股短期不一定能炒得起来？因为现在的市场环境一般或者是市场资金量没有那么大。如果它们真的能够炒得起来，那你可以把市场预期放得更好一点，更高一点，我们慢慢地随市场的变化而变化。

那怎么去研究短线游资呢？首先，所有的资金都需要看行情。一般短线，特别是炒次新，他们是看创业板或者深成指：

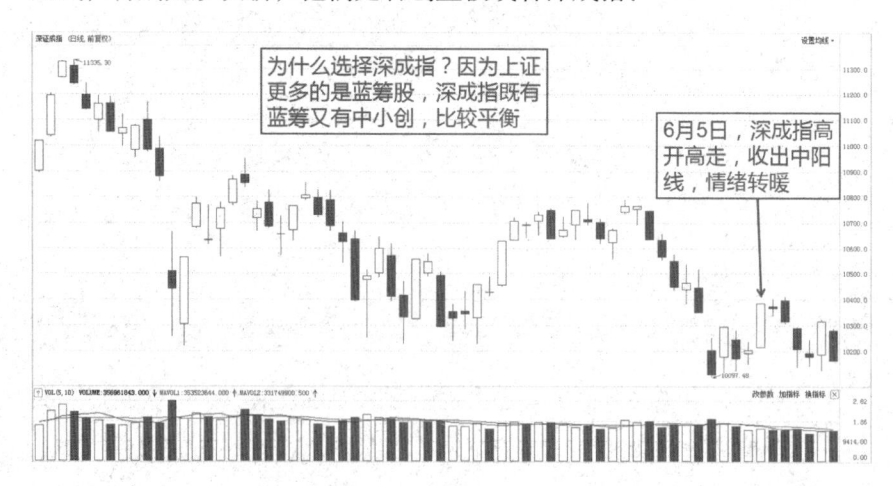

为什么不看上证指数呢？因为上证指数一般是蓝筹股。深成指既有蓝筹又有中小创，如果再细分就看中小创指数或者创业板指数，如果哪一天走出一个回暖的中大阳线，那么我们可以视为市场开始回暖了，哪怕接下来它再收出阴线，整体格局还是一种稳定的态势，那会有利于市场炒作的，你看：

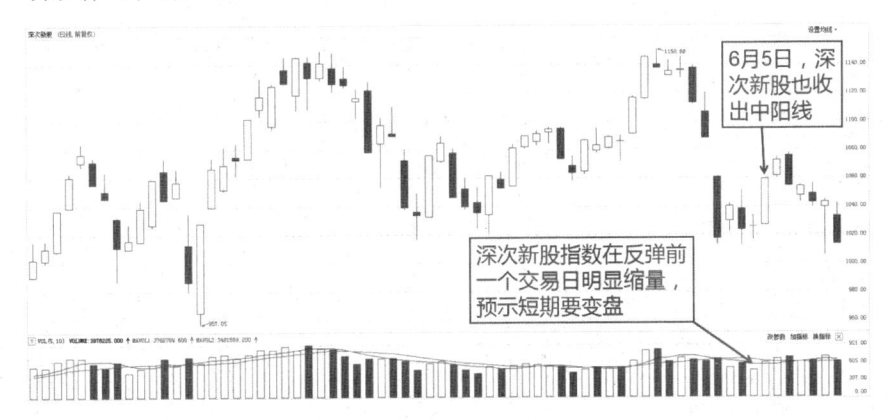

次新的崛起跟接下来的市场行情能不能回暖有很大的关系，例如明天创业板出现一根中大阳线，我们可以预计有一部分次新可能会迎来一个炒作的良机，我们就要对此进行分析，刚刚上市的企业哪些符合当下的一些题材，市场正在炒作什么板块？以前也告诉过大家近端次新的个股最好跟当下的热点能结合起来，比如接下来热点是文化传媒，刚好上市开板的就是文化传媒个股，这种个股就很容易出现连板的行情，所以你要去研究接下来的整个局势、大盘、热点、次新目前的属性、现在的运行格局等等，去做一个综合的研判。这样的话，最终你就能得出一个结论。

1.1 案例分析：

而对于买点，当然就要看分时图。我原来教过大家看盘面分时图：

案例一：文灿股份

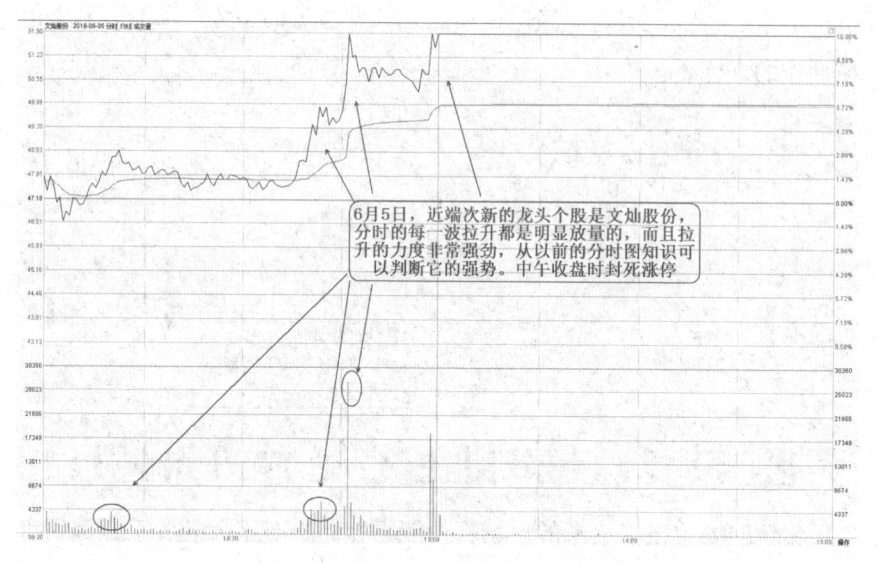

6月5日，近端次新的龙头个股是文灿股份，分时的每一波拉升都是明显放量的，而且拉升的力度非常强劲，从以前的分时图知识可以判断它的强势。中午收盘时封死涨停

盘面是不是有放量拉升呢？是不是能够封死涨停呢？是不是早盘封死涨停呢？你需要去加强这些知识点，来研判我们买入正确的机会，是否是可以参与，你看日线图：

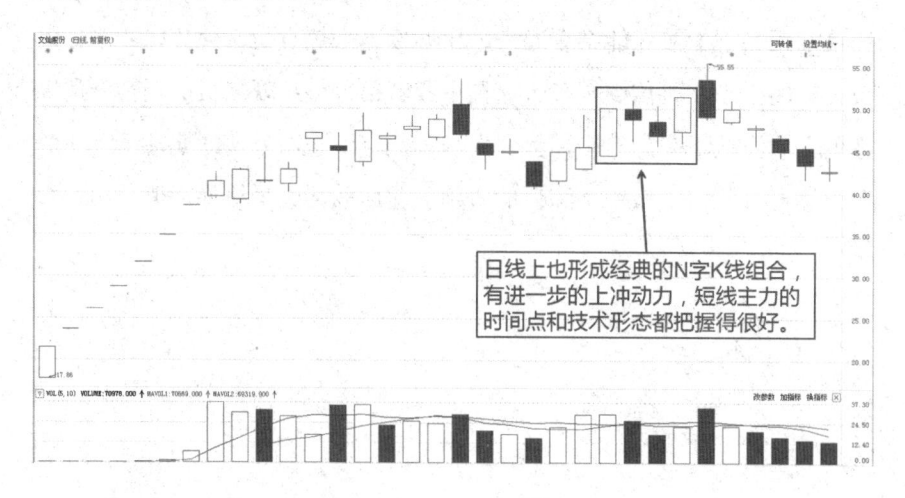

日线上也形成经典的N字K线组合，有进一步的上冲动力，短线主力的时间点和技术形态都把握得很好。

三、主力拉升策略

图中前面调整两日又涨停，至少图中第二根涨停（6月5日）追进去的风险不大，第二天你至少还是可以从容出的，把握好这几个点，你大概思路就会很清晰。

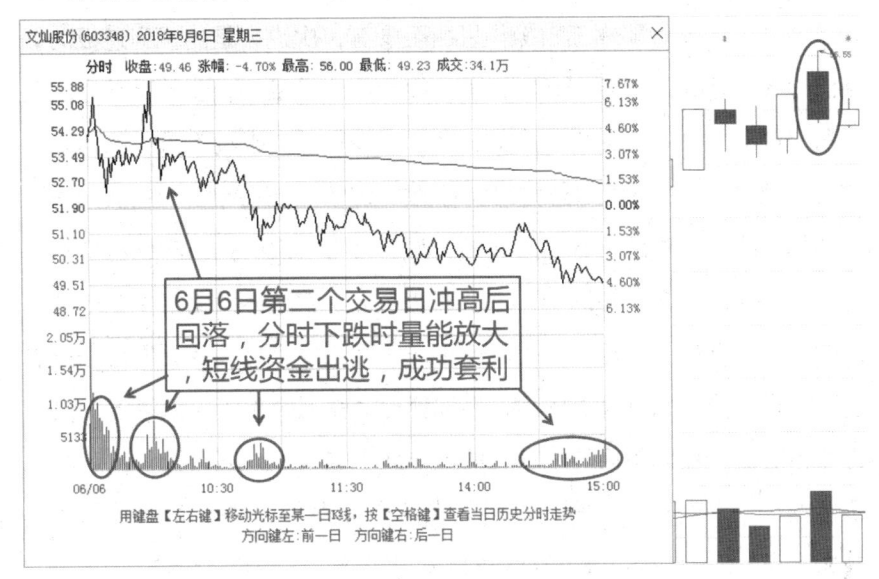

来看下涨停后第二天的分时图：

（图中标注：6月6日第二个交易日冲高后回落，分时下跌时量能放大，短线资金出逃，成功套利）

你看，就像刚才说的，它6月5日进去的风险不大，分时图也看到是封单的，第二天图中看到是高开的，而且脉冲式缩量上涨，量能下跌放大，所以这里很明显地感觉到有资金在出。在分时盘面你可以感受到出货的力量大于进货的力量，你可以选择做一个卖出的动作。所以这里要强调对于短线，你的策略是要随市场的变化而变化的，千万不要一成不变，你也要严格地执行你的止损点。所谓的敢死队，很重要的就是他们够狠，买的时候狠，卖的时候也狠，因为他们不可能100%成功，他们只要保持一个相对比较大的胜率就是成功了。这个大的胜率取决于他们卖出的时候也要狠，比如有些时候做错了，第二日脉冲时没卖出去，发现上午没卖出去做错了，那下午他们也要全部出，哪怕之后反冲都不关他们的事了，为什么他们要出掉？因为他们要去追逐一个新的涨停标

241

的，这里哪怕亏三个点、五个点也在所不辞，他们会在其他标的里面赚回来。

所以这里就要讲究一个概率的问题。假如你有一百万，你是满仓进出，出击三次，进去一次亏三到五个点，三次你就至少十几个点亏损，如果你要不亏损，那你三次操作里面至少有一次进去是能抓到连板的，利润很大，把那三到五个点亏损覆盖掉，你也是赢的；要不就是你三次有两次赢，一次输，你也是赢的，两次赢少赚一点也没关系，整体来说你还是赚的。所以不管如何你都要有把握赢的机会的能力，你能力越强，比如你有能力去吃到一些能连板的，只要你有一次的机会吃到这样的暴利，只需要三层仓不用满仓，这个利润一下子就帮你消化很多在未来失败的风险。例如，你这一次三层仓出击，赚三十个点，后面你也是三层仓位，只是输三到五个点的话，那你就可以输五六次了，如果五六次都连续输的话，那说明你的水平真的不咋地；如果连续五六次，你还赢一两次的话，最终就还是赢，如果你在这个过程又抓到一个30%的话，叠加起来，你的利润也是蛮可观的。

为什么吃透这个技术需要花很多的精力？它需要研究龙虎榜，研究个股的形态，研究个股的题材等等，一分耕耘，一分收获，肯定是要付出汗水的，这是必然的。

三、主力拉升策略

案例二：深信服

好，我们接着来看深信服：

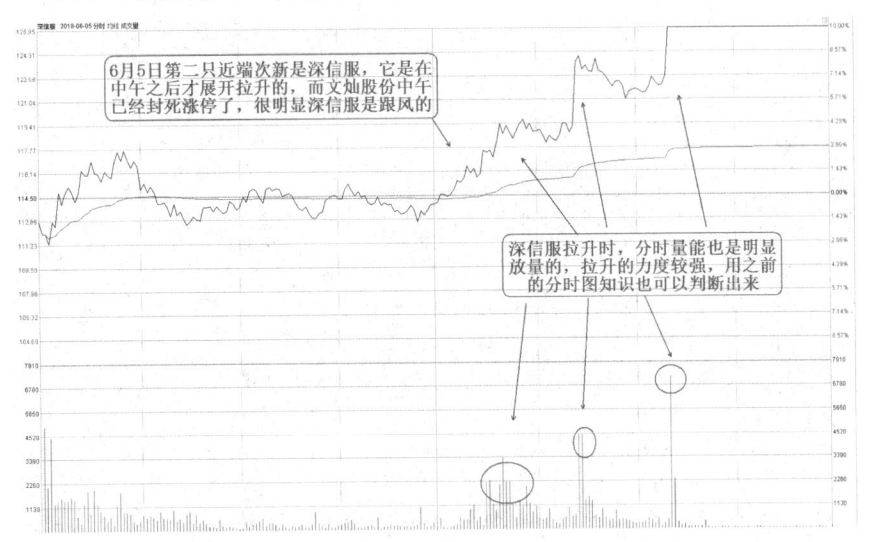

[图：深信服分时图，标注说明：
- 6月5日第二只近端次新是深信服，它是在中午之后才展开拉升的，而文灿股份中午已经封死涨停了，很明显深信服是跟风的
- 深信服拉升时，分时量能也是明显放量的，拉升的力度较强，用之前的分时图知识也可以判断出来]

6月5日当时文灿股份是中午封死涨停，而深信服是下午封死涨停，很显然它是跟风的。

看它所在的日线图：

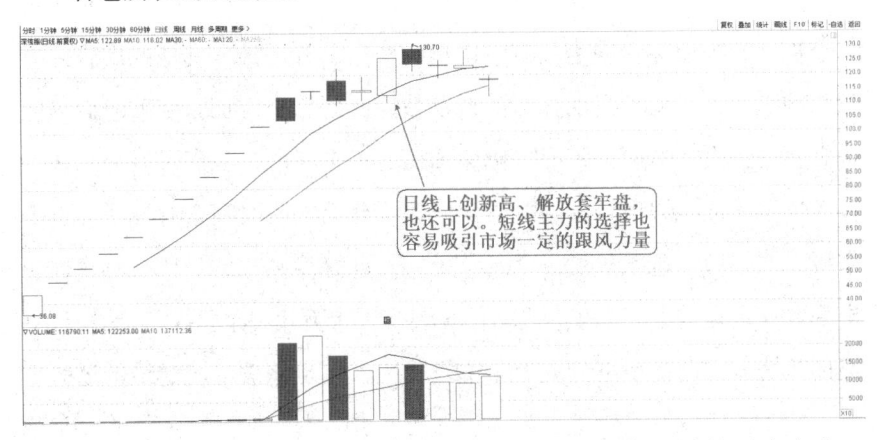

[图：深信服日线图，标注说明：日线上创新高、解放套牢盘，也还可以。短线主力的选择也容易吸引市场一定的跟风力量]

你看为什么近端次新容易吸引跟风盘、容易炒作？就是因为大家一窝蜂上，有些个股盘子不大，股民很多，一下子就能形成合力，一下子就形成很好的气势，第二天也会有很多跟风资金，这种博弈起来就会非

— 243 —

常精彩。你看第二天分时图：

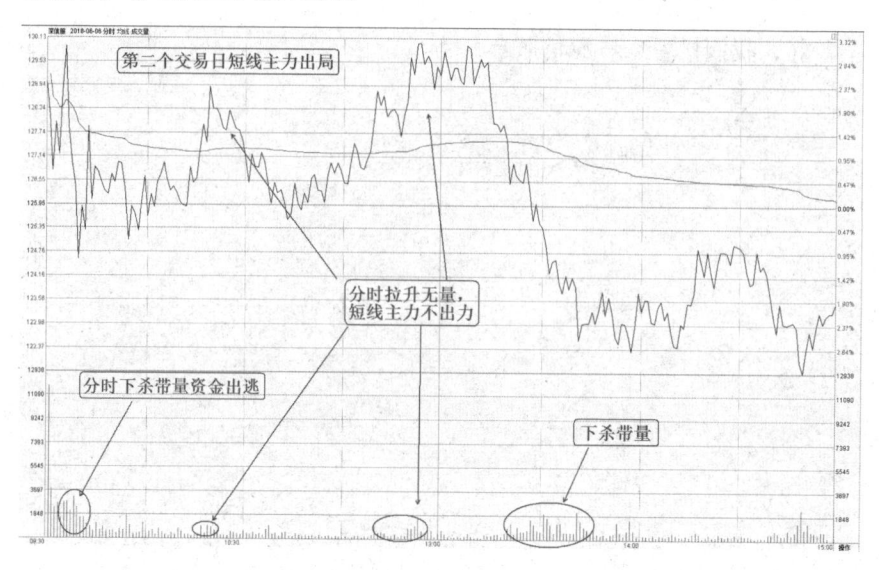

最终深信服也是以出货、跌为主的，跟文灿股份类似。其实就是告诉你一个道理，当龙头休整时，次龙头、三龙头不休整的概率是很低的，一定会休整，所以做股票要看龙头，龙头越强，那我们就可以跟风吃肉，你就可以越大胆，如果龙头歇菜，你就要小心了。所以为什么龙头需要三个板、五个板呢？因为只有它做出三个板、五个板，其他的次新才有折腾的空间，如果没有那么多的财富效应，怎么会有那么多前赴后继的资金去炒，去制造两个板啊？因为前面有五个板的，我们做两个板三个板，这样其他的跟风资金更敢做。所以为什么前段时间会有五个板、七个板、八个板，这就是做一个示范效应。就好像去赌场，什么时候你会出手？一定是被人带动了，比如你今天带了十万块，你本打算投一万块，那什么情况你会把剩下的九万全都投进去？一定是被市场情绪带动的，怎么带动？比如有张赌桌，有人赢钱了，赢一点钱你不会心动，但是你听说有人五十万赢了一个亿块，你说你心动不？你想着你全部的十万块钱不用赢一个亿块了，哪怕赢一百万块也好，是不是这样？

每个人都有这样的梦，当他看到八个涨停的时候，他在想我这个次新今天刚刚第一个板，我就不要八个板了，我两个板、三个板也行啦，是不是这样子想的啊？对，很多人就是这样去想，所以很多人就是这样去做的！在市场稳定的时候，这种击鼓传花的游戏是可以成立的，但是一旦市场不稳定的时候，一旦龙头倒了，没有什么东西可以接替的时候，那就打回原形了，别说一个板、两个板了，倒跌十个点、二十个点都完全有可能！

所以一定是这样：先有个标杆，大家一窝蜂地进去，如果你出手快的话，也许还能赚点钱；稍微慢一点的话，风向一改变，你就会套得牢牢的。所以我们都知道，次新经常暴涨暴跌其实跟人性的特点是息息相关的，你要在暴涨暴跌中抓住这个机会，而且要确保每一次都抓到，我认为是天方夜谭，是不现实的！就好像有一个人认为，我要求不高，每天赚一个点，这就是天方夜谭，貌似很容易，但是想要持续却是不可能的。我不否认次新有很多的机会，但是你每一次的次新都要把握住，那是不可能的事情，但是如果你能够把握一次次新，一把握住就是一次大的机会的话，那也足矣奠定你未来一段时间的成果。

所以我们去抓次新的时候，我的主张是，小机会就算了，我们放弃这种追逐十几个点的博弈机会，特别是短线机会。但如果你充分思考之后，认为这个阶段有可能会诞生妖股，五个板、三个板以上的个股，而且选择的这个标的很有可能成为这样的个股，甚至是龙头，这样的机会你是可以考虑去参与的，甚至是大胆地参与。当然你要先做过充分的论证，如果你只是说看到有个次新涨了很多，我这个次新形态很不错，也可能那样走，只是这样简单的思考的话，我告诉你不如不做，因为你这种简单的思考，不止你一个人想到了，很多人都想到了。既然很多人都想到了，这个机会就一定不是那么容易达到的机会，别说三个板，有可能刚好一个板，接下来就歇菜了。那歇菜了之后你又不舍得出，就耗死在那里，后面不知道怎么办，到跌的时候就想不通了，为什么人家都八个板了，我的还跌下来？

我送你四个字就想通了：成长为王！你根本就忘了看成长股，忘了什么是基本面，连F10都忘了看，天天盯着分时图，盯着K线图，盯着成交量，就好像我刚才讲的那个故事，明明地下是金子，拼命跑出去追逐金子，丢了西瓜去捡芝麻。

所以当你真的要出手的时候，一定是经过一番深思熟虑的，这个时候你出手，我就支持你。当然你说我纯粹是练盘感，拿个几千或者一两万块钱去玩一下，感受一下那种刺激，这是另外一个话题，这是可以的，随便玩！但是如果你想在次新上面有所突破，对它深刻理解把握，理解它做庄的一些东西，那你就要按照我的方式去做，才能够有所突破。

【学习温馨小提示】

△ 次新股性活跃，容易暴涨暴跌，我们的策略是抓大放小，抓住题材概念级别较大的，研究透彻的机会大胆参与，放弃众多的小波动机会。只有聚焦才能提高我们的短线胜算概率，积少成多。

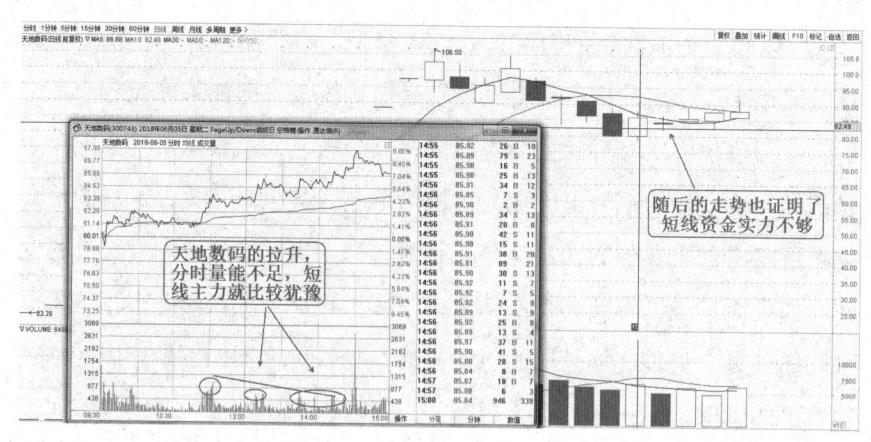

案例三：天地数码

拉升分时量能不足，短线主力较为犹豫，第二天也证明该短线资金实力不够。

1.2 小结

小结

- 短线主力的拉升，分时明显放量，拉升的力度和节奏都很强，特别是龙头个股。日线技术形态也较漂亮，吸引跟风资金。

- 如果是跟风个股，分时拉升的量能配合不理想，力度不强，显示资金比较犹豫。

- 短线主力出货时，分时下杀放量，预示资金出逃。

为什么我们一般先看龙头？龙头很强！实在没办法买到龙头，你就看次龙头，如果次龙头力度不强，我认为有时候放弃也是无所谓的。短线出货时，会有分时下杀放量的状态。追逐这种短线的话，第二天一旦出现分时不理想，甚至盘面配合不理想，或者这个主题你认为不是一个大主题，那是可以考虑速战速决了，也不要管它赚几个点，反正获利了，形势不对就卖掉，再去等待，像猎豹一样，等到一个第二天直接一字板的。你只要抱着这样的心态去努力，迟早有一天你会抓到这样的个股，从概率角度来说你会抓得到，因为你经常像猎豹一样出击，总有一次会碰到一个大主题，甚至刚开始不知道这是大主题，进去之后，晚上市场一解读，才知道是大主题，往往第二天就直接一字板了，有时候你会碰到这样的个股，我定义这个就是运气来的时候，挡都挡不住，运气来的时候，闭着眼睛买的都可能是连续大涨的。

人在股市里面博弈的时候，有一句话说得很好，七分靠技术，三分也要靠运气啊！当然我这里讲的技术，不纯粹是股市指标形态这种技术，这种只占三成，最重要的还是看它的成长性，基本面等等，这样组成的一个整体。所以一个人成功抓到一只牛股，它可能是很多因素：天时、地利、人和融为一体的，而绝对不是单纯的一个点。

2. 短线主力拉升策略之二：市场主流热点

牛散大学堂

短线主力拉升策略二：市场主流热点

- 从市场炒作主线去看，近期反复活跃的CDR独角兽衍生品，在这个板块里走出了很多牛股，例如：新华都、宇环数控、和朗新科技等
- 那么短线主力拉升的逻辑在哪里？资金是如何轮动的？

微信公众号：吴国平财经　　新浪微博：吴国平财经

从市场炒作主线去看，近期反复活跃的CDR"独角兽"，它衍生开来的市场是很敏感的，虽然我们炒不了CDR，但是可以炒参股公司、同一个行业的公司，或跟独角兽行业差不多的个股，它们就会成为市场阻击的目标，尤其是盘子相对较小的，更是可能被市场疯炒。所以这段时间涨得厉害的还是那些小盘股，资金阻击进去，击鼓传花，天天保持高换手，你怼我怼大家一起怼，就怼上去了。

2.1 短线主力拉升逻辑

那么短线主力拉升的逻辑在哪里？

- 1. 对于短线主力资金来说，"快准狠"的拉升是资金常用的手法，所以，在方向选择上会寻找市场认同的主线题材，有市场资金合力的作用下，更容易拉升和出货。
- 从富士康上市到小米CDR这些都是绕不过去的消息，在消息的不断刺激下，独角兽概念便会成为市场主线的炒作。

他们敢于去拉升的逻辑，第一个就是消息类影响，这段时间市场天天谈富士康上市，小米，包括CDR这些消息，所以市场就会按照这种思路，这种消息去深挖有关联的一些个股，挖出来之后资金就会出击，但要看市场有没有认可度了，如果一出击，市场认可度高，那好了，它就可以形成合力，炒一波大的；如果市场没有认可，那它可能就放弃了。所以市场的短线资金非常明白，它的逻辑就是围绕市场的一些消息去做，做了之后它也会看盘面，有合力大家认可，炒得久一点，赚多一点；发现大家不认可，没有合力，有时候亏损它也要出来，就是这么简单。

2.2 越靠近题材时间点的细分领域越容易成为题材龙头

我们接着看：

2. 在主线题材下，越靠近题材时间点的细分领域，容易提前炒作，成为题材炒作的龙头。

- 例如这次的CDR主线炒作，市场资金以首家回归的小米为炒作核心，提前炒作，并且打造了宇环数控为龙头。
- 从证监会官网获悉，证监会已于6月7日接收并受理小米集团的《首次公开发行股票并上市》。至此，小米成为CDR试点的第一单申请。

2.2.1 案例分析

案例一：宇环数控

例如CDR主线炒作，打造宇环数控为龙头，资金围绕这个题材炒作。凡是有小米相关联的个股，那就干上去了。你看宇环数控：

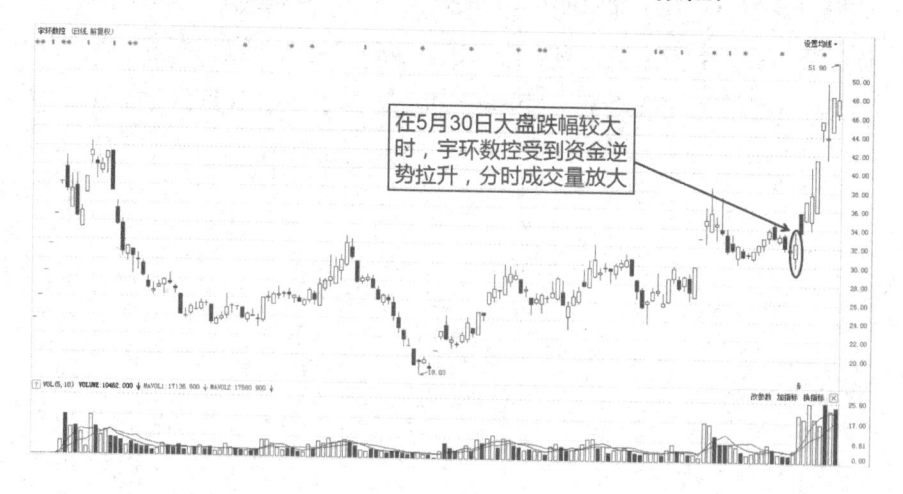

在5月30日大盘跌幅较大时，宇环数控受到资金逆势拉升，分时成交量放大

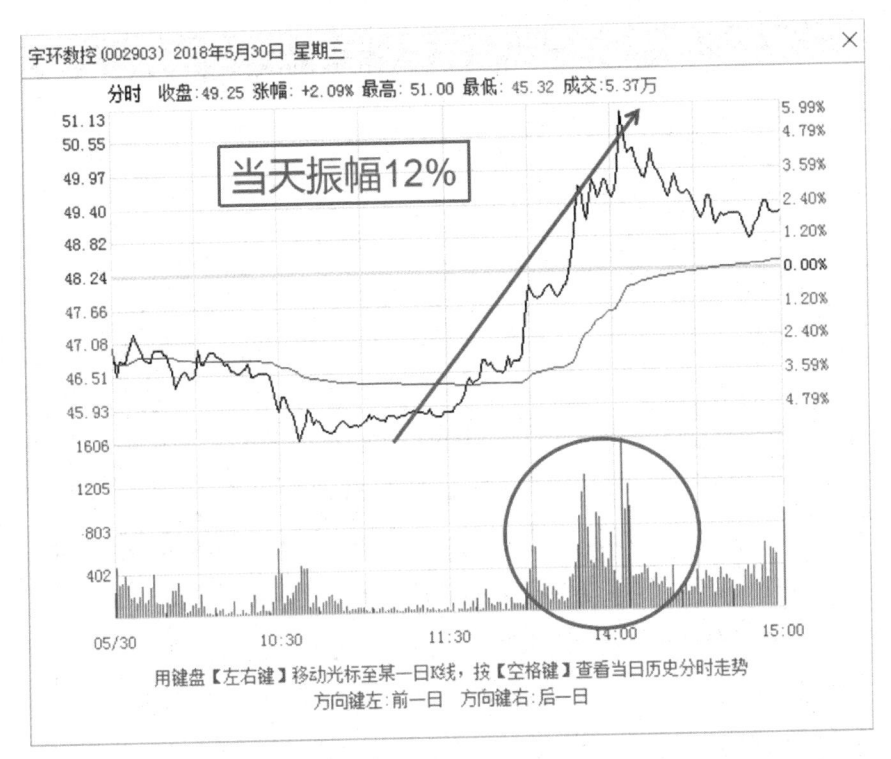

大跌环境不好时，正是资金选股吸筹好时机，刚好图形也做出来了，然后再趁着小米的这个概念直接做上去。你看里面的中线资金跟短线资金形成了一种共振，这些中线资金，小米没准备上市之前它可能没有想到小米这个概念，但是小米概念一出来的时候，中线资金就想到了，那短线资金更是想到了，是否爆发就看两股力量能不能形成合力？形成合力之后就上去了，皆大欢喜！大家都获利了，剩下的就是什么时候出货的问题了，到时候抛给接盘侠就是了。接着看：

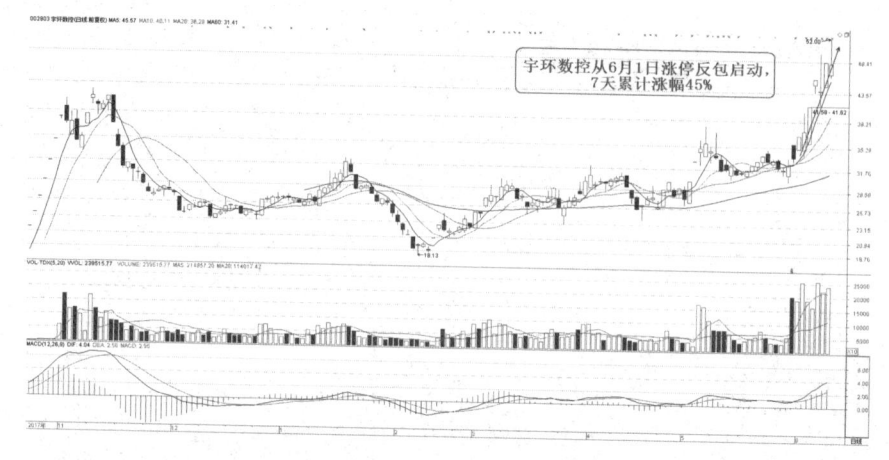

在这个情绪推导之下，每天还有那么高的换手率，不用担心出货的问题，你一定能出得到，只是你出的价格在什么位置的问题，因为踏上了风口，所以里面的资金也想着不要那么早出货，卖早了就亏了，难得蹭上风口，我卖高一点，甚至自己拉高一点再卖更高价，这个时候人贪欲的展现，不仅是在散户里面体现出来，主力机构一样也会体现出来。不论你是主力操盘手、散户，还是机构，人都受到喜怒哀乐的影响，情绪的本质各方面都是相通的，难道机构就不贪婪吗？也会贪婪的。

我们继续来看：

- 那么从资金拉升的轮动来看，一开始是朗新科技作为CDR的龙头，但是随着小米作为CDR回归第一家的消息确认后，宇环数控卡位CDR龙头。
- 而被卡位的朗新科技，也是非常活跃，5月28日到5月31日，连续4天盘中拉涨停板，这也可以看出资金吸筹明显，后市随着CDR的发酵，资金会挖掘朗新科技的炒作。

所以小米概念炒作的时候，你会发现宇环数控卡位CDR龙头，被卡位的朗新科技仍然是很活跃的。这些都是属于被市场慢慢发现挖掘的，他们怎么发现、怎么挖掘？他们也是透过挖掘基本面，看看哪个是跟小米有关系的，然后关联度越高的，炒得越厉害。但是记住，如果它们本身基本面都是一般般的，这种炒作肯定是昙花一现，但是如果它的基本面是属于高成长的，那这种炒作就是锦上添花了。

怎么辨别个股是题材炒作，还是成长性的炒作？题材炒作一般涨上去就下来了，涨得快去得也快；成长性的炒作往往是涨上去之后也会调整，但是可能是强势调整，调整完之后还继续上涨，这就是成长性个股的走势。

为什么我们要拥抱成长？因为只有拥抱成长，不论个股是题材炒作还是成长炒作，我们未来都有很大的机会；没有拥抱成长，你只有一个机会就是题材炒作，而且这个机会有时候不一定能到，这个风也不知道什么时候能吹过来。但是成长的这个风，只要公司健康持续地成长，它很快就会吹过来，比如第一季度没吹过来没关系，半年报会吹过来，半年报没吹过来没关系，第三季报会吹过来……为什么？因为它在不断地展现它的成长。但是如果只是题材，你在业绩成长方面没有配合，那这个风真的不知道什么时候吹得过来，就算有风吹过来的时候，它能不能起来也是一个问题，因为要涨起来，这些资金还是要有一个基本考核的，就是你这家公司不能是太差的公司，太差的话，这些资金也怕进去了出不来啊！

因为大家都知道退市机制完善之后，很多绩差股一跌下来真的是没底的，这就是最大的风险。所以很多人说拥抱退市机制，当我们的制度越来越完善之后，也预示着我们题材炒作的风险变得越来越大了，为什么？你想一想，以前ST都可以无级别疯狂，风险很小。以前为什么会有ST专业户呢，他们专门找这种个股埋伏进去，等到它重组摘帽就疯狂了，就是靠这个套路诞生了很多牛散，现在这种套路不行了，现在是要真成长了，你要深入企业本身去挖掘。当然挖掘成长企业，有一些是我们看得到，能感知到的，但是有一些不一定能全面感知到，还需要时间去观察，这个过程也是蛮煎熬的，蛮折腾的，蛮曲折的。

在我的成长史里面，我经历了很多风风雨雨，要让自己蜕变，不断地成长，你要付出的代价、付出的艰辛真的超乎想象。不瞒大家说，为了这个股市，这段时间我也长出白头发了，作为一个80后，竟然有白头发，这真的吓到我了，但是这也从一个侧面反映出这个市场是非常耗费精力的，是需要巨大的付出才有一些收获的。我尚且如此，何况一般的散户呢？

案例二：朗新科技

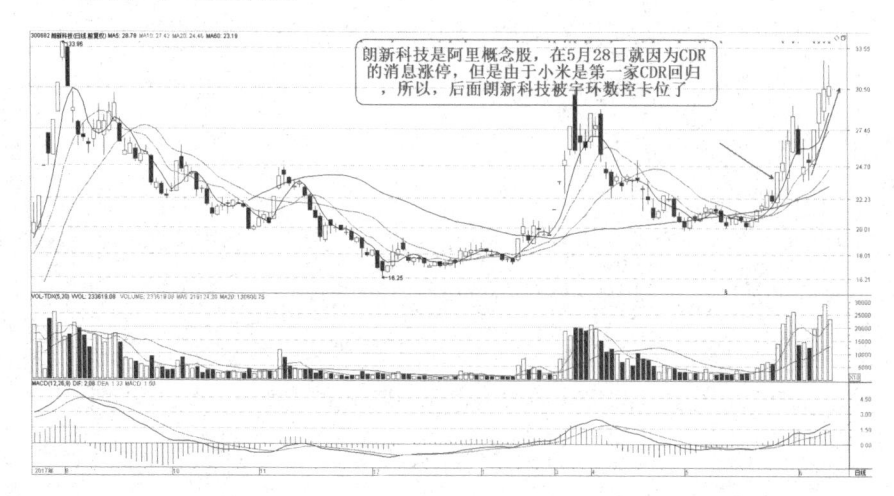

因为消息刺激上涨，后来虽然被环宇数控卡位，朗新科技继续上涨，相对地活跃。

三、主力拉升策略

我们来看下它的走势：

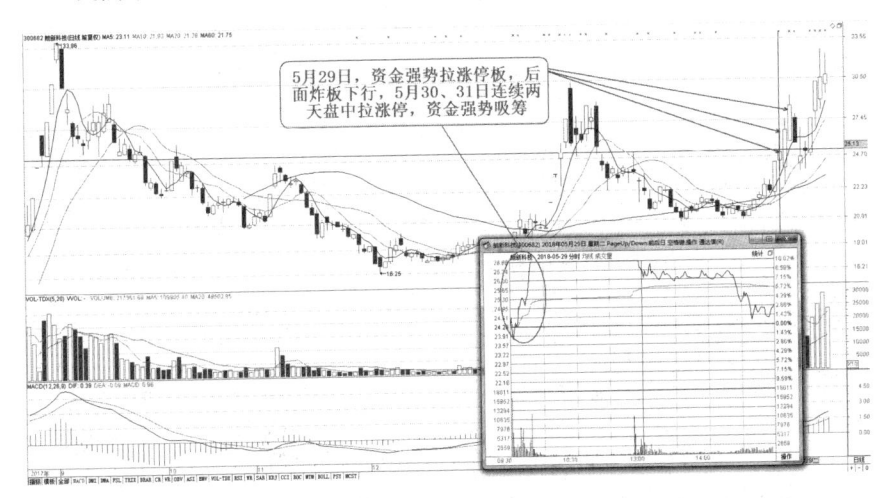

5月29日，资金强势拉涨停板，后面炸板下行，5月30、31日连续两天盘中拉涨停，资金强势吸筹

连续摸板强势吸筹，回调之后再次上涨：

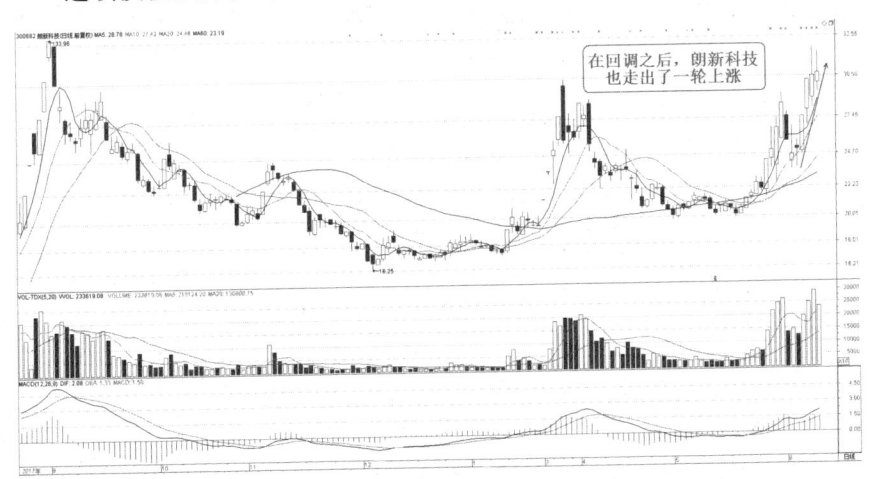

在回调之后，朗新科技也走出了一轮上涨

涨到一定阶段后，开始出货：

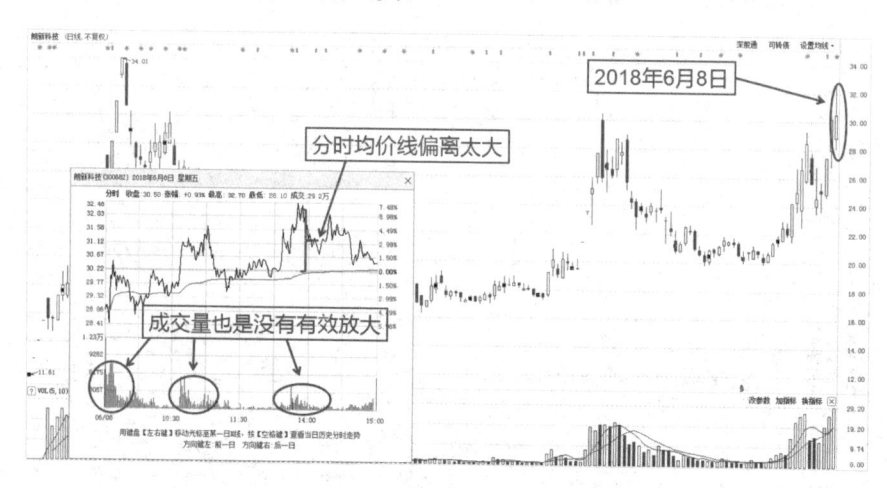

你看涨的时候很精彩，你没看到之前跌的时候多恐慌，跌，跌到你晕！涨，涨到你疯！真正穿越牛熊的是什么？成长为王！为什么我之前谈到慢就是快？快未必能真正的快。

你看它连续两天有出货嫌疑，第二天也是如此：

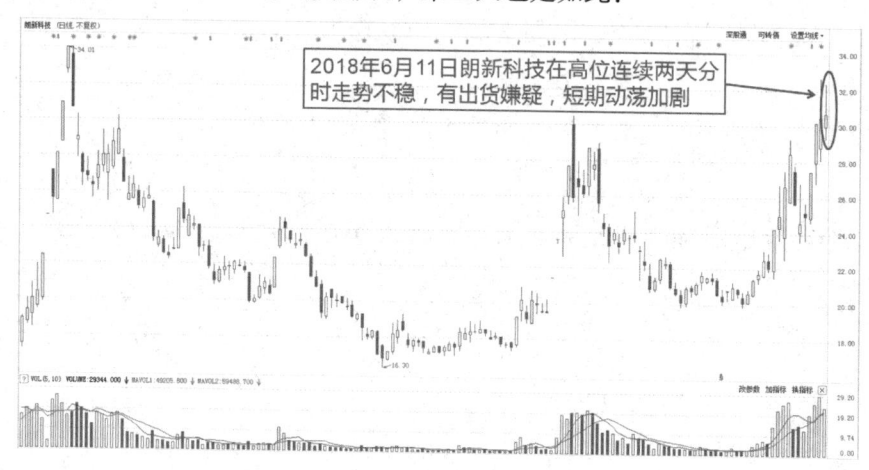

三、主力拉升策略

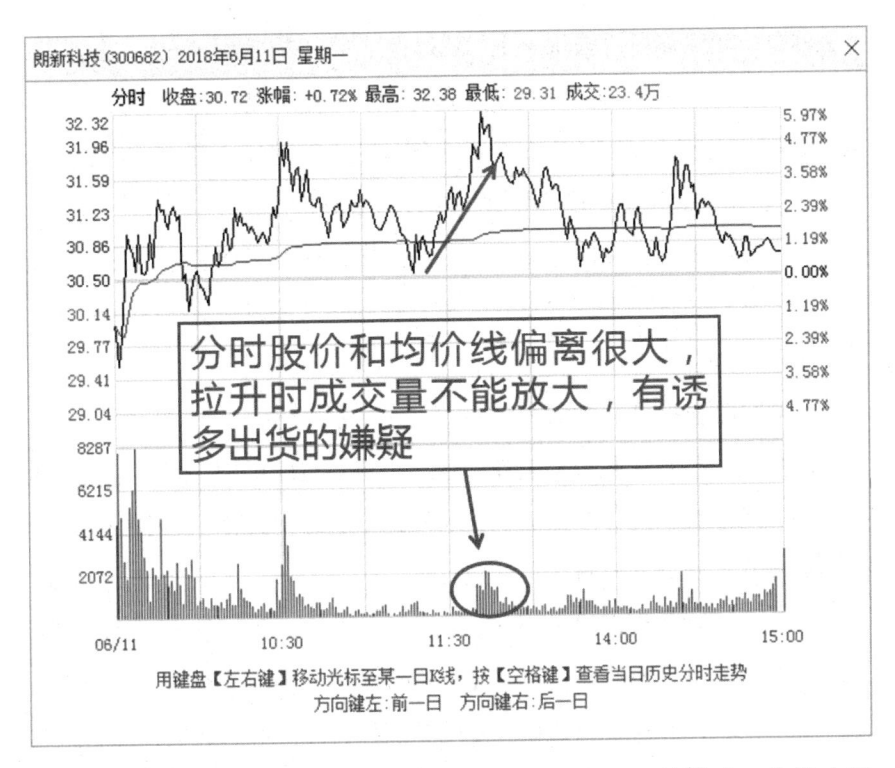

[图：朗新科技(300682) 2018年6月11日 分时走势图，标注"分时股价和均价线偏离很大，拉升时成交量不能放大，有诱多出货的嫌疑"]

当然我们需要了解这种快的东西、这种套路、这种模式，为什么要讲这些内容？我讲这些东西，并不代表我们就要热衷于去追逐这种快钱，不是这个意思。我们可以偶尔为之，但是这需要控制好你的仓位，这不是我们的主流，我强调主仓位一定不是做这些，主仓位一定是做成长为王的。这些是我们一个重要的补充，是让我们对市场有一个更清晰的认识，保持一个很好的感觉，不与市场脱节，因为这些是市场最灵敏的资金，它不断地追逐一些热点，透过这种热点的变化、切换炒作，等等，也让你对这个市场整体看得更真切一些。

现在很多人跟社会脱节，不了解一些最新的社会动态，不了解抖音、新媒体是什么？当你去看、去了解这些东西，并不代表你就要迷上这些东西，就好像我去了解一款游戏，并不代表我要迷上这款游戏，我只是看一看，研究一下这款游戏背后的运作、盈利模式等等，这个是我们需要去看的。当然你可以去玩一下，就好像这个短线的运作一样，看到了，明白了，你也要实践地去参与，控制好度就好了。就好像我们去赌场，虽然我们不是要去豪赌，但是可以去体验一下，比如你身价有一个亿，你拿个几万块去体验一下，那是可以的，无伤大雅。

所以我们要有这种体验的精神，去感知里面的喜怒哀乐，感知里面的乐趣，感知里面的博弈，这样去做其他的重大决策会有很好的辅助效果，你就更加清晰了。

【学习温馨小提示】

△ 纯题材的炒作很容易昙花一现，涨得快也跌得快，因为它没有业绩支撑，所以我们应该拥抱成长，这样的个股即使调整也是强势调整，后面大概率仍然会创出新高。

△ 题材的炒作很多时候会是社会发展趋势中某种新技术、新经济模式映射到股市中，我们在生活中需要敏锐的感知生活，对新兴事物不排斥，不封闭，你对这些新事物感受的越深切，理解的越透彻，你就越容易抓住事物的本质，敏锐地判断出最具投资价值的个股。

案例三：宇环数控

我们继续来看下宇环数控：

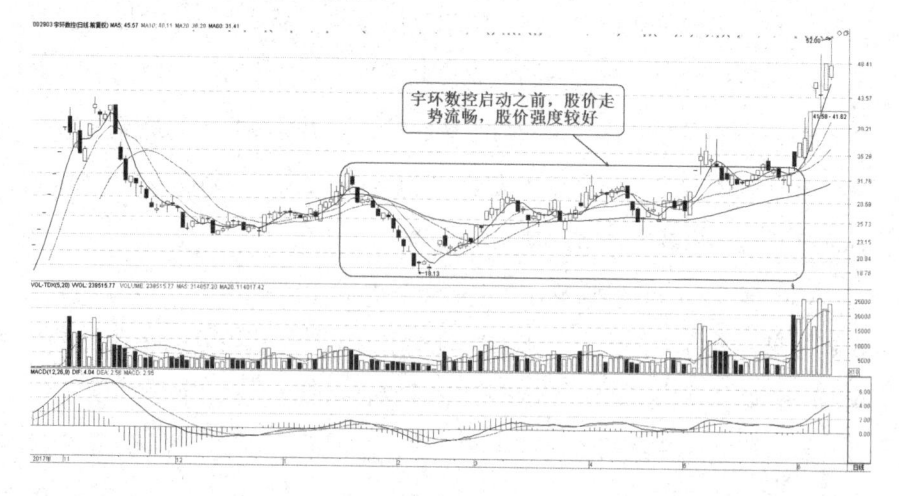

在个股选择上，优先选择次新股，并且个股形态走势良好的，这类个股往往是拉升的先锋龙头，上涨幅度也会较大。所以我们选择次新，一定要结合形态、筹码、引爆点等等，当这些形成完美共振的时候，你放心，市场一定会形成合力的，因为市场有大把人想发财、想赚快钱的人，合力就来自于此了。一旦图形等各方面都做好了，比如接下来炒 5G，这个次新股又是 5G 概念，很多人包括机构都会这样想，因为之前诞生了很多次新的奇迹，一般都会往奇迹的方向想，就算没有八个板，最好也来两个板、三个板，在这样的主导思想之下，至少一个板就出来了，有一个板就可能有两个板，有两个板就可能有三个板，后面还会延续，甚至八个板，一板又一板，搞得证监会停牌又停牌。我们在这个博弈的过程当中，每一个环节都要结合当时的状态，最终得出一些结论，这是非常之精彩的！斗智斗勇，三个板停牌了（此停牌非彼停牌），证监会停牌有时候是利好，有时候是利空。我们在具体博弈当中，要去分析当时局势做出最终的决断。所以不要主观地判断这个情况一定是不好的，或者一定是好的，这个市场里面没有绝对，只有相对。我们也要结合每一个不同的阶段，去做出不同的判断。

案例四：朗新科技

看了宇环数控后，再来看下朗新科技：

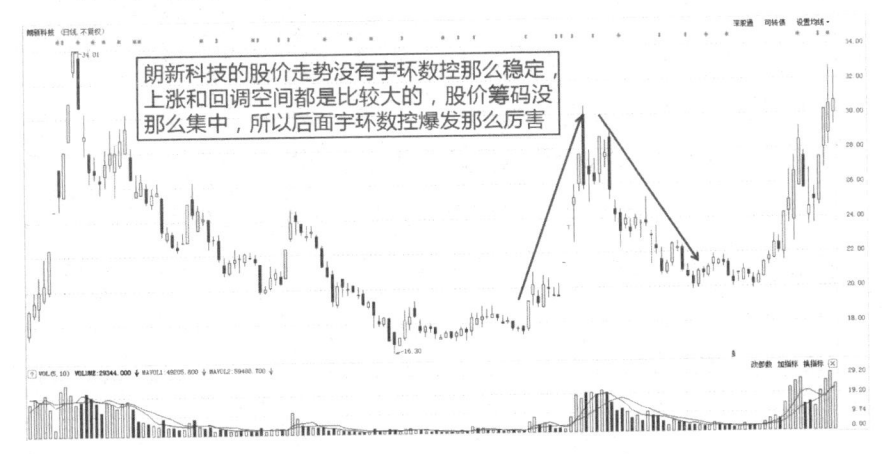

它也是相当活跃的。

案例五：新华都

但同样是 CDR，我们来看下新华都：

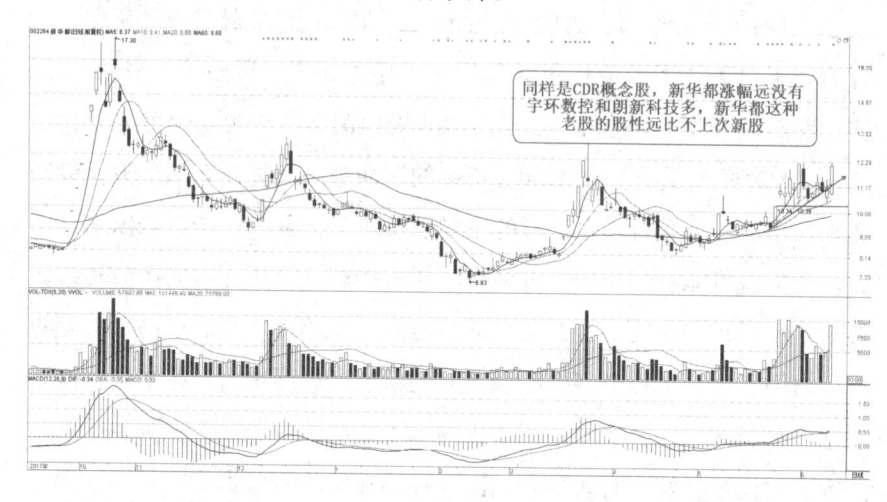

[图表说明框：同样是CDR概念股，新华都涨幅远没有宇环数控和朗新科技多，新华都这种老股的股性远比不上次新股]

它的涨幅比较小，因为老股渐渐被遗忘，哪怕是同样的题材，除非这个概念发酵得非常厉害，次新的炒完了，老的慢慢地也疯狂起来，否则大部分火力都集中在次新股。次新股为主导的行情也从侧面反映出，现在的行情也是一个非常局部的行情，所以我非常期盼的是什么？当次新股有行情，非次新股同时有更大的行情，一旦出现这种状况的时候，就是一个实质性的大行情启动了。所以哪一天我们发现次新股活跃的同时，有一些板块不是次新股引爆的，它就是一个非次新的板块，然后持续出现精彩，当出现这种迹象的时候，可以视为一个确立信号，市场整体可能进入一个反转周期的确认信号，我们在等这个信号。

我提醒过两个板块，文化传媒和科技类的板块。科技类的板块，5G可以作为未来重中之重的一个板块。有人就说了，吴老师不要忽悠我了，中信通讯不是 5G 龙头吗，今天都跌停板！是啊，正是因为它跌停，我才看好 5G，但并不是说看好中兴通信。就是因为华谊兄弟暴跌，所以我更看好文化传媒，我不是看好华谊兄弟，我看好除了华谊兄弟以外的其他一些优质的文化传媒个股，当然如果华谊兄弟能挺过这一关，基本面真的不错，那也可以看好。中心通讯也是同样的道理，它这样暴跌下来，5G肯定会受影响，而它这个行业是没有问题的，5G个股在受影响的过程当中，难道不是给你捡便宜的机会吗？逻辑是一样的。中兴通讯有没有机会呢？当它跌透了之后，如果它基本面各方面还是持续成长的话，同样也有机会，当然不是说明天就去买，因为按照现在这种态势，三个跌停板基本上是没什么悬念的，今天港股已经跌了百分之四十了，正常来说我们至少要跌30%，没有什么悬念。

正是因为中兴通讯跌了，让整个5G板块受到一定的影响，我反而更有兴趣，为什么呢？因为这个板块本身是没有问题的，行业是成长的，就比如文化传媒本身是成长的板块，华谊兄弟突然跌下来，把整个板块拖累下来，这难道不是一个坑吗？就是你敢不敢跳进去的问题了。逻辑上吃透了，你就敢于跳进去，逻辑上没有吃透，你肯定是不敢进去的。这个逻辑不是技术上的逻辑，因为技术上龙头都破位了！跑，这是技术派，但是成长派不是这样的，行业成长性不变，龙头公司因此会更加规范成长，未来可以进入一个新的上升区域。你有没有想过，文化传媒华谊兄弟受重创了，那同类的一些公司也就不行了吗？就比如我们两家店都是做超市的，在同一个城市里面，突然另一个超市起火灾了，难道我的超市也跟着倒闭吗？我的生意是不是更好了？它火灾没有货源了，大家买不了东西，全跑到我这里来了，当然这把火肯定不是我点的。

我就是做一个比喻，虽然不是很恰当，但是我想告诉你，一个行业不是有一家公司出现问题了，这个行业就不行了，恰恰相反，一家公司有危机了，对于其他公司就是机会，有危就有机！中兴通讯出现了风险，它的订单各方面受影响了，原有的一些客户要做的订单是不是会流失到其他的一些5G的公司里面去啊！这是要思考的，这些5G公司的订单是不是要大幅度地增长呢？业绩是不是能超预期呢？比如原来我跟中兴通讯买卖，现在中兴不稳定我不敢买了，我只能到你这里买了，假若你这家公司叫华为，那你是不是就要多一个亿的订单，也就是说中兴的利润跑到华为那里去了。华为没有上市，有些其他上市公司也有接到这样的订单，本来订单预期一个亿的，现在是不是预期两个亿了？所以这个坑挖完，跳出来的时候，公司业绩增长起来了，你就变成追涨者了，到时候你追都追不上了，你想深一层就能明白这个逻辑。但是大部分人只看当下，一看着火了，就跑掉了，但是他们没想到把火扑灭后，里面全是金子，你可以抱着金子回家了！所以当遇到着火的时候，记住去灭火，然后看看里面有没有金子。

【学习温馨小提示】

Δ 当某个行业突发黑天鹅时，我们要学会辩证地看待其中的危与机，在股价大幅下跌的时候，个股的价值也凸显出来，尤其经营业绩未受实质影响或者承接订单的公司。同时由于爆发黑天鹅，行业的监管升级会更加有利于行业规范化运营，提升上市公司业绩。

2.2.2 小结

小结

- 1. 要找到资金认可，并且有进一步发酵的主线题材，跟踪好短线主力资金的动向。
- 2. 选股上结合技术走势，选择K线流畅性较好，相比大盘强势的股票，而次新股涨幅一般较大，可以从优选择。
- 3. 炒题材要密切注意盘面，分时走势异动的，要卖出止盈。

好，布置今天的作业：

★ 作业：

☆ 选择几个短线主力拉升的案例进行分析，涉及选股逻辑、盘面异动思考等内容。

今天我是展开来讲了大盘接下来的状态，也讲了我们的操作，不要丢了西瓜去捡芝麻。在主力拉升过程当中，我们要思考这些短线的模式，以及它背后的逻辑。最后我也谈了5G板块、文化传媒板块，它们的背后的危跟机的一些逻辑，希望大家好好去吸收消化，希望大家能够做些作业，甚至可以把我今天衍生出来的东西写一个小小的思考感悟，即你的随笔。我希望随笔里面能看到你们的成长和思想，透过随笔我就能感知到你的一些很重要的东西，就好像我之前的书，像《吴国平操盘论道五部曲》或《主力操盘》，你一方面要看技术的东西，很重要的是要看里面的随笔，我有很多思想隐藏在随笔里面。

有句话说得很好，功夫在诗外，所以我希望大家写一写这种随感，有些时候对你功夫的提升是很有帮助的，就好像这两天，我自己也写了一篇随笔，我在动车上也会写一点东西，这个是我对市场的思考，包括这段时间我做期货的心得，等到时机成熟的时候，我会把一些有价值的随笔，目前对外没有公布的一些心得，逐一地慢慢分享给大家。不管如何，希望大家跟着我们一起更好地成长，我也很感谢大家，在这个市场低迷的过程中，能够坚定地跟随我。我相信市场有慢慢走出这个低谷，苦尽甘来的时候，我们会收获很多很多，会远远超出我们的预期，谢谢大家，我们一起努力，期待更多的精彩！

3.3 解析涨停板

2018 年 6 月 20 日

学习须知：

1.无量一字涨停一般出现在基本面、消息面有重大利好的情况下，资金高度看好，股价需要连续大涨才能接近它的合理定价，这种情况也发生在新股上市定价中；放量一字板是股价分歧开始加大的表现；T字涨停分为缩量和放量T字板，注意T字涨停板的下影线越长越不利于后市上涨；拉高型涨停的强度要弱于一字板和T字板，吸筹角度的涨停是依托市场合力拉上去的，出货角度的涨停要注意高位滞涨现象，主力更多的是震荡式出货或者慢熊式出货，通常会有巨量长阴线、墓碑线、或者顶背离这样的见顶信号出现；涨停封不牢在股价所处底部、中部、顶部位置，结合分时形态、技术指标等进行综合研判，位置不同代表的意义不同。

2.牛散大学堂股威宇宙等级划分为：大学生级别。

课前综述：

大家晚上好，在讲课之前呢，还是先谈一谈市场吧。我们都知道这段时间，市场非常严峻，走出了一个基本上是股灾的走势，很多个股崩掉了，我们参与的个股也在其中，非常惨烈！这个惨烈的过程当中，我们也要冷静，然后客观地去面对。首先市场的情况我们可以看得很清楚，创业板、上证指数都创新低了，原来我还预期创业板的1571能成为底部：

没想到现在直接杀下来创新低了，那现在这里会成为新的底部，还是怎样一个运行格局呢？这样变得有点复杂，但是不管如何，在这几天暴跌的过程当中，量能是释放出来了，至少说明市场还是有一定的承接的，另外我们可以看到上证指数也是如此：

这两天也是暴跌，但是他的防守线是在 3000 点附近，虽然今天还是没有收上去，收在了 2900，能够跌到这个位置，已经把一些阶段性的恐慌盘激发出来了，所以你会发现这两天放量，很多个股杀下来，可喜的是很多个股从跌停开始涨起来了，像亚夏汽车：

打开跌停板，然后涨起来了，还有天夏智慧：

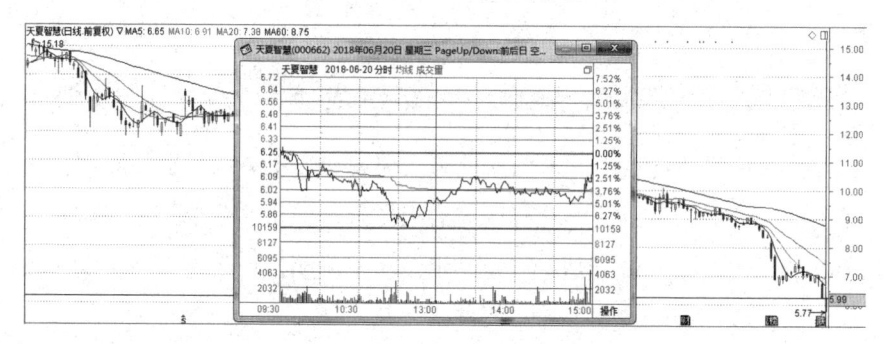

溢多利啊：

都是跌的很多拉回来，还有金力泰：

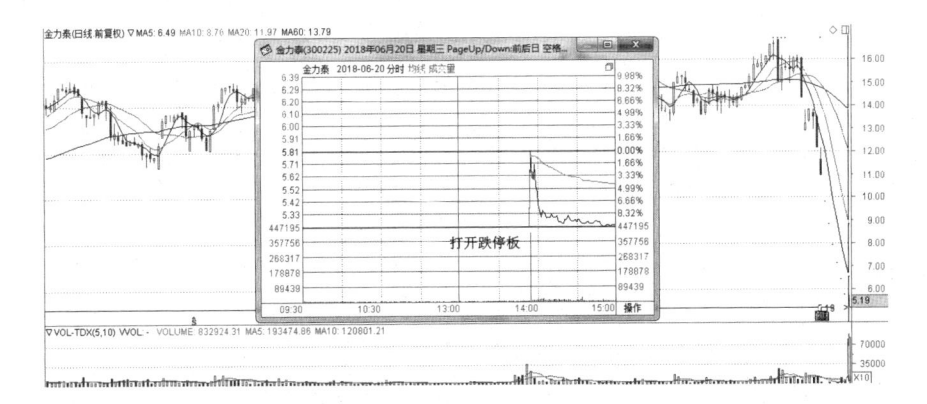

虽然最终又封回去了，但是整体来说，盘中是有打开跌停板迹象的，这种迹象说明市场跌到了一个能够吸引到资金参与的位置，所以资金才敢于涌进去，做一种抄底的动作，就好像金杯汽车一样：

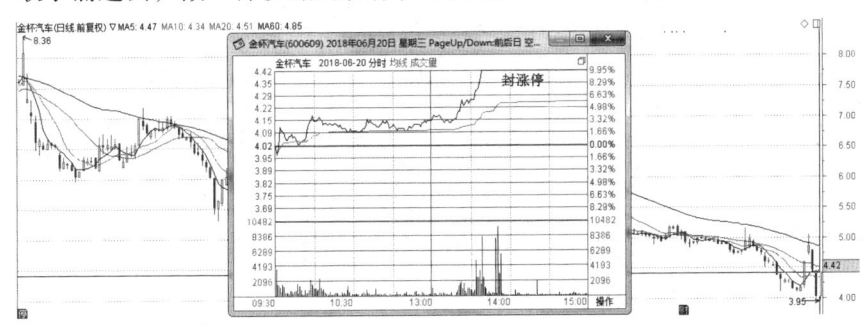

抄底，拥进去然后反攻。这段时间因为质押风险、流动性缺乏导致了这样的极端的情况，今天稍微有所缓解，那明天就很关键，如果明天市场能够稳定，我相信这个缓解的迹象会进一步的扩大，跌停板的数量进一步的缩小，哪一天跌停板缩小到二十家以内，甚至更少，那也就预示着整个行情的一个实质性的企稳，或者进入一个新的阶段。当然今天还没有看到，跌停的个股还是相当多的，几十家跌停板，所以，我们还是要咬咬牙，挺过这个非常时期，因为非常时期，股价会走得非常极端，等这个非常时期过了，这个极端情况挺过去了，那么阳光就会展现在我们眼前了。

那接下来市场会从哪一个部分去突袭呢？我依然认为文化传媒是一个方向，现在文化传媒个股有些也是跌的比较凶，超跌嘛，但是行业的成长还是存在的，这个方向依然值得我们高度关注。另外一个就是科技，不妨看一看科大讯飞：

这段时间市场杀的蛮厉害，科大讯飞在这个位置如果能企稳，与前面那一个低点也就形成了一个多重底的形态了，这当然要看他接下来反攻的力度了，它是市场需要关注的一个重要旗杆，如果它继续往下走，那会把市场打到更加惨淡的一种状态，如果他在这个位置稳住了，甚至有所反攻，或是剧烈的反攻，那么整个市场，情绪也好，热点转换也好，就会开始变得比较清晰了，会非常有利于市场。

所以我的思路很简单，我们一要观察文化传媒个股，比如光线传媒这些个股有没有实质性的反攻，更强烈的反攻，还有科大讯飞这些科技股，以及一些极度超跌的个股，是否能够打开跌停板，释放流动性？这样的话局面就会变得比较可控，市场就会慢慢地走出一个逆转的走势。

今天我看了一下宏观面，国务院也谈到了，接下来要采取各种措施包括降准去支持中小企业的融资，减轻它们资金紧张的问题，所以这对市场是一利好，就看央行什么时候开始实施降准。从国务院发出的信息来说，降准是大概率事件，只是说马上降准呢，还是稍微等一等，这是我们观察的一个点，但是不管如何，降准已经是大概率的事件。我们希望降准的背后，同时也有一些其他的辅助政策，这样市场信心才能够更加充足一些。

好，开始今天的课程，我们来解析一下涨停板：

解析涨停板

- 涨停板一般分为四种，每种情况都有不同的意义。
- 一字涨停；
- T字涨停；
- 拉高型涨停；
- 涨停封不牢。

1. 一字涨停

我们透过市场博弈，可以看看涨停板的状况，一般分为上面四种，这四种涨停我们要非常清晰他们背后的含义，先来看第一种一字涨停：

一、一字涨停

- 一字涨停，是指股价全天都在涨停价位上成交，各路资金都接受这个价位。

- 一字涨停，又分无量的一字涨停和放量的一字涨停。

无量的一字涨停当然会比放量的一字涨停更猛烈一些，因为无量的一字涨停说明市场一致性看好，基本上没有什么抛压，这种涨停往往会有很强的持续性；放量的一字涨停就有分歧了，这个分歧在于有进有出，主要看进的是谁？如果进的是散户或者是一般的机构，那这个放量涨停就会比较危险，第二天的抛压会比较重，如果进的是非常凶悍的大机构，出的都是散户，那么这个放量涨停的基础就会比较扎实。也就是说，这个放量涨停要结合龙虎榜数据去观察，看看它到底是怎样的一种状况。

1.1 无量一字涨停

先来看一下无量一字涨停：

牛散大学堂

1. 无量一字涨停

- 无量的一字涨停，说明资金极度看好这只个股，大概率还会上涨。

- 这一般出现在基本面、消息面有重大利好的情况下，资金高度看好，股价需要连续大涨才能接近它的合理定价。

- 当然，对于基本面无重大改善、纯题材炒作个股来看，无量一字板没有充分换手，获利盘较多，不利于股价进一步炒作。除非是万众瞩目的妖股！

微信公众号：吴国平财经　　新浪微博：吴国平财经

无量一字涨停，合力嘛，说明资金极度看好，它是有持续性的，一般都会有好的基本面、重大利好配合，才会出现这种情况。当然还有一种情况就是新股上市了，上市之后很多一字板无量涨停，一般都会有几个无量一字板涨停，涨到大家认可的一个估值的时候，才打开，开始放出量来进一步的交易。所以呢我们要看到无量涨停背后的一些东西，这就比较简单了，除了新股以外就是重大利好了，所以一般来说我们能够去交易的是那种放量的涨停，那放量的涨停你就要看位置，位置很重要。

案例一：亚夏汽车

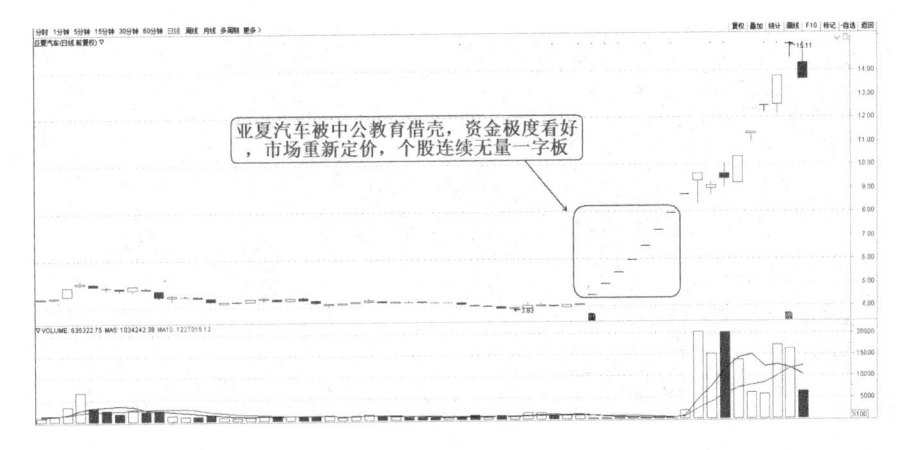

[图表说明框：亚夏汽车被中公教育借壳，资金极度看好，市场重新定价，个股连续无量一字板]

利好公告出来之后，无量一字涨停，大家一致性看好，等到这里有放量涨停了，波动比较大的时候，你就要开始研究龙虎榜里面的各种数据了，看看他到底是什么来头的涨停，背后有什么能量，你一研究，比如说欢乐海岸、赵老哥等等一些顶级游资都进去了，那接下来大概率形成新一轮的合力，后面导致了又有五个涨停板，最终在相对高位进行震荡，所以这个波动从无量涨停到放量涨停，再无量，再放量，一这样步一步演绎的过程，这种演绎的背后就是反映了不同涨停板的含义。把它理解透了，怎么操作我们就很清晰了。

案例二：深信服

就像刚才说的，无量涨停新股一般会呈现这样一种情况：

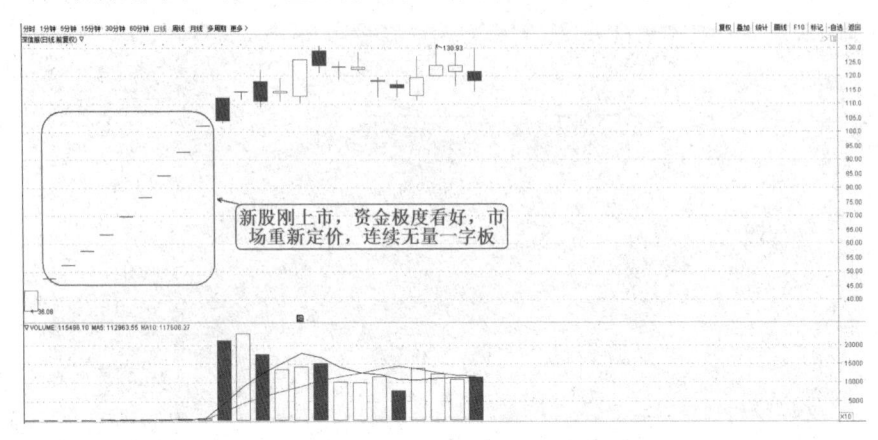

新股刚上市，资金极度看好，市场重新定价，连续无量一字板

新股上市无量涨停的演绎模式，等到它放量的时候，才是真正博弈的时候，放量的时候我们再去进一步的剖析放量背后的一些因素。

案例三：星云股份

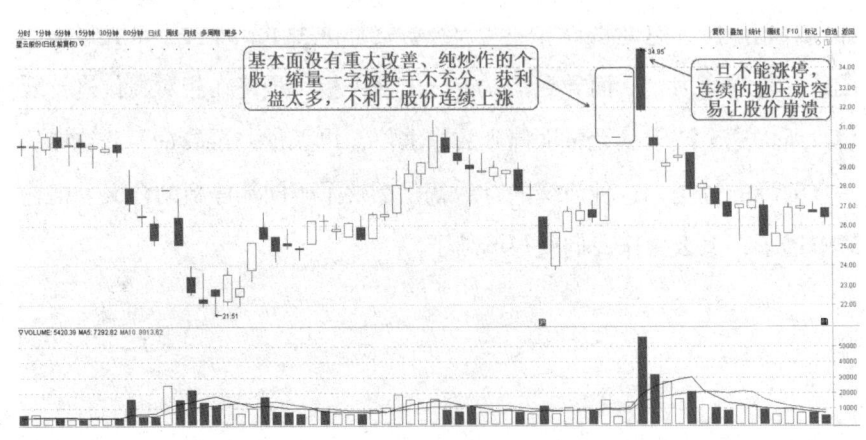

基本面没有重大改善、纯炒作的个股，缩量一字板换手不充分，获利盘太多，不利于股价连续上涨

一旦不能涨停，连续的抛压就容易让股价崩溃

刚才说了，我们要辩证地看待涨停板，任何一种涨停方式都是要看看他的基本面，如果是纯炒作的个股，哪怕它是缩量涨停，一旦放量的时候，你就要小心了，小心到达一个高位的可能性，你看这种基本面没有重大改善的个股，缩量涨停之后一旦放量，股价就开始遇到明显的阻力，很容易短期崩塌了，又跌回到起点。这就是题材股的一种演绎模式。所以有些时候看到缩量是好事，但是也要看缩量背后这家公司基本面的实质改善，如果改善非常大，那么它接下来可能成为"妖股"，如果改善不确定或者一般般，那一旦放量的时候，你要看龙虎榜数据，结合龙虎榜判断它是不是有可能再来一波，或者是见到相对的高点，如果没有龙虎榜数据，你就要看分时图博弈的情况，做出进一步的一种思考。

案例四：创源文化

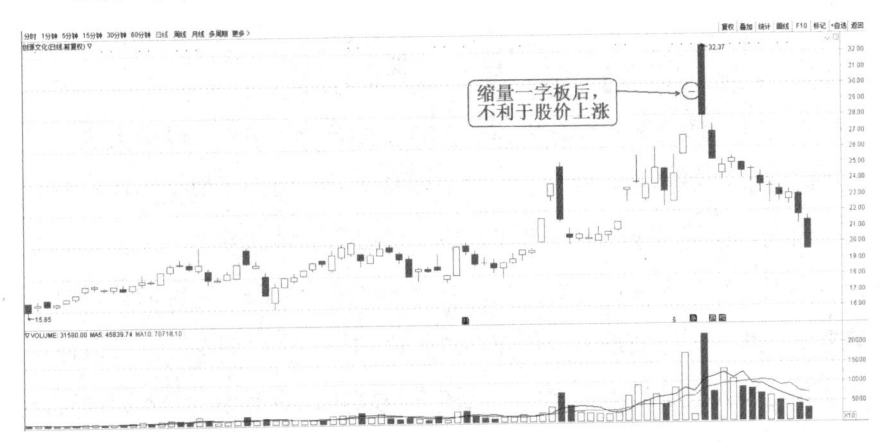

这是缩量一字板后，不利于股价上涨。先是放量涨停，很显然有合力，然后再缩量涨停诱多，一般如果哪一天缩量到放量，这个放量的过程当中是要警惕的，尤其是这个放量还收一根阴线的话，那更需要警惕，收阴线说明空方占优啊，它是一个阳线还好，阳线说明多方占优，你还可以观望一下，说明他还有个上涨惯性，如果是阴线的话，说明是单日逆转，你就要考虑果断地离场的问题。

案例五："妖股"——万兴科技

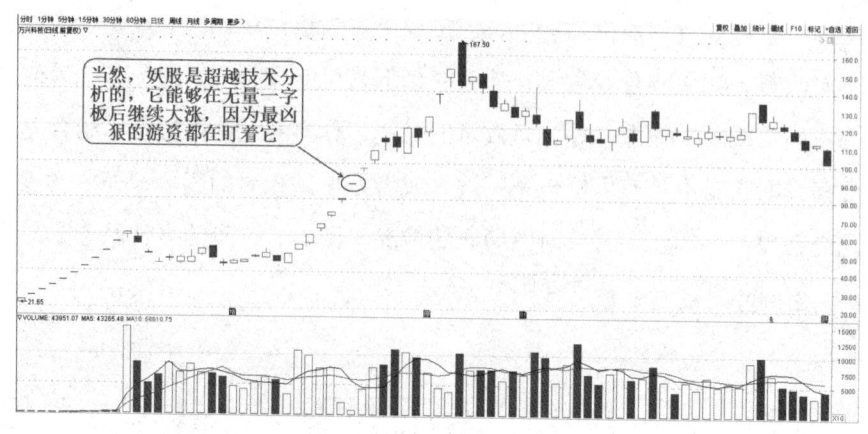

> 当然，妖股是超越技术分析的，它能够在无量一字板后继续大涨，因为最凶狠的游资都在盯着它

"妖股"是超越技术分析的，它能够在无量一字板后继续大涨，因为最凶狠的游资都在盯着它。有些个股基本面一般般，但是为什么上涨那么凶呢？这就是小概率事件了，成为妖股了，短期涨五六个板，又无量一字板，然后继续放量打开板，之后还能继续上涨，这说明这里面的资金太活跃了，不断地击鼓传花导致了这样的一个"明星"。所以往往敢于在这里面空中接力，前面一定要有一波疯狂的走势：一般前面有三到五个板这种比较疯狂的攻击力，才大概率继续疯狂，这个时候跟基本面关系就不大了，更多的是心理面、技术面。说真的，这种机会是艺高人胆大的，一般人是做不了这个机会的，就算你抓到了这个机会，也只能是一小部分资金的机会，不建议太重仓去参与这种机会，有些基本面一般般的，一旦反杀下来或者高位动荡，接下来的风险就会比较大，这是我们所要警惕的。

【学习温馨小总结】

△ 新股上市通常会有若干个无量一字涨停；一只个股突发重大利好时也会引发无量一字涨停，这种涨停的持续性依据利好对公司基本面的实质性改善程度而定；无明显实质性改善的利好通常持续性很差；

△ 我们要小心缩量一字板之后的放量大阴线，单日反转的可能性非

常大；

△ 一只个股如果能够成功经历三到五板之后走妖，那么它之后的一字板往往超越技术分析，此时其走势已经与基本面无关了。

1.2 放量一字涨停

刚才谈了缩量一字板，那现在谈一谈放量一字板：

2. 放量一字板

- 放量一字板，表面上看很强，但实际是股价分歧开始加大的表现。

- 尤其是股价大幅上涨之后，更要多一份谨慎。

- 放量一字板，是指当日的成交量大于近期的日均成交量。越是放量，问题越大。

为什么会有放量一字板？就是因为有分歧，但不得不说它还是强的，虽然有分歧但还是一字板，属于强的，只是要分析这强的背后到底是谁在推动？如果是很好的合力，大的机构，那这个放量一字板就会非常漂亮，接下来无量一字板都有可能；如果是分歧很大，你发现很多散户为主，那接下来持续合力向上的概率就会比较小了，构筑阶段性高点的概率就会比较大。一般放量一字板什么时候出现呢？在股价大幅上涨之后出现，尤其要多一份警惕，如果在相对低位出现，那机会可能大于风险，哪怕里面的参与资金不是那么集中，相对分散也会给你一个脉冲上去的机会，因为毕竟是在相对低位啊！如果在相对高位，放量一字板没有形成合力，比较松散的话，很容易第二天就低开杀跌了，因为本来大家就有点害怕，透过涨停板看到分歧那么大、那么分散，就会想到是出货行情，那第二天可能来个倒 V 形的反杀概率非常大。所以放量一字板呢，你一定要看他的位置在哪里，在相对低位，还是高位，然后结合基本面，做一个综合的剖析，这样才会有一个客观的思考。

案例一：上海家化

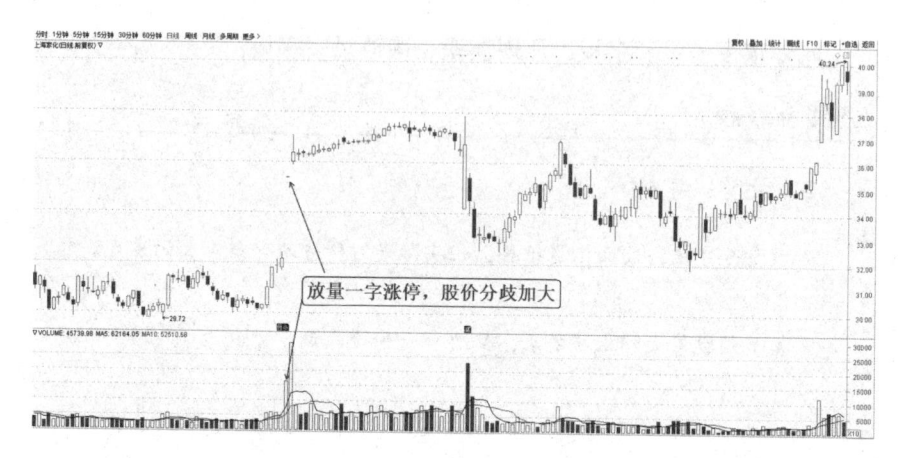

你看这里就是放量一字板，说明有分歧，但是依然是一字板，说明分歧整体资金还是比较看好的，所以后面他还脉冲了一下，之后持续性不足了，横了一段时间就反杀了，回到低位，横盘然后再上，所以这也与这个一字放出了量有很大的关系，放那么大的量，说明分歧已经展现出来了，既然分歧已经展现出来了，接下来再持续上，如果没有更大的合力，继续上涨就是非常有难度的。

2.T 字涨停

讲了缩量一字板和放量一字板，接着讲第二种 T 字涨停：

二、T 字涨停

- T 字涨停是指股价涨停开盘，但盘中一度打开涨停，最终再度涨停报收。
- T 字涨停也分为缩量 T 字涨停和放量 T 字涨停。
- 缩量 T 字涨停：当天的量能，小于近期的日均量能。量能越小越好。
- 放量 T 字涨停：当天的量能，明显大于近期的日均量能，越大越有问题。
- 此外：T 字涨停的下影线越长，越不利于后市的上涨。

说白了，T 字就是有挣扎的涨停，不像一字板，缩量还是放量都是一字，T 字就是盘中打开了，但是空方占不了优势，后面还是封死涨停，这是他的一个原理，那这个涨停强度如何呢？也是要看里面是比较好的合力，还是一般的合力，就像刚才说的，如果有龙虎榜数据，就透过龙虎榜数据剖析一下，这是非常必要的，同时也要结合它的基本面，基本面很好，龙虎榜数据也不错，那么这两个合力在一起的话，持续的能量就会比较大。其实 T 字涨停跟刚才说的一字放量涨停，是有一些相似性的，本质是类似的；缩量 T 字涨停跟一字涨停类似，说明大家预期比较一致，虽然盘中有打开，但是又迅速封死涨停，说明有分歧但不多。放量 T 字涨停，说明分歧比较大，只是说最后还是一致看好，但是能不能形成继续向上的合力，就要看他背后一致看好的整体的资金是不是具备这种能力，是大机构还是散户？这个我们要看数据，透过数据来去思考。

另外一点，我们要注意的一点是 T 字下影线越长越不利于后市的上涨。这说明什么呢？盘中打下来的幅度越大，说明资金分歧越大，比如说它盘中甚至触到了绿线，说明有些资金是很恐慌的，只想抛的，哪怕昨天收盘价他也愿意抛，哪怕最后收回涨停了，里面有一部分资金还是比较看空，比较悲观的，这部分资金是已经出光了呢，还是留有一部分呢？所以一般T字涨停留下长下影线，越长越不利于后市上涨，就是因为可能还有一部分松动的筹码没有出来，只要市场一动荡，他就有可能迅速转为空方，这个T字长下影线就告诉你这一点。但是，如果这个T字下影线很短，就说明这个合力的力量比较大，都是一致性看好，那就比较有利于它持续性上攻。

案例一：御家汇

你看这个T字涨停，下影线比较长，第二天直接低开被封杀了。所以放量的这种T就是双刃剑了，如果盘后数据好，那继续涨；如果数据不好，可能第二天就开始反杀了，所以我们透过放量的T字涨停，你要去思考它背后的东西，看透它背后的东西，这样我们在看盘的时候会从容一些，否则很容易被市场坑埋。

案例二：恒银金融

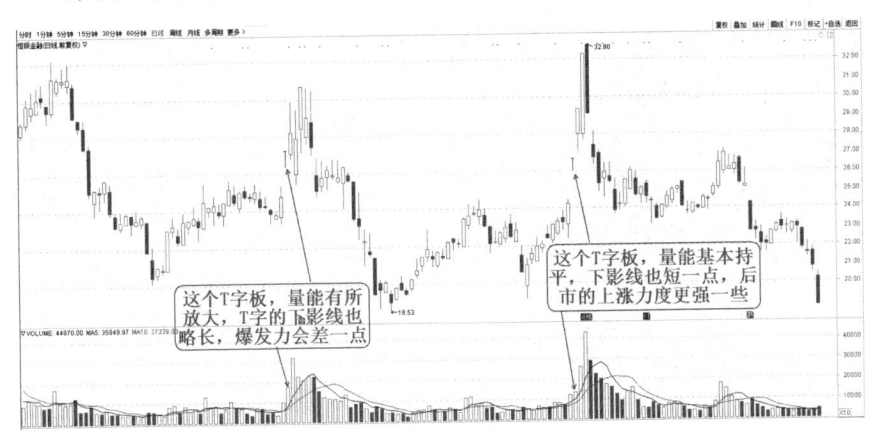

这就是刚才说的下影线带来的影响，对比一下不难看出，第一个下影线比较长，量能放得多一点，后面的空间就不是很大；第二个T字涨停下影线比较短，量能放得小一点，后面的空间就比较大。这两个一对比就会非常明显，所以就如刚才谈的那样，你看这个T的时候，要看下影线长不长，另外看成交量，成交量越小，分歧越小，顺势冲高的空间就会很大；成交量越大，分歧越大，空间就相对有限，这个一对比就一目了然了。

案例三：七一二

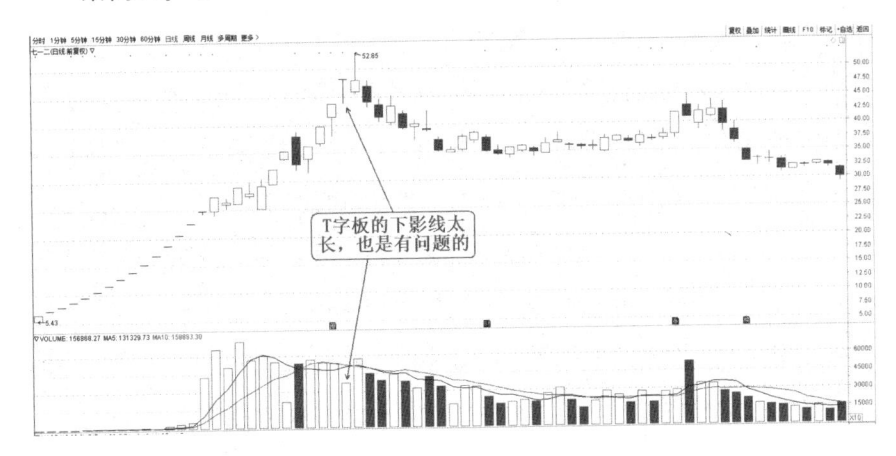

如图 T 字板的下影线太长，也是有问题的。你看出现非常长的 T 字涨停，后面就直接开始剧烈的动荡了。

案例四：新余国科

这个 T 字涨停下影线很小，而且缩量，其实是挺好的，第二天还有冲高的力度，但是因为他是新股啊，新股的手法就不像一般的老股，一般的老股出现这样的信号，顺势冲高动荡之后可能还会上，但是它顺势冲高之后就单日封杀了，所以结合刚才说的，顺势冲高之后要看当天收出的是阴线还是阳线，如果是阳线，那还可以放心，如果是阴线，你就要小心，可能就反转了。所以有些时候，像这种的情况，进去了之后你需不需要止损，就看收盘价，在昨天收盘价之下，你可以考虑止损了，如果还是在昨天收盘价之上，你可以考虑再持股观察一天或两天。你看图中很显然是在昨天收盘价之下，是单日逆转，所以就不用管后面了，昨天追进去的，今天尾盘就可以考虑先出来，也就亏三四个点，先止损。这就是打板的一个手法，打完板之后，你可以在冲高的时候先减一半，然后在尾盘的时候，看到形势不对，你可以再出来，这样你可能还略有小盈，因为一半卖的位置比较高嘛，如果全部尾盘出的话，也就亏三到四个点。但是总的来说，这种打板手法风险还是相对可控的。

案例五：华能水电

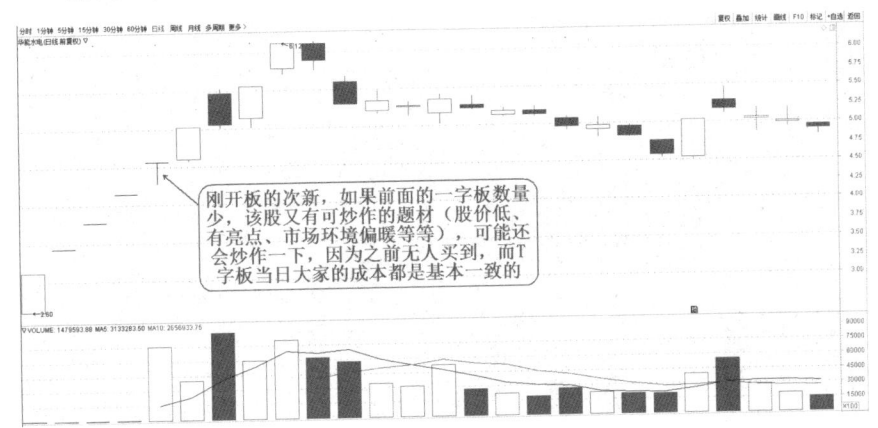

刚开板的次新，如果前面的一字板数量少，该股又有可炒作的题材（股价低、有亮点、市场环境偏暖等等），可能还会炒作一下，因为之前无人买到，而T字板当日大家的成本都是基本一致的

你看开板以后又封回去了，虽然有点量，毕竟是新股，而且连板的数量不多，就又回封上去了，这时你就要分析到底谁进去了，如果是很多机构进去了，大资金进去了，合力使然，就像图中后面的空间还是蛮值得期待的。所以如果环境可以，新股刚刚开板收一个T的话，有些时候你追进去的风险是比较小的，为什么？因为刚刚开板追进去的运作的资金，它的成本跟大部分进去的人成本是一样的，所以只有往上推高他才能赚钱，除非市场很恶劣，否则第二天的波动应该会出现一波上冲行情。哪怕是诱多他都会这样冲一冲，毕竟他们的成本就在刚开板这个位置嘛，除非他觉得市场环境实在太差，才会止损离场，否则大概率还是向上的。

案例六：江苏租赁

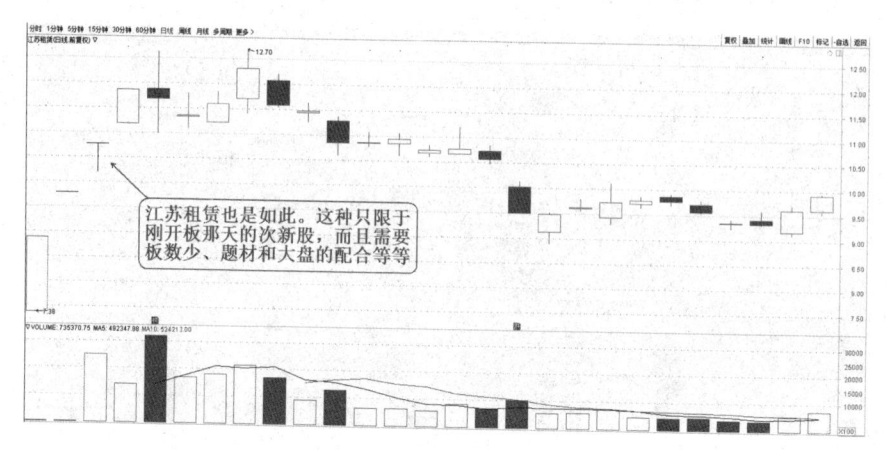

（图中标注：江苏租赁也是如此。这种只限于刚开板那天的次新股，而且需要板数少、题材和大盘的配合等等）

刚开板之后，继续向上冲。

【学习温馨小提示】

ΔT字板放量、缩量的分析本质上与一字板类似，放量代表筹码分歧大，缩量代表筹码比较看好，但是超短仍然要警惕情绪的高位逆转，同时要注意缩量、放量是与近日均量相比较而得出的。

ΔT字板的下影线越长说明筹码分歧越大，未来多翻空的能量越大，同时还需要研判当日成交量，若几倍于近期均量，则发生反转的概率非常大了。

Δ新股刚刚开板时收的T字板因为主力成本与散户一致，所以风险较小，主力只有往上推高才能赚钱。

Δ无论哪种涨停都要注重查看涨停板背后的龙虎榜数据，了解主导资金是哪些机构，它们是在大力买入还是卖出，据此辅佐研判后期走势及操作。

3.拉高型涨停

吸筹角度的拉高型涨停

讲了一字涨停和T字形涨停，我们来讲一讲拉高型涨停：

三、拉高型涨停

- 拉高型涨停，分时基本特征是斜推式、台阶式的涨停，不管高开低开，收盘都封涨停板。
- 虽然和一字板、T字板一样都是涨停，但是所表达的意义不太一样，拉高型涨停的强度要弱于一字板和T字板。
- 拉高型涨停更多的是一开始就吸引市场注意，希望市场参与者跟风，边拉升，边洗盘，而一字板、T字板是一开始就暴利拉升其他资金难以拿到筹码。

拉高型涨停的强度要弱于一字板和T字板。你看一字板直接一字很牛了，T字呢就是一字打开了又迅速封死涨停，也很牛，而拉高型的涨停，就是涨两个点盘整一下，一波又一波上涨直至最终封死涨停，它不是一开始直接拉上去的，它是一波又一波的，这一波又一波肯定是拉升加洗盘，让其他资金跟风的，这个动作说白了，本身也是在做一个差价，没有一字板和T字板来得那么凶猛，所以一般来说，它的持续性没有一字板和T字板那么凶悍，当然这个也要具体问题具体分析，也要看他处在什么位置，是第几个板等等，这些都需要综合考虑。

案例一：卫宁健康

如下图这个卫宁健康的分时图就是属于拉高型涨停，3月26号：

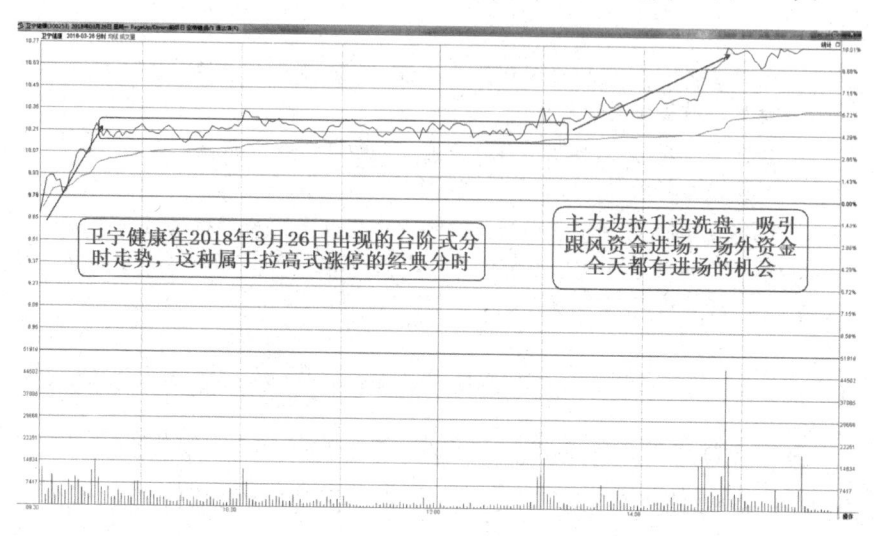

卫宁健康在2018年3月26日出现的台阶式分时走势，这种属于拉高式涨停的经典分时

主力边拉升边洗盘，吸引跟风资金进场，场外资金全天都有进场的机会

先涨一波拉升然后横盘震荡，一般在四五个点，等到下午的时候再启动，尾盘封住涨停，场外资金全天都有跟进去的机会，说白了就是让你们跟，众人拾柴火焰高嘛，他也不想一个人做涨停。

你看这拉高的涨停日线图所处的位置：

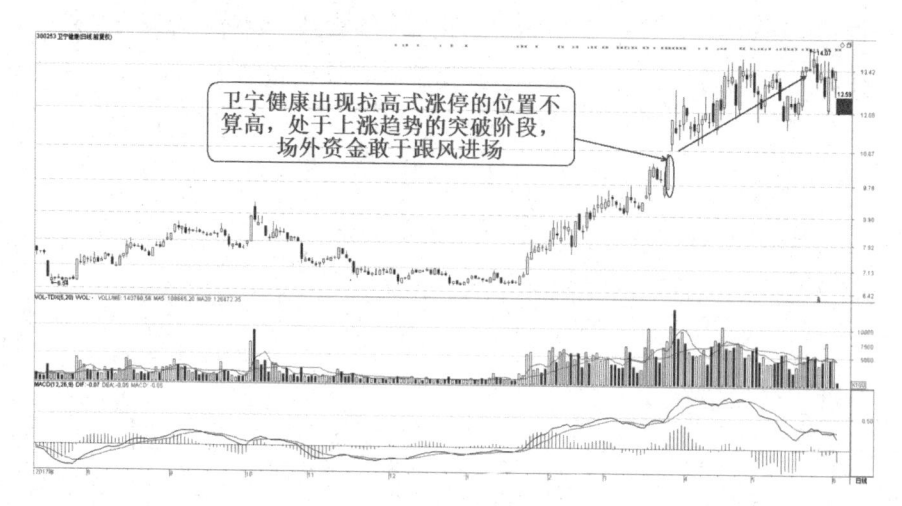

卫宁健康出现拉高式涨停的位置不算高，处于上涨趋势的突破阶段，场外资金敢于跟风进场

三、主力拉升策略

这个拉高式涨停最终也要看龙虎榜数据，如果这几天是蛮多机构进去，接下来很可能还有一波行情演绎出来，所以不论是一字板、T字板，还是拉高式涨停，你都要分析涨停资金背后的博弈状况，到底是机构，还是一些散户？只要你分清楚了这些东西，接下来的博弈你就会看得比较清楚了。因为卫宁健康涨停的这个位置不是特别高，刚好是上涨中继，所以场外资金再结合分析一些机构参与，他就敢于去跟风。

拉高式涨停不是说它实力不强，而是说它相比一字、T字板那种凶猛的涨停而言，可能实力会逊色一点，因为他是依托市场的合力反复拉上去的，一字板是大家一致性看好，直接封死，T字板也是类似，只是说盘中有点分歧，拉高式涨停盘中分歧是很大的，一开始大家没有看到涨停，只是后面才拉上去的，但是这种涨停你也要看他背后的博弈，博弈实力不错的话，那它后面也可能走出类似一字、T字更凶悍的走势，最终还是要看资金的博弈。一般而言，就是刚才所说的强度分类，一字，T字，拉高式……

好，我们来看一下该拉高式涨停的龙虎榜数据：

机构大资金进场，后续场外资金接力，形成了一个小波段机会

卫宁健康龙虎榜数据 2018-03-26
日期：2018-03-26 总成交金额：82079.44万元，总成交量：7921.69万股

排序	营业部名称	买入金额/万	占总成交比例	卖出金额/万	占总成交比例	净额/万
	买入金额最大的前5名　买入总计 11515.57 万元，占总成交比例 14.03%					
1	东方证券股份有限公司上海浦东新区银城中路证券营业部	2658.50	3.24%	50.95	0.06%	2607.55
2	广发证券股份有限公司江门万达广场证券营业部	2495.23	3.04%	8.97	0.01%	2486.26
3	机构专用	2465.82	3.00%	0.00	0.00%	2465.82
4	机构专用	2035.57	2.48%	0.00	0.00%	2035.57
5	机构专用	1579.65	1.92%	0.00	0.00%	1579.65
	卖出金额最大的前5名　卖出总计 9155.00 万元，占总成交比例 11.15%					
1	国信证券股份有限公司深圳红岭中路证券营业部	91.74	0.11%	2855.69	3.48%	-2763.95
2	华泰证券股份有限公司南通分公司	0.00	0.00%	2074.57	2.53%	-2074.57
3	中信证券（山东）有限责任公司淄博分公司	7.76	0.01%	1777.51	2.17%	-1769.75
4	长城证券股份有限公司杭州文一西路证券营业部	116.56	0.14%	1422.10	1.73%	-1305.54
5	中信证券股份有限公司上海清溪北路证券营业部	64.73	0.08%	965.20	1.18%	-900.47

买卖净差：2360.56万元

你看，当时有很多的机构进场，说明那天机构是你买，我买，大家一起买，后面就形成了一个波段的机会。

案例二：康泰生物

再看一个图形，也是拉高式的涨停，康泰生物：

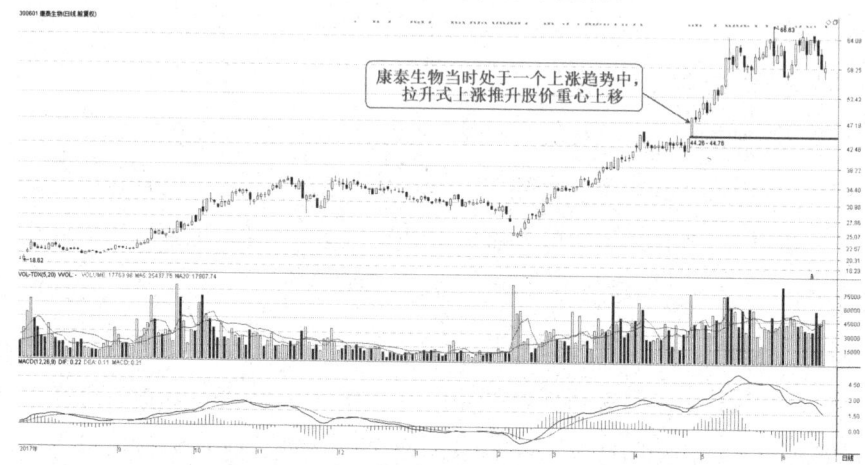

康泰生物当时处于一个上涨趋势中，拉升式上涨推升股价重心上移

你看涨停第二天给你买入的机会，然后后面继续小步上涨，股价重心上移。我们来看一看该涨停的分时图：

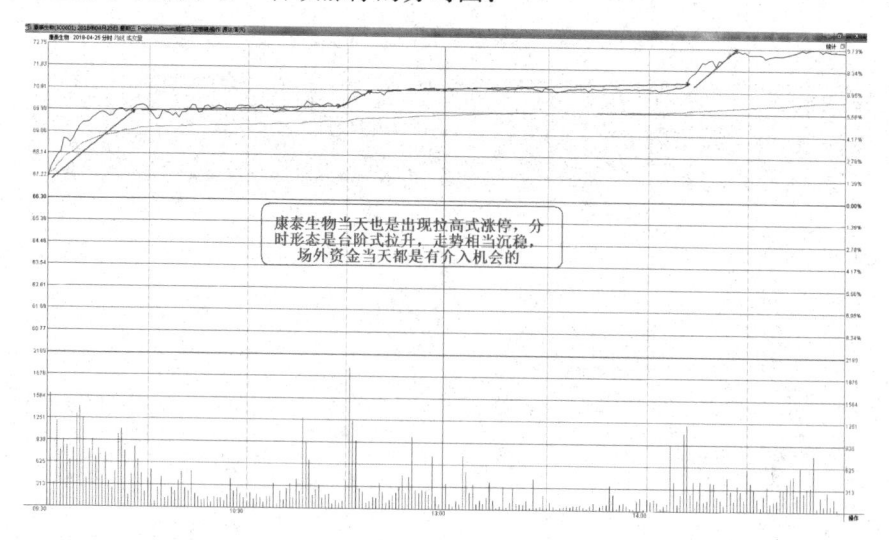

康泰生物当天也是出现拉高式涨停，分时形态是台阶式拉升，走势相当沉稳，场外资金当天都是有介入机会的

也是拉高式涨停，先拉升一波，再横盘，再拉升一下再横，最后到涨停，它做图形的过程当中，就涉及洗盘，边拉边洗，边拉边做差价，是这样的一种手法。这样的手法说明里面的运作资金希望市场形成一个比较大的合力，从合力的角度去把握个股未来的机会，是这样的一种情况。

3.2 出货角度的拉高型涨停

我们再从出货的角度看一看：

- 那么从出货的角度去看，拉高型涨停后面主力的出货更多的是震荡式出货或者慢熊式出货，出货形式相对一字板和T字板的涨停方式温和一些。
- 通常会有巨量长阴线、墓碑线、或者顶背离这样的见顶信号出现。

因为拉高式涨停的手法比较温和一点，所以出货的方式也比较温和，你会发现前面一字和T字的手法出货是比较激烈，比如一字板很可能冲高巨量完成出货，而这种拉高式涨停的出货方式会不那么急促，因为它不具备这种条件，他希望市场慢慢涨或是慢慢动荡的过程中，有越来越多的资金进来，他可以在这个过程当中慢慢完成出货的动作，是这样的一种运行模式。所以这样的运行模式，我们就要看有没有巨量长阴线，墓碑线，或者是指标顶背离这样的见顶信号出现？如果出现这些信号，我们是需要警惕的。

案例一：卫宁健康

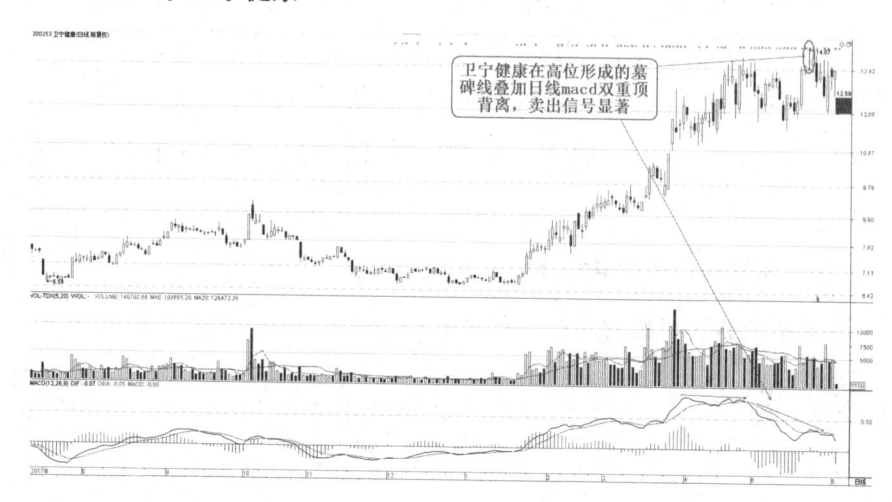

[图：卫宁健康在高位形成的墓碑线叠加日线macd双重顶背离，卖出信号显著]

在高位形成墓碑线，叠加日线 MACD 顶背离，卖出信号显著，龙虎榜数据也不是很理想，龙虎榜有个席位卖出是比较厉害的。股价在这个位置反反复复的话，就意味着这里很有可能是一个高位了，再加上这些见顶信号的辅助，更加确定这里是比较危险的了。

案例二：康泰生物

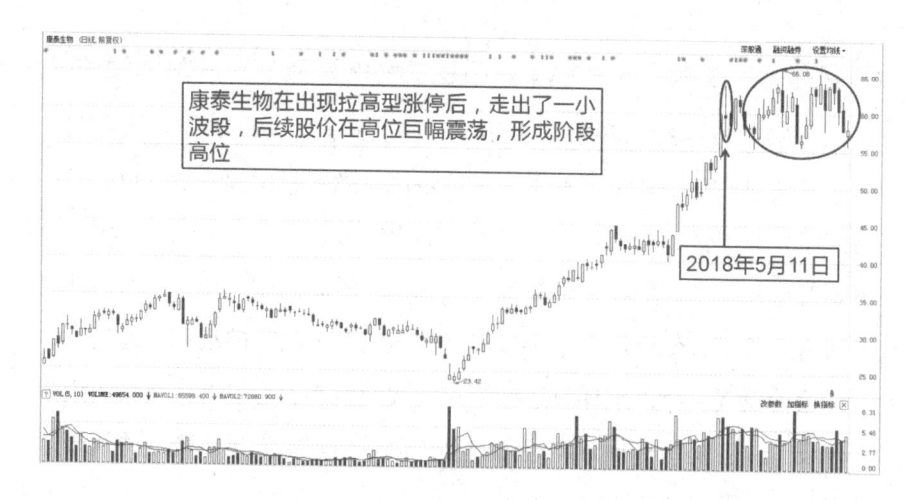

[图：康泰生物在出现拉高型涨停后，走出了一小波段，后续股价在高位巨幅震荡，形成阶段高位。2018年5月11日]

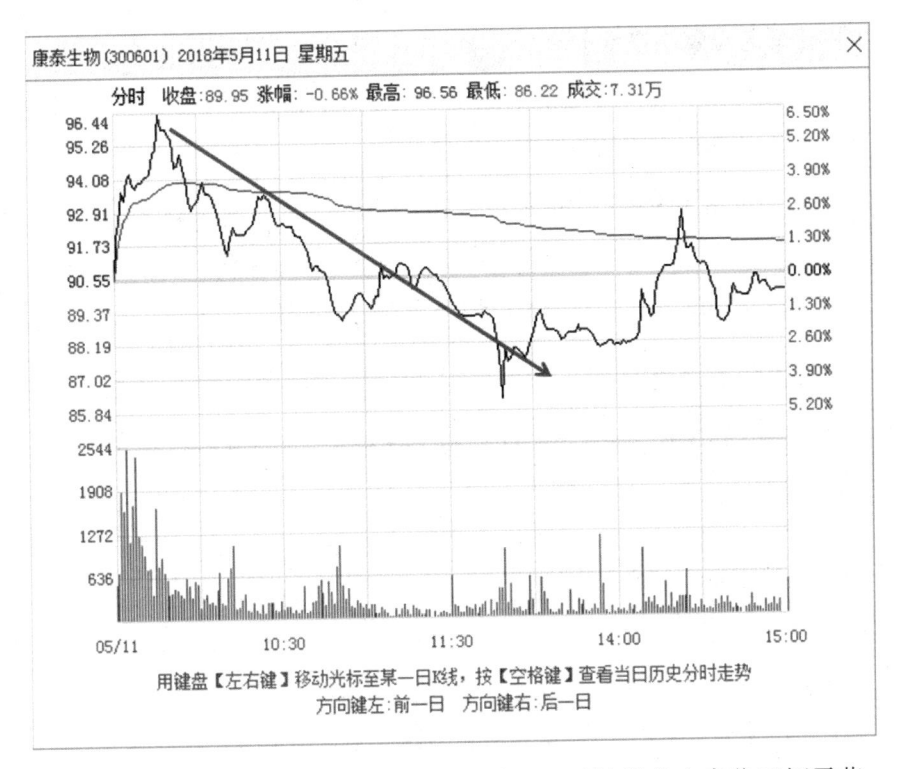

它在出现拉高式涨停后，走出一小波段，后续股价在高位巨幅震荡，阶段性高位就形成了，是这样的一种运行模式。拉高式涨停往往出货比较温和，然后反复动荡来完成。所以一字板跟T字板可能会剧烈一些，因为他本身波动就大，出货的手法比较剧烈，比如那些妖股出货的时候，往往就是迅速地跌停，涨停跌停交替，玩的就是心跳，因为它只有通过这种剧烈的波动才能吸引更多的人进来追涨杀跌。而拉高式涨停本身就吸引不了喜欢参与剧烈投机的资金，那他只能吸引到一些，比如说做趋势的资金，顺势而为资金，他们喜欢波动有起伏的，缓和的，这样符合他们建仓的需求，如果他在高位出货的话，也能出得比较从容一点。所以他把图形做出来，高位折腾一下，那肯定会有接盘侠参与进去的，因为是他们的风格。

【学习温馨小提示】

△ 吸筹角度的拉高型涨停是主力依托市场合力拉升，操作风格较为温和，在趋势型上涨的个股中较为常见。

△ 出货角度的拉高型涨停首先会出现在股价的相对高位，其次涨停后难以迭创新高，呈现高位放量滞涨，最后叠加墓碑线、巨量长阴线、顶背离以及顶部形态，我们可以综合研判是否离场。

4. 涨停封不牢

好，讲了三种，现在讲第四种涨停封不牢：

四、涨停封不牢

○ 主要特征：

○ 1. 高开涨停封不住，吸引人注意后打开涨停板。

○ 2. 盘中曾一度急拉，诱多涨停，后面股价震荡下行。

○ 3. 封住涨停一段时间后，打开涨停板，或者是盘中多次开板。

说白了就是我们经常看到的封了涨停可是老是封不住。

来看看他所代表的意义：

- 涨停封不牢在股价所处位置，所代表的意义不同。
- 1. 在上涨行情的阶段性顶部，出现这种情况大多是主力资金减仓或者准备出货。
- 2. 在个股上涨行情中期，涨停不封牢的现象主要是资金试盘。
- 3. 在个股阶段性底部时，涨停拉高吸筹。

不同的阶段，它的意义是不一样的，相对高位的时候出现涨停封不住，要想它到底是中期还是顶部，这个时候要透过一些数据去分析，形态、技术指标、龙虎榜数据，等等，如果你分析出来是中期，那你不用担心，它可能还会继续上涨；如果是顶部的话，你就要小心它出货了；底部的话，相对低位出现这种涨停封不住，有些时候是好事，因为他是在相对底部，在这个位置透过这种方式让人感觉不是很强，目的就是为了更好的吸筹，所以相对低位出现这种情况是好事，甚至可以大胆地参与进去。

4.1 上涨行情的阶段性顶部，大多是主力资金减仓或者出货

案例一：兆易创新

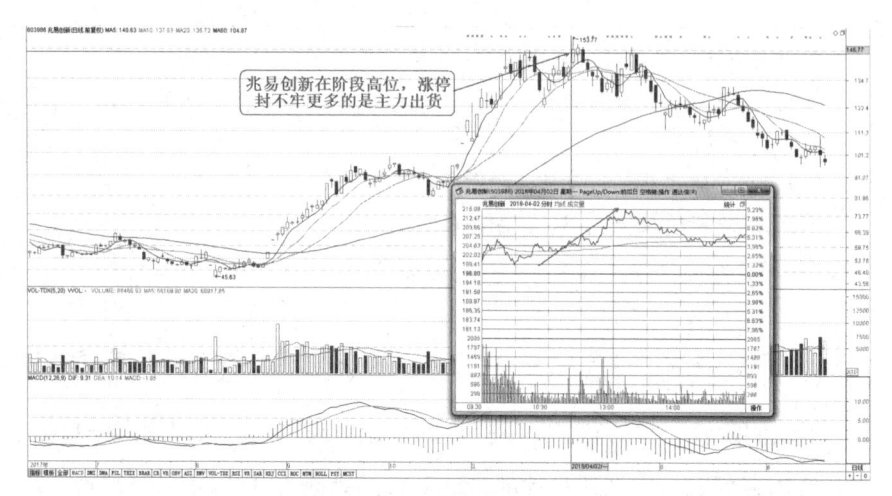

你看是在上涨行情阶段性顶部的时候，主力资金就准备减仓或者出货，这个透过市场的盘面我们可以看得出来。

4.2 在上涨行情中期，涨停不封牢的现象主要是资金试盘

案例一：台基股份

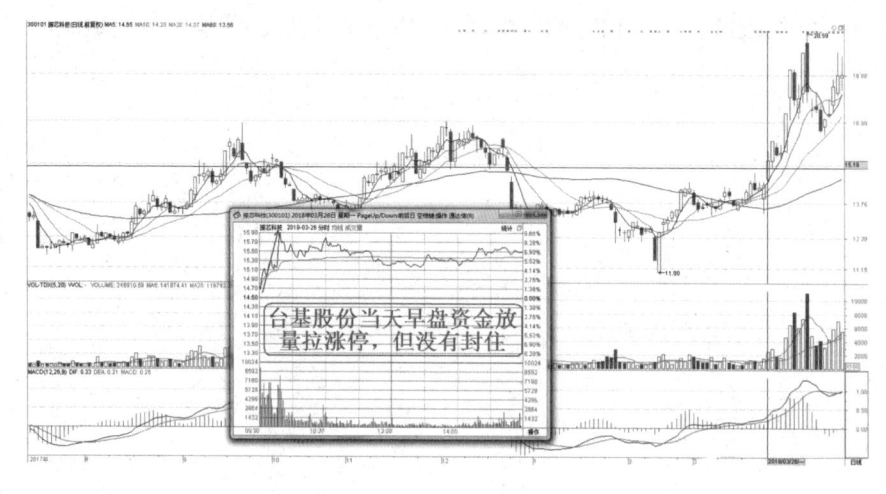

当天放量涨停，但是没有封住，这就是涨停封不住的一种状态，但

是因为它在上涨的中期,这个位置是相对安全的,看似不安全其实安全,你发现没有它是带长上影线的 K 线,就是一种试盘的动作,这是很好的盘面特征。

4.3 在阶段性底部,涨停拉高吸筹。

案例一:汉得信息

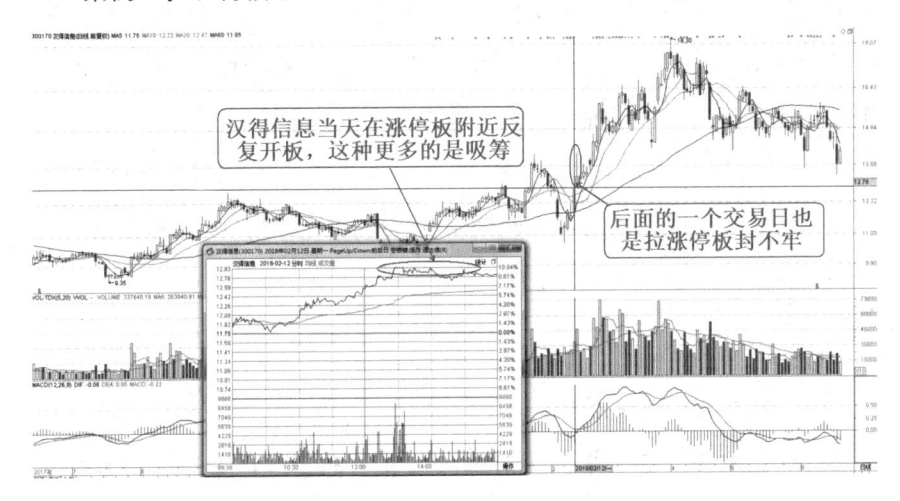

在涨停板附近反复开板,底部出现"V"形反转,故意封不牢,看上去好像在出货,其实是为了吸收更多的筹码,之后走势就慢慢震荡上行。

汉得信息连续两日都是如此:

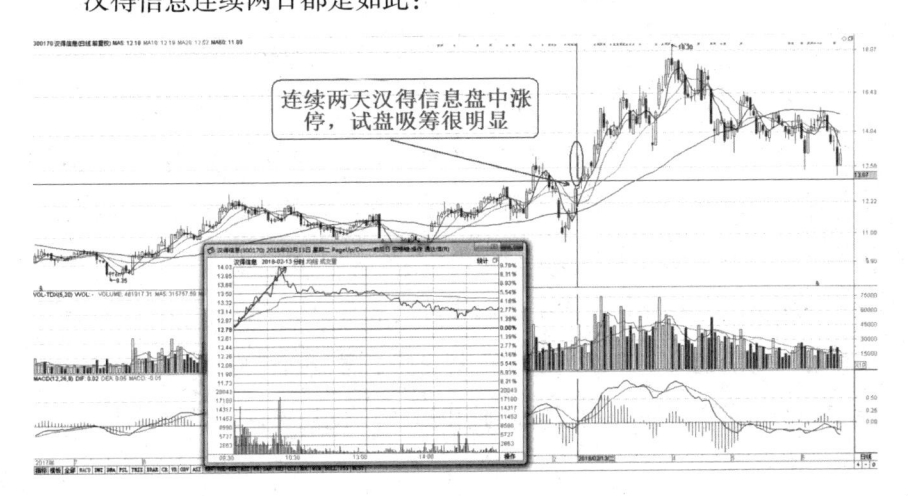

你看试盘吸筹迹象很明显，所以只要它是相对低位，图形做得比较好看，这时候出现涨停封不住，其实是好事，特别是上午冲击涨停，接着震荡回落，收出长上影的话，更可以确定是试盘动作。我们之前讲长上影线的时候，这种分时图形已经谈过了，拉升的时候是放量的，量能非常重要，有这个量能说明这一天他不是为了减仓，而是加仓，为什么后面又让他回落呢？是为了消化、平衡一下市场，试探、感受一下市场。回落之后第二天，或者过一段时间再继续上攻，因为他的目的不是为了出货，而是试盘，为了加点仓位，最终还会上演更多精彩。

当然有没有可能出现夭折呢？只有一种情况，就是市场出现明显的逆转风险，那可能就夭折了，如果没有，那他就会按照原计划进行。

5. 总结

总结一下：

○每种涨停，都有不同的意义。

○位置不同、量能不同，涨停时机等等都会对后市股价产生较大影响。

我们今天讲了四个涨停，一字涨停，T字涨停，拉高式涨停，还有刚才讲的涨停封不住状态。它们各自都有不同的含义，你要结合它的成交量去分析，成交量越小，说明它未来上涨的阻力相对较小，成交量越大，就要看当天进去的资金能否形成合力，如果有合力，有比较凶悍的资金，就好像亚夏汽车，可能接下来就会迎来缩量上涨的格局，因为大家已经把浮筹吃掉了，形成了新的一轮上涨。如果不能形成合力，这些资金各自为战，或者大部分是散户的资金，或者是一般营业部的资金，那接下来可能会有比较大的折腾，或者形成阶段性的高点，所以要分析放量涨停背后的一些东西。这些东西我们要看盘面特征、分时表现、龙虎榜数据，等等，进行一种侧面的辅助分析，之后你就能最终做出结论。

归根结底，我们还是要看当下这个位置，这个上市公司基本面的状况，这个才是决定了涨停背后到底能走多远的问题，如果很好，是市场的风口，那就有可能成为妖股走得很远；如果不是市场的风口，未来还有很大的不确定性，那可能就是一个阶段性的脉冲行情，脉冲完之后依然回归反复波动的博弈格局。

位置不同、量能不同，涨停时机不同都会对后市的股价产生较大影响。所以我们透过涨停实际的情况去分析，最终做出一个总结，这样我们才能够对这种涨停了然于胸。

好，布置下今天的作业：

★ **作业：**

☆ **运用涨停板解析的几种不同特征，做几个案例分析。**

刚才已经谈了四种不同类型的涨停，有些同学问了，这些模式的涨停会不会失败？那当然会有失败，失败了怎么办呢？就像刚才所说的，你做比较激进的涨停的时候，比如一字板的涨停，T字板的涨停，你设一个止损嘛，比如第二天最后收盘价低于昨天的涨停价，我们就视为单日逆转，空方占优，你就要在收盘之前选择止损，一般这种亏损幅度不会很大，三到五个点吧，当然如果你要保险一点，那就很简单了，比如你今天追进去了，第二天冲高的时候你可以先出一半，高开集合竞价的时候就先出一半，跌下来哪怕要止损的时候，最终你可能不亏钱，少赚或是少亏一点，这种方式就把你的风险进一步地降低了。

那拉高式的涨停，还有涨停封不住的状态，失败的时候也很简单，因为这两个涨停不会像前两种涨停那么剧烈，前面两种可能第二天就要做出决策了，后两者呢可以稍微晚一点，止损也可以稍宽一点，比如前面是三到五个点，后面五到八个点甚至十个点都没关系，因为后两者的走势是比较平缓的，接下来的走势就算失败，也不会一下子反杀或跌停下来，概率是比较小的，就算反杀到你止损的位置，你也有机会出来。

为什么我说要设的稍微宽泛一点呢？因为他们走势比较缓，波动不见得会有前两种那么大，比如今天跌两点，明天再跌四个点也都是很正常的，但是也许后天又来个涨停，所以缓一点有利于你不被市场折腾洗掉；另外就是时间宽泛一点，比如说拉高式涨停，或者涨停封不死我追进去了，接下来一个星期的交易日好好观察，若是在一定合理范围内波动的话，我可以继续持有，但是五个交易日之后碰到了我的止损位，那可能就认为这是失败了，整个趋势涨不上去了，这个时候就考虑先出局了。

总的来说，前面急的涨停模式我们进去，我们的策略要相对急一点，因为人家急啊，人家是做超短线的，那我们也急；后两种比较缓的，他可能是想做一个波段的，那我也缓一缓，比如说一个星期之后，说不定慢慢涨，给你涨了十几二十个点也很有可能，只要他涨上去了，脱离你成本区域了，你就可以再结合新的技术特征，去做一些新的评估，做一些新的设定都是可以的。但是不管如何，只要涨上去了你就已经成功了，后面就相对从容一点了。

为什么要做一个反映的方案呢？就是它万一不成功的时候，我们要做一些防范策略。所以刚才说的四种涨停板的模式，基本上含概了市场上我们看到的很多涨停模式，我们可以充分地去理解、消化，最后肯定要在实战中去总结，总结一些细微的特征，发现更多的问题。只有不断的参与博弈才能有更多的成长，当然这过程中会面临很多问题甚至付出一些代价，但是这些都是成长过程要必须经历的阶段。就好像现阶段买了些股票，有些是急速下跌的，代价也是蛮大的，但是不管如何都要在这过程中去总结，然后成长。

3.4 涨停板交易机会

2018 年 6 月 27 日

牛散大学堂——学最好的课程，做最牛的散户

学习须知：

1.交易是概率学，我们对于涨停板的交易机会，也要从胜率高中去研究发现机会，值得交易的涨停板有两种模式：事件驱动型和形态突破型；事件驱动型涨停板我们要注意市场由弱转强的转势板和新题材的首板，都是很值钱的；形态突破型涨停板需要两个条件：一是股价在相对低位构筑了大级别的底部形态，二是涨停时最好有事件配合。

2.牛散大学堂股威宇宙等级划分为：大学生级别。

课前综述：

大家晚上好，今晚首先聊一聊市场本身。今天的文章是我的心声，市场现在很残酷！白马蓝筹跌下来了，格力、中国国航、万科这些个股出现了一种加速下跌的态势，我们没能够提前预判这样的局面，是非常可惜的。我也在不断地总结跟反思，前段时间的中小板、创业板的杀跌和一些个股的风险，我们没有做到很好的预判，没有看得很清晰。

现在市场有那么多个股坍塌式地下跌，好的时候大家一窝蜂觉得很好，差的时候大家就踩踏，这时候一定会有人雪上加霜的。现在的市场就是这样一个局面，形成了一种恶性循环，你说2800会不会是一个最低点呢？这个谁也不敢说，但是现在这个阶段一定是属于恶性踩踏的运行格局之中。

如果从一个平衡市场来说，一些上市公司已经跌到价值区域，或者价值区域以下，但现在不是一个平衡市场，而是一个极端的非平衡市场。所以这个过程当中，肯定会有一些个股跌得远远低于它的价值区域，我们现在怎么做呢？我们依然还要积极去面对，首先要活下来，这是当下一个很重要的理念，在这个困境当中我们想办法活下来；第二是活下来之后，我们需要抓住机会反击，虽然这两天上证指数"跌跌不休"，但是我们也可以看到的是，创业板指数没有创新低的：

三、主力拉升策略

在这个过程当中也蕴含着机会，一些个股出现了反弹的格局，比如坍塌下来的锦富技术：

这段时间属于一个企稳的走势，新经典就不用说了：

在相对高位一直都很强势，接下来有没有补跌的可能性呢？不排除，但是整体来说，现在还是区间动荡强势运行格局，在这个过程中我们只能静观其变。而一些前期跌得很惨的个股现在开始反击了，没怎么跌的个股反而出现了补跌的状况，轮着跌。

不论是什么风格、做什么标的的人，在这个过程当中，或多或少都会受到一定的冲击，所以这个过程是一个痛苦的过程，也是一个需要我们坚定信念坚持下去的过程，最终就是看谁能活下去？然后等到市场实质性反攻的时候，你能不能在风水轮流转的市场机会里面把握未来？下半年有一个确定性的板块，应该是科技板块，从中国软件这两天连续两个涨停板可以看到一些端倪：

这是种征兆，科技板块很长时间没有行情了，从风水轮流转的角度来看，应该会有资金相中这个板块，它代表我们国家经济突破的关键领域，所以无论贸易战等各方面也好，都是围绕这个去展开的，在这里一定会有一个实质性的机会展现在我们的眼前，大家不妨拭目以待。这是一个思路，未来还会有更多更贴近市场的思路分享给大家。那么我擅长是什么呢？十二字箴言：成长为王，引爆为辅，博弈融合。我擅长去观察博弈，发现引爆点，抓住成长股，这个过程当中肯定会有失败的时候，这段时间我受到重创，也是因为在之前一段时间很顺，以至于被胜利冲昏了头脑，就好像打牌一样，十次出手七八次都赢了，有点沾沾自喜以致招致了一次失误。所以这次的下跌对我来说，印象、教训都是蛮深刻的，当然我不会倒下的，如果选择结束，那么一切就以失败结束了，我选择的是继续前行，因为我知道我有很多能量是可以在这个市场上去发挥的。在市场环境不配合的时候，或者是自己还没有调整过来的时候，可能会有段时间相对的沉静和低迷，但是请放心，稍加修正，我会再现甚至超越过去的辉煌，我的目标是很坚定的。

【学习温馨小总结】

△ 作为一个投资人在股市中不可能没有失败，失败是成功之母，只

有从失败中汲取经验教训，才能形成一套属于自己的完整的投资盈利体系，并且这种体系仍然需要在实践中不断试错，不断打磨完善，实现螺旋式上升。

市场跌到这个份上，我们要寻找成长的机会，去寻找个股，更加要注重那种内生性的增长，或者是内生性的拐点，这是我们非常重要的核心点，所以我要提醒大家，我们在抓机会的时候，这一块是要吃透的。这是从成长性、基本层面的角度上我们要去梳理的一个关键点。与此同时，正如今天的课程一样，我们也需要从盘面去寻找一些关键点。

从盘面的关键点，我们可以看到的是什么呢？比如涨停板的交易机会：

涨停板交易机会

○ 1. 事件驱动涨停板

○ 2. 形态突破涨停板

1. 事件驱动涨停板

这是在引爆为辅的范畴里面，我们要寻找的引爆点，引爆点到底在哪里？先来看第一个部分事件驱动涨停板：

牛散大学堂

一、事件驱动涨停板

○ 交易是概率学，我们对于涨停板的交易机会，也要从胜率高去研究发现机会，在相对确定性的机会时才出手，在市场环境不好时减少出手次数。

○ 市场环境好，还有什么满足涨停板的交易条件呢？

一个事件驱动发生的涨停，那么这个涨停围绕的就是这个事件，我们对这个事件要有一个深刻的认识，比如贸易战、新兴产业、5G、传媒文化等等，对每一个事件我们要去剖析思考相关受益的板块，再结合市场环境以及盘面，最终做一个抉择。同时，有事件之后爆发了涨停板才是我们进一步关注和把握的信号，也就是买在涨停。

如何买在涨停？我们首先要分析哪些涨停是可以做的？因为有一些涨停是有持续性的，有些涨停过后就是一片狼藉。我们当然是希望做有持续性的，所以要像猎豹一样，时刻盯着猎物，但是不要轻易出手，一出手最好把猎物吃掉，因为每天都会有很多事件，但不一定都要吃这些机会，我希望储备好能量，一击必中，要有这种能量、眼光、忍耐力，这里也谈到了：

- 1. 分歧板有溢价，关注新周期、新题材的涨停板交易机会，市场由弱转强的转势板和新题材的首板都是很值钱的。
- 2. 只做龙头，不做杂毛，做市场最硬的板，不追跟风板。
- 3. 龙虎榜数据显示知名游资合力封涨停板的，通常会有溢价，如欢乐海岸。

第2点，只做龙头，不做杂毛，做市场最硬的板，不追跟风板。如果是发现这个事件是重大题材，很有前景的，第二个板你都可以跟，就像刚才谈到两连板的中国软件，因为它曾经是龙头，很疯狂，近期又逆市出现两个涨停板，我现在还没找到关于它的事件，如果这个时候有一个很好的事件配合，它就是符合我们的战法。如果市场环境好一点，当中又有一定的事件,这两个涨停就可以买进,然后就会有三四个板甚至更多,当然不是说它要一气呵成,这个过程可能会曲折,但是龙头出来的时候,它的涨幅往往不会局限在 20 个点,一定超过 30 个点,甚至 50 个点、一倍左右,行情好的时候,大的事件性机会龙头会有一倍的涨幅的,弱势行情那就三五十个点。

所以,下半年科技股板块会有一些个股结合一些事件,走出翻番的行情,我提醒大家继续关注 5G,因为明年 2019 年 5G 肯定会上市的,5G 各方面应用一定会有一个提前量,这个是不确定当中的确定,当然这个时机的把握很重要,你要把握好出击的那个时间点。有人问,我能不能对 5G 采取潜伏策略,越低越买或者是任由之慢慢买的策略?如果是潜力、优质个股,可以考虑这样的策略,这等于一种定投的方式了。比如你看好这个行业,但是不确定什么时候爆发,那就这个月买一点,下一个月买一点,这样反复地买,累积一段时间之后,股价突然爆发,整体收益就上去了,这个种思路也是可行的,是比较稳健的。如果是按照我的涨停板战法,你可能要等到它爆发的那一刻,当板块里面有三到五只涨停板时,你可以考虑猎豹出击了,出击龙头个股,跟进去做一个波段。

所以我们谈的这个战法更多的是择时里面的技巧,一旦出现相关动态的时候,我们应该怎么去做,这然需要有很高的盘感,还要高度留意盘面的变化。

1.1 市场由弱转强的转势板和新题材首板

案例一：集泰股份

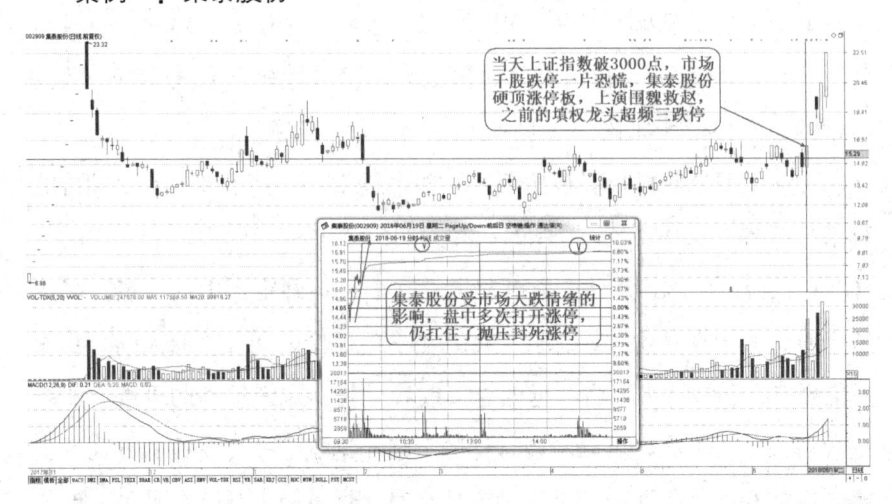

你看这两天市场在剧烈动荡，上证指数在下跌，这个时候我们反而更需要去留意那些敢于涨停的个股，你看：

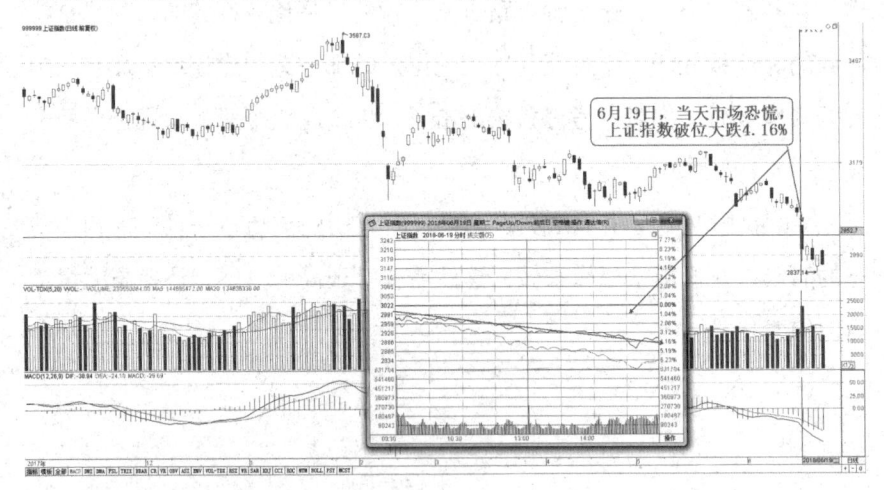

6月19日当天指数是破位大跌的。

而集泰股份封死涨停，后面的走势你会发现：

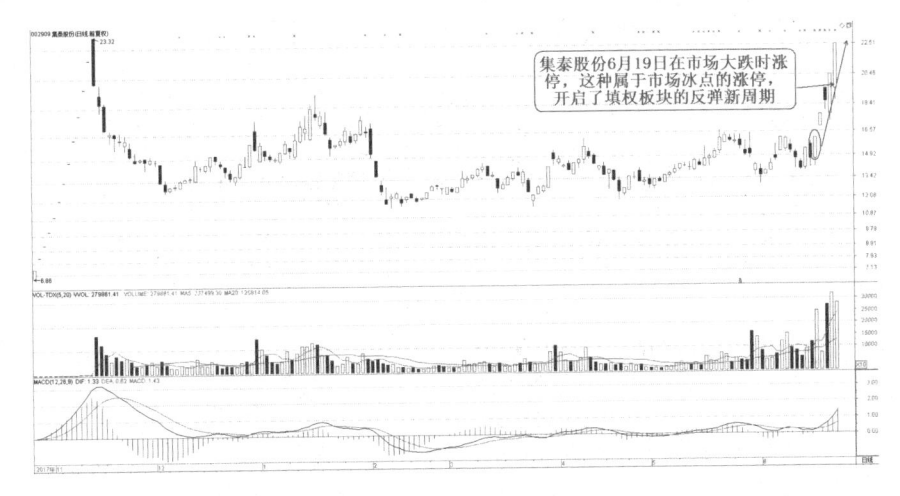

它开启了填权板块的反弹新周期，后面强者恒强。

所以要抓到这种机会真的需要艺高人大胆。我刚才举例的科技股中国软件，包括这几天连续封板的个股，或者是刚刚封板的一些个股，在这个弱势当中，都有持续关注的价值。当你要去把握时，记住一点，如果没有那个金刚钻，可以欣赏；如果有那个金刚钻，也要把握一个原则：在这个市场环境之下，控制好你的仓位，快进快出，这样是比较合适的，练练手可以，不可过于重仓，毕竟市场还属于一个没有完全稳定下来的状态，万一市场再出一个黑天鹅，很可能把这些向好的局面逆转。所以这种风险我们是不得不防的。

【学习温馨小提示】

△ 当市场情绪达到冰点，短线情绪周期也就孕育着新的开始，这个时候敢于逆势拉板的个股很有可能成为未来的强势股或者强势题材。

△ 但也有些个股趁行情不好，逆势拉高吸引眼球，目的是为了出货，通常第二天就会出现派货的大阴线，所以我们需要仔细辨别，谨慎出击。

△ 区别二者的方法为未来的强势股具有近阶段热门题材概念，此概念仍然有待于发酵，并存在一定的板块效应；而拉高出货个股多不具有事件性，为零星个股自由发挥，不具有板块联动。

案例二：宏川智慧

案例二：石油涨价预期，打造宏川智慧7天涨幅100%

- 美国宣布退出伊核协议为导火索；

- 国际原油价格叠创新高为预期；

- 叠加近端次新股的妖性。

这个案例是围绕石油的涨价打造了一个7天翻倍的走势。为什么选择了宏川智慧呢？因为它是近端次新，又赶上了市场热点。

国际原油：

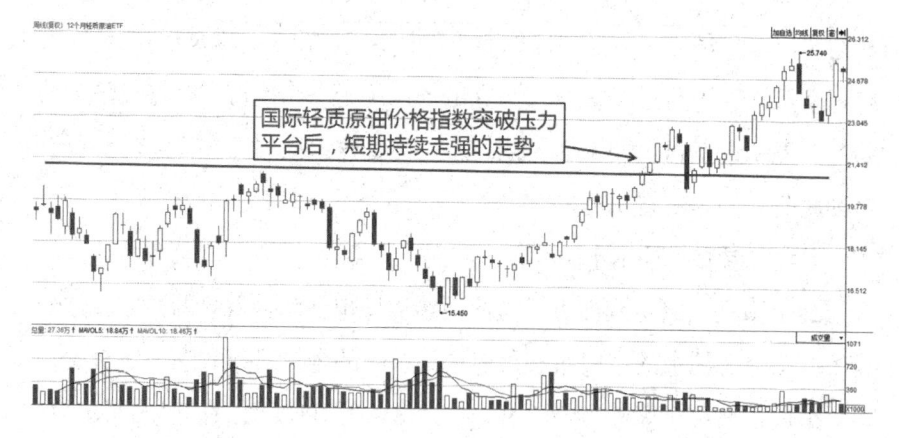

三、主力拉升策略

贸易战信息：

综合消息：国际社会继续关注美国宣布将退出伊核协议

2018年05月09日 23:34 新华网 作者：zhengsiyuan

2018年5月9日晚，新华网报道美国宣布退出伊核协议

原标题：综合消息：国际社会继续关注美国宣布将退出伊核协议

新华社北京5月9日电 综合新华社驻外记者报道 美国总统特朗普8日宣布，美国将退出伊核协议并重启因伊核协议而豁免的对伊朗制裁。又有一些国家的领导人或政府对此发表声明，表示关注。

这是一种全球性的事件，所有人的眼光都聚集在这里，资本市场等于做了一次广告，大家就会聚焦一些相关的板块个股，如宏川智慧：

宏川智慧的主营业务是石油的装卸与仓储服务

宏川智慧	最新动态	公司资料	股东研究	经营分析	股本结构	资本运作	盈利预测
002930	新闻公告	概念题材	主力持仓	财务概况	分红融资	公司大事	行业对比
		详细情况	高管介绍	发行相关	参控股公司		

详细情况

公司名称：	广东宏川智慧物流股份有限公司	所属地域：	广东省
英文名：	Guangdong Great River Smarter Logistics Co.,Ltd	所属申万行业：	交通运输 — 物流 Ⅱ
曾用名：	-	公司网址：	www.grsl.cn
主营业务：	为境内外石化产品生产商、贸易商和终端用户提供仓储综合服务及其他相关服务。		
产品名称：	仓储及中转综合服务、物流链管理服务、物流金融服务		
控股股东：	广东宏川集团有限公司（持有广东宏川智慧物流股份有限公司股份比例：48.49%）		
实际控制人：	林海川（持有广东宏川智慧物流股份有限公司股份比例：48.40%）		
最终控制人：	林海川（持有广东宏川智慧物流股份有限公司股份比例：48.40%）		
董事长：	林海川	董秘： 李军印	法人代表： 林海川
总经理：	林海川	注册资金： 4.44亿元	员工人数： 727
电 话：	86-0769-88002930	传 真： 86-0769-88661939	邮编： 523000
办公地址：	广东省东莞市松山湖高新技术产业开发区礼宾路4号松科苑1号楼四楼		

公司简介：
　　广东宏川智慧物流股份有限公司为专业的石化物流综合服务提供商，主要从事各类液体化学品、油品的码头装卸及仓储业务，为境内外石化产品生产商和贸易商提供码头装卸、仓储、驳运中转、保税物流、期货交割等服务，是国内最大的民营化工仓储企业之一。 公司运行了ISO9001质量管理体系、ISO14001环境管理体系、OHSAS18001职业健康安全管理体系、国家交通运输部港口码头企业安全生产标准化体系、国家安全生产监督管理总局安全生产标准化体系，通过了欧洲化学品分拨协会CDI-T审核认证。

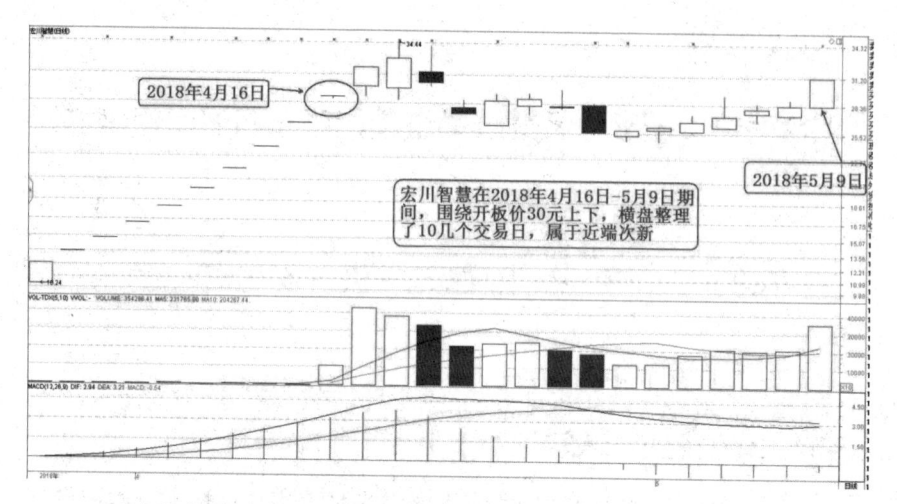

一旦这些板块个股出现异动的时候，很容易形成一个合力，一旦合力形成，后面的走势大家也就可以看到：

涨停板——启动涨停板

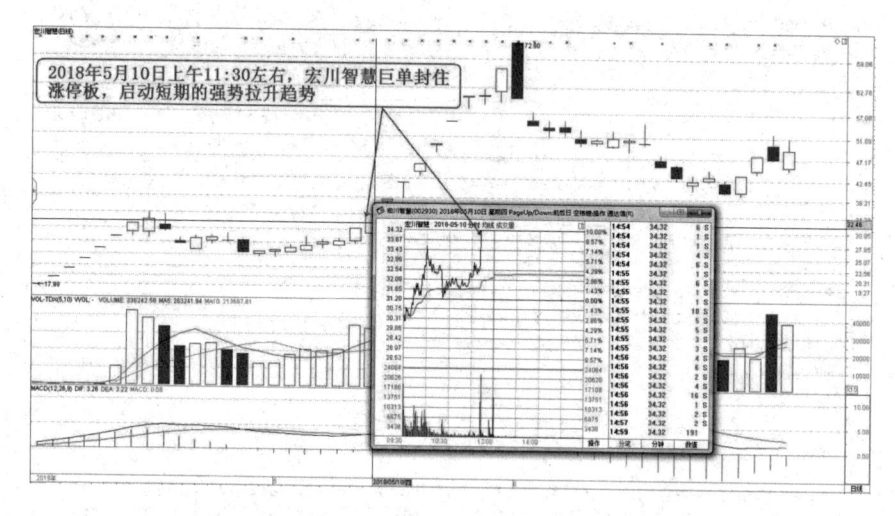

这就是"妖"了！但是这种机会，可遇不可求，像猎豹一样，一旦发现这种机会，跟随一部分进去是可行的，但是，一旦发现涨停打开，有见高点迹象的时候，就需要及时落袋为安。因为这个玩的不是基本面，玩的是纯粹的事件性机会。

【学习温馨小提示】

Δ 经常从新题材的首板个股中跑出龙头股,一般封板最迅速坚决的往往会成为未来的龙头,因为这种强势说明它具备题材的关联性、受益程度以及筹码组成等各方面的优势。

Δ 而一旦成为龙头,其享受的溢价空间也是相当可观的,股价可能少则上涨50%,多则1倍以上。但是成功抓住龙头则是需要经历长期的短线训练并不断地总结经验,具备强大的心理素质和敏捷的反应能力才有可能的。

1.2 只做龙头,不追跟风板

案例一:安彩高科

这种事件性机会很多,就像前期富士康刚上市之前,大家炒安彩高科,也是事件性机会:

从五块直接涨到十块,后面还反复炒,为什么?因为它跟富士康有关联。但是,发现没有?它炒完之后一地鸡毛。因为这个事件告一段落了,所以它就开始回归了,十块回到六块也是很容易。

案例二：京泉华

近期的热点比如小米概念，香港小米上市炒得沸沸扬扬，京泉华刚好有小米概念：

所以它来了一波又一波，但是，这些都是炒事件的，换手率非常大，透过换手率你就知道，这里大部分资金都是做短线的，今天进明天出，所以你的思路也是短线配置，设好你的止损，做一把赚差不多就要跑了，看不懂就跑。

【学习温馨小提示】

△ 上述两个案例与宏川智慧相比可以看到一般跟风个股涨幅相对较小，通常比龙头少 20%～30%，龙头见顶后经常会在高位震荡，构筑顶部形态，而跟风个股则下跌更早更猛。

△ 当然也有跟风个股的基本面被资金再挖掘，成功逆袭成为龙头的个案，这种情况通常发生在一些重大题材被反复炒作的过程中。

△ 我们不是坚决不做跟风个股，当遇到较重大题材之时，跟风个股也可获利丰厚，但是要懂得自己手中个股在板块中的地位，盈利目标要比龙头低，及时见好就收。

1.3 经典龙头个股涨停板分析

案例一：宏川智慧

涨停板——开盘秒板

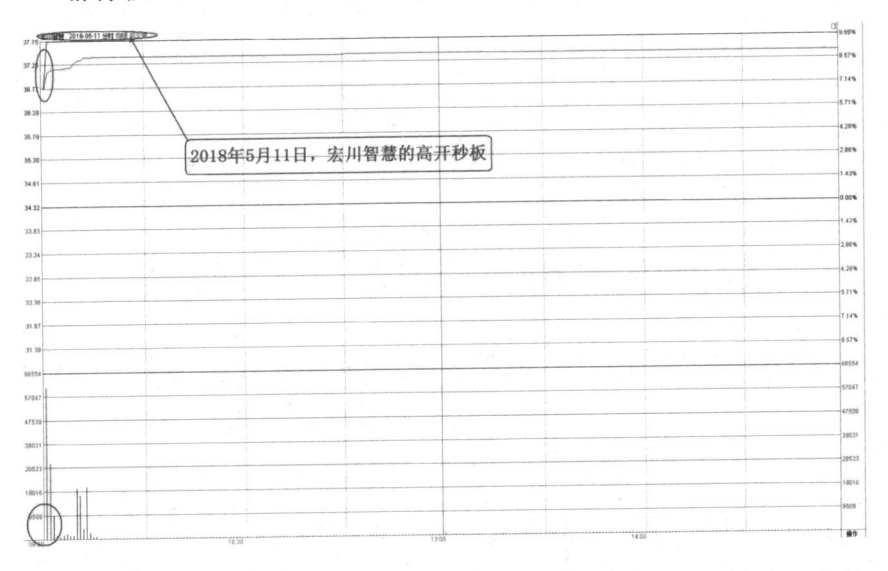

你看开盘秒板，一旦有个重大事件的时候，很容易形成合力，它就是秒板。所以一个事件出来之后，你就盯着这些相关事件的受益个股，然后看集合竞价，如果集合竞价9点20分之前你发现它很大概率是要涨停的，你就要考虑是不是要跟了涨停板。做事件就是考验你的速度，比如宏川智慧秒板的时候，它集合竞价已经高开八九个点了，在集合竞价的时候你可以看出一些端倪的。相关事件已经出来了，然后看集合竞价，9点20分之前是可以撤单的，看看博弈情况，重点观察9点20分之后，如果9点20分之前你看它就可能一字板，你可以考虑先挂进去了，排队等人家抛给你，如果没有可能一字板，那它还有可能七八个点，这个时候你随时准备出击，你就看它越来越往上推的时候，有可能八个点高开迅速封住涨停，你可以考虑集合竞价就先跟一部分，9点26分之前你打个涨停价，没有关系的，最终它会以市场的集合竞价作为成交价，你涨停价打进去，哪怕它最终高开八个点，八个点成交，秒停的时候你就能提前抢到筹码，如果在 9 点 26 分之后再去挂的时候，因为很多人也在挂，很有可能这个秒停的时候你也抢不了，最终就没成交，是有可能出现这种情况的，这就是属于一些重大事件性机会，但又给到你去吃的开盘时候的一种技巧。

好，回来接着看宏川智慧：

涨停板——换手板

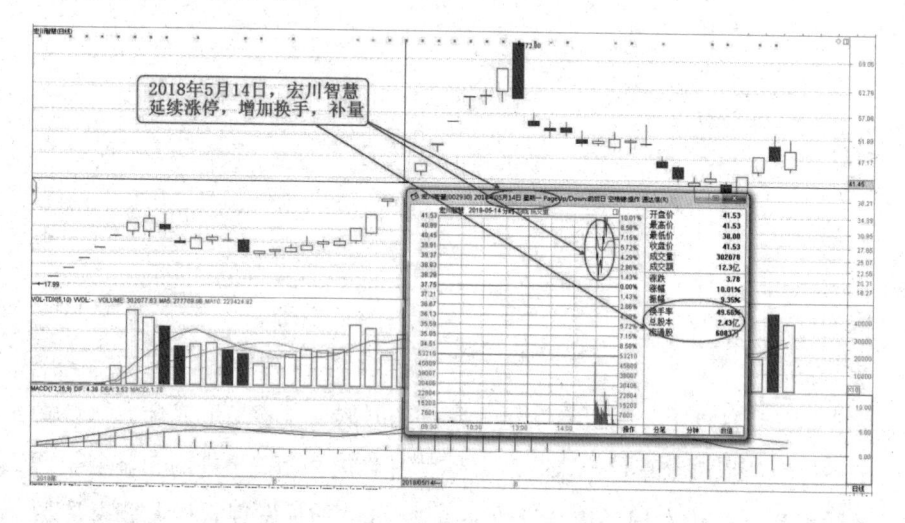

(图：2018年5月14日，宏川智慧延续涨停，增加换手，补量)

这里有一个换手板，就是因为前面进去的获利很多了，比如赚了二三十个点，几千万资金短期赚二三十个点，利润很丰厚了，直接卖掉，其他游资接力，这就是换手板。连板的时候你要留意盘面的变化，一旦发现不对劲的时候，还是要随时出的。换手板最终封死的情况下可以继续观察，接着继续看：

三、主力拉升策略

涨停板——特停后的复牌板

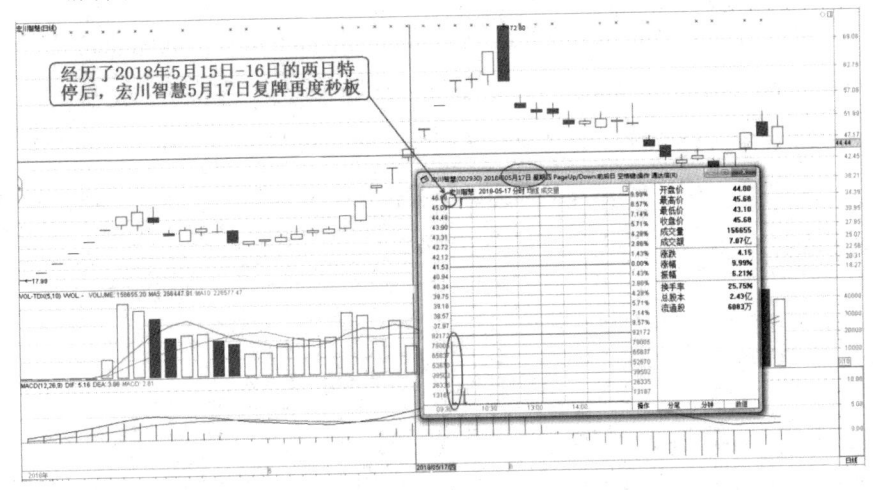

经历了2018年5月15日-16日的两日特停后，宏川智慧5月17日复牌再度秒板

你看后面市场的合力，继续涨，因为当时整个市场氛围，对特停是有免疫力的，所以它最终还能继续上，72.80才是最终的高点，期间还来了三连板：

涨停板——连续3连扳

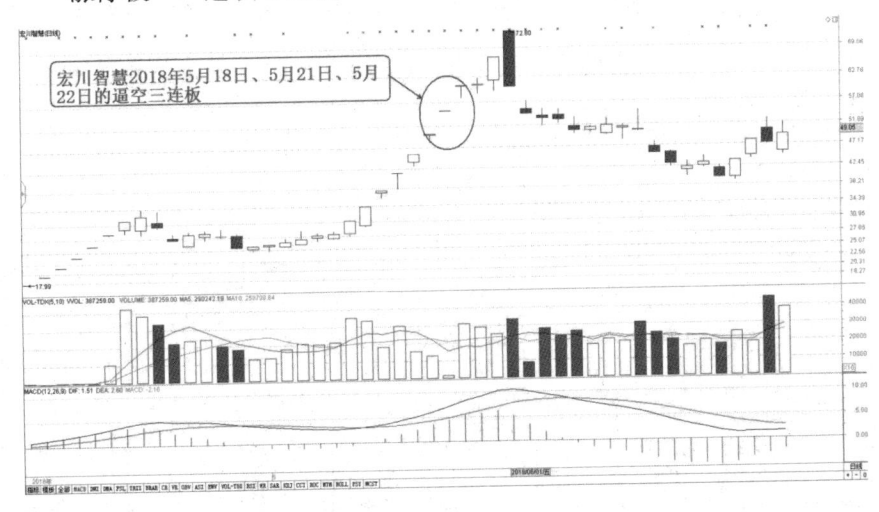

宏川智慧2018年5月18日、5月21日、5月22日的逼空三连板

313

1.4 龙虎榜数据显示有知名游资机构合力的，通常有溢价

透过宏川智慧你就会发现，一旦形成一个合力事件，它上涨的高度有些时候会超乎你的想象。只有打开一个大的高度，超出大家的想象，大家才会为之疯狂，而为之疯狂的时候，接盘侠就来了。所以一个妖股一定是各方游资、各方力量合力的结果，你会发现：

各方游资"大佬"都在积极参与，合力造就了一个惊人的波段涨幅，连续7个交易日涨幅接近100%：

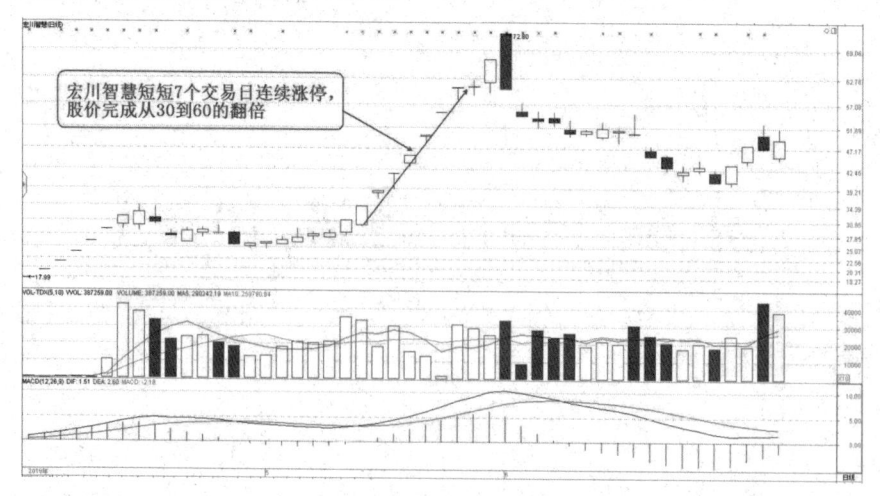

宏川智慧在市场树立了一个眼球效应。有了这个眼球效应，它后面的出货，后面的动荡也就埋下了很好的伏笔。所以为什么一些事件性机会，它必须要凶悍上攻？因为只有凶悍上攻，才能吸引足够多的关注，然后利用眼球效应走出一个波段走势。

1.5 小结

小结

- 涨停启动，代表短期趋势由弱转强的具体体现，接下来的短期趋势愈强，代表涨停启动板的有效性越高；

- 对短期事件的解读能力，决定对事件驱动涨停板机会把握的大小。

微信公众号：吴国平财经　　新浪微博：吴国平财经

有些个股涨停板之后就不是那么强了，说明这个涨停板可能不是一个由弱变强的涨停，所以要继续观察。我们一方面要看涨停启动之后是不是能够强者恒强；另一方面，我们对短期事件的解读能力也决定了你把握这个涨停板机会的程度大小，你对这个事件解读越深入，你就能看得越清晰，再结合盘面去捕捉机会。一般人可能吃二十个点的机会，但是有些人看得透，他们就能吃五十个点甚至是一倍的机会，这是完全有可能的。

所以这个事件性机会是很考究我们的研究能力，专研、思考是非常重要的。

2.1 形态突破涨停板的交易机会

二、形态突破涨停板的交易机会

- 股价在相对低位构筑了大级别的底部形态——三个月以上，越长越好。

- 然后以涨停方式启动——涨停那天的分时越强越好，最好有事件配合。

- 这种突破的涨停板，是值得高度关注的。

刚才讲的第一种是事件引导的，第二种可能没有事件，当然最好也有事件，它是股价波动到一个圆弧或者头肩底颈线位的时候，突然有一天高开冲击涨停。这种有形态配合的涨停，其有效性也是比较强的，持续性也蛮值得期待，特别是结合形态，它就会有充分的想象空间，所以我们认为是值得高度关注的。

案例一：天山股份

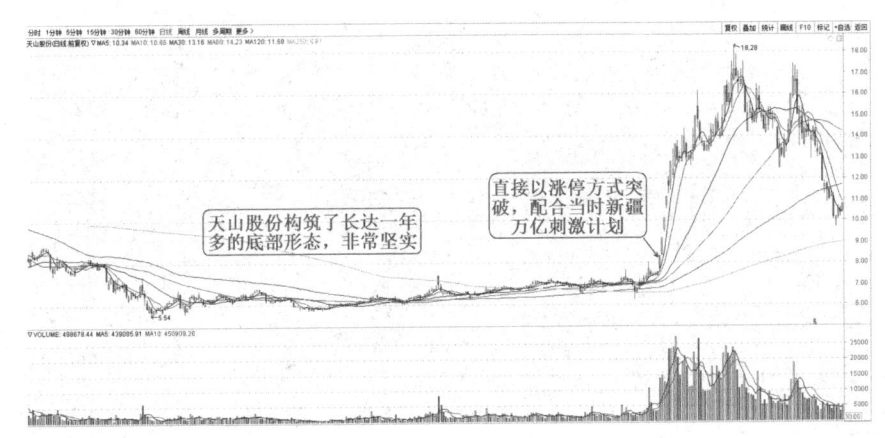

这是之前"一带一路"的龙头之一，你看它构筑了长达一年多的底部形态，非常坚实，这一年多都在相对低位，直接配合新疆万亿资金计划题材，多个连板涨上去了。横有多长竖有多高，这句话在这只个股上体现得淋漓尽致，我们要关注的是什么呢？横的时间比较长的个股，你需要持续跟踪它的起爆点，这个起爆点往往是涨停，一旦出现第一个涨停的时候，就需要引起你高度的关注，在这个过程中如果又辅助一些事件，那么成功的概率就非常大了！

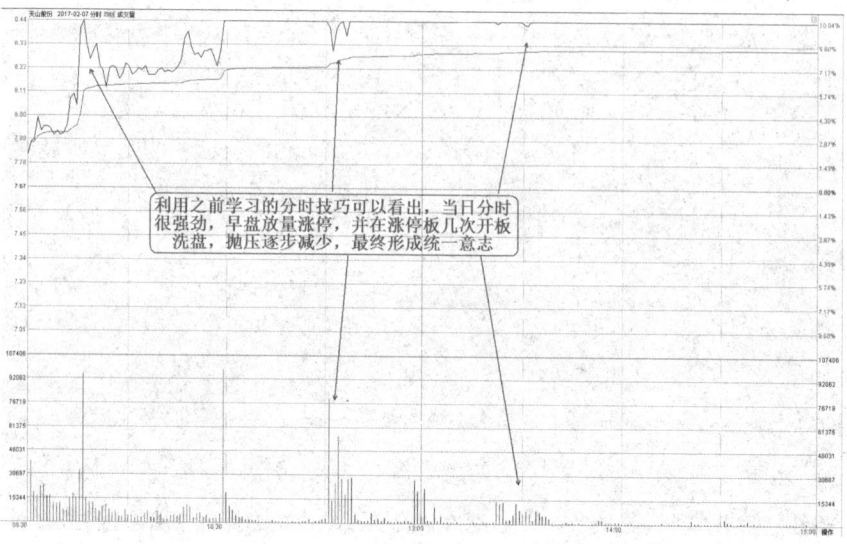

我们可以看看天山股份的 2 月 7 日第一根涨停分时图：

用之前学习的分时技巧可以看出，当时分时很强劲，早盘放量涨停，并在涨停板上几次开板洗盘，抛压逐步减少，最终形成统一意志，展开一波不错的涨幅。

案例二：振静股份

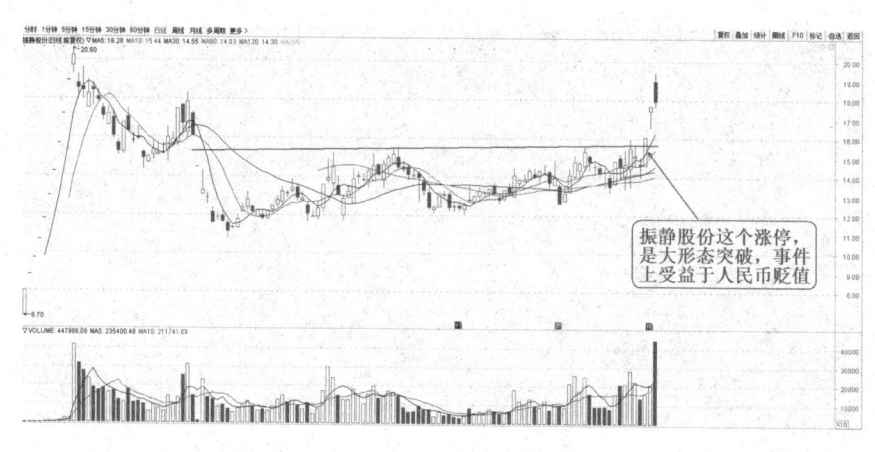

它这次涨停是形态的一个突破，在事件上是受益于人民币贬值。

三、主力拉升策略

看该日突破涨停分时图：

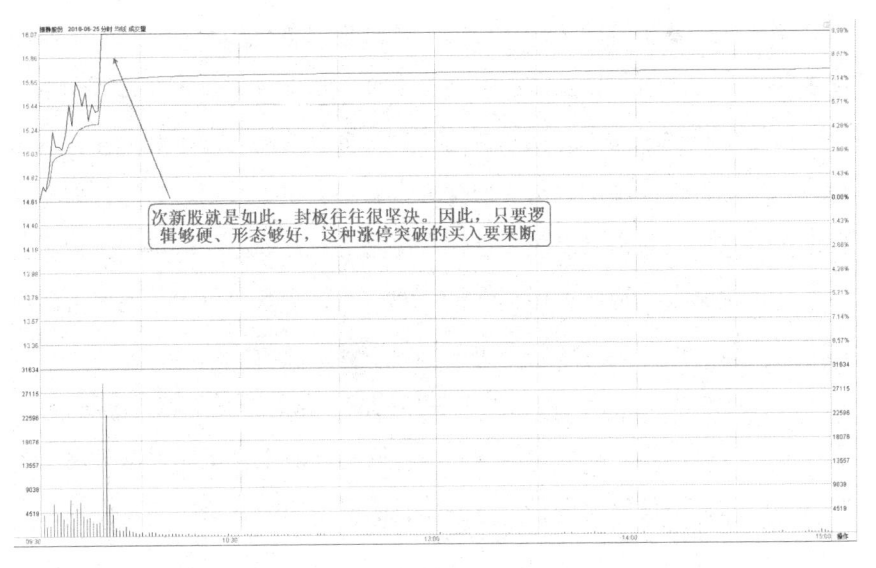

次新股就是如此，封板往往很坚决。因此，只要逻辑够硬、形态够好，这种涨停突破的买入要果断

一般我们做涨停的时候（包括事件性涨停），最好是有良好的形态，两者融为一体，这个成功的概率就会比较大。我们要记住一点，这些是建立在市场环境相对稳定的情况之下，越是稳定，我们成功的概率越大，但是这段时间市场环境很不稳定的，一两天不稳定可能没关系，四五天甚至一两个星期不稳定，就算你攻上去，那些不是实质性的事件性机会，很有可能怎么涨上去就怎么跌回来，就好像刚才举的那个例子安彩高科，事件是富士康，但因为市场行情非常弱，所以它涨上去后，现在基本上跌回来了，就是这样一个过山车的走势，因为它背后没有成长性的逻辑支撑，它更多的是"引爆为辅"，仅是如此。我们要做这种标的的时候，越是纯技术你的仓位越要越轻，如果你结合了它的基本面，有成长性，又符合刚才所说的这些特征（事件性、形态），这个时候你的仓位可以提升一些。你仓位的大跟小，最终跟它的成长性是息息相关的。

纯粹做这种事件性、形态的个股，你的仓位往往要严格控制一下，比如十分之一的仓位出击一下，一个两个跌停板都能忍受，所以敢死队，他阻击一只短线标的，肯定不是手上有三个亿都怼进去，你会发现龙虎榜数据只显示几千万的金额，他三个亿资金顶多拿几千万去玩，他有一个评估了，这个事件就投三千万到五千万，如果成了，赚几百万，甚至赚一两千万；如果输了，无非就是亏个几百万的问题，也能承受，因为他有三个亿！他出击的分量要根据总资金的大小去决策，是这样的一个背景。当然，有时候会出现一种什么情况呢？比如第一次出击失败了，但他认为这家公司很好，还有很不错的前景，有救的价值，他也可能再调点资金去自救，也有这种可能性，但是这就复杂了。

我只是强调一点，我们在做这些标的的时候，还是要控制你的仓位，真正的仓位应该是放在你看得懂的成长性的个股上。虽然这两天白马蓝筹是补跌的，但就整体来看，这些相对优质的公司就算跌，它们的跌幅也是相对有限的，当然，它们涨的时候也不见得能涨得很猛，这是由它们的一种特性决定的，所以我们去寻找那些相对优质的公司，也是让大家的风险系数降低一些。至于说你要增大一些机会，我们就找那种盘子不是特别大的优质公司，然后再找到那种结合事件或形态的公司，有些时候就能赢取暴利。所以这个东西是要循序渐进，慢慢融合的。

案例三：白云山

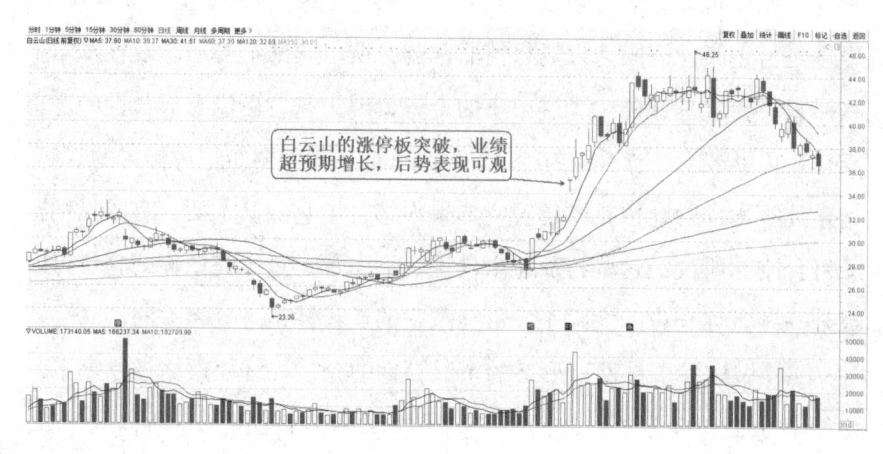

三、主力拉升策略

白云山的这个涨停，一方面是有形态的支撑，另外一方面是有它超预期业绩的支撑，这是有成长性的，所以平时的涨停，短线资金用十分之一，这个涨停完全可以用十分之二，为什么呢？因为它是有基本面支撑的，接下来它一定会给你一个趋势，一个大概率持续上攻的机会，事实上果真如此！而这个机会二三十个点是有的，吃这二三十个点后再出也非常从容。为什么后面会杀下来？很简单，市场环境整体弱势，有些资金也会做差价，如果是牛市，这种横盘整理一段时间之后就继续上涨了。熊市能有这样的表现，牛市自然就会更加精彩。

所以一旦这种有成长性的、突破形态的涨停，哪怕盘中会有开板，像白云山的这个突破涨停：

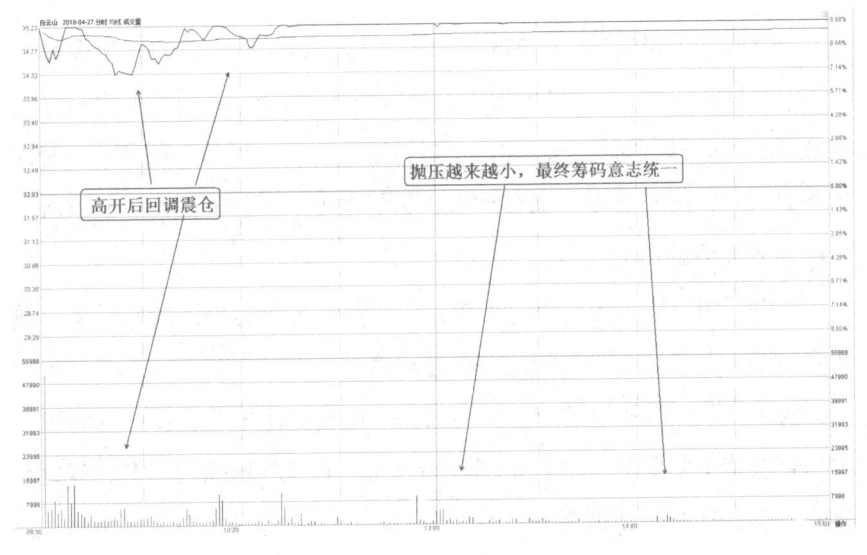

（图：高开后回调震仓；抛压越来越小，最终筹码意志统一）

这都是给你一个吸纳的机会。因为成长性的个股很少涨停的，所以一般而言，当它一涨停的时候，有一些资金，特别是有一些做短线的、中线的人都会考虑落袋为安，想做差价了。如果你懂技术、懂引爆，你会发现做差价很可能错了，因为这个涨停代表了一种趋势的加速，而这种加速不断打开涨停，你逢低进去，这种惯性的冲击之下，肯定能赚更多的博弈性差价。

【学习温馨小提示】

Δ 纯事件型涨停板没有基本面的支撑，所以风险较高，仓位不可以太重，要快进快出。

Δ 形态突破型涨停板许多是基本面状况较好的个股，在利好消息刺激下走出突破形态，这种涨停之后一般会有一段时间的波段性上涨，适合喜欢做趋势的短、中线投资者。

2.2 小结：

○大形态突破要求构筑的时间够长，三个月以上；

○要有事件逻辑的配合；

○分时走势要强劲（分时放量上涨，横盘缩量，涨停时间较早等等）。

形态构筑要长，三个月以上；事件逻辑的配合最好要有，没有你也能找到一些蛛丝马迹的，比如炒中报行情，这个也算是一种事件；分时走势要强劲，分时放量，横盘缩量，最好在上午就已经涨停了，这都是一种比较强势的体现。

我讲了两个涨停的特点，一个是事件性，一个是形态突破。事件性机会就是一些重要事件给我们的一些思考。

就像我一开始所说的，好的时候它可能会锦上添花，不好的时候，它一定会雪上加霜的。这就是博弈的本质，它是很残酷的，有时候也很感叹，但只能是不断地强大自我，不是说让自己在博弈中变成黑暗人性那样的人，我们依然要保持自我的同时，认清这个市场的残酷，不断地强大自己。在接下来的市场博弈当中，运用我们学到的这些东西，比如今天跟大家分享的这两个涨停机会，以及之前谈到的成长为王，还有一些其他的技巧，等等，我们要运用这些系统性的方法、工具、思路，透过这次股灾或者曾经的失败经验，我们要成长，在这种过程当中成长！

我们一起成长，虽然这个成长的过程会付出代价，也很痛苦，我们不能改变过去，我们只能改变未来，把握未来！

所以此时此刻我想告诉大家的是，大家要更加用心地、专注地去研究、吃透这个市场，然后运用我们系统的知识，慢慢去把握市场。敬畏这个市场，用心去领悟，最终穿越牛熊，把握属于我们精彩的明天！这个是一定能做到的，虽然道路是蛮曲折的，但是目标不变，我们会非常坚定地走下去，大家跟随我一起坚定、坚信前行。

今天的课程主要跟大家谈了两个涨停板，事件性或形态引爆的技巧或思路，大家可以结合当下盘面的状况，去寻找符合要求的涨停板的一些交易性机会，这就是今天的作业：

★ 作业

☆ **根据课程内容，寻找一些符合要求的涨停板交易机会。**

这两天市场是相对弱势的，弱势当中选到的一些涨停板可能会有更大的价值，当然如果明天继续弱势，涨停板的有效性就要打个折扣了，如果明天开始有一点强势，或者是慢慢趋于平衡，近期符合条件的涨停板个股的价值和有效性就会显得突出。市场跌到现在这个份上，管理层也不太想跌了，3000点就已经是政策底了，但是市场无情地把它击穿了，击穿之后这个底究竟在何方我也不知道，但是我知道一点的是，在这个区域有相当一部分的个股已经到了我一开始所说的，一旦进入到平衡市场，它的价值就会非常突出！

此时此刻我们可以贪婪，但是这个贪婪必须要建立在我们活下来的贪婪，研究好它们，布局好，等待一些非常有价值个股崛起的机会。真正崛起的时点，是这节课我教给大家的事件性、形态涨停的时点，是我们观察的一个时间点，当然在此之前我们要做很多功课，要不断去研究、思考。或许这个点你已经开始动手了，我也鼓励大家可以适当动手，没有问题，我们要在其中，虽然不能保证买到最低点，一旦出现今天所说这个点的时候，就是大胆加仓的时候，或是再重仓博弈一把的时候。不论中国市场怎么去折腾，有价值的上市公司最终会体现它应有的价值出来。

　　以后我会跟大家穿插一些商品期货的东西，我曾经也有过半年赚十倍的辉煌，当然也有爆仓的惨剧，所以对期货市场的博弈我有深刻的理解，为什么要谈期货呢？因为像今年期货的苹果，棉花等等，预示着有一些机会在其中，最重要的是期货市场相对股票市场更纯净一点，没有太多政策方面的影响。如果能在纯净市场里面看得懂它的未来，对它的波动我们可以去感知一下，专业地去把握一下，然后透过观察它的博弈反过来观察我们个股的博弈，很多东西有相通之处，两者融合对我们大家思路、境界的提升是非常有帮助的。今天就聊到这里了，希望大家思路有所提升，不管如何，路在脚下，坚定前行。

四、主力出货策略

4.1 中长线主力出货策略

2018 年 7 月 4 日

学习须知：

1.区别于通常站在散户的角度去分析判断顶部形态，本课从中线主力出货的角度去分析顶部状态的几大特征：第一，主力出货会导致高位放量滞涨和频繁出现带长上下影线的 K 线；第二，股价加速拉升阶段的衰竭缺口被快速回补以及高位巨量长阴线是主力出货的标志；第三，主力出货形成的顶部形态有头肩顶形态和岛形反转形态。我们从K线形态中发现主力有出货迹象时就要小心应对了，所谓顶部三天，底部三个月，逃顶要快。

2.牛散大学堂股威宇宙等级划分为：大学生级别。

今天吴老师还在出差，所以今晚由我为大家做分享，简单自我介绍一下，我是彭钦海，吴老师旗下的一名操盘手，跟随吴老师也有七八年了，对吴老师的体系掌握得还是比较充分的。今天晚上就继续我们的课程，主题是主力出货策略（上）。

牛散大学堂

主力出货策略（上）

- 波段、中线主力——本节重点
- 一、从量能和K线角度；
- 二、衰竭缺口和巨量长阴；
- 三、头肩底和顶部岛形反转

- 短线主力出货策略——下节内容。

微信公众号：吴国平财经　　新浪微博：吴国平财经

主力一般分为中线的主力跟短线的主力，本节课主要讲波段、中线主力是如何出货的，他出货时会给到大家什么样的特征，我们如何去判断？这就是今晚的重点，而下一节课就讲短线主力出货的策略。

这节课讲中线主力主要从三个角度，第一是中线主力出货会导致量能和K线有怎样的信号和特征；第二个是衰竭缺口和巨量长阴，这个是中线主力出货时显现出来的一些外在的迹象；第三个是顶部形态，注意：我们这个形态跟通常大家理解的顶部形态不大一样，通常顶部形态是站在散户的角度去看和判断的，而本节课是从主力出货的角度去分析，为什么他出货的过程当中会形成头肩顶等这些形态？

1. 从量能和K线角度分析

一、从量能和K线角度

- 1. 量能方面，对于中线主力来讲，出货的明显信号就是放量滞涨；

- 股价在高位，量能保持较高的活跃度，但股价却不怎么涨，这就有问题了：是谁在买入、谁在卖出？

- 主力会在那么高位接力吗？除非是大牛市，否则大资金不会在那么高位置大力介入。那答案就很明确了，是散户在进场接盘！

1.1 从量能角度分析

关于量能，先看一张图：

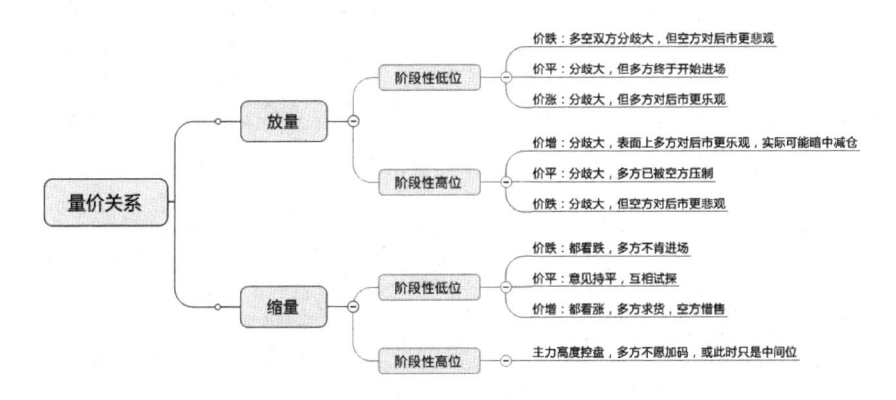

```
                        ┌─ 阶段性低位 ─┬─ 价跌：多空双方分歧大，但空方对后市更悲观
                  ┌─ 放量 ┤             ├─ 价平：分歧大，但多方终于开始进场
                  │       │             └─ 价涨：分歧大，但多方对后市更乐观
                  │       └─ 阶段性高位 ┬─ 价增：分歧大，表面上多方对后市更乐观，实际可能暗中减仓
量价关系 ─┤                              ├─ 价平：分歧大，多方已被空方压制
                  │                     └─ 价跌：分歧大，但空方对后市更悲观
                  │       ┌─ 阶段性低位 ┬─ 价跌：都看跌，多方不肯进场
                  └─ 缩量 ┤             ├─ 价平：意见持平，互相试探
                          │             └─ 价增：都看涨，多方求货，空方惜售
                          └─ 阶段性高位 ── 主力高度控盘，多方不愿加码，或此时只是中间位
```

这是一张总结好了的图，量价关系在我们实战当中的运用基本上是包含在里面了。阶段性放量，位置不同它的意义不同，阶段性低位放量的意义是偏积极的，阶段性高位放量的意义就不一样了，而且价格的上涨，平价和下跌代表的意义也不一样，所以量价关系包含三种，第一是放量与缩量；第二是高位与低位；第三价格的涨、跌、平，这三个关系

327

就已经把市场上能遇到的，重要的量价关系都包含在其中。

而这节课主要是讲主力出货的时候，量能的表现会导致怎样的股价变化，对于波段、中线主力来说，他出货会导致放量滞涨的信号。一个股票涨幅达到比较高的位置，量能保持比较高的活跃度而股价去不怎么涨，滞涨了，那问题就来了，究竟是谁在买？谁在卖？因为那么高的成交量能，那么高的活跃度，肯定是有很多人在买，很多人在卖，才会导致交投的活跃，那么这个时候谁在买，谁在卖呢？那我们就先问自己一个问题，如果你是大资金主力，手握几个亿甚至几十个亿，你会在股票涨了一倍或者两倍的时候，再大举介入这只股票，大力度买入吗？买五个亿，十个亿，我想很难，除非是大牛市，资金进来还可以再做一倍或几倍，（不断会有场外资金进来接力，这是大牛市的特征），但如果不是大牛市呢？在存量资金博弈的市场里面，股价放量滞涨就是比较危险的信号了，因为很难卖给愿意更高价位接盘的资金，所以大资金是不太可能在这个位置去大力度接盘的，那么就只有一个解释，中线主力在这个位置慢慢地卖出，减仓，而场外的资金被赚钱效应、利好、宣传等各方面吸引进来，幻想着股价还会再涨一倍，跟风资金进来接盘了，最终呈现出现放量滞涨的迹象，所以内在原理是主力在慢慢减掉手中的筹码，散户在进场接盘。通过逻辑推理可知，放量滞涨是大概率的危险信号。

案例一：昭衍新药

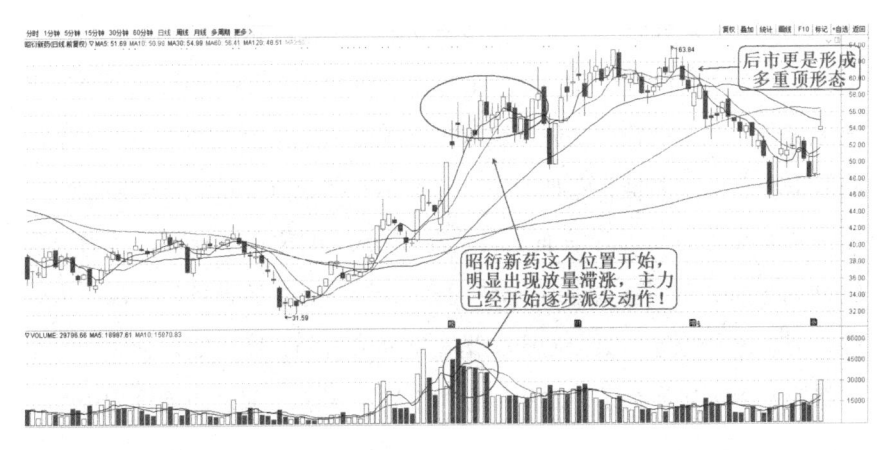

图表：昭衍新药日线图，标注"后市更是形成多重顶形态"及"昭衍新药这个位置开始，明显出现放量滞涨，主力已经开始逐步派发动作！"

这是一家以创新药物为主的上市公司，而且是刚上市不久的次新股，图中挖坑后修复失地的上涨有一个背景，就是上半年医药股走出不错的行情，尤其是创新药，比如泰格医药，凯莱英等等这些创新药物个股，它们都走出了一个波段行情，甚至涨幅超过一倍。昭衍新药也是相同概念，又是次新叠加创新药主题，它从 31 块开始震荡上扬，前面温和放量股价也是上涨的，达到了五十多块接近六十这个位置的时候，却出现了明显的放量滞涨的信号，红圈当中的量能是明显保持很高的活跃度，跟前面涨的时候量能差不多，甚至还大一些，在接近六十块这个位置还有这么大的量能，然而股价却一直在 54 元到 60 元这个位置，不断地宽幅震荡，阴阳相间伴随着非常大的量能，股价放量滞涨，这是一种分歧的表现。那么大的量能就说明资金是有分歧的，那谁在进，谁在出？很显然，在存量博弈的市场里面，类似昭衍新药本来估值就比较高的次新股从 31 元又涨到 60 元，这个时候你说场外手握几个亿、几十个亿的资金，他会大力度地进场吗？很难。剩下一个解释就是，一般的散户被吸引过来接盘，他们觉得昭衍新药是次新股，马上要创历史新高了，很多医药股都创历史新高、涨幅翻一倍以上，那它也还会继续涨，散户就这样被吸引过来，进场接货。

所以这个放量滞涨是主力慢慢减仓的表现，但这需要一个过程，他不是一天两天就能卖完的，所以后面杀出两根阴线之后，又拉回来再创一次新高，但是创新高之后，股价上涨很吃力了，一直磨了一个多重顶的形态，也可以算是圆弧顶形态，这就是一种股价上涨乏力的表现，为什么会上涨乏力？因为前面主力已经在55块的位置减仓了，然后达到60块这个位置的时候，他减仓的力度可能更大了，股价已经上涨乏力，没有资金进来接盘，更多的资金是在往外流出的，所以股价就做了一个顶部形态后顺势下跌了。之所以会构筑这种形态，那是因为场内资金、筹码的意志都是在不断地分散的，才会导致这种形态。我们研究形态的时候要学会从这个角度去研究，效果会更好。如果你仅仅是看K线怎么样，再看这个形态颈线在哪个位置，这样机械去判断的效果可能不会特别好，但是我们从主力运作这角度去研究这个形态，效果就会不一样了。假设你手握几个亿的资金去运作一只股票，在这个位置什么策略对你来说是最有利的？只要你逻辑思考一下，就很容易得出答案，这个答案对你的操作更具指导意义。

案例二：白云山

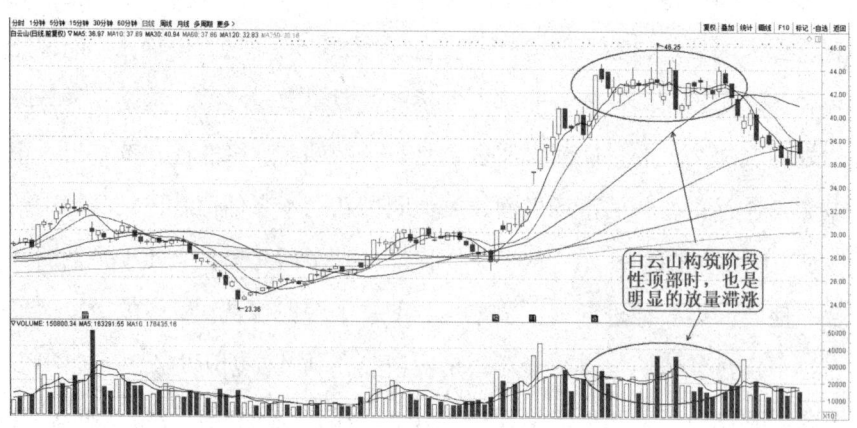

它也是同样的背景，即上半年医药股走出一个板块趋势性行情。白云山从 23 块开始，股价温和放量上涨，后面加速上涨的时候也是温和放量上涨，但是问题出现了，股价达到 40 多块这个位置的时候，就一直在横盘，而且在横盘的过程当中，它量能一直是保持比较大，比较活跃的状态，跟前面加速上涨的量能差不了多少，而且在相对高位持续横盘的时间有一个月之久，四个星期以上。那么长的时间横盘，量能又保持那么高的活跃度，股价却涨不起来，那么谁在买，谁在卖？按照我们之前的推理，如果是大资金他很难在 40 块这个位置冲进来接力，更多的是场内资金慢慢地转移到场外，主力资金在减仓，特别是那些先知先觉的基金、机构他们会在这个位置慢慢减仓，才会导致股价滞涨。

在这里我还要和大家重点强调一下，大家注意到没有，昭衍新药案例和白云山阶段性见顶，它们的涨幅有什么规律？K 线图可以发现涨幅都接近一倍，昭衍新药它从 31.59 元最低点开始，最高达到 63.84 元，刚好是一倍所差无几，白云山从 23.36 元开始上涨，最高达 46.25 元，也是接近一倍。所以对于存量博弈的市场来说，一个波段拉了一倍是一个阶段性顶部的概率非常之高，除非是像茅台这种极少数的超级白马股，那可以慢慢涨两倍三倍……但是绝大部分的个股，一个波段涨一倍就是阶段性面临调整的信号，我们可以举很多案例：

案例三：三超新材

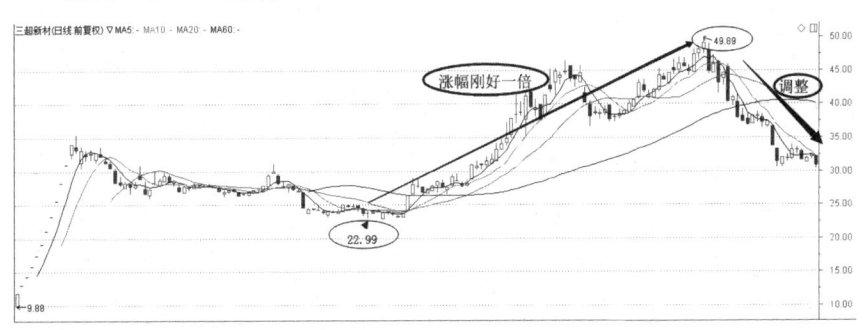

去年八月份开始，最低从22.99，最高点是49.89，刚好是一倍左右，然后进入调整，调整到30.33结束后，接着再一次波段启动：

从12月15号最低30.33，到最高点60.49，刚好又是一倍左右，然后又开始见顶回落。三超新材拉了两个波段，都刚好是一倍的涨幅，所以在存量博弈的市场里面，一只股票一个波段翻一倍的时候就不要去追了，因为它很可能面临阶段性的调整，哪怕它后面还要涨。

案例四：普利制药

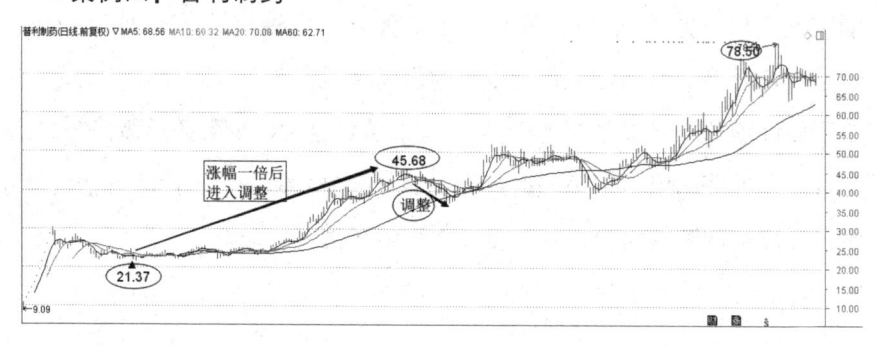

这只股票也是次新股，它从最低20多块钱，涨到78块，两倍的涨幅，但是发现没有，它21.37元开始启动，最高涨到45块钱的时候，也进入了一个阶段性的调整，刚好也是翻倍，那他后面还要继续涨怎么办？调整一段时间，再继续新的一轮上涨。所以在存量博弈的市场里面，一个波段涨一倍，就面临着阶段性的获利了结，哪怕后面还要涨，那也是需要一段时间的调整之后，再重新上涨，这是我们存量博弈的时候要用到的。我记得有位朋友问我一个问题，30多块钱的时候，辰欣药业还能不能追？

我说不能，为什么？因为它低点16.16元，到最高点32.24元，刚好涨幅也是一倍左右，而且32.24元也是面临着历史32.57元的这个高点，很有压力，所以一方面是前期高点的压力，另一方面是短期涨幅翻一倍了，这个时候你还去追，那你就是比较傻的了，哪怕后面它还要涨也是要经过充分的调整，所以我建议不要去追高了，哪怕看中了这个股票也要等它调整充分了再去买。

案例五：拓斯达

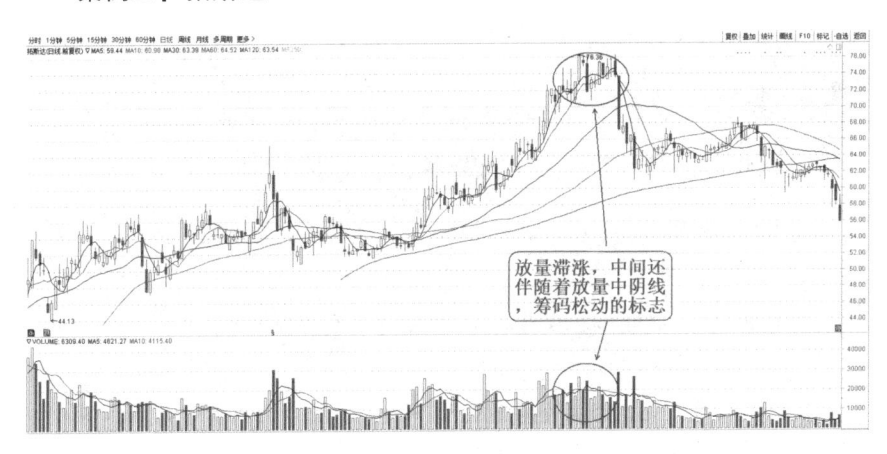

这个是老次新了，它在相对高位的时候，也是有一段时间持续放量滞涨的，中间会出现很多中阴线伴随着很大的量能，股价如果放出中阴

线，量能很大，而且不止出现一天，在高位频繁出现中放量阴线，股价又涨不动的，横盘整理滞涨的，这是主力暗中减仓的明显信号，所以后面股价是持续的调整状态。

【学习温馨小总结】

△ 首先我们要学会运用主力思维去判断股价的上涨阶段：底部吸筹、洗盘、拉升、出货，这样才能够在不同阶段运用不同的策略去应对。

△ 其次要懂得关注股价从最低点到现在涨幅是多少，一般股价上涨50%、100%左右都会面临一个阶段的调整和洗盘，而调整幅度的大小需要结合大势以及个股经营业绩增减幅度作出判断。在存量博弈市场较多会是区间震荡行情，而只有业绩持续增长，行业空间广阔的个股会在较小幅的调整之后继续上行。

△ 最后我们要依据高位放量滞涨去判断出主力是否在抛售筹码，因为只有主力才会拥有那么多的筹码，通过在高位制造大涨大跌的活跃状态来吸引资金去接盘逐利，一旦筹码抛售的差不多时则不惜运用连续大阴线砸盘抛售。

1.2 从K线角度分析

2．K线上，经频繁出现长上影线、长下影线

○ 在股价连续大涨之后，频繁出现长上下影线，是筹码松动的标志。

○ 长上影线，是主力在拉高之后不断减仓造成股价回落；

○ 长下影线，是主力减仓导致股价下跌，但随后又用少量筹码拉回股价，维持相对强势的状态。

四、主力出货策略

一个特征是频繁出现长上下影线，所谓的频繁出现就是这个区间出现了很多次，越多次它的信号越明确。什么是长上下影线？就是影线达到3%～5%甚至更长。那么长的上影线怎么造成的呢？是主力拉高之后不断减仓造成股价回落，才会形成这么长的上影线；长下影线就是主力减仓不断卖，之后觉得不行股价形态要破坏了，用少量筹码收回来一些，维持比较强势的状态，才会出现长下影线，这其实都是主力在减仓的状态，所以长上下影线是筹码松动的一个标志，如果频繁出现又是在高位就更明确了。

这几个要点很重要，第一个频繁出现，第二个长的上影线跟下影线，第三个相对高位。

案例一：昭衍新药

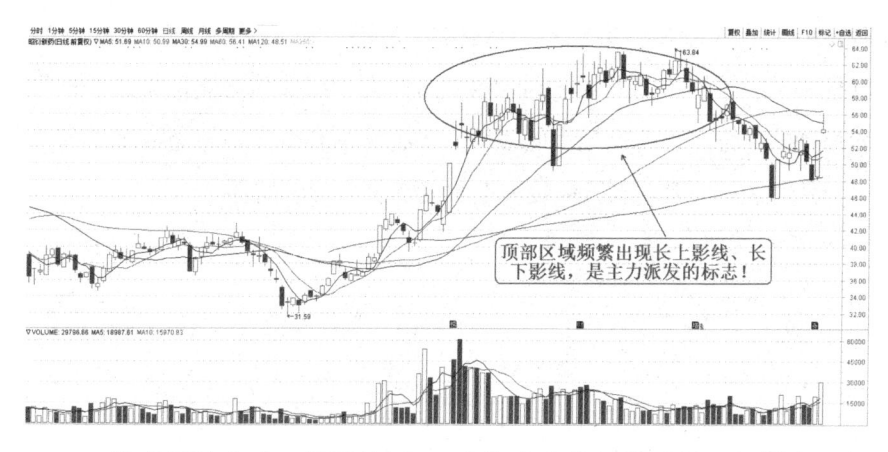

31块多开始启动，涨到接近60多块这个位置的时候，频繁出现很多的长上下影线。上影线就是因为股价冲高的过程当中，资金是在不断地减仓；下影线是在卖的过程当中卖多了，股价形态要破坏了，他就用少量的筹码资金逢低收回来一些。高位的长上影线跟下影线都是资金减仓，筹码松动的标志。

案例三：大博医疗

这个大博医疗就更明确了：

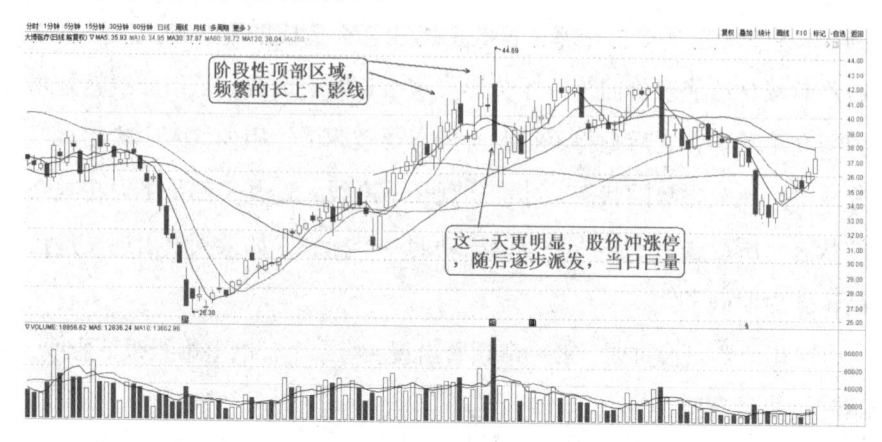

从26块涨到44块还没翻倍，但是涨幅也有70%~80%了，这个时候出现了很长的上影线，当日还留下了很长的下影线，这天伴随着的巨量是阶段平均量能的两倍到三倍，这么大量能很明显就是资金筹码开始松动的标志，而且这根大阴线前几天也都是有很多的长上影线。

我们来看一下它当天巨量长上影线是怎么形成的：

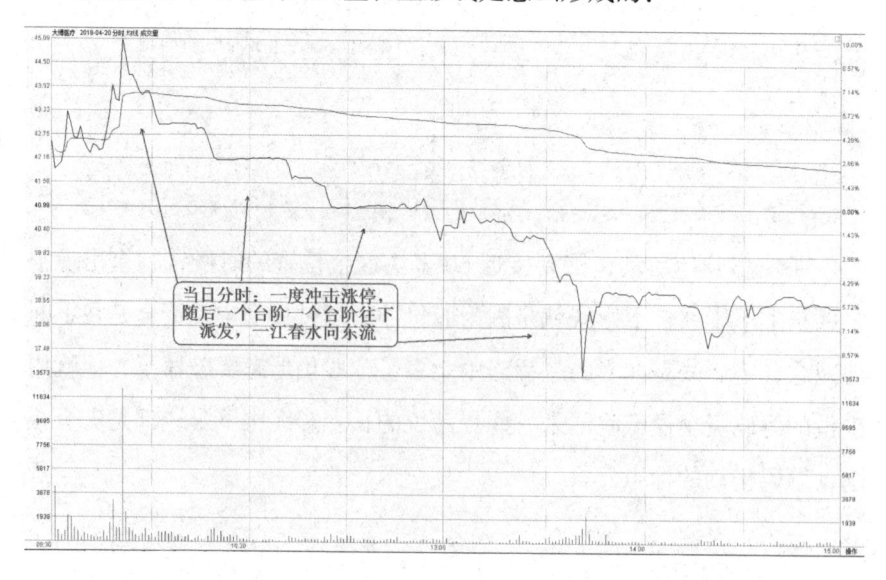

四、主力出货策略

当天首先高开，然后一波冲到涨停板，我们看到当时一个巨量接近一万手的大单直接砸下去，怎么那么巧呢？刚好就在涨停板那么高的价位，直接卖出一万手呢！股价就直接一个一个台阶很有规律地向下走，最终崩溃，然后回撤一点留下了长下影，这很明显主力是分台阶式出货的，而且最大的盈利是在涨停价卖的一万手，非常成功，所以我很佩服这个主力，他能够在涨停价位直接一万手砸单，砸完之后，剩下的筹码一个台阶一个台阶慢慢地派发，非常之成功，他拉高之后让什么关系户去卖，一度冲击涨停板是有很多耐人寻味的东西。

在相对高位出现这种长上影线跟长下影线，伴随着巨量，那明显就是主力出货的问题。

那我们看一看指数是不是也是这样子，对于指数我们印象是非常之深刻，我们来看一下 2015 年牛市的时候：

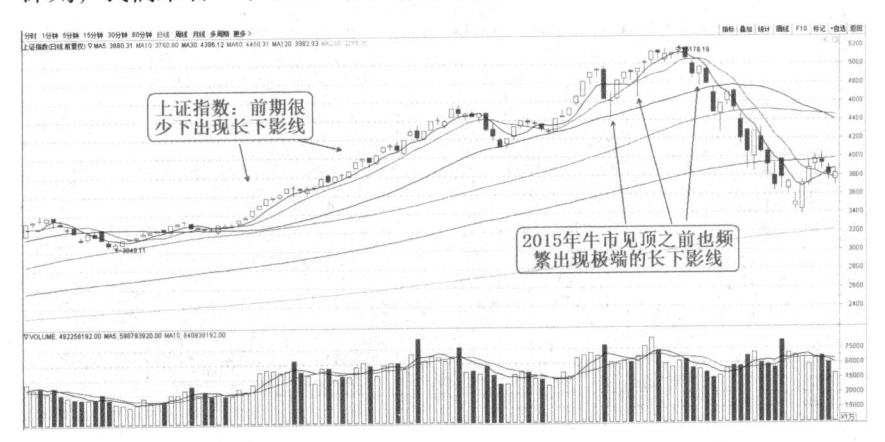

在2015年2月份开始,股指开始一轮新的上涨,拉升的时候很少出现长上影线跟长下影线,所谓长上影线、长下影线就是说超过3个点以上的影线,但是在5月29号那天,下影线是超过4%的,很长很长,指数已经4600多点了:

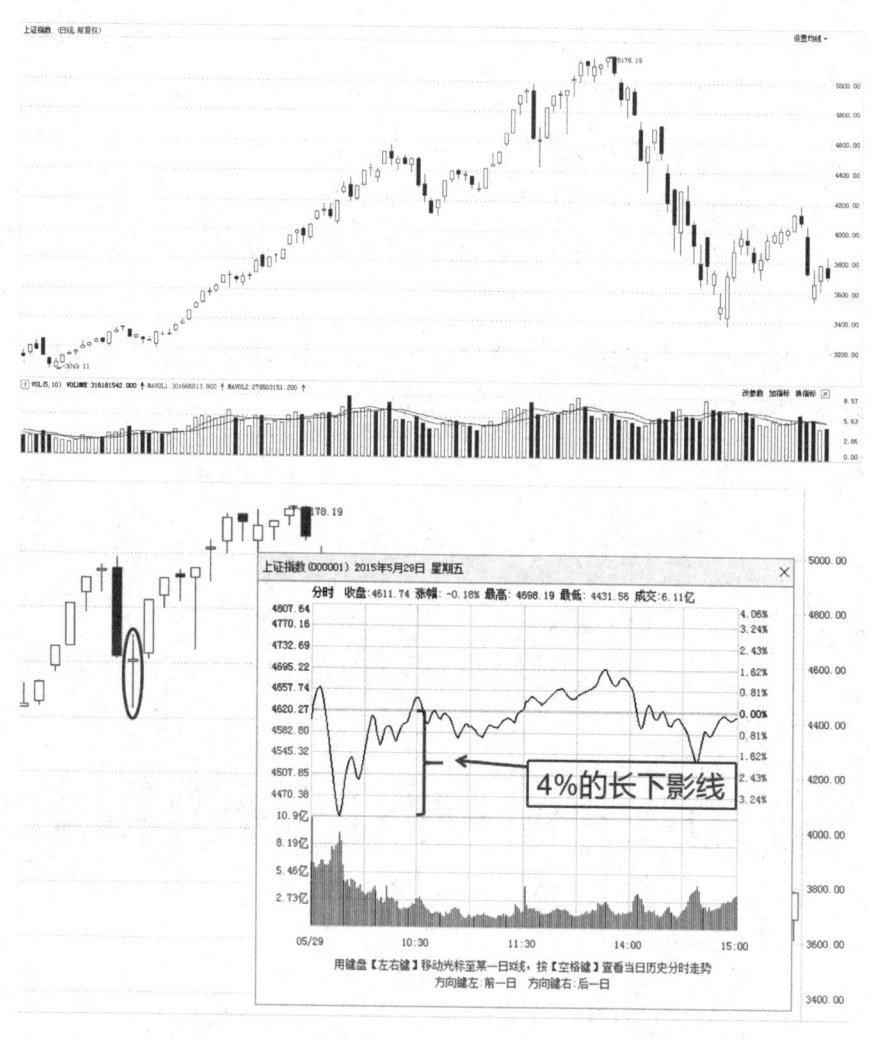

仅仅三个交易日之后,又出现了一次,这个下影线就更长了,是5个多点的下影线:

四、主力出货策略

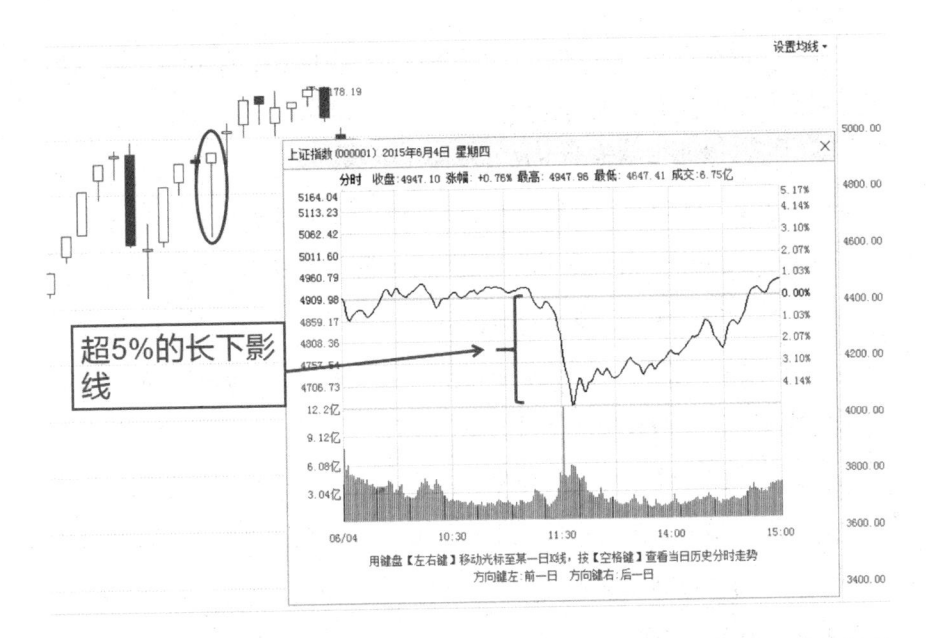

超5%的长下影线

6月5号又出现一个下影线，在一个区域几天之内，出现那么长的下影线，而且股指已经涨得比较高，近5000点了：

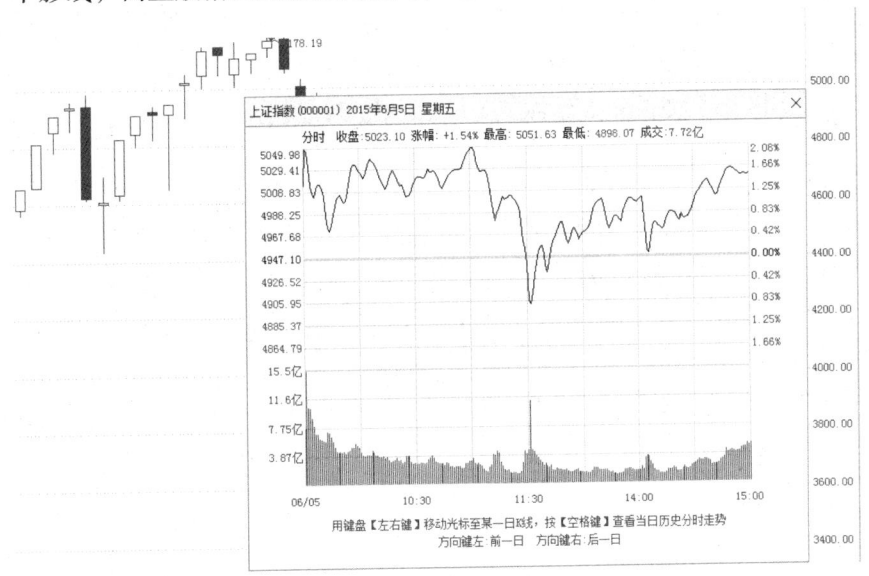

339

前期涨得流畅的时候没有那么长的影线，在接近 5000 点的时候出现了那么长的下影线，这其实就是一种筹码松动的标志，所以一些有经验的老股民就敏锐地感觉到市场调整的风险要来临了。至于会酿成股灾也是因为杠杆资金的一部分原因，但是我们从 K 线上可以看得出来，市场有调整的压力，因为已经有先知先觉的资金在砸盘了，砸完之后一小部分资金觉得，牛市还属于间歇性的，抄底形成了这么长的下影线。如果在相对高位频繁出现长上下影线，就会很麻烦，特别是之前没有出现这种情况，这个时候就要更加注意了。

总之，这种阶段性见顶的信号，主力出货导致的长上影线和长下影线，对大盘也是适用的。一般长上影线和长下影线频繁的出现伴随较大的量能，说明分歧是在加大的。

【学习温馨小提示】

Δ 在相对高位频繁出现长上下影线是主力出货的标志，当我们看到这种 K 线和盘面时应该考虑逐步逢高减仓，因为有些顶部形态的反转会是很短时间内完成，即使构筑一个大的顶部形态，当我们看出这个完整形态时，股价可能已经下跌较多了。也就是说用这个标志来判断具有即时性。

Δ 这种 K 线形态组合对于大盘顶部区域判断的准确性更高，因为一般大盘不会出现这种形态，而一旦出现，则代表了市场内部几千只股票同时出现，所以运用长上下影线方法来判断市场顶部具有更重要的参考意义。

1.2 小结

牛散大学堂

小结

- 主力阶段性出货的信号：
- 一是放量滞涨；
- 二是高位频繁出现长上下影线。注意是频繁出现，而且上影线、下影线往往很长很长。

微信公众号：吴国平财经　新浪微博：吴国平财经

波段、中线主力出货在成交量上是放量滞涨，在 K 线上是高位频繁出现长上下影线。种种信号结合在一起，给予我们主力出货，减仓的判断，如果对分时图掌握比较好，从分时图也是可以看出一些端倪的。

2 衰竭缺口和高位巨量长阴

2.1 股价加速拉升阶段中的衰竭缺口被回补

牛散大学堂

二、衰竭缺口和高位巨量长阴

- 1. 股价加速拉升阶段中的衰竭缺口被快速回补

- 1) 加速阶段出现的向上缺口，一方面代表短期的强势，但是这种强势是出现在股价短期连续上涨之后的强势，物极必反，容易引发趋势的反转；
- 2) 股价在加上过程中，向上的突破缺口一旦被快速回补，代表情绪由兴奋到趋于冷静的过程，股价后续大概率陷入大幅调整；

微信公众号：吴国平财经　新浪微博：吴国平财经

为什么出现衰竭性缺口？那是因为主力要制造非常强力逼空的状态，才会出现这种衰竭性的缺口。股价已经很高的位置了，高开上涨向上突破，逼空上涨，市场潜在多方资金就会被充分地激发，股价要逼空上涨了，拼命追高，这是一种短期强势的特征，这里有两种可能，一种是主力逼空制造出来的，忽悠大家进来接盘，也有一种可能是市场资金非常看好，然后蜂拥而进，留下跳空缺口，赶顶。但是这种短期加速状态对多方能量消耗非常大，物极必反，容易引起趋势的反转，所以才会在盘面上显示衰竭性的一个缺口。如果这个缺口被快速回补，比如五个交易日内回补，那么后市就会大概率陷入明显的调整，说不好直接见顶大幅下跌，或者至少进入一个阶段性的调整，所以这是一种强烈的信号。

案例一：超讯通讯

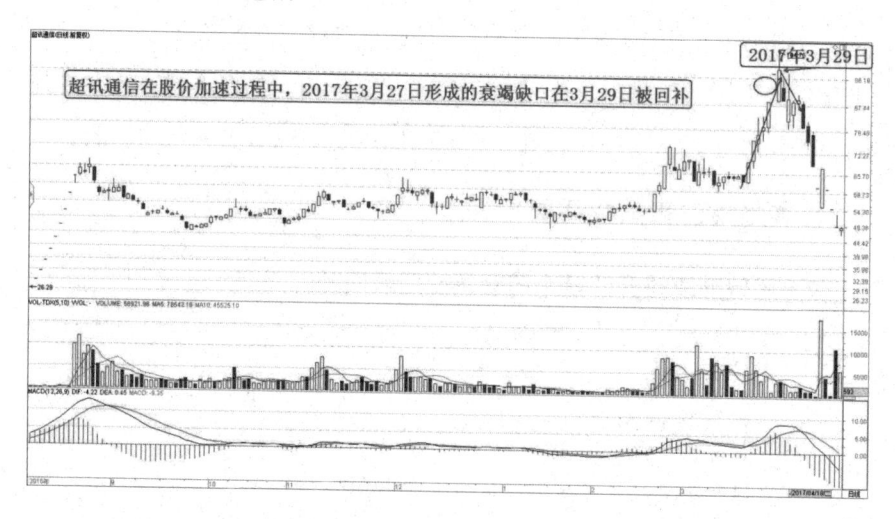

经过长时间的横盘之后，一波拉升再缩量调整，接着再一波拉升。注意到没有，最后那一天，缩量一字板，涨停价开盘，而这只个股是一个庄股，缩量一字板之后第二天就直接大幅下跌，接近跌停开盘再拉起来，第三天又单边下跌，很快就把缺口补完了。正常来说缩量一字板不是应该继续疯狂地加速吗？结果短短几个交易日已经补完了缺口，事出反常必有妖，然后股价就开始持续地暴跌，哪里来的就回哪里去。这个缩量一字板衰竭性缺口是故意做出来的，让人以为它要缩量逼空上涨，第二天直接跌停板低开："哇，主力太好啦，给了那么低的价格低吸！"结果是不好意思，你很难再全身而退，稍不留意你还大幅亏损，庄股超讯通信这个缺口是主力故意做出来的。

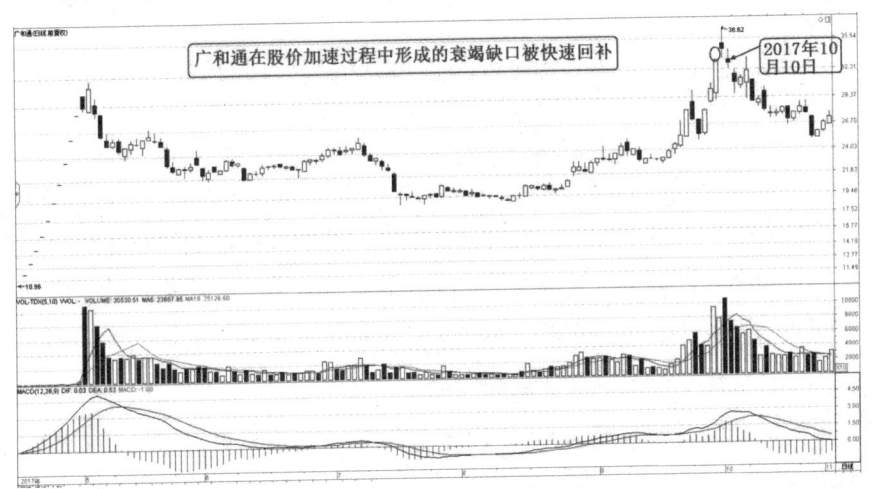

案例二：广和通

一个波段上涨之后，出现了第三次的跳空缺口，这个跳空缺口当天是伴随着巨量的假阴线的，这天的量能也是这波上涨以来的最大的量能，最终形成了天量天价。广和通也是一样的，最终形成了一个衰竭性的缺口，伴随着一个巨量的假阴线，这个缺口第二天就回补掉了，此时就确定了这是一个衰竭性的缺口，回补完了之后就是持续的回调，所以这个衰竭缺口可能是主力刻意引导的，也有可能是市场资金太狂热了，直接追高形成的，但是因为把多方的能量消耗得太多，没有后续资金跟进来，缺口马上就回补掉了。这一种衰竭性缺口是市场太过疯狂的一种表现，而之前那一种是主力故意引导的，但是不管哪种情况，短期回补掉就是风险来临的信号。

案例三：兆日科技

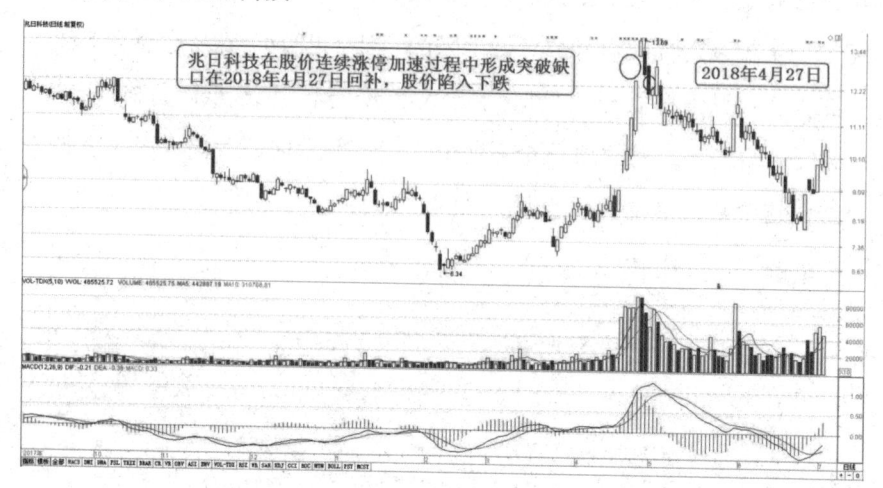

短期连续上涨，最后一天，高开然后冲涨停板，这里出现了更强的缺口，是不是要逼空了呀？前一个是突破缺口，这个会不会是持续的缺口啊？当天还是强势涨停的，第二天低开低走，第三天直接回补掉这个缺口，这就是一个很明显的衰竭性缺口，这种情况一旦缺口回补掉，它见顶的信号就更加明确了，后面股价持续地调整，哪里来的基本上回到哪里去。

案例四：安凯客车

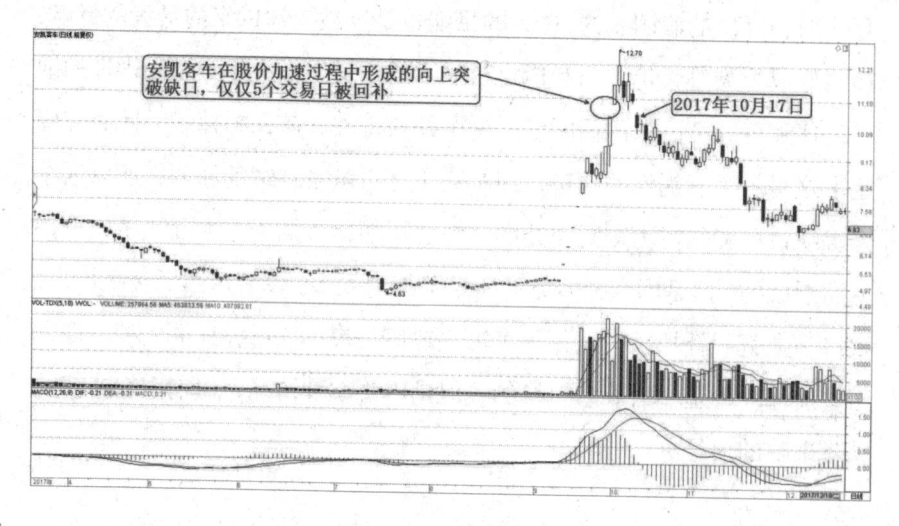

安凯客车打开缩量一字板之后，短期还延续着强势，最后这个位置还高开加速涨停，第二天还冲高了一下，后面几个交易日很快就把缺口回补了，而且这里形成了一个经典的岛形反转形态K线组合，后面股价连续下跌。就像刚才说的，有可能是游资短线主力故意引导出来的，也有可能是市场资金太热烈而推高上去，但是后继乏力，最终形成了一个岛形反转的形态，这是一种经典的多重信号的综合。

2.2 股价加速中的高位巨量长阴线

2. 股价加速过程中的高位巨量长阴线

1) 巨量长阴出现之前，无论是中长线趋势的大波段个股，还是短线的事件主动型个股，股价需要经历一定幅度的拉升；

2) 资金在持续不断卖出的动作，才是形成高位巨量长阴的主因。

高位巨量长阴，是主力大力出货的信号，因为主力在不断地减仓，出货力度比较大，所以才会出现那么长的长阴线。谁会在那么高的位置不惜成本地卖股票？像散户刚刚买进，才赚几个点，你会不惜代价地往大阴线甚至跌停板上砸吗？不会，一般散户不会这样子，只有那些获利幅度非常大的主力，如果从10块钱做到了20块钱，直接一个跌停板出货也是非常划算的，我10块钱开始拉升，可能13块钱的成本，最后19块钱卖掉，我非常成功！但如果你是20块钱买的，或者是19.5块买的，你很难19块或者18.5块卖，所以高位巨量长阴是主力不惜成本出货的一个表现，因为他的获利太丰富了，砸一个跌停板还是大幅盈利的。

所以大资金持续不断卖出的动作,才是形成高位巨量长阴的主要原因,当然大牛市另当别论,因为牛市会有源源不断的场外资金进来接盘,所以它会不一样。但是如果不是在牛市,在存量博弈甚至是减量博弈的市场里面,高位巨量长阴并且频繁出现,果断卖不要犹豫,这是主力出货的表现。

案例一:中科创达

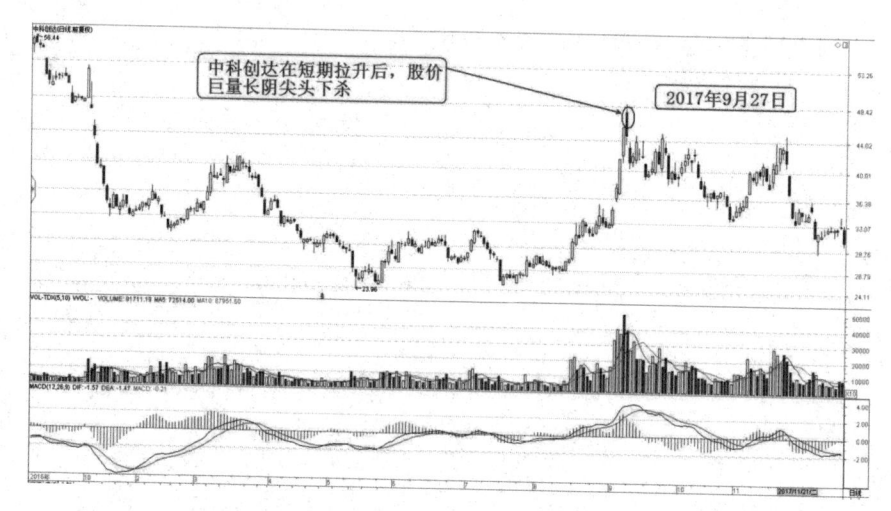

24块开始波段上涨,涨到48块,接近翻倍,之前讲过了,在存量博弈的时候,翻倍就是一个比较危险的信号,高位出现了一根高开低走巨量中阴线,第二天又是低开低走的一根中长阴,连续两天的高位巨量中长阴,直接形成了一个顶部震荡下跌。

四、主力出货策略

案例二：顶点软件

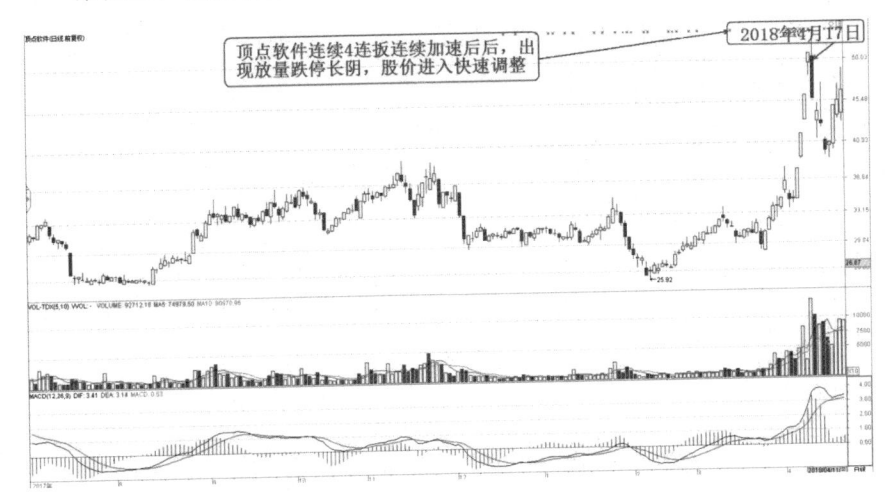

顶点软件连续4连扳连续加速后，出现放量跌停长阴，股价进入快速调整

2018年1月17日

从 20 多块钱涨到 50 多一点，也是刚好一倍的涨幅，高位一根巨量的长阴，这就是主力资金获利比较丰厚之后，不计成本地往下打，留下了高位巨量长阴，这就是股价要快速进入调整的一个信号，甚至可能见阶段性大顶，之后很难再上这个位置了。这就是高位巨量长阴，特别是频繁出现，更危险，你要注意。

案例三：奥联电子

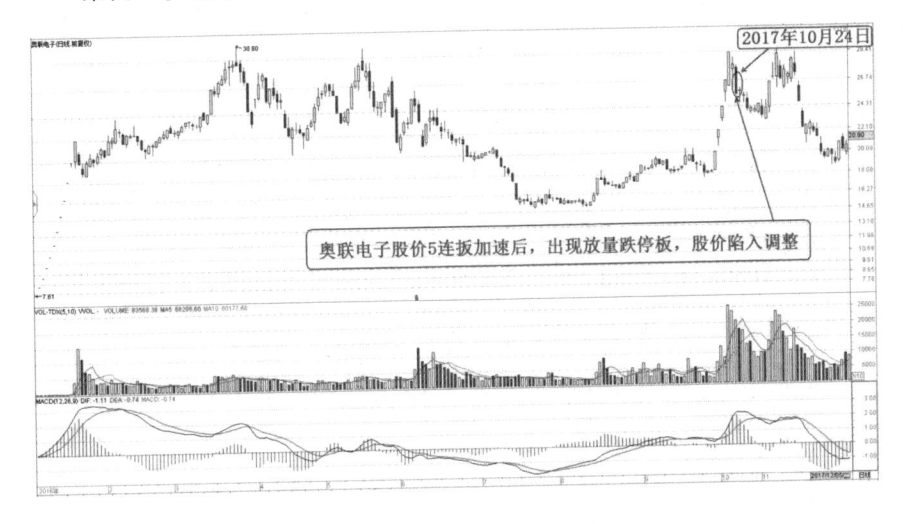

2017年10月24日

奥联电子股价5连扳加速后，出现放量跌停板，股价陷入调整

五个板之后就出现了一根跌停板，后来又做了一个双顶之后就直接回落了。所以高位的巨量长阴，总是值得多一分小心的。

案例四：亨通光电

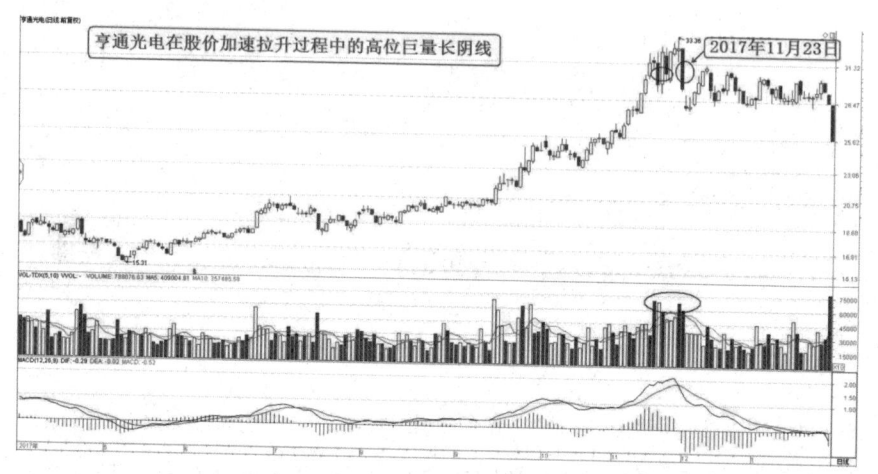

5G概念股，也是走出了一个波段上涨，从15.31这个低点涨到最高33.36，也是一倍多，然后在这个位置出现了三根巨量长阴，频繁出现，而且股价又刚好是涨一倍多一点，这个时候分歧就很大了，很多先知先觉的资金就开始减仓了，他会不惜代价地往下砸，因为他的成本比较低，获利太丰厚了，这时是抢跑的时候，所以才会出现高位巨量长阴这种比较危险的信号。

2.3 小结

○股价加速上涨中的衰竭缺口、巨量长阴等，是资金在相对高位疯狂派发的常用手法；

○对于趋势的判断而言，在经历股价的波段上涨之后，强弱的转化在瞬间即可完成，毕竟风险是涨出来的。

如果有一些资金是游资，那么他风向转变就更加快了，比如欣锐科技：

四、主力出货策略

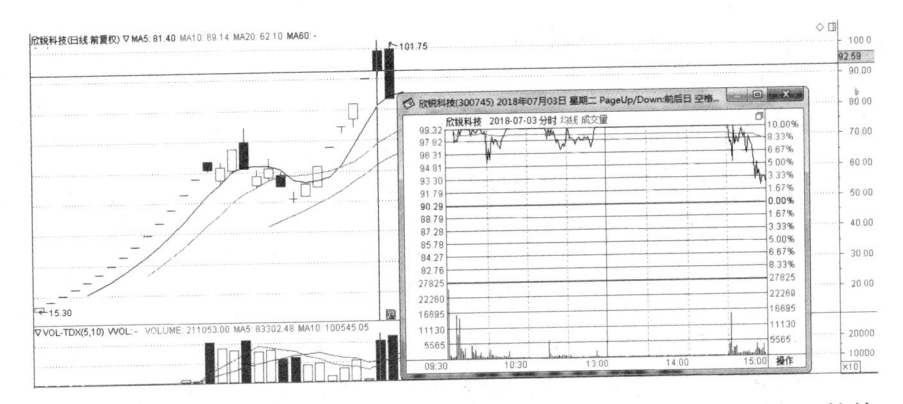

它就是一个次新股的"妖股",为什么短线游资的风向转变比较快呢?昨天它的涨停板被打下来,最终收盘是两个多点,但是为什么它今天大幅高开呢?因为龙虎榜数据显示有欢乐海岸进来,游资带头大哥之一,所以今天大幅高开,但哪怕你是"大佬",他也不买你的账,直接冲涨停不成后跌到跌停板,一个天地板就是这样来的,如果你追在涨停板,一天就亏20个点:

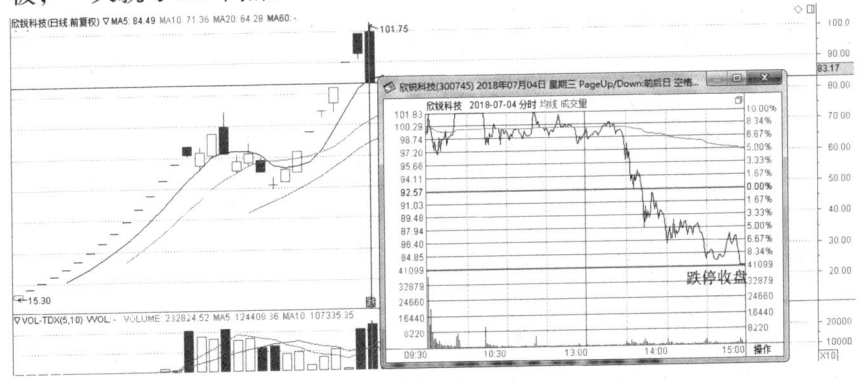

这种风向转变得就更快了,这里的高位巨量长阴就更具杀伤力了,如果没有意外,明天至少是低开三五个点,但是今天龙虎榜数据显示欢乐海岸还加仓了,这是有点让人想不通,一般不是他的手法。

所以如果是波段上涨,强弱转换可以较快地完成;如果是短线,强弱转变就更快了,一两天就转换了,下节课我们会重点讲短线主力出货手法。

3. 主力出货形成的顶部形态

三、主力出货形成的顶部形态

- 主力在股价高位时会想尽办法掩盖自己出货的迹象，但是资金的进出会在股价形态上留下痕迹，要完全掩盖趋势较难。

- 从K线形态中，我们可以发现主力资金有出货的可能，有出货嫌疑时就要小心谨慎了，正所谓顶部三天，底部三个月，逃顶要快。

- 顶部结构形态构筑的时间较短，一般用日线去发现主力出货迹象，这里介绍常见的两种顶部形态：头肩顶和岛形反转。

注意，刚才说了，我们研究形态要从主力运作去解读顶部形态，为什么形成？因为他在高位出货，要掩盖自己出货的迹象，造成股价还很强势的假象，但是想完全掩盖迹象是不可能的事情，总会留下痕迹。我们介绍两种比较经典的顶部形态，第一种是头肩顶，第二种是岛形反转。

3.1 头肩顶形态

从主力出货的角度分析，头肩顶是怎样形成的呢：

1. 头肩顶

- 左肩是主力开始出货的表现，随后股价调整，再度创新高加大出货力度；右肩是主力出货较多、不想再做新高的表现。

- 头肩顶由四要素组成，包括左肩、头部、右肩、颈线，在顶部的时间往往较短，所以，当发现有形成头肩顶迹象时，要以防范风险为主，作减仓或清仓处置。

- 从左肩、头部、右肩，要注意各个位置成交量的变化和价格强度，关注买方力量的强弱变化，同时关注颈线位置突破和反抽的情况。

四、主力出货策略

股价连续上涨，涨幅比较多，这个时候主力就开始减仓了，股价停止上涨甚至回调，回调之后主力认为不行，不能连续地派发，股价可能会拉不回去，另外有一部分资金认为可以低吸了，也就是说首先是主力为了不破坏形态不出货了，其次是场外资金觉得回调得差不多要抄底了，所以两股力量共同作用，股价就慢慢地继续上涨，创出新高，在这过程当中，主力还是会继续出货，一出货股价又开始回落，股价接近之前低点的时候，主力认为不能再出了，这个低点不能轻易地跌破，然后又有一部分资金来抄底，再次共同作用，股价慢慢回升，但是这次上涨主力继续出货，出货之后，股价已经无力再创新高了，再次回落，这时主力剩下仓位已经不多了，持续出货，破位下跌，趋势转变向下。这是一个比较经典的主力出货形态，当中代表着主力减仓节奏的变化，以及场外短线资金顺势做多的共同作用，所以形成了头肩顶。

对于一般的头肩顶，我们看K线怎么样，颈线在哪里等等这些角度是不够敏锐的，我们要从主力运作的角度去理解，下图可以简单理解：

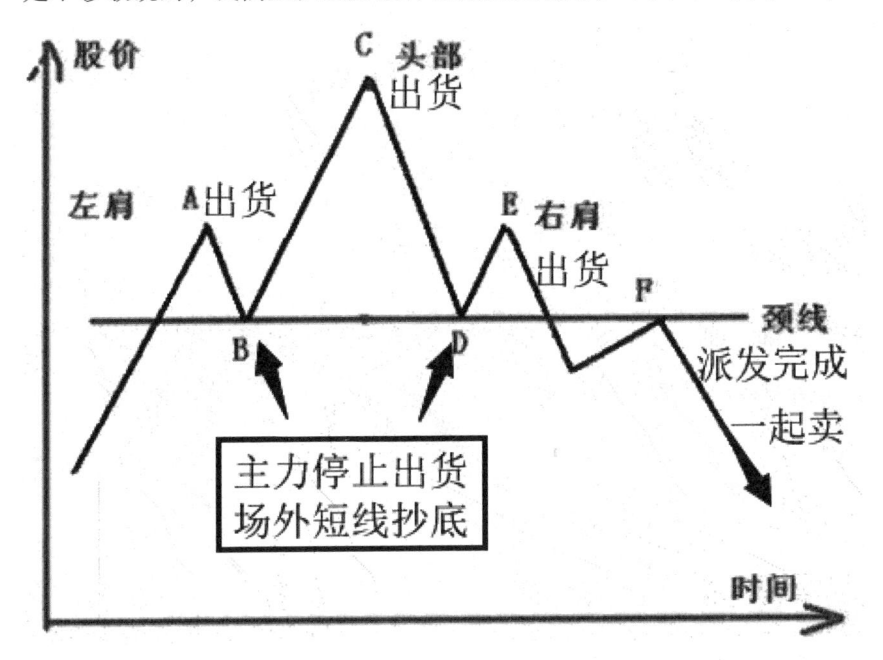

最后主力派发差不多的时候，技术派也发现头肩顶形成了，股价破位了，也卖出，所以最后就加速下跌，头肩顶形态也就出来了。

看一下，这只个股也是一样的，

案例一：紫金矿业

3.1.1 从形态上分析

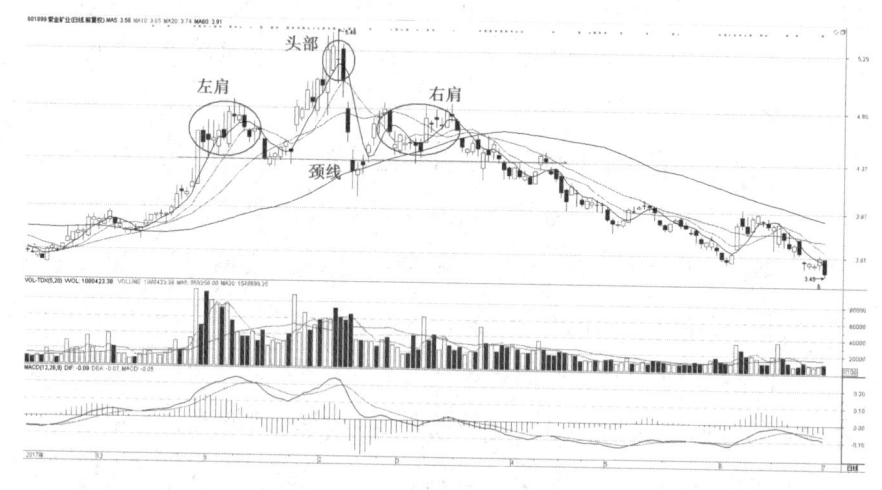

前面一直波段上涨，左肩已经是放量滞涨了，主力资金已经减仓了，然后回落，回落的过程当中一部分资金抄底进来了，股价再上涨创新高，有些人很开心：我抄底果然赚钱了，但是不好意思，主力继续出货，三连阴跳空下跌直接到前一个低点附近，然后又有一部分资金进来，但是股价已经无力向上创新高了，形成右肩，最后颈线位置一破，就加速下跌，非常经典。每一次高点：左肩，头部和右肩都伴随着放量滞涨的情况，这就是很完美的减仓动作，然后颈线破位之后就是加速下跌，一江春水向东流。

3.1.2 从技术指标上分析

从技术上我们看到：

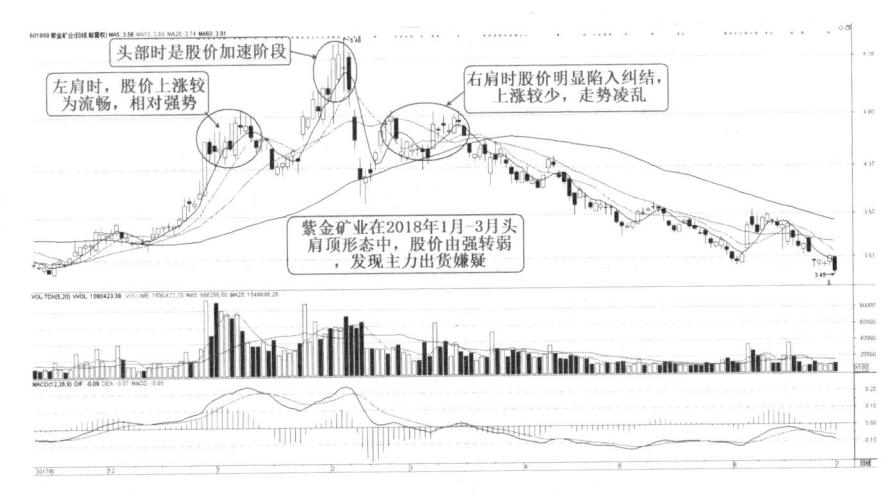

左肩和头部也是形成了 MACD 顶背离，加上量能是放量滞涨，形态上形成了头肩顶，所以这种就很明显了。

3.1.3 从量能上分析

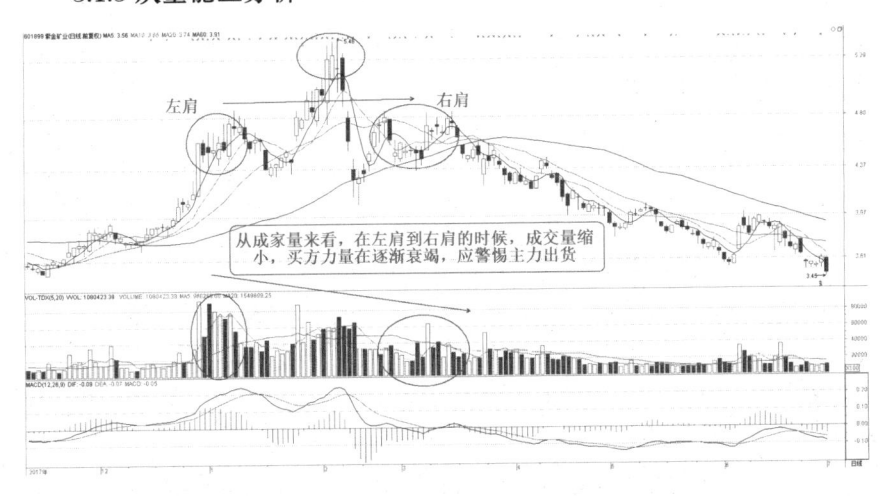

右肩形成的时候，量能已经在缩小了，其实右肩量能缩小，主力资金所剩不多了，他已经懒得再去创新高折腾了，所以左肩量能是最大的，

头部量能也还可以，然后右肩量能很小，这也预示着主力资金不断地减仓，仓位在不断地降低，到右肩的时候仓位已经不多了，从量能上也可以看得出一些端倪。

3.2 头肩顶形态小结

- 头肩顶的顶部结构时间不长，而一旦形成突破颈线向下，后面会形成中级别的调整，所以在发现买方衰竭、股价走势异常时最好是提前减仓了。
- 下跌趋势形成后，任何的调整不会一蹴而就，中间的反抽都是逃命机会。

头肩顶破位，市场一般会有个中级的调整，哪怕你看好它也要等中级调整之后再买回来，下跌调整不会一蹴而就，中间反抽都是逃命机会，这是从技术上我们注意的特征。

紫金矿业头肩顶形成：

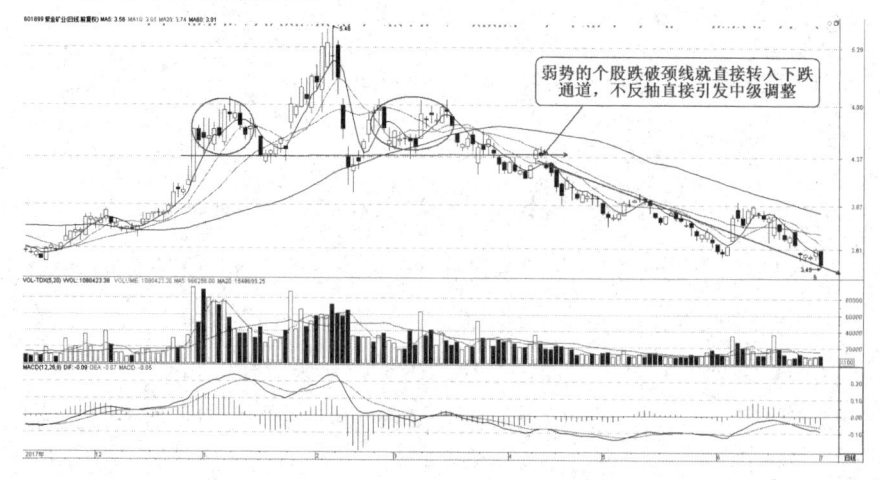

一般头肩顶最低下跌幅度是要达到头部到颈线的这段距离，但是我们更多的是从主力运作的角度来说，主力在左肩严重的放量滞涨，减仓比较明显，在头部的时候还是放量滞涨，量能有所缩小，右肩的时候量能已经比较小了，主力资金仓位已经不断地降低，所以也就形成了这种形态的顶部。

3.3 岛形反转顶部形态

牛散大学堂

2．岛形反转顶部形态

○ 岛形反转顶部形态：主力前期跳空向上涨，形成衰竭性缺口；在顶部基本完成出货，还剩一小部分仓位，直接跳空低开砸盘，形成岛形反转。

○ 在高位出现岛形反转时，要注意这种高位诱多后的出货，这种出货是有很大的杀伤力的。

○ 岛形反转是在高位跳空上涨后，出现跳空向下的下跌走势，在高位形成了孤岛，所以称为岛形反转顶部形态。

微信公众号：吴国平财经　　新浪微博：吴国平财经

岛形反转形态主力是怎么造成的呢？主力跳空向上加速，形成逼空的状态，但是这是个衰竭性的缺口，然后股价在高位徘徊，主力出货差不多的时候，仓位所剩不多了，他也懒得再买了，直接低开砸盘，就形成了经典的顶部岛形反转形态。这是一种主力出货的手法，前面跳空加速造成逼空的效果，然后在高位不断地减仓之后，仓位所剩无几时直接低开砸下去，那有人问了，为什么他要低开去砸呢？有一些坐庄的主力是用剩下最后一点的筹码砸下去，让股价破位持续下跌，让技术派止损，加速下跌后，有利于他下一次在低位重新买回来。

【学习温馨小提示】

△ 跳空低开原因也有可能是当时市场环境恶劣，泥沙俱下，主力出

完货之后筹码分散，市场恐慌情绪导致加速下跌；或者是个股之前股价高估，主力出货之后走价值回归之路；又或者是趋势个股基本面状况恶化，主力仓促出货，消息出来墙倒众人推。

案例一：博天环境

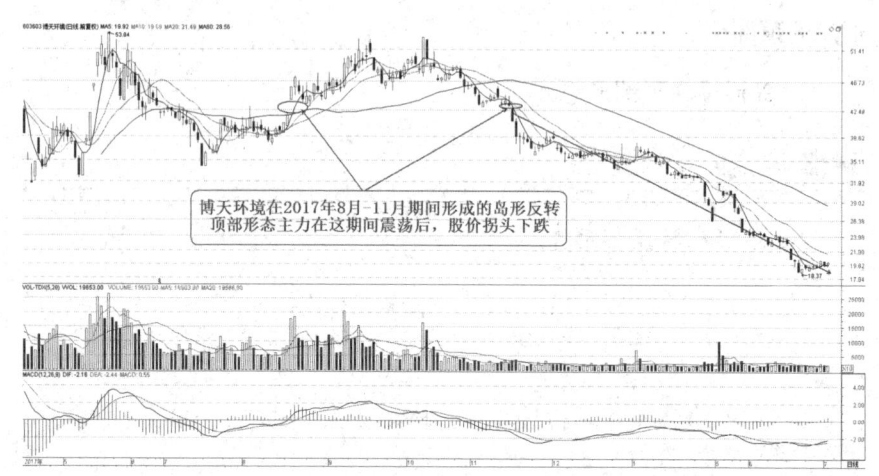

博天环境在2017年8月-11月期间形成的岛形反转顶部形态主力在这期间震荡后，股价拐头下跌

跳空向上缺口，然后在高位形成了一个双顶的形态，筹码派发差不多了，然后跳空向下往下砸，股价单边持续下跌，这就是主力出货形成的一种形态，也是一种手法。

而且你看：

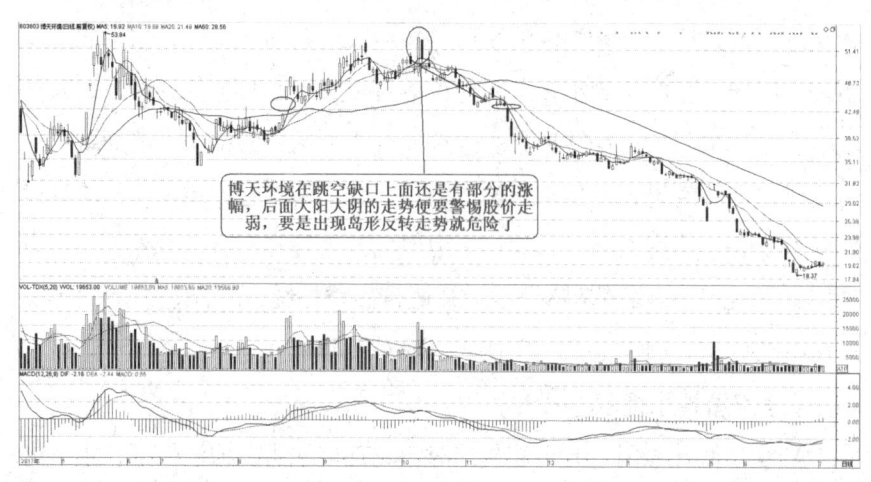

博天环境在跳空缺口上面还是有部分的涨幅，后面大阳大阴的走势便要警惕股价走弱，要是出现岛形反转走势就危险了

在高位顶部的时候,还出现了一个大阳线跟大阴线交错,涨停后马上巨量中阴线反包,前面也说到了,高位的巨量中阴线也是比较危险的,顶部货出得差不多的时候,资金低开低走砸盘,股价直接向下走。

一旦破位之后,下跌速度加快:

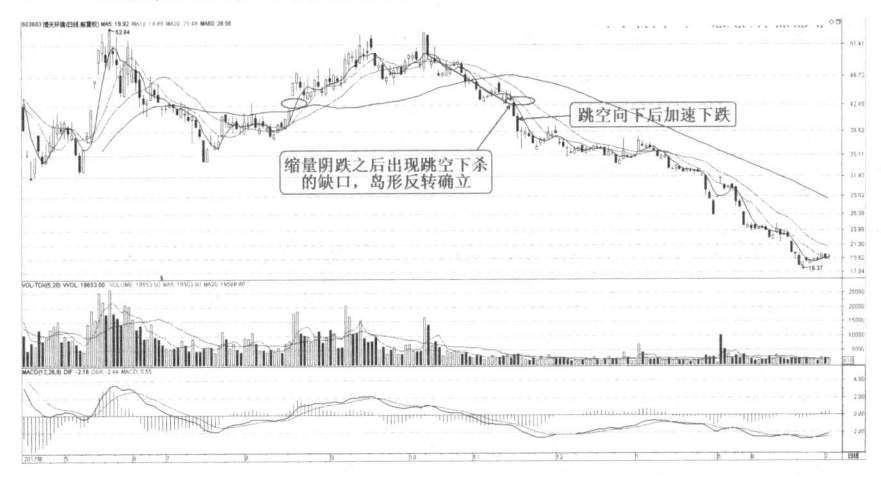

因为技术派看出来岛形反转了,要止损了。但是对主力来说却是有意思的事情,因为这是他出货造成的顶部形态,甚至是故意引导出来的这种形态。

3.4 小结

小结

- 头肩顶和顶部岛形反转形态都属于比较常见的高位见顶形态,出现这些形态雏形的时候就要警惕主力在这过程出货了,可以逢高减仓观察。
- 主力出货的痕迹有很多,高位横盘滞涨的个股都要注意是否存在主力出货的可能,一旦下跌趋势形成时要执行清仓。

头肩顶和顶部岛形反转，都是主力出货营造出来的形态，有一些是有意引导，有一些是无意引导，但是他肯定会留下充分的迹象，所以我们看到这种图形、形态的时候，要警惕是否存在主力出货的可能性，特别是在存量博弈市场里面，就要提前减仓，后面如果完全破位就全部清掉，因为在弱势，存量资金博弈甚至是减量资金博弈的市场需要更加小心，坚决清仓，不要幻想。

留个作业：

★ 作业：

☆ 结合不同的技术特征的案例，分析波段资金出货的手法

最后谈一谈我个人对市场的见解，昨天有朋友问，是不是要见大底了？我个人的见解简单从量能来说：

量能没有极度的缩量，要想形成大级别的底还有点难度，这种情况形成反弹到是有可能。那什么是缩量呢？缩到什么级别呢？我们可以参照 2 月 14 那天的成交量，如果缩到比 2 月 14 号那天还要小，那就有利于构筑一个阶段性的底了，这个底不会比 2722 低多少，但是如果有这种缩量情况，你会更加坦然。上证指数最近几个交易日非常有意思，K 线反弹一下，第二天立马创新低，反弹一天，接着下跌甚至创新低。这种走势没人敢抄底，因为抄底之后第二天你卖掉，赚不了钱甚至还是亏

损的，因为指数创新低，如果你的个股不是强势龙头股，而是跟随大盘调整，你抄底第二天跌，那你一直亏损不敢抄底了，于是越来越少的人抄底体现在量能当中就是慢慢地缩量，今天也是缩量了，如果哪天再缩一下，那么阶段性底部就更加扎实了，这是我个人从量能、趋势各方面简单的一些看法，当然这几天内随时都有可能反弹，因为我们看到上证指数 60 分钟底背离是形成了：

深成指明天、后天也很有可能形成 60 分钟底背离：

这一波下跌以来，深成指还没有出现 60 分钟底背离，所以正常情况下，一旦反弹，就会出现一个星期的反弹。所以我个人的看法是短期到达构筑一个阶段性底部的区域了，但是还会反复折腾，最好等量能缩量下来，反弹会更加扎实。

【学习温馨小提示】

Δ 底背离的判断为股价低点连线方向向下，而技术指标例如 MACD 低点连线方向是向上的，这说明股价与技术指标发生了背离。

Δ 底背离的发生之后反弹时间计算为当期背离时间的 24 倍，例如 60 分钟 ×24=1440 分钟，1440/60/4=6 个交易日。

市场近期的下跌就是受到 7 月 6 号关税预期的影响，注意到没有，今天涨的最厉害的是什么板块？今天最厉害的是黄金板块，黄金拥有避险功能，你看西部黄金今天高开高走涨停：

四、主力出货策略

赤峰黄金也是涨停：

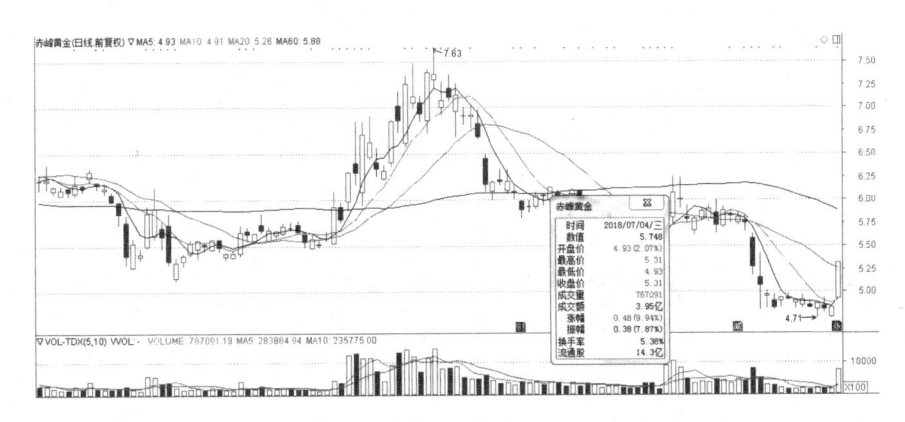

所以今天黄金板块的表演是比较出色的，大多数五六个点以上，这说明市场资金在避险。黄金股每次大涨的时候，并且是市场唯一上涨比较明显板块的时候，就说明市场资金倾向于避险了，这是已经在预期7月6号贸易战打响的盘面了。而且前几个交易日，国产自主软件的中国软件也是持续地上涨，很强势：

也是炒贸易战的预期，还有芯片个股，晓程科技：

这些个股都是在炒 7 月 6 号贸易战的预期，而今天已经接近 7 月 6 号，所以黄金股开始避险了，然后前期强势个股也开始回调杀跌。

有朋友问，讲一讲盛弘股份的出货。这只个股 7 月 2 号那天：

它量能已经是很大了，换手率也很高，7 月 1 号是 57.36%，7 月 2 号那天是 51.52%，一个阶段性波段上涨，从 20.35 涨到 34.60，50% 以上的涨幅，然后出现连续两天 50% 以上的换手率，分时图也是上涨吃力，回调放量，这个是短线资金倾向分歧的标志。我们下节课会重点讲述。今天晚上就跟大家分享到这里，谢谢大家！

4.2 短线主力出货策略

2018 年 7 月 11 日

学习须知：

1.短线主力出货的特征为：高位巨量高换手；高位股分时出现巨幅震荡往往是主力出货导致的走势，盘面特征为开盘急速上涨，之后长时间放量走低，分时无量急拉，而后放量下跌；龙头与非龙头出货策略：龙头的出货有一个反复的过程，很多龙头有二次上冲做顶的机会，跟风个股往往是涨幅不大就直接见顶下杀。

2.牛散大学堂股威宇宙等级划分为：大学生级别。

课前综述：

今天是 2018 年 7 月 11 日，我们的市场走出了一个非常经典的数字：2777.77，5 个 7，大家可以来看一下上证指数收出了 2777.77，怎么去理解呢？

今天这样的一个走势，我个人倒觉得正如我今天文章所说的，既然它那么巧收出了幸运数字，我们能不能理解为这是一个幸运的开始呢？虽然贸易战特朗普有2000亿的加码，对我们国内存在不确定性的冲击，但是这个对市场的冲击很显然已经到了强弩之末。如果它不是强弩之末，而是酝酿着一个新的下跌的开始，那么今天市场收不了一个十字星，跌幅也不可能就只跌那么一个点，而是有可能像前一段时间跳空向下阴线，直接杀4个点这样的走势了。今天没有出现这样的走势，说明影响没有大家想象得那么严峻，前期500亿就打下来了，现在2000亿是那时候的4倍，按500亿导致跌三四个点的情况放大四倍，股指至少跌5个点肯定是要有的，但事实上没有。虽然盘中一度跌了两个多点，后面还神奇地收复接近今天的开盘价，这本身就是资金在积极承接的一种盘面特征，我们之前说引爆为辅、博弈融合，这就是一种博弈，这种博弈背后的缘由我们要持续地感知。

四、主力出货策略

由缺口理论可知，形态缺口向下突破的时候往往是出现在形态的关键位置，而上证指数前一段时间跳空大阴线向下：

这里是一个向下的突破缺口，但是现在这个位置，第一是没有创新低，第二是刚刚反弹的三根阳线的一根向下缺口，这里更多的是一个普通性的缺口。普通性的缺口意味着它很有可能短期内收复失地，快则一两天，慢则一个星期，这是普通性缺口的一个特点，所以今天这样的走势可能是一个幸运的开始。外部的冲击对国内市场的走势的影响，第一是慢慢地会减弱，第二是真正好的公司会慢慢地变得更强大，因为在困难面前，好的公司一定会迎难而上，只有差的公司才会躲避困难，被困难击垮。

什么叫成长为王？听过高胜算技术课就知道怎样去穿越市场了。股指从5千多到现在，是有一些行业是能穿越市场的，比如寒锐钴业：

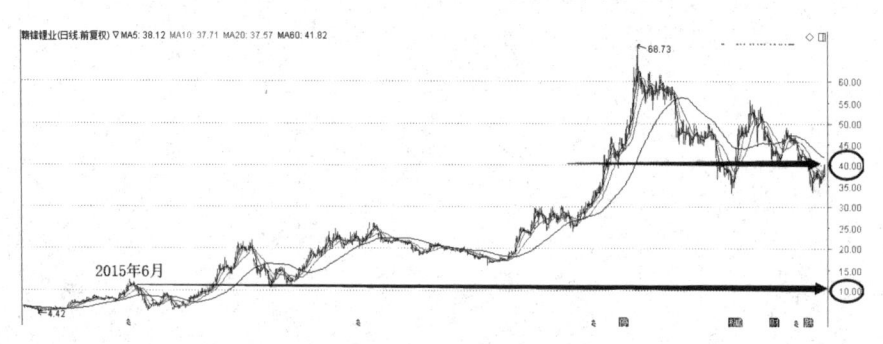

它就穿越了市场，它属于新能源。再看，赣锋锂业：

它是曾经的新能源，你看曾经 2015 年的股灾，你会发现那里 9 块钱只是一个小山坡，如今经历了一波下跌，从 70 差不多回调了 40% 了，依然屹立在 40 块钱左右，仍比 2015 年股灾的高点要高好几倍。这就是我的一个很核心的理念，抓住未来发展空间广阔的行业，你在那里面是享受牛市了。股指要走牛是需要很多因素的，我们无法断定一定会来，但是行业的走牛我们是能够判定的，然后寻找这里面优秀的公司，行业中的佼佼者，那就是牛上加牛了，除非世界大战把它炸了，只要它依然存在，这个发展潮流就一定会推动这家公司不断地往前走，走得更强更大。过去的一些个股已经给我们非常好的总结和深刻的感受，我们可以对比下股指：

你看 2015 年 6 月份 5178.19，到现在 2777.77。赣锋锂业 2015 年 6 月不到 10 块，到现在 40 块，还是涨了四倍，当时 2015 年股灾高峰，

如果你没卖掉它，到今天为止，股指斩半了，很多个股拦腰斩半、再斩半，打到了一两折，但是赣锋锂业还涨了四倍，不会比房价的涨幅逊色。还有天齐锂业：

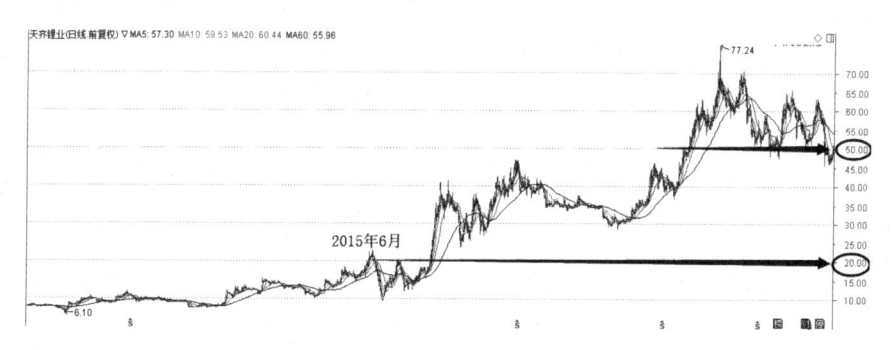

它也是里面的一个佼佼者，2015年6月20块，到现在50块，也涨两倍多，也是穿越了市场。这期间跨度整整三周年，在A股市场你能有一倍以上这样的收益，你已经笑傲江湖了。关键是选择好行业，选择好未来。女怕嫁错郎，男怕入错行，股市也是一样，最怕的就是选错了行业，踏错板块。同样的板块你看赣锋锂业比天齐锂业还好一些，你只要投入这个板块，哪怕取个平均数你也是远远超过这个市场的。所以你对行业未来的理解非常之重要，如果你的投资是几年的时间跨度，你一定要放眼几年而不要太短视，短期可能感受到的是几个月甚至一两个季度都在跟随着市场的跌宕起伏，短期还看得不是很清晰，但是时间越长，这个会趋势就会越清晰。就好像我们跨度一年的新经典：

去年到现在刚好一周年，股价翻倍，股指是巨幅调整，在这过程当中很多个股也是拦腰斩半的，这又进一步说明了，选择好优秀成长性的公司是能够穿越市场的，新经典就是发生在熊市的背景中：

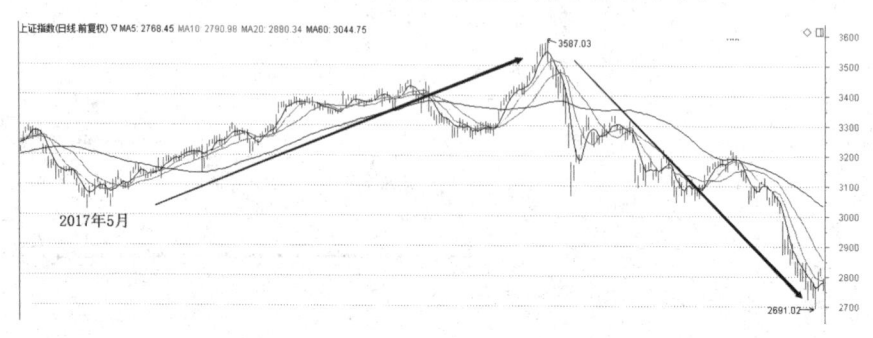

如果你选择的优秀公司出现一波又一波阶段性比较不错的反弹行情甚至是牛市行情，看赣锋锂业：

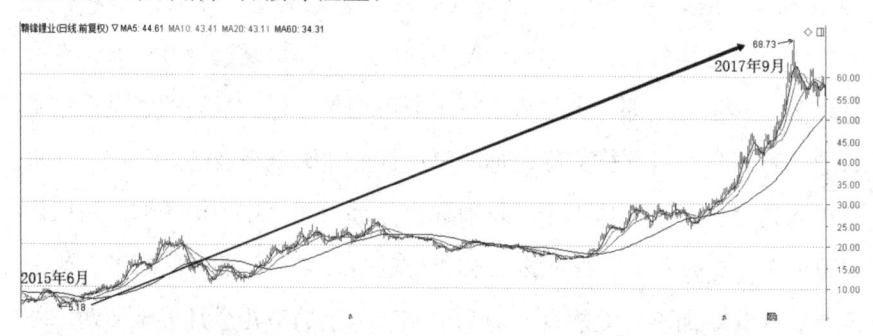

它曾经疯狂过，疯狂的背景是因为当时市场长期回暖，你就会发现这些行业不错的个股。市场一旦回暖，它涨得比其他行业更疯，市场不是很精彩的时候，它也会相对地抗跌，因为行业的发展在这里，所以大家需要积极地去寻找这些我们看得懂未来的行业。我个人认为文化传媒就是其中一个，这里面陷阱很多，会有很多淘汰的公司，但是你只要看得懂，一定会有好的公司慢慢崛起，包括我们的牛散大学堂，别看我们发展刚刚开始，也是一周年，但是未来一旦整合好，它的速度也会急速地往上走，大家不妨拭目以待。我觉得科技板块也是一个好板块，因为跟美国差距很大，肯定会有各方面的政策支持让我们的科技走得更远，这里面肯定会有相关的科技行业是值得我们期待的，比如我一直强调的5G，这里面一定会诞生一些类似新能源这样的牛股。新能源前几年我们也知道是确定性的，当你知道某些行业的发展是确定的时候，你投身到这里面是能抓到一些确定性机会的，这就叫做从不确定性里面去寻找确定性。市场是不确定性的，但是有些行业的发展是确定性的，你找到这种确定性的行业，再找到优秀的公司，你的投资就比其他人要强很多了。我有些时候不太看好周期板块，因为这些行业的发展，从几年的周期来看，你是看得到未来的，走势上反复地过山车，甚至反复反复往下走，在这种的产能过剩背景下，你还要积极地参与它们的机会，我只能是说你买的不是成长性的机会，而是市场博弈的机会，不是不能做，可以做，但是控制好你的仓位，这不应该成为你投资的一个主流，这是我的一个很核心的理念。

【学习温馨小总结】

△ 即使在熊市中也有可以穿越市场的牛股，寻找它们一个重要的方法就是在拥有广阔成长空间的行业里面优选具有行业壁垒的，稀缺性个股，它们或者有技术优势，或者有资源优势，可以高于同行业的利润率生存。

回到我们的课堂，今天讲一讲主力资金出货策略（下）。因为现在市场跌宕起伏，今天的课程刚好挺应景的，讲一讲主力的出货模式和主力出货的一些手法：

主力资金出货策略（下）-短线资金常见出货手法

- 一） 高位巨量高换手

- 二） 高位股分时巨幅震荡

- 三） 龙头与非龙头的出货策略

微信公众号：吴国平财经　　新浪微博：吴国平财经

之前我专门谈过一个换手率的问题，今天的讲课内容就涉及换手率。主力资金是出还是不出，透过它的换手你是能够感知一二的，如果是在相对历史高位，你自己想嘛，它有巨量的换手，说明里面有人在积极地对倒，也就是它说很有可能在对倒中选择套现，这是要警惕的，但是如果在相对高位它的量放得很小，你就可以思考了，就算是它想出，它也是出不了多少，除非这家公司你认为它基本面有隐患，随时有可能崩掉。出不了有两种可能性：一种是想出出不了，只能是维持股价，属于高处不胜寒，这种往往是那种庄股，没有基本面支撑的，随时可能资金链断裂，股价维护不了的时候，啪啪啪连续跌停板；另外一种就是成长股，就好像我们的新经典一样，它在相对高位动荡，换手率非常小，前几天还成了一个网红股了，上了新闻，因为一度在盘中长达十分钟没有交易，这说明没有人去买卖，那你就要思考了，它到底是不是庄股呢？大部分机构持有，股东人数有三千人左右，从资金博弈上来看，它就是一个类庄股的模式，但它是不是真的是庄股呢？庄股大部分是基本面很差的一种公司，或者是基本面支撑不了它现在股价的公司，显然新经典不是，它基本面还是有成长性的，所以它看上去像庄股，事实上偏成长的这样一种模式。

当然大家拿着新经典总会害怕，为什么？因为总会觉得它太缩量了，大家拿着太淡定了，所以这个就是仁者见仁智者见智了，你要做一个平衡：特别是股指这样天天跌，而它又相对抗跌的时候，你受不了，你可以做一个减仓动作，减仓并不是不看好它，而是减完之后你做其他跌的多的个股，做一些平衡，让你的心态更好。当然有人说："我非常有信仰，我就觉得它非常好，在我自己心中值更高的价格"，你要重仓坚定持有，那是可以的，这种方式也是一种策略。但是你要注意，未来一旦出现其它的风险，你要坦然接受，你要有接受这种风险的心态。投资的时候，特别是在相对高位的时候，你要结合自己的心态做一些调整，是需要做一种平衡，还是继续向前走？这都是交易的艺术，但是怎么去看，刚才我从换手率这个点衍生出来一些信息给大家，大家好好去消化一下。

上节课谈了中线主力出货策略，本节课来谈一谈短线主力出货策略：

1. 短线主力出货策略概述

短线主力

- 对于短线个股来说，往往不是一个主力从头到尾运作的，而是你吃一段，后面有新的游资、散户进来，再吃一段；后面再有游资、散户进来……直到见顶。

- 类似击鼓传花的游戏。

- 因此，短线主力的出货，是指人气的破坏、筹码的松动。

短线主力抓住四个字，击鼓传花，为什么疯狂拉升，为什么疯狂地对倒，为什么疯狂地出现巨量换手？就是希望透过这种巨量的换手让人家知道，这只个股你进出是非常之容易的。进出非常容易就会吸引赌徒嘛，比如今天成交量三个亿，换手率超过50%，大家就觉得三个亿，我今天进去一千万、两千万小意思啦，明天就能出来，要的就是这种效果，就是说这张"赌桌"是允许你"豪赌"的，就会吸引一帮豪客过来，大家在里面充分博弈，当然在博弈的过程中，肯定有人输有人赢嘛，输的赶紧走，接下来只要还有人继续加入这个博弈，击鼓传花，它的股价就噌噌噌地上，直到所有人都不敢买了，只剩下一个人的时候，那就戛然而止开始往下调整了，它要出货了就噌地往下走，但是如果外面的人又源源不断地涌进来，它想跌都很难，逻辑就是这样的逻辑。当然如果它真的要跌，我们在盘面是能够看到一些端倪的，有些东西是能够感知得到的。

我们都知道击鼓传花的游戏，没有人认为自己是最后一棒：

各路游资都在传，希望不是最后一棒，但总有人接最后一棒

每个人都认为自己很聪明，绝对不会是最后一棒，这就是人性，那么我们怎么去辨别这里面正在参与的人，很有可能就是最后一棒了呢？

也不复杂，第一个就是换手率，你要时刻地去关注它是不是保持高的换手率？比如40%、50%甚至更多，这是你辨别的一个重要因素；第二个就是它的价格处于怎样的一个阶段？如果它只是刚刚涨了百分之二三十、三四十，这个时候，对于击鼓传花的资金还是有蛮大的欲望的，就是说一般轮着做的资金，它并不会觉得这里涨的幅度太高，所以它还会有向上做多的动能或者是空间，尤其是当市场相对稳定的时候。但是如果它短期已经涨了一倍，甚至更多的时候，你就要小心，因为获利盘已经非常丰厚了，随时可能有一部分多头的资金全部撤出，因为获利盘特别多的时候，参与其中的资金心态一定是很脆弱、很微妙的，都是赌明天，一旦明天不涨，它就马上选择掉头，一旦掉头就会形成踩踏事件，股价很有可能涨了一倍突然间来个跌停，跌停之后再跌停，再跌停……但是如果涨了三十、四十，有人要获利出来，跌一下会有人敢于去承接，为什么？因为很多人会觉得涨幅并不大，我为什么不敢去做它第二棒第三棒呢？但是涨了一倍多，场外的资金就不太敢贸然地去接棒，只有一种情况它才会参与，就是这个主题特别巨大，特别有想象空间，大家觉得涨了一倍也只是开始。

所以你辨别这个价格的幅度到底什么时候可能是出货，那就衍生出第三点了，就是它的主题，主题到底震不震撼人心？比如一个主题，抗癌药研制成功，大家就会想象这会惠及多少个人？以亿为单位的，可能会诞生百亿的利润，当这种东西突然之间横空出世的时候，大家就会觉得，哪怕是翻了一倍后开板，大家也会拼命地拥进去接第二棒，涨两倍三倍，也有人接第三棒第四棒，关键就是看未来的这个想象空间有多大？当然在现在低迷的行情之下，很难诞生这样的机会，所以这个就要天时、地利、人和了，为什么行情牛的时候会出现疯狂，就好像曾经的全通教育，短期之内涨了接近十倍？第一，当时市场疯狂；第二，当时在线教育是很新鲜的事物，很多人会有无限的想象力，不明所以的吃瓜群众就拼命拥进去，涨了一倍几倍，也会有人去接第二棒、第三棒、第四棒……直到大家都觉得不敢想象，不敢相信了，在十倍戛然而止，为什么它会戛然而止呢？客观来说，短期涨那么多已经是非常疯狂了，再大的主题也是如此。所以这几个要素你去融合一下，对你判断阶段性的高点，是有大的帮助的。

所以判断阶段性的高点，你不要仅仅看量价背离、分时背离这种纯技术的方式，还要融入基本面，还有刚才说的几个要素，换手率、涨幅，还有它的想象空间。如果你再深入一点，看看这家公司的基本面是不是未来三年真的很赚钱，是不是符合它当下的市值，如果你发现它再怎么也就赚两个亿、三个亿，现在市值已经达到几百个亿，甚至上千亿，你可想而知这里面的泡沫有多大了，随时有崩塌的可能性。就好像我们之前谈到过的华大基因：

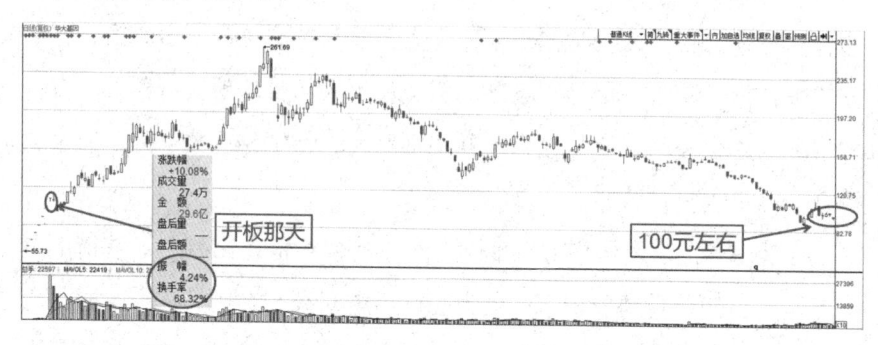

你看刚开始的时候，大家就会想到人类的基因，很高大尚的东西，后来发现就是买一个机器，然后测一测，这个技术含量也不是很高，当你醒悟的时候，后面回归基本面的时候，你看看它的股价走势，最高两百六十，现在不到一百，就是斩半了。当然它一度疯狂的时候，你不能否认换手率还是挺高的，开板那天换手率接近70%，然而最重要辨别的方式，就是我刚才跟大家所说的，华大基因上市开板之后一波又一波，当时是100块，炒完一波接近翻倍，调整几十个点再炒一波，奔往两倍

多的时候戛然而止，那已经竭尽全力了，因为当时这个主题是比较震撼人心的，所以它涨了一倍还能够做第二波，接近两倍多的时候戛然而止。所以涨了一倍之后你就要高度警惕了，华大基因就是前车之鉴，后面一直都是还债行情，因为大家看到基因原来没有那么神秘，最终还要看它的业绩，业绩始终没有看到大规模增长，市场上的股价肯定就进入一个回归的过程。

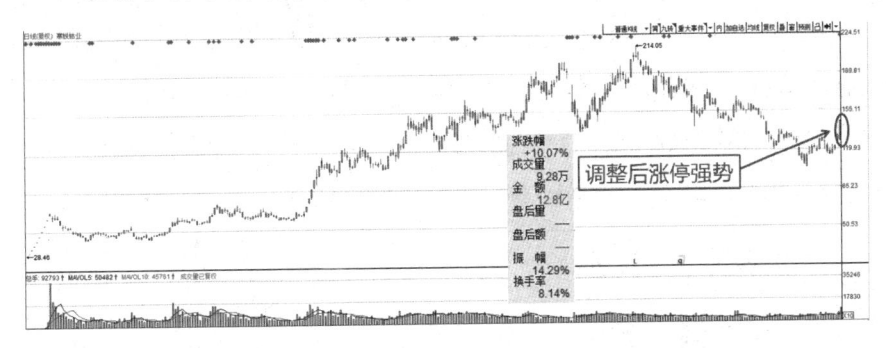

与此同时，大家再看看寒锐钴业也是次新股：

你看它跟华大基因有本质的区别，华大基因抄完一波又一波之后出现了猛烈的杀跌，到现在都还没抬起头，但是寒锐钴业就算出现明显的调整，现在一反弹的时候力度也很强，对比前期高低，第一它没有斩半，现在还有一百四，事实上只是调整了30%左右的空间，在当下这个行情里面应该算是偏强的了，为什么它能够相对偏强，被市场资金敢于参与呢？核心的一点，毕竟它这个行业有一定的护城河的，钴有相对的垄断地位，不像华大基因核心竞争力不是很充足，它的业绩是有一定的保障的，而且它的业绩还能看到在持续增长，所以这段时间市场稍微有反弹的动向，它就涨得比别人要猛，像今天又涨停，道理也是源自于此。

这两个行业的炒作模式、逻辑、思路，是有相似性的。你看生物医药有想象空间吧，新能源的原材料、资源也有想象空间吧，都是有很棒的主题的，所以造就了这两只个股一浪又一浪地上涨，但是最终打回原形的时候你会发现华大基因就跌得非常惨，根源就是它的故事太虚，所以回归的时候股价撑不住。寒锐钴业呢？有故事但是不像华大基因那么虚，可能有六七层故事能落地，可以看到实实在在的业绩增长，跑出来的资金又会重新杀回去，或者长线资金敢于持有或者买进。博弈到最后还是遵循成长为王的一个原则，导致两者有一定的差异。

【学习温馨小总结】

△ 短线主力出货的判断标准，第一是换手率，换手率越高发生行情反转的可能性越大；第二是相对位置，当处于大约百分之五十、百分之百的位置时要提防调整的风险，尤其是上涨接近一倍时的风险更大。

△ 当炒作的题材想象空间足够大，市场环境良好时候，有一些个股，尤其是龙头可能产生股价上涨两三倍甚至更多的情况。

2. 短线主力出货手法

2.1 高位巨量高换手

刚才所说的是衍生出来的一个对比，华大基因跟寒锐钴业的对比，回到我们的短线，先来看第一部分内容：

一）、高位巨量高换手

1. 量在价先；

2. 持续缩量强势拉升后的量能突然放大，是明显的卖出机会；

3. 高换手，是短期情绪高度一致后的巨大分歧，是资金疯狂集中派发的尾声；

短线的换手是非常之重要的。短线强势拉升后，如果在相对高位量能放的很明显，你是要高度警惕的，就像刚才我说的几个方法，你再结合这几个要点梳理一下。高位巨量换手，价格又比较高，而且题材已经有点透支的味道，那就是短线一个重要的卖点，在盘中要辅助量价、背离等等这些技术上的信号，那么你就会更加确定，这是一个短线很重要的卖出时机。

2.1.1 案例分析

案例一：晓程科技

晓程科技：

1) 股价高位：短期股价从7元左右涨到14元左右；

2) 成交额增加到5倍左右：成交额从前几个交易的3-4亿左右，提高到15亿左右；

3) 换手率提高岛3倍左右：换手从15%左右提高到50%左右；

它从7块涨到14块，我刚才所说的一倍左右，对吧？成交额增加到5倍左右，换手率从15%提高到50%，你看这三点是不是都符合？换手率持续增长，价格一倍左右有风险了，题材已经慢慢开始透支了，你看晓程科技就是这样的炒作模式：

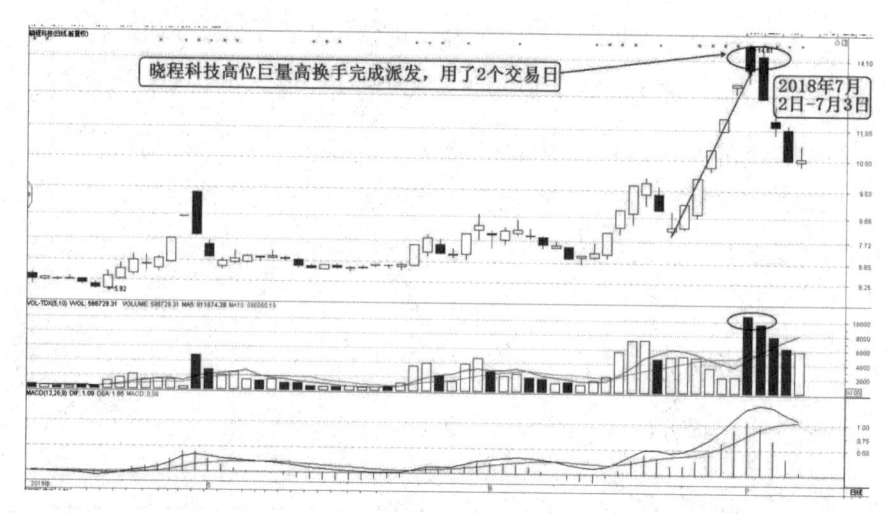

晓程科技完全符合我刚才谈的那些原理，你看三连板的第一波炒作，就算被套肯定会有人接盘，这里跌下来虽然看上去有点杀伤力，但是大家会发现整体涨幅是不高的，就一定会吸引到一些新的资金参与进去，果不其然，新资金进去后就开始疯狂地拉板，又四五个板上去了，上去之后这段时间调整了，你会发现四五个板上去之后，从7块到14块很显然是短期的最后一棒：

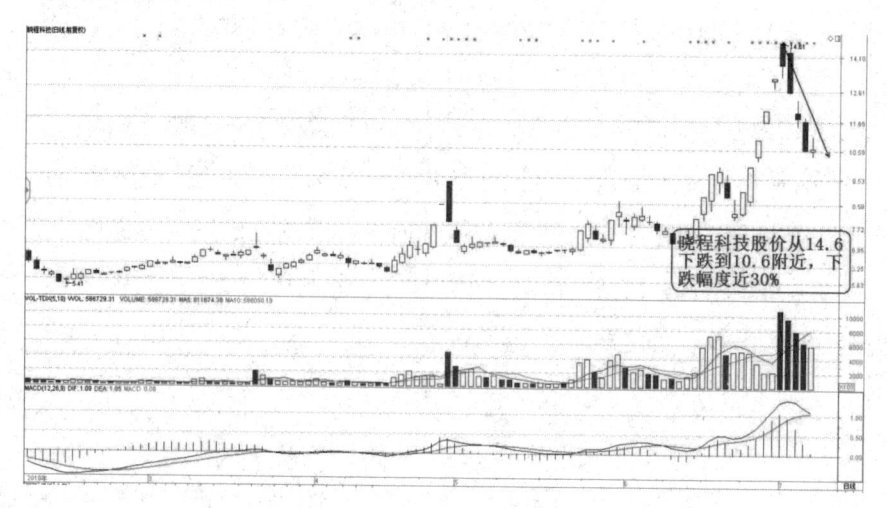

四、主力出货策略

从 14 块直接跌到 10 块，调整接近 30%，幅度也比较大，对比前期交易也比较活跃，所以今天又被资金突袭了一把，但是不管怎么样，今天这里的突袭涨停，换手率依然是很大的：

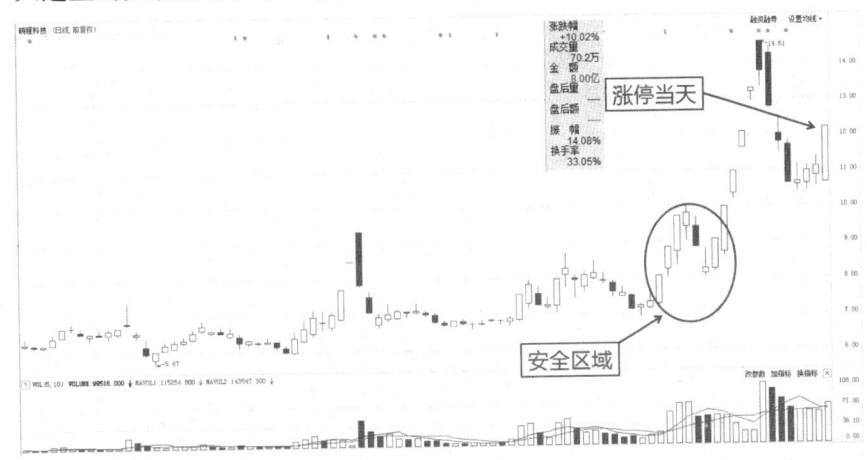

这种突袭依然具有投机性，所以这个位置除非它是继续向上突破，否则你更多的是欣赏，我们要做的是在安全区域去做，这个回档的区域，或者第一波刚刚开始拉升的区域，哪怕第二波刚刚突破第一波的区域你跟上去，也是相对安全的，但是后期的天量换手，价格上涨近一倍，你就要高度警惕了，再厉害的题材也会有短期透支，并不代表中期透支，也许它中期还有机会，但至少它短期已经透支了，你要做一个快进快出的动作了。你看晓程科技短期就回撤了 30%，杀伤力是蛮大的，如果你接最后一棒，短期一下子就亏 30%，所以你就能够理解为什么今天还能涨呢？有可能在这个回撤吃面的一些机构进行一种自救，它可以在回撤 30% 处进去摊低成本，然后今天这个涨停板之后，明天再冲高一些，它就不亏钱了，就从容退出了。如果明天继续涨停，说明它并不是为了解套而来的，它有可能是为了新高而来的，所以我们要博弈融合，接下来的每一步都有博弈的思路在里面，明天涨停，说明这里自救的资金也好，前期潜伏的资金也好，它们是有目标再起一个波澜的；如果没有涨停，剧烈动荡，那么你就要先打一个问号，说明前期高位进去，低位摊低成本的人，今天的这个波动里面选择了套现一部分来降低风险的策略，接下来是涨是跌，还是要看新进的击鼓传花的这些人怎么样想了。

所以一只股票短线是涨是跌，一定要分析这些参与击鼓传花的资金的性质，它们的实力如何？比如说我有5个亿，我刚刚调5千万建仓了，对这只个股来说是好事，为什么？因为我那么高的位置建仓，我接下来肯定还会去折腾它，它可能被我折腾上去了，因为我的实力强劲，但是可能另外一个人拿着5百万，明天看到它动荡了，以为是买点，5百万打进去了，打进去之后打水漂了，就没实力了，后面已经没有增援部队了，如果都是类似这样的人，明天或者后天动荡的过程当中，没有形成合力，那一定各自为战，一盘散沙。交易心态一旦恐慌，就会往下打跌停，跌停之后可能再跌停……所以我想告诉大家的是，很多时候，市场的演绎就是这样博弈的演绎，当然那是一种极端情况啦，对晓程科技目前来说是不可能发生的，是小概率事件，大概率事件可能就是明天动荡，最终靠市场或者靠其它增援部队选择一个方向。

市场的博弈为什么会有意思、很精彩呢？很大程度上我们可能每天需要面对不一样的博弈，你要去剖析这种博弈，这个过程当中你要去思考的是什么呢？你要去思考的还是它的成长性，这家公司到底价值几何，如果你认为它是严重低估，你对这种博弈就可以视而不见，因为最终的方向你已经清楚了，这个过程当中你可以忽略了；但是你对它未来价值不是很清晰的时候，你要重视，还要做一个动作，差不多有一定盈利的时候快进快出，用技术的手段辅助你做好这个波段，这个是非常重要的。

案例二：南京聚隆

南京聚隆——单日换手率高达84%

- 1) 股价短期涨幅70%左右；

- 2) 成交额增加到前几个交易的5倍左右：从平均2亿到10亿左右；

- 3) 2018年5月29日的换手率高达84%

它也是之前一个事件性的机会，原油。我们都知道它会让人兴奋，但是不足以短期涨一倍，还觉得很牛，所以南京聚隆我们可以看到它涨了多少呢：

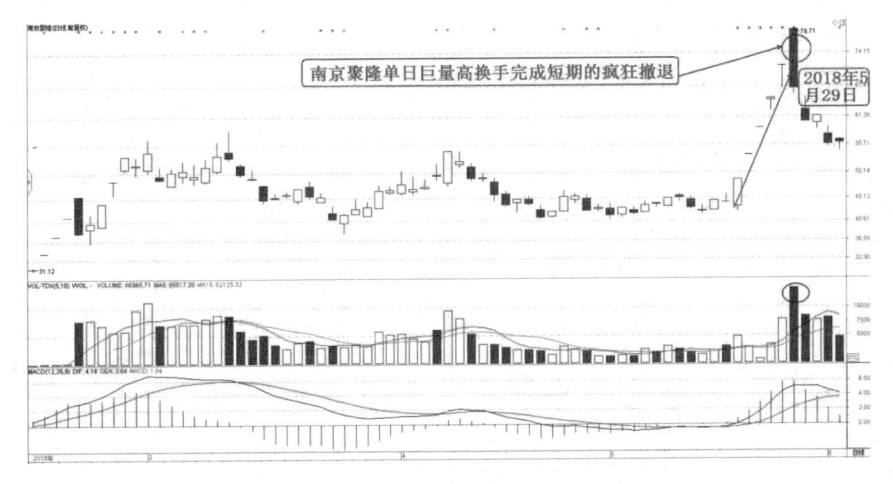

短期涨幅恰恰接近一倍，快进快出，所以资金都不傻。你千万要记住，击鼓传花的资金，接最后一棒的一定是非理性的，如果理性一点去思考，这种题材怎么可能会一倍、两倍呢？当时连板的时候肯定会有很多人憧憬，这个要冲击100甚至更多啦，但是你要客观地去想一下，是不是靠谱的、现实的？第一，题材不具备这种涨幅过度惊人的基础；第二，就是它涨幅到接近一倍的时候，你会发现换手率也很大了，最后T字板5月23号那天就是给你一个非常重要的警惕性信号了。保守型的人这一天都要考虑减一部分仓了，因为换手达到了50%，说明筹码已经趁着这个涨停的时候出局了，前面四连板已经是可以开香槟了，为什么？说明他们突袭非常棒，5月23号一开盘封板，他们继续开香槟，之后发现赚了50%，还有那么多人想搏杀，然后再冷静一思考，这个不就是原油题材嘛，事实上不太可能涨那么多嘛！万一明天封不住的时候，我未必这个价格还能全卖的出去，我手上获利比较多，那怎么办呢？有一两个亿我也要考虑先落袋为安啦。

5月23号当天成交额5.58亿，比如说我有超过一个多亿筹码，肯定要考虑落袋为安了嘛，为什么？一个多亿短期获利四五千万这是什么概念啊！所以一定有人选择套现的，你一砸出来的时候，那些击鼓传花的资金，他们也是赌徒，突然间那么高接了一个多亿，他怎么想呢？我一定要尽快扔给下一波，下一个人啊，第二个交易日就继续忽悠，往上搞呗，幸亏市场也配合，5月29号分时图：

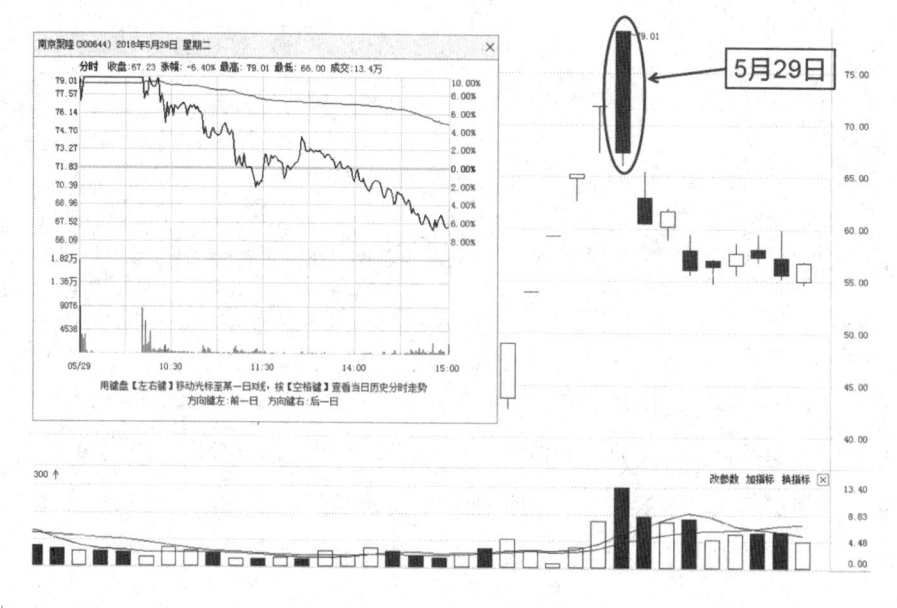

四、主力出货策略

最后一棒就是那些旁边受不了的人，看着人家赢钱眼红的人接进去了，昨天接去巨量筹码的人马上涨停板附近全抛了。昨天进去的那种就是豪赌的人，但是能够卖出来说明他是有勇有谋的，第二天果断地涨停板抛售出去，这玩的就是心跳了，昨天接一两个亿已经是非常冒险了，但是今天还能够引导在涨停板附近把它卖掉，这说明富贵险中求，手法真的是杠杠的，心态也是杠杠的，一般人是做不了的，击鼓传花接最后一棒的人，眼红的人，就在今天这个涨停进去了，进去的人就没那么好彩了，为什么？因为最后一棒接进去的人，往往都是最没有实力的人，涨停就撑不住了，就像我刚才打的比喻一样，我有5个亿资金，扔了5千万元我有办法明天搞上去，你只有5百万元扔完就没了，全都是这种人，那不就是涨停板打开，跌跌不休，为什么后面会越跌越多呢？因为这里面还有很多散兵游勇，虾兵蟹将，当然也包括一些其他的机构，他们获利丰厚的背景下，看到图形不对了，看到盘面已经溃不成军了，当然选择落袋为安，止盈离场。下一个交易日5月30日又继续大跌是为什么？

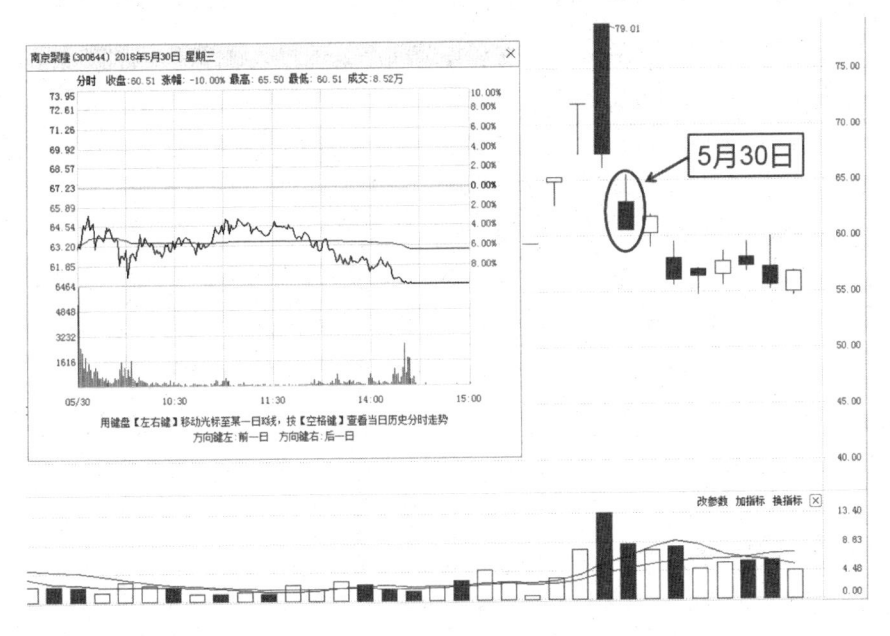

383

止损盘加止盈盘，就是昨天没来得及止盈的资金会选择继续止盈，昨天吃面的那些资金，比如"敢死队"，他会选择止损。我们都知道有一些敢死队，虽然他成了最后一棒，但是他纪律还是非常严明的，第二天毫不犹豫地砍了，他们敢于亏十几二十个点继续砍。止损盘加止盈盘就把这个盘面做坏了，做坏了之后它要休整一段时间：

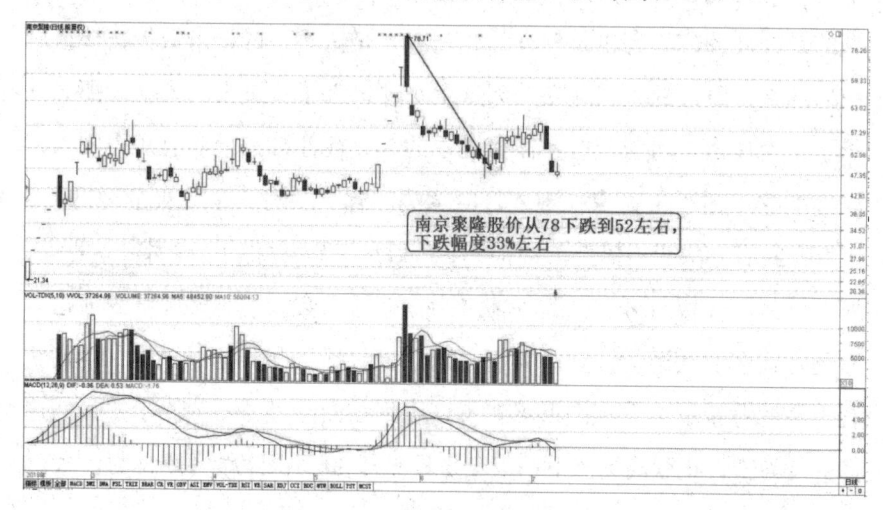

南京聚隆股价从78下跌到52左右，下跌幅度33%左右

　　后面的走势就是惨不忍睹了，你前面那么凶悍，后面都是还债行情。

案例三：中科信息

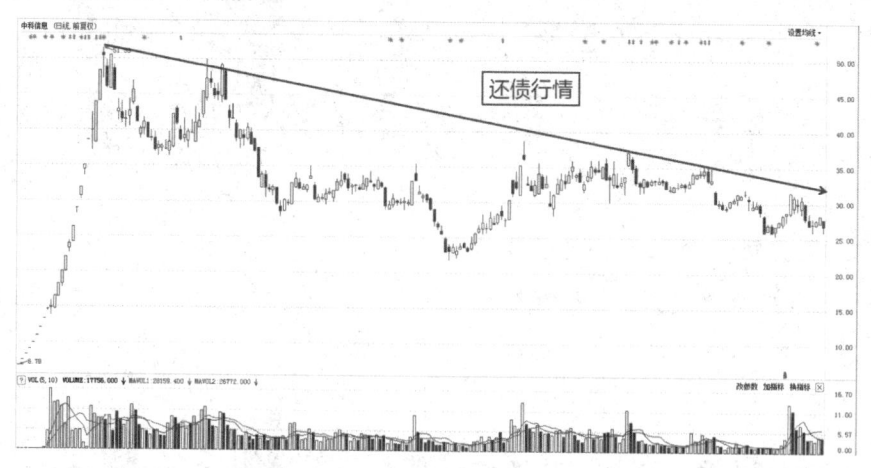

还债行情

还记得这只股票吗？昨日狂欢了，一波又一波炒得很疯，你看炒完之后，当它里面的资金出来的时候，只剩下一些"虾兵蟹将"的时候，慢慢散户化的时候，它的走势就呈现一个边缘化的状态，波澜不惊，这里面已经是人心涣散了，过度分散没有办法形成合力了，而且现在又没有一些震撼人心的东西在它身上，所以它只能选择边缘化的波动，甚至中长期都跌跌不休，这是一个还债的行情，我们要坚决避免的。所以我们只要懂得了这种快进快出短线个股高位出货的方式，你是可以避免很多风险的。

案例四：创业黑马

创业黑马 – 二浪三连板后的出逃

○1）股价从 40 左右拉升到 84 附近，短期涨幅超过 100%；

○2）成交额扩大到前 3 个交易日的 3 倍左右；

○3）换手率从前 3 个交易日平均的 25% 左右提高到 60% 左右；

你看之后就要小心了：

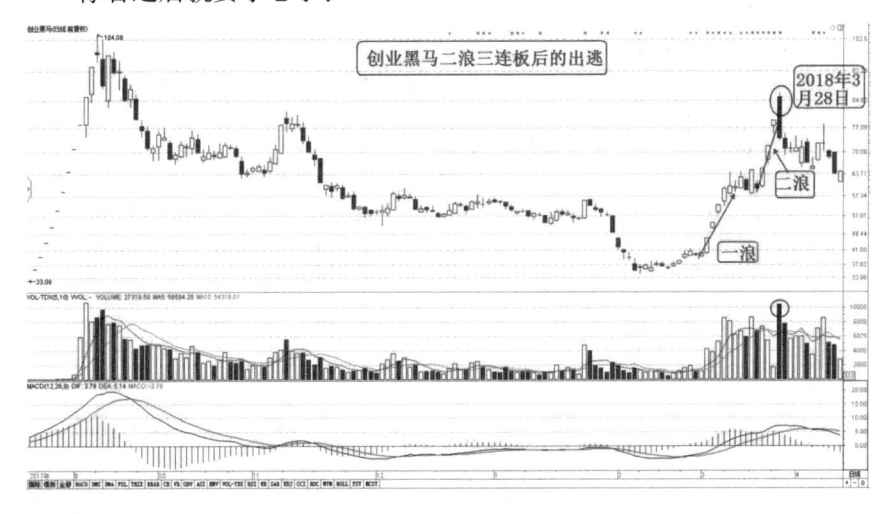

名字很好听，不过杀起来也是不留情面啊：

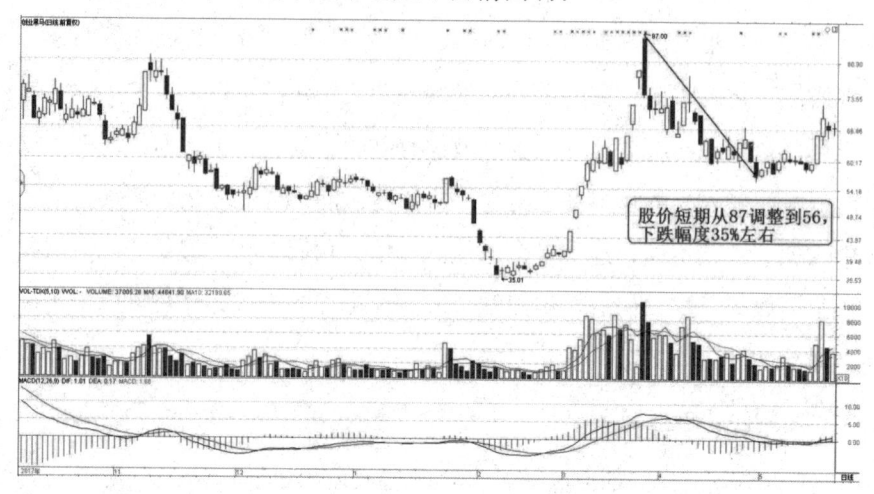

股价短期从87调整到56，下跌幅度35%左右

它也是一波超跌反弹行情，从35直接干到80多，已经翻倍了，换手率又那么高，也就是最后一棒了，题材无外乎就是大众创新这些题材，但是落到实处确实要打一个大大的问号，当然最后就是回归了。回归之后你会发现：

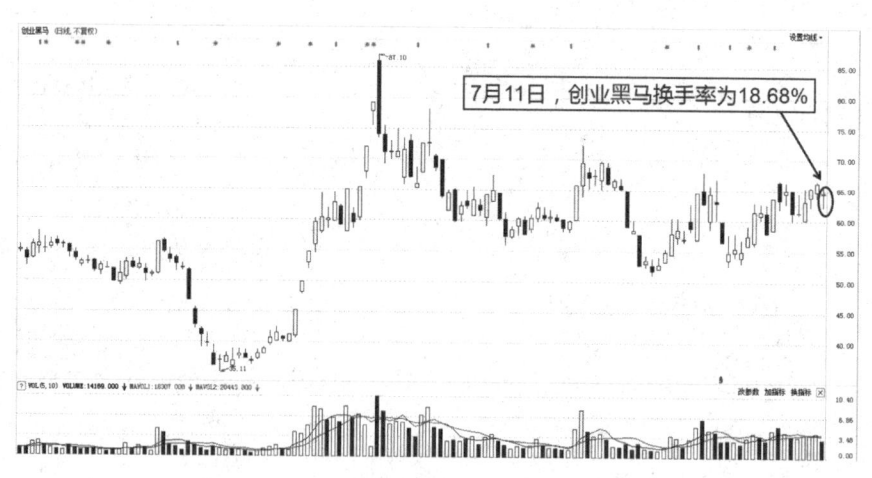

7月11日，创业黑马换手率为18.68%

这段时间，整体来说还算是蛮强的，不像刚才的中科信息被慢慢边缘化。是不是边缘化看换手率也就知道了，黑马这段时间还是有点换手的，所以它还没有完全边缘化，也就是说还有人盯着它，只是没有形成

四、主力出货策略

一个很大的合力而已,而中科信息,为什么边缘化了呢?中科信息换手率只有10%以下了,前小段时间稍微活跃了一下:

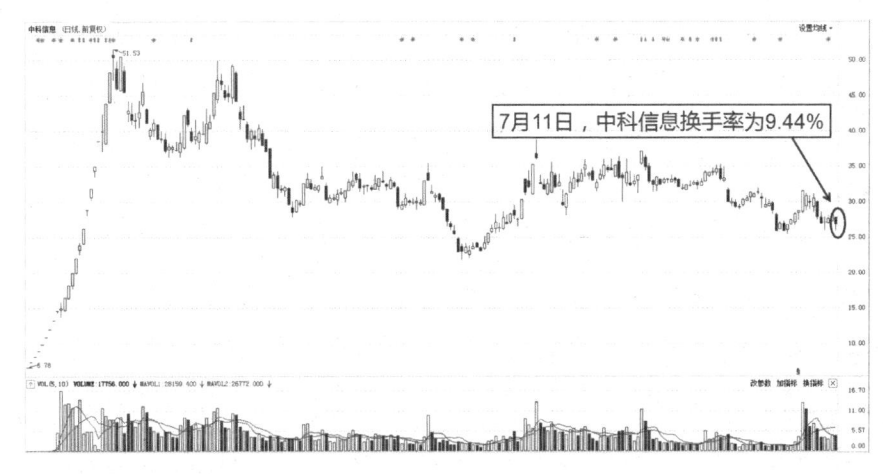

[图:中科信息日线图,标注"7月11日,中科信息换手率为9.44%"]

后面就重归沉静了,对于这些曾经一天换手率50%的个股来说,10%以下就意味着冷清。但是对于一些成长股来说本身就很冷清的,一天换手率一个点都不到,比如说新经典:

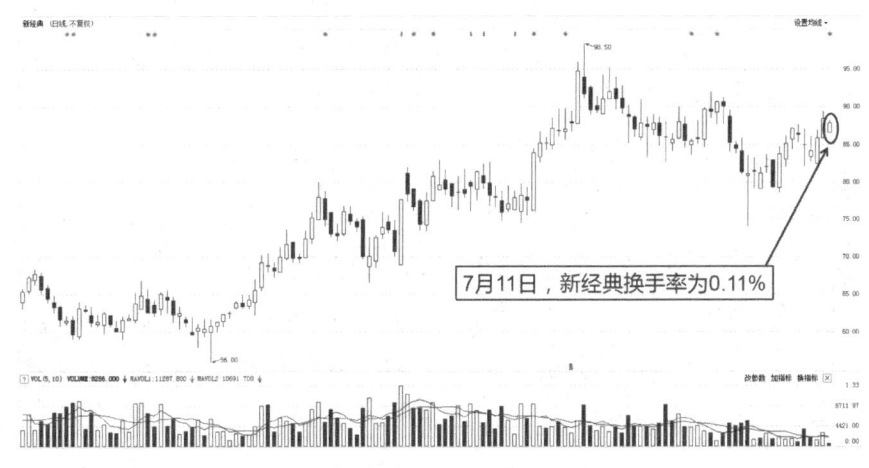

[图:新经典日线图,标注"7月11日,新经典换手率为0.11%"]

换手率才零点几,如果它哪一天突然十个点,那就意味着活跃,活跃也意味着需要警惕。所以不同类型的个股,对同样的东西会有不同的含义。新经典哪一天要是出现10个点,你要警惕;中科信息这种个股,

10个点左右属于冷清，根本无人问津，往往关注它的时候换手率是要30~50个点，所以我们要看个股的属性。我原来有一堂关于换手率的课程，凡是换手率经常保持单日换手率30个点以上，往往也就意味着它属于题材大于实质的公司；换手率比较小的，几个点的，相对高位波动的个股，往往意味着它实质大于题材。所以前者可能是炒概念，炒题材，后者可能是炒业绩，炒成长，这是一个很重要的分界标准。

背后的逻辑跟自身的属性有很大的关系，为什么炒题材的换手率高，背后的逻辑是玩它们的都是短线的资金，短线资金需要快进快出，所以才会炒作这种换手率的很大的个股，为什么有些个股换手率很低，又在高位波动呢？是因为里面的资金买了它当收藏，不是图短线获利的，它们的资金性质是不一样的，它是买进去放一年、半年，有些资金是什么？可能是从银行借来的钱，本来就想着今天进去短期就要见利，要立竿见影，所以它一定是浮躁的，进去就要反复地折腾。

2.1.2 小结

○高位巨量、高换手出现后，短期常常会带来巨大的跌幅，杀伤力较大，值得高度重视；

○策略上是，以短制短，果断离场。

所以我们会发现，刚才有一些个股，在高位的时候，巨量动荡的时候，你会发现它已经脱离了本身的价值，符合刚才所说的涨得多、巨量换手、题材兑现，那好了，一旦这些全部消散的时候，击鼓传花游戏终结的时候，反杀力度、跌幅就巨大了，为什么会大跌？与涨的时候同样道理，羊群效应！涨的时候，各个机构像羊群一样击鼓传花一起往上推；跌的时候，这时不是机构而是散户，羊群踩踏不断击鼓传花地杀跌；涨的羊群是机构群，跌的羊群是散户群，玩的都是人性。为什么涨得很高的时候大家还敢去买呢？因为大家对它未来预期很高；为什么跌了大家还拼命去止损,砸盘呢?因为大家的预期没有了,对未来很悲观,甚至预期要退市,所以跌了又跌。你就会发现很多个股跌的时候,一定是伴随很多利空,或者是负面的预期的,特别是跌会把这些信息放大,最终导致这样一个循环过程,不断加强的负面反馈过程。

策略上来说,一旦看到这些信号,做短线就要以短制短,形势不对果断离场。我个人不太建议大家去玩换手率很高的那些个股,因为你不具备做这些个股的实力,但是有些人手痒,就想要玩,可以的,控制好你的仓位,比如一层仓位,全部亏掉也就10个点,对不对?

2.2 高位股分时巨幅震荡

○高位个股的分时走势要注意几个主力出货的细节,分时的巨幅震荡往往是主力出货而导致的走势,这种分时巨幅震荡表示筹码松动了。

○而股价大幅上下震荡,也是股价多空双方的分歧,往往一天上下波动10个点,这时候阶段顶部风险巨大。

○从盘面可以发现高位见顶的疯狂波动分时特征为:

股价开盘后快速上涨,之后却是放量走低;

上涨量小,时间短,对倒盘偏多,下跌放量。

2.2.1 案例分析

案例一:贵州燃气

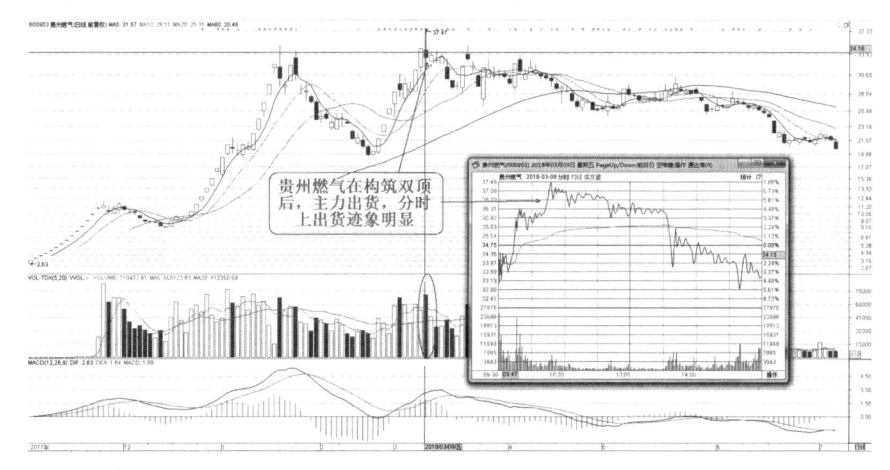

股市主力全局运作盈利体系解析

主力出货在高位分时图中一定会有蛛丝马迹的，你看它在构筑双顶头部的时候，主力出货，上涨量小，下跌量大，这明显是一种开始出货的行情了。

细看分时图：

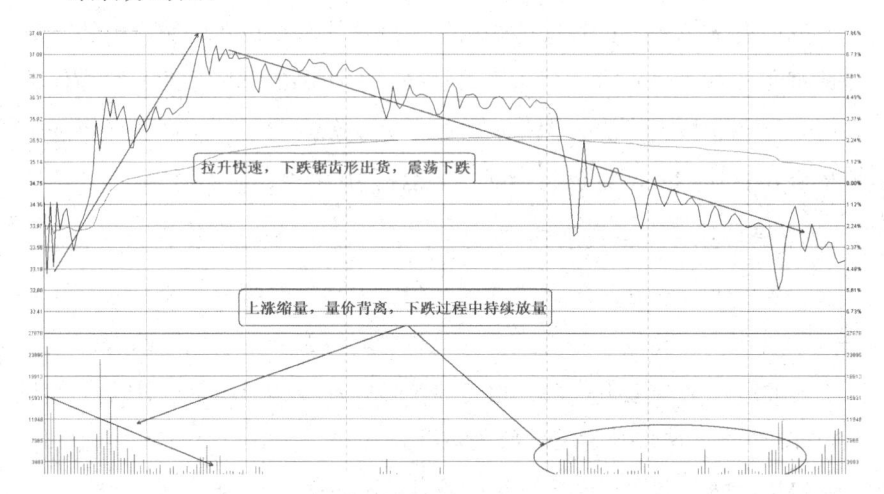

你看第一次拉升还有点量，第二次拉升就明显缩量了，后面下跌就放量，这是一种出货的味道了。

案例二：南京聚隆

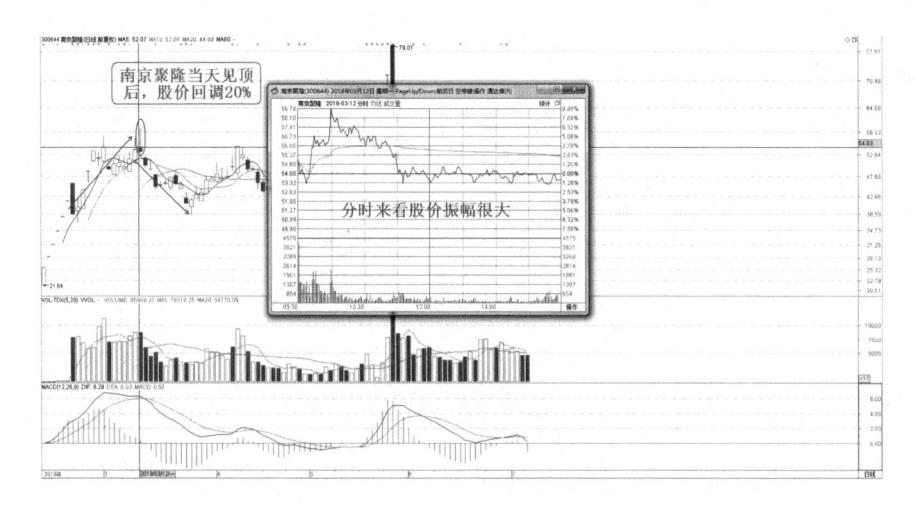

四、主力出货策略

当天冲高见顶，后面股价振幅很大，就是不断地卖，后面就挡不住了。你细看分时图：

图中标注：
- 南京聚隆当天主力出货明显，开盘后快速拉升，而且量价背离了
- 拉升的时间极短，下跌时间较长，符合主力出货策略，震荡出货

南京聚隆出货非常明显，而且量价背离了，拉升的时间早晨半个小时，下跌的时间基本上全天。所以个股在相对高位出货的时候，往往需要吸引跟风盘，它必须要有拉升的动作，这个拉升很明显要用最小的钱起到最大的作用，就是拉高一下，碰到有跟风盘就卖给你，不断地卖给你，最终盘面上我们是能够感知到一些信息的。比如说下跌的时候量不断地放大，很显然它想开溜。

案例三：掌阅科技

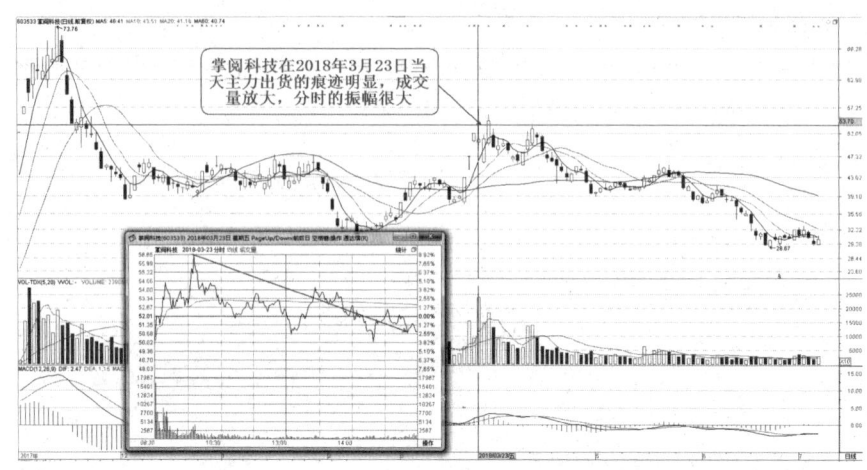

当日它的分时振幅很大，所以我想告诉大家的是，在相对高位的时候，你在分时图上面是能够发现一些蛛丝马迹的，就是高位出货的信号。刚才说的短期之内的涨幅是不是有出货的基础？刚刚涨了二三十个点，不具备的，很多人跌一下还想追进去，但是它涨到五十个点，甚至一倍的时候，你要高度警惕，因为可能它的题材能支撑不住这种持续炒作。另外一点就是高的换手率也是一个必备的条件，不论是南京聚隆，还是掌阅科技，都具备这样的特点。然后再往细挖一点，就是分时图：

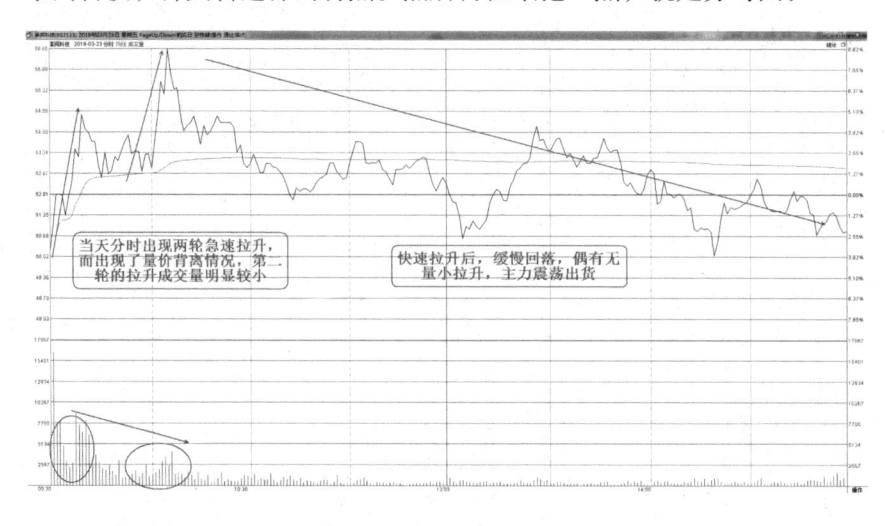

它里面波动很怪异，拉的时候没用多少钱，跌的时候反而是拼命流出，有一些反复很明显的动作，这个时候你要警惕，这进一步确定了短期出货的信号后，你要做的事情就很简单了，就是减轻你的仓位，有盈利快进快出，全部仓位清掉，然后去寻找下一个标的。

2.2.2 小结

○ 1、股价在高位时，分时巨幅震荡很大，说明主力维护筹码稳定的意愿低，也侧面说明主力有可能在出货了。

○ 2、分时无量急拉，后面放量震荡下跌的要注意主力出货的风险。

2.3 龙头与非龙头的出货策略

○对于短线主题而言，龙头股的出货往往会有一个反复的过程，单日直接见顶的概率很小（除非当日换手率奇高、系统性风险来临），很多龙头个股都有二次上冲做顶的机会。

○而那些跟风的个股，市场的认可度、资金的凝聚力都不强，见顶往往很快，稍有不对就作鸟兽散，因此跟风个股的出货是很快的。

○对于短线选手来说，龙头股看上去位置很高，反而是整个板块中最安全的。

○如果龙头都倒了，跟风个股只会下跌得更快。

○所以，短线高手的名言是"死也要死在龙头上"。当然，一般投资者不建议这么操作。

2.3.1 案例分析

龙头，就是说引领整个市场上涨的龙头，它构顶是相对复杂的，像中科信息一样：

案例一：中科信息

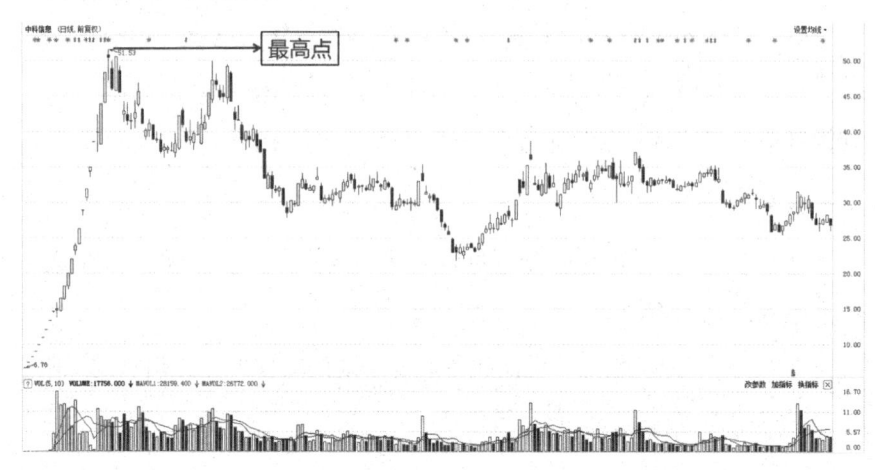

它一度是龙头，这是最高点，它一般还有让你再次触及这个高点的机会的，就算剧烈动荡，你也不用担心它会把你套死，一般都会有个回光返照的，就是会给你全身而退的机会，就好像过去的方大炭素一样：

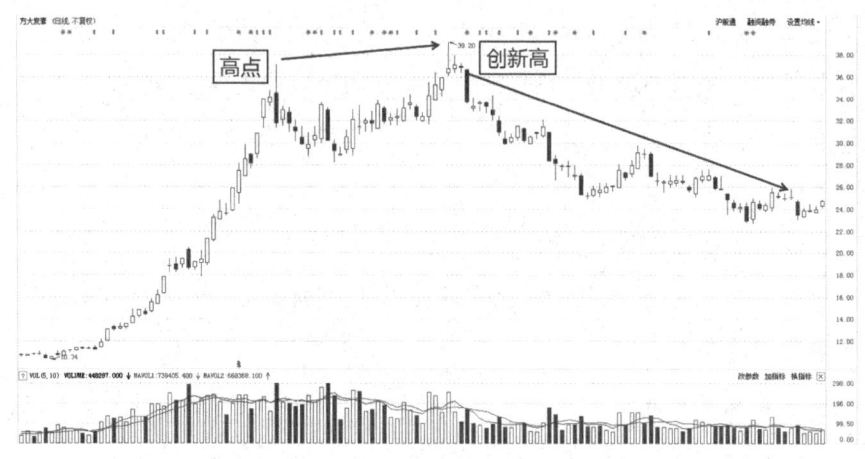

第一次见高点之后，会给你全身而退的机会，第二次还创新高了，后面才迎来杀跌。所以这是龙头的一个特点，龙头在见了高点后，它往往二次上冲做顶给你机会，也就是说让你赚钱，平盘，甚至少亏，给到你一个出货的机会，但对于跟风个股，风险就有点大了，所以有些时候涨的厉害的龙头看上去风险大，实际上风险相对较小；但是那些跟风上

涨的个股，别人已经涨了一倍，你跟风涨了二三十个点，这些个股看上去风险比较小，但风险可能蛮大的，因为这二三十个点本来是不应该涨的，它涨了，意味着什么呢？龙头是高位动荡，而它就直接回到原点了。所以什么叫跟风？跟风就是那些实力不是很强劲的资金进行一种突袭，希望引导其他资金跟随做一把差价的这样一个思路，但是实力不强的资金或者跟随的资金，它们的心态一定是见好就收的，属于那种看到形势不对马上开溜的，龙头都倒下了，那它还不溜啊？止损也要走啊！就是没实力嘛！里面的人本来就是一盘散沙，没有办法形成合力，那不就是崩溃下跌！龙头在高位可能跌5个点，而它可能就封死跌停板了；龙头才跌了10个点，而它可能已经两个跌停板了，完全有可能是这样子。

所以做跟风的个股一定要注意，千万不要在龙头已经涨了一倍的时候，你才去找跟风的。如果是刚刚第一个板的这种跟风，还是可以的，如果已经涨了二三十个点这种跟风，你要警惕，可能要回到原点，这个时候，第一你是不能再跟了，第二是如果跟了，发现形势不对，5个点、6个点，能走就走，这个板块放弃。所以对与做短线的人来说，龙头股看上去位置很高，反而是整个板块中最安全的，因为龙头是万众瞩目的，轻易不会倒，至少里面资金的实力也是最强的，它也有自救的欲望。所以龙头股如果真的倒下了，其他跟风一定是会下跌的。那有没有这样一种情况：一个龙头倒了，然后新的龙头诞生，接替它呢？有，我们当然要看盘面了，大部分情况能够接替这个龙头的，一定是一个非常大的主题，雄安主题就出现类似的情况，炒完这个龙头，调整了，然后又挖掘到了另一个也是雄安概念，未来业绩会有很大的提升空间。好了，新挖掘出来的就接替老龙头了，再炒一波。一定是市场认可度极高的大主题，会诞生一个龙头炒完，又出现新的龙头接替，反复炒作的现象。说真的，这时整个板块的机会和活跃度就变得越来越丰富了。你有个新龙头接替炒，老龙头也会不甘寂寞了，可能你接替我这儿休整一下，你休整我这里接替一下，形成一个非常好的良性循环，这往往是在牛市或者平衡市里面。

案例二：贵州燃气

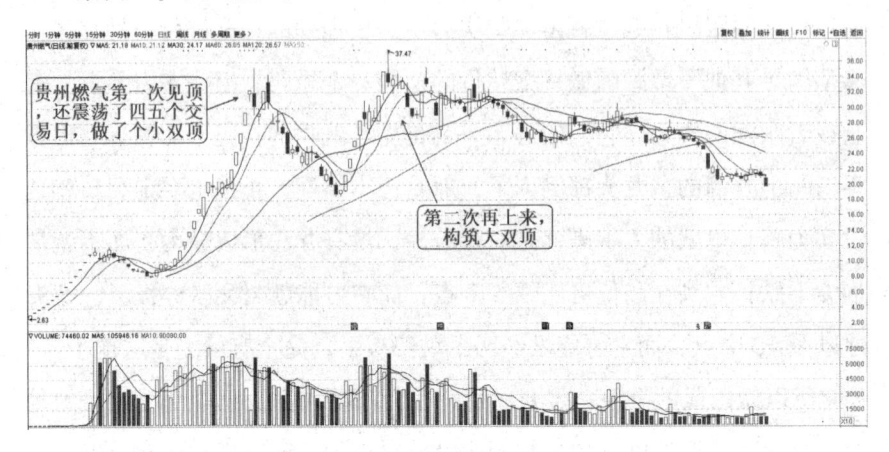

[图：贵州燃气日K线图，标注"贵州燃气第一次见顶，还震荡了四五个交易日，做了个小双顶"和"第二次再上来，构筑大双顶"]

贵州燃气见顶了之后，往往是会构筑这种波动的。

再看一个同样是燃气涨价主题的，佛燃股份：

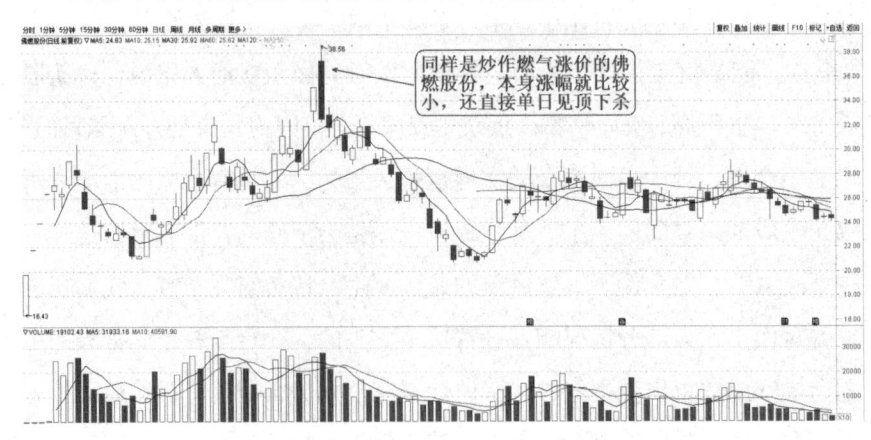

[图：佛燃股份日K线图，标注"同样是炒作燃气涨价的佛燃股份，本身涨幅就比较小，还直接单日见顶下杀"]

贵州燃气在相对高位反复动荡，而且还第二次构筑大双顶，而佛燃股份看到贵州燃气见顶了，就直接杀下来，不是说从哪里来跌到哪里去，而是跌到起点以下，杀得那么惨。

再看，跟风个股华通热力：

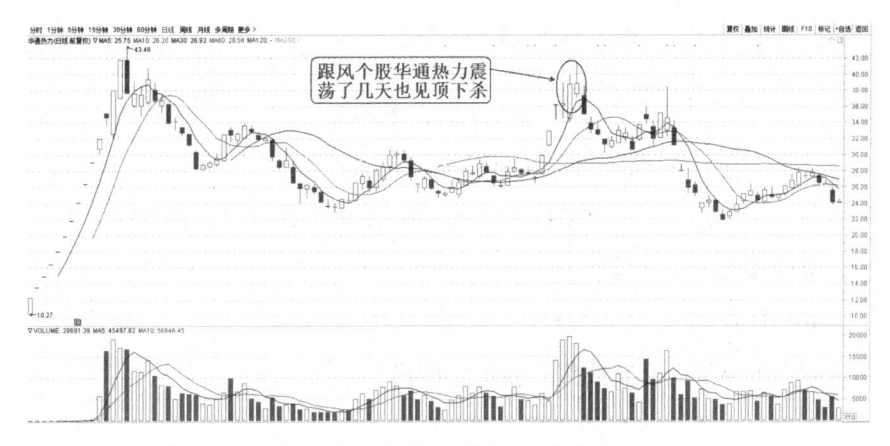

也是动荡几天继续下杀,都是这样的一个特点。

案例三:亚夏汽车

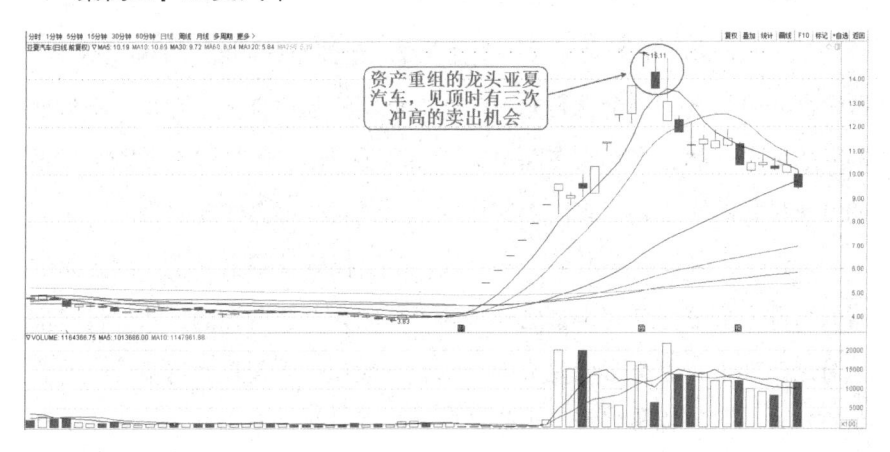

哪怕见顶了,它也会给你一些机会,不小心追高的人都有个全身而退的机会。所以做短线就要做龙头,若做不了龙头,你做跟风就要注意在什么位置去跟?刚刚第一个板是可以的,第二个第三个板要看龙头,你觉得龙头股有很大的风险,就不要做了,放弃。跟的龙头尽量控制在第一个板这个阶段去把握,相对比较安全。

3. 短线主力出货手法总结

○ 1. 高位巨量高换手——高处不胜寒；

○ 2. 分时巨幅震荡——以微知著；

○ 3. 龙头股有反复冲高卖出的机会，跟风个股经常直接见顶下杀。

最后布置一个作业：

★ 作业：

☆ 列举案例分析短线资金对应的出货手法。

大家今天把我分享的案例、思路好好地去消化一下。怎么去辨别龙头？非常之简单，龙头就是连续涨得最高的，比如说5G热点题材，你看板块内哪个涨幅最高，市场人气最好，换手率也不错的，它就是龙头啦！就这么简单，市场会形成一个龙头的。最简单的判断依据就是涨幅，哪个涨幅最厉害，哪个就是龙头。比如近期的福达合金，它肯定是近期的龙头股之一啊，当然它在高位就算要动荡、出货，你参考我刚才所说的龙头出货的手法，还有出货的特点，它最高位都会体现出来。

龙头什么时候能看出来？三个板、四个板就看得出来了，刚开始的时候，涨了百分之三四十就已经清晰了，因为一个所谓的龙头，没有涨百分之三四十，怎么形成龙头呢？你看一般在一个真正大行情中，龙头是有接近一倍涨幅嘛！所以当你发现龙头的时候，百分之三、四十你再跟进去，未来还是有三四十的空间的。当然有人说我能不能在一开始，十几二十个点就发现龙头呢？当然也有可能，但是需要你对这个行业、这个板块有非常好的前瞻性，有些时候你可能第一个板就发现龙头了，为什么？比如说今天晚上公布了一个重大利好，比如海南板块，第二天罗牛山高开最高，最快封住涨停，这个就是龙头嘛！率先封住涨停，率先突围，封单也最多，那就是龙头！如果你认可这个板块，就重点做这个标的，第二天它高开或者怎么样，你就阻击你认定的龙头个股就行了，市场也会形成合力，这样就会强者恒强。所以这是从第一个板的时候，你就能看出来的，一定要结合市场的消息面，市场的主题面；就比如说接下来可能炒高送转，你就寻找中报高送转中哪只个股率先崛起？比如接下来炒文化传媒，哪只个股率先涨停，接下来持续性如何，是否连续涨停？这些就是龙头的一些特点，龙头这个地位是在博弈当中，在市场变化当中慢慢自然形成的。

好了，今天就跟大家分享到这里吧，欢乐的时光总是特别快，希望今天收盘的2777.77会是一个幸运的开始，也希望我们所有的牛散大学堂成员也会迎来一个幸运的新开始，我相信我们一定会慢慢越走越好，越走越远，越来越强大。

五、主力全局运作策略

2018 年 7 月 18 日

牛散大学堂——学最好的课程，做最牛的散户

学习须知：

1. 主力全局运作前的准备有常识准备和资金准备，常识准备包含筹码、账户、消息三个方面，资金准备包含建仓资金、拉升资金和备用资金；主力运作过程其实是资金和股票不断循环的过程，资金的全局准备工作至关重要；主力全局运作策略分为建仓策略、洗盘策略、拉升策略和出货策略。

2. 牛散大学堂股威宇宙等级划分为：大学生级别。

课前综述：

很高兴又来给大家上课了，今天的市场呢，虽然是一种震荡反复，但是我们成长为王的这个标的新经典，大家有目共睹，再创历史新高。我们来看一下：

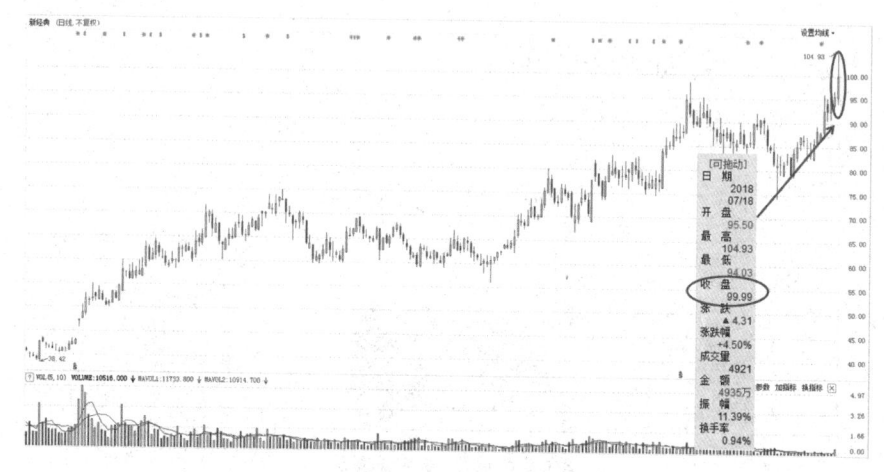

今天收盘价也非常吉祥，99.99，非常振奋人心啊，在如此低迷的市场背景之下，验证了我们国平成长理论自身价值，不管市场如何，总会有那么一些个股穿越市场，穿越牛熊，我们从开课以来，一直当案例的就是新经典，它也是真正做到了这一点。去年七八月份40块左右，到今天为止100块，大家可以想象一下，40万块变成100万块，涨了2.5倍了，在这过程当中呢，股指是下杀的，很多个股跌得非常惨。你看上证指数：

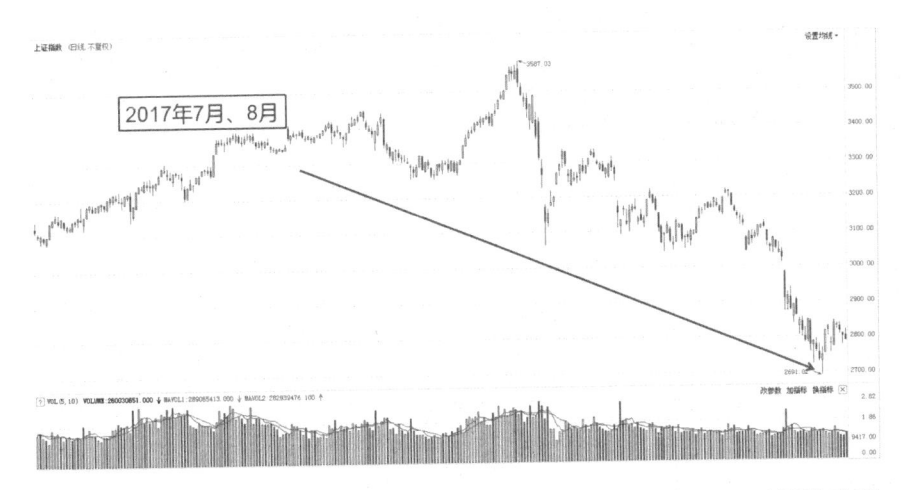

2017年七八月份是3000多点，现在只有2700多点，上证指数杀了十几、二十个点了，创业板更不用说了，很多个股在这个期间内，别说涨，跌少一点都很稀罕，大部分个股都是杀了50%以上的走势，新经典能够傲视群雄的根源是什么，为什么它能够这样穿越市场呢？我希望大家在学习的过程中，一定要深思这个问题，总结出来，然后我们才能寻找到下一个新经典，最终成为市场的赢家！当然这个过程当中，我们也有踩地雷的个股，但是这没有办法扼杀国平成长理论自身的价值，所以在这个时候，我们更要坚定的去完善它，运用它，把握它，这才是我们未来成长之路。

透过新经典我们可以得到一些思考，一些启发。近期我们推出了《国平成长日记》，希望大家好好看一下，是我的一些没有公开的随笔，是蛮有深度的一些思考，内容涉及的很多，有股票、期货等等。大家在感受我的思考过程中，会得到一些不错的启发，所以《国平成长日记》是送给大家的，是相信我们国平成长的粉丝朋友们的一种福利吧，你长期的去感知、学习的话，思想上肯定会有所突破的。

那回到我们今天的课程：

主力全局运作策略

- 一）运作前的准备；
- 二）运作期间（建仓、洗盘、拉升、出货）的相关策略。

- 下面一张图，比较经典地反映主力的运作过程。

主力全局运作的策略是什么？就是运作前的准备、建仓、洗盘、拉升、出货每一个阶段的策略，待会儿跟大家详尽的分享。其实很多人都渴望找到下一个新经典，我告诉大家，就算我们真的能选到下一个新经典，我也百分之一万地肯定，在这个过程当中，一定会经历非常多的波折、非常多的考验，最终能吃到下一个新经典的人，肯定是少数人，凤毛麟角。

所以说不是一下子就能找到下一个新经典，就好像做股票一样，你不可能把把都赢啊，对吧？但是按照这个思路去做的话，十个里面可能会有那么几个走出这样的走势，那走出来之后怎么办，没走出来又怎么办？这就涉及到策略的问题了，所以我讲主力全局运作策略，就是希望大家能更清晰的认识，股票不是说像新经典去年 40 块，今天 100 块，去年买，今天卖，这么简单就赚 2.5 倍了，听起来是很简单，但是在整个过程当中，你知道我们经历了多少次的小型股灾？每一次股指都要经历一种大的冲击，包括新经典本身不是一帆风顺的，它也是经历了很多磨难才走上来的。

五、主力全局运作策略

[图：新经典日K线走势图，标注有"MACD背离"、"一波三折"、"解禁"、"股灾"、"动荡"等]

40块这里突破涨停，每一个K线都代表当时的一些语言，每一个K线背后都代表一种博弈，在这博弈当中，你的策略是否是对的呢？一直拿到现在是非常正确的，但是你不一定能坚持这种策略，可能你在某个位置想做差价，后面经历小型股灾，很多个股崩掉而它没跌，你是不是担心补跌？在这下杀过程当中你是不是被三震出局了？完全有可能。这里没有出局，那在后面的动荡过程你也有可能被慢慢清洗出局。到现在为止又是一种考验，所以事后回过头来看，从起点到终点，融合了整个过程之后，你会发现真的不简单。所以未来我会把亲身经历的过程呈现给大家，也许是放到我的书籍里面，让大家好好的吸收和学习，它会对大家的操作、全局的思考有极大的启发。这是我们未来金融文化的一部分，我会坚定信念做好这些东西，所以希望大家一如既往多多支持我们。在股指还没有真正走出来之前，希望大家要看到未来。就好像之前新经典一样，在40块区域你能看到未来，那你就是赢家，虽然这个过程中会有痛苦，反复动荡的痛苦，但是坚守一年的话，你的收获会是非常巨大的，所以我希望大家有这样的思想，那样我们才能更好地前行。

不要因一时的折腾，一时的困境，一时的损失，而丧失对未来的信心。

为什么我能长久活跃在这个市场，我之前分享过，我有过爆仓，有很多操作上的失败，但是我这个人的特点是什么呢？第一个，从哪里跌倒就从哪里爬起来，不服输啊！第二个，我的心态还是比较积极、乐观的，我会想办法把这个压力调整为动力；然后，最重要的是，我们毕竟在这个行业里面，经历那么多之后，有一套属于自己的系统，或者是有一定的能力，不断的成长。国平成长理论一方面帮助大家成长，另外一方面也是帮助我们自己更好地去成长，所以在这个过程当中，需要大家一起风雨与共，坚定前行，最终才能收获到胜利的果实。这个过程跟股票的波动是一模一样的，从起点到终点不是一帆风顺的，像新经典这个过程当中经历了多少的考验，才能走到最高点。就好比巴菲特一样，大家回过头来看，他是股神，但是大家知道一开始跟着巴菲特投资的人最终还剩多少？其实有数据的，我告诉大家很残酷，最终跟到底就剩下那么一两个，为什么？因为在这个过程当中，市场会有动荡，巴菲特自身的投资也是有起伏，不可能永远那么顺利，在这个过程当中会洗掉一大部分不坚定的人，就好像现在跟随我的投资者，从始至终能够坚定跟随下来的，最终一定是少数人，因为市场是在变动的，我不是股神，也会有阶段性犯错的时候，所以最终能一起走到最后的人不多，能坚定吃到大波段的凤毛麟角，包括新经典的每一个阶段，我和大家分享过，看起来容易，能做到的很少，道理如此，做股如此，做人亦如此。

好了，来看一张图：

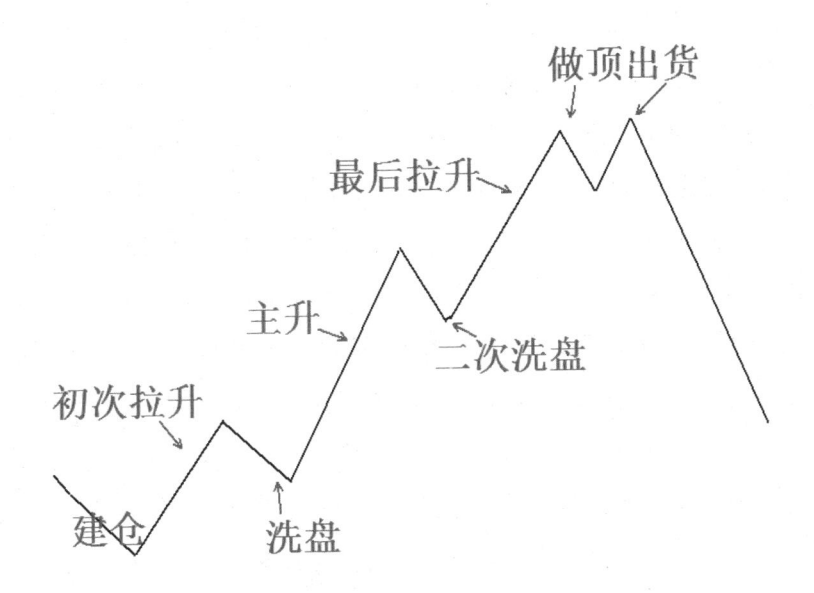

现在新经典肯定不是建仓阶段了，也不是初次拉升，主升呢？应该类似这样一种状态，所以它可能还有最后拉升和做顶出货的状况。现在还想进新经典的话，肯定是不适合的，或者是你的难度非常大，我的国平日记里谈到，现在不是初次建仓阶段，你没有底仓，现在去参与是很被动的，就是说你参与进去的话，就是一个动荡，可能被三震出局或者忍受不了，就是这么简单的道理，它是属于中后阶段而不是初期阶段，所以我们对一只个股正在处于什么阶段，你要非常的清晰。但是市场跌那么多之后，很多个股已经处于建仓，或者初次拉升，或者是洗盘的阶段，所以我觉得未来还有很多的机会，为什么我们要再寻新经典？我认为市场是会给我们这样的机会，现在市场很多个股处于这样的状态，这里面一定会有类似或者错杀的标的，一些新的好的公司正在酝酿并脱颖而出。

所以呢，面对目前市场的这种洗礼，我内心深处是窃喜的，因为它带给我们未来中长期的机会，当然这也加大了我们的难度，因为没起来之前，谁知道它能不能起来？未来的市场博弈会越来越复杂，现在上市的新股越来越多，股票不像商品期货只有那么几十个，也不像以前的股市只有几百家，现在是几千家，眼都看花了，对吧？你不可能每只个股翻一遍，就算你做到了，其实也是非常耗时间、耗精力的，那这个时候，我们在选择标的的时候，难度是增大了很多很多的，所以为什么我们更加的要提升自我，就源于此，而且这里面的雷也有很多，将来会有很多退市，所以在这个行业里面，中长期的发展趋势就是去散户化，事实上现在就是如此，搞得散户没得玩，玩不下去了，明白吗？国外就是这样子，散户已经去的七七八八了，全是机构博弈，所以很多时候，很多人在喊口号，我们要跟国际接轨，我们的未来充满机会，其实恰恰相反，越是跟国际接轨，制度上的红利或者机会就会越来越少。有人认为曾几何时，我们退市机制没那么完善的时候，所有ST股都有可能乌鸦变凤凰，我们市场上有一种盈利模式是什么？ST戴帽，在这些个股跌的足够惨的时候，闭着眼睛买，赌它一定会重组，一定会大涨，但是这个逻辑在现在行不通了，这就是过去保护性制度带给我们的逻辑和盈利模式，而现在一切都在变。

所以我们强调的一个核心理念，就是成长为王，这个成长为王放之四海而皆准，不管市场如何千变万化，成长这个东西是可以穿越牛熊的。那么怎么去做这个成长，怎么去看透成长？这就是我们要不断从各个维度去提升自己的一个很重要的原因。说起来容易做起来难，就好像做股票，说起来很容易，低买高卖，但是你真的参与博弈的时候就会发现：低，什么时候是低？高，什么时候是高？买，怎么买？卖，又怎么卖？用什么样的策略？……一系列问题你头都晕了！我说一个观点，比如说很多人花一个星期去看一本制造原子弹的书，对于这样的书，大部分人都会支持一个观点,是什么?你看了一个月也好,一个星期也好,肯定没有人会说,这哥们能造出原子弹了,是原子弹专家,没有人会这样认为,因为这是非常专业的,不是你看两本书就能够成为专家的。但是我相信有些人会这样子,看了我的书或者某一篇文章,学习了一个星期,弄懂了一些方法,就觉得自己已经迈入赢家这个行列,是半个专家了,我觉得持有这种观点的人有不少,为什么呢?因为股市跟原子弹的门槛是不一样的,造原子弹你要掌握很多复杂的知识才能踏进去,而股市的门槛,从某种意义上来说是很低的,每个人都可以参与,而且任何人都有50%赢的概率,你买一只股票,不是就是涨,就是跌,看上去蛮容易的,但是入门容易,出师难啊!当你真正地参与博弈的时候,你会发现持续赚钱真的不是那么容易的!但是会给大家产生一个错觉,学了芝麻点东西,就可以班门弄斧,肯定能够赚到钱,希望大家纠正这个错觉,永远抱着一种谦卑的心态,不断地提升自己,学会独立思考,不断总结经验,慢慢就会在这个市场博弈当中成为少数的赢家。

【学习温馨小总结】

△ 运用主力全局思维首先需要思考这只个股是处于主力建仓、洗盘、拉升、出货哪一个阶段,针对不同阶段我们采取不同的策略方能赢得胜算,这一点是我们本课要把握的核心。

△ 随着中国股市逐步与国际接轨,市场制度规范越来越完善,会有越来越多绩差公司退市,所以选择业绩优秀,不断成长的公司才能够避开踩雷的巨大风险。

△ 股市的参与门槛很低,但是能够在市场中持续盈利却很难,如果你只是把股市当成赌场,那么迟早会把本金都赔光,所以拥有持续学习的心态,培养出抗压的心理素质,以及永不言输的意志才能最终磨炼出一套适合自己的盈利体系,实现持续盈利。

1. 主力全局运作前的准备

好了，先来看主力全局运作前的准备：

一）、主力全局运作前的准备

- 1. 常识准备；
- 1）筹码；2）账户；3）消息

- 2. 资金准备；
- 建仓资金、拉升资金、备用资金

微信公众号：吴国平财经　　新浪微博：吴国平财经

为什么要全局运作？对庄家而言，做一只股票就像打仗，军马未动粮草先行，准备好了才可以轻松展开战役嘛！如果是匆忙上阵，那肯定是溃不成军的，因为有可能被敌方突袭啊，所以我们全局思考，就一定要想清楚现在是什么样的局面，知彼知己才能百战不殆。就好像现在这个市场，多方掌控着什么，空方掌控着什么，我们现在要打什么战，是一个大级别的战役，还是中型或者是小型的游击战？一些资金量很大的人，他要看的是多方的动能，消息面，筹码各方面是否很充分？比如说他掌握了较前沿方面的消息，未来两个月可能会出台一系列重大的举措来支持股市发展的话，这就是一个非常重大的信息，那从全局思考来说，拥有信息同时又要掌握相当资金，储备和布局好相当的筹码，只等号角吹响，马上发动总攻，全局运作就是这样展开了。当然，我刚才说的是大资金的思路，对于小资金，如果没有这种全局思考的话，就会陷入一般散户的思路，看到图形好就干，感觉不错就杀入，感觉不行就卖了，这种小打小闹没有全局思维的人能赚大钱吗？我认为非常难。大部分人赚的是一种乐趣，赚到的是一种折腾，最终一场空的概率是比较大的，因为你没有全局思维，你没有去深入的思考。

所以有全局思维、深入思考的人慢慢就会在市场厮杀中脱颖而出，因为他的视角不一样。

1.1 常识准备

1.1.1 筹码

1.1 筹码

1) 筹码，一般是针对流通盘来说的；

2) 流通盘中20%左右的筹码，可以当做锁仓筹码来看待，这部分筹码可能是大股东掌握，也可能是长线投资群体掌握；

3) 资金控制了30%的筹码，基本上可以左右股价的走势，如果控制了50%的筹码，基本可以操纵股价走势。

一家公司有流通股和非流通股，我们主要看流通股，流通股有多大？然后我们采取相对应的流通股的策略，比如说华大基因：

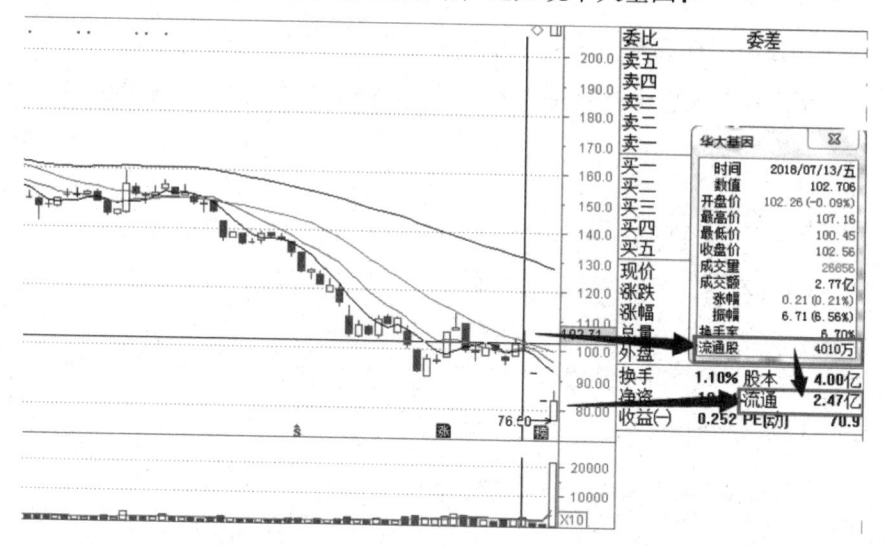

这段时间跌得很惨，今天开板了，它这两天刚刚巨量解禁，本来它的流通股没有那么大，几千万资金的流通股，现在突然多了一两个亿资金，那你去做这个股的策略，你的思路就要完全的改变。比如说它原来是一个中盘股，流通市值几十亿资金的盘子，那现在变成两百亿资金的流通市值，大家可以想一想，你原来拿着5个亿资金，在华大基因几十亿资金的市值里面就可以兴风作浪了，或者说这个仗你有的打，但是现在你拿着5个亿资金去面对两百亿市值的时候，这个战就不好打了，说真的很吃力，除非你是诸葛亮，你可以以小搏大的方法、技巧，还要控制好火候，才可以用5个亿资金在这个博弈里面获得比较好的战果，否则你是非常之难的，所以一开始你就要看清楚对方筹码的情况。

那主力怎么样才能够把握股价的走势？你可以假想他为一个人，但事实上这个主力不是一个人，他是一个群体，是N多个机构，就好像新经典一样，它这里主力不是一家机构，可能十几家，甚至更多家，组合成为了一个所谓的主力。为什么叫它们主力？因为这么多家的话，它们的思维、运作是能够形成合力的，一定会在某一个阶段做到一致性做多的，或者一致性做空的，这样就形成了对盘面具有一定的主导作用，造成最终的结果。主力一般要控制多少的筹码呢？资金控制了30%的筹码，基本上可以左右股价的走势，控制了50%的筹码，基本上可以操纵股价走势。

新经典大家可以看看它的股东人数，现在才三千多人，某种意义上来说，已经是极度少了，我上次特别研究了新经典，如果它的股东人数少于两千人，这家公司就要退市，吓到了吧？因为低于两千人呢，它已经不能作为大众公司了，而是叫私有化的公司，所以新经典的筹码在不断缩小，缩到两千人以下的话，那交易所可能就要强制它退市了。不过，这个上市公司肯定有办法解决的，现在还有三千多，到两千以下再说呗，而且也不是说到一两千人就马上退市，而是持续一段时间低于两千人的话，那就要退市了，不过至少有时间准备嘛！我只是告诉大家，股东人数越少，它的筹码就越集中，如果在里面的机构能够有统一意志的话，那么就很容易形成合力，左右股价的走势。

所以为什么新经典的走势相对独立啊？很重要的一点，就是里面的资金能够形成合力。为什么很多个股股价走不上来？就是没有合力嘛！为什么没有合力？都是虾兵蟹将，都是散户。为什么机构容易形成合力？因为很多机构是全局思维，它懂得现在是什么阶段，懂得只有合力才能共赢；但是散户不懂，第一个没有全局思维，第二个他也知道合力才能共赢，表面上说绝对跟大机构一起奋战到底，而一旦入局，特别是有一点利润的时候，马上小心思就出来了，一盘散沙，相互厮杀，而且这部分人的情绪很容易受到市场的影响，股指一跌它就很悲观，一涨它又相互折腾，因为很多人在做短线，所以这些个股的波动没有那么流畅，换手率比较高，因为都想赚快钱，它很难形成一种非常大的合力；当有些利空出来的时候，很容易出现突然下杀，甚至跌停的走势，因为大家都想夺路而逃。但是对于机构形成合力的个股来说，它对待各种消息比较平静，能够淡然理性处之。像这类个股，特别是涨幅比较大的，很多散户也不敢买，所以本身散户就很少，干扰因素不多，很容易形成合力。只要里面的机构都有全局思维的话，它很容易形成越涨越多，越走越高的走势，而这个时候，场外的散户只能感叹老天不公，但是却不感叹自己为什么不能拥有全局思维？若是你有，那你就可以坐主力的顺风车嘛。

所以为什么要大家有全局思维？也是要大家找到好的标的，与主力机构共舞，一起往前走。

1.1.2 账户

1.2 账户

- 《证券法》规定，持股比例超过总股本的5%的投资，在6个月内不得随意卖出，**超过6个月卖出时，上市公司要发公告**：

- 一般来说，持股数量达到<u>总股本2%</u>左右时，会进入十大流通股东之列，这样会在上市公司的财报数据中披露

对于单一账户机构来说，一般它不会买超标。原来有一段时间不是有野蛮人嘛，保险系的一些公司故意买到接近5%，引起市场的关注，吸引跟风做一种波动操作，但是有一个问题啊，超过5%的时候6个月内就不能卖出，比如说你现在超了5%，大家知道有一个大机构进来了，或许股价涨了，但是你能确保半年之后，股价依然会在你的买入价格之上吗？这个不敢保证，所以大部分机构是不太愿意买入超过5%，因为

超过了就要被锁定半年,但是你在 5% 以下就没有限制了,所以很多机构基本上是控制在 5%,如果真的想买超过 5% 的话,它会找到一些非关联的公司,这家买 2%,那家买 3%,另一家买 4%,这样的方式去收集更多的筹码,这样做的好处是什么?第一筹码事实上是超过 5% 了,第二你可以更机动,因为一旦出现暴涨,要套现的话,可以很快地卖出,不用锁定半年。一般超过 5% 的都是真正的长期投资,比如说我 2019 年在新经典 40 块钱的时候非常看好它,资金也非常多,那么我就买超过 5%,因为我的目标是 120,不到那里就不卖,持这种心态的人是可以这样去做的,但是一般人还是低调一点不要这样去做。

案例一:证金公司持股比例控制在 4.99%

证金公司的持股比例都是控制在 4.99%,说明很多机构其实也是像散户一样,都是想做波段,否则为什么刻意控制在 4.99% 呢?从某种意义上来说,里面的机构也是想着低位进去,等到真的涨的时候,因为有时候大家觉得证金公司看好它,散户还有其它机构一起形成合力,把股价推上去的时候,它可能就趁势做差价了。以前很多机构就是靠这种手法割韭菜的,这个韭菜是谁?就是一些小机构跟散户。所以我们看十大股东的时候,你要看它的本意是做中线还是做短线?如果是做短线,你要警惕的是在上涨过程中,如果出现放量,你觉得它要离场的时候,你也要跟着跑,千万不要盲目地看好,是这样的一个情况。

案例二:重阳投资持股比例超过5%

重阳投资持股燕京啤酒比例超过5%,上市公司公告

燕京啤酒(000729)

历史涨停原因:
2016.05.11 — 2018.01.16

燕京啤酒获重阳投资举牌

1月15日晚间公告称,公司接到股东通知,由上海重阳投资管理股份有限公司和上海重阳战略投资作为基金管理人发起设立的基金、担任投资顾问的信托计划、资管计划以及重阳集团通过二级市场交易累计持有公司股票1.41亿股,占公司总股本的5%。

微信公众号:吴国平财经　新浪微博:吴国平财经

　　重阳投资就超过5%了。为什么它敢于超过5%?他认为现在是低估了,他做中长线拿半年也无所谓,就是有这个底气。所以5%跟5%以下,释放的信号是机构对个股不同的态度,有些是非常坚定地看好的态度,有些是比较暧昧、不太确定的态度,明白吗?所以暧昧的态度,你就要结合它上涨过程中呈现的状态,做出一些灵活的策略。

1.1.3 消息

1.3 消息

- 1) 中国股市本身具有政策市和消息市的特征；资金可以利用这些特点来制定运作计划；

- 2) 消息一般根据资金运作的不同阶段，有计划、分层次向外发散

微信公众号：吴国平财经　　新浪微博：吴国平财经

所以大机构到底是买5%还是买5%以下，这种消息散布也是它在运作中的策略之一，因为不论买5%还是5%以下，它一定会上十大流通股，市场就会做出一些解读，这也包含在它的运作计划之中，就是让你们解读的。比如说股神巴菲特买了5%，那你就可以解读为重大利好，就是要让你们这样去认为的，然后猛拉抬轿子的时候就可以做个差价了，但是这种手法会有个特点，第一次这样做是可以的，第二次大家慢慢有经验了，知道你要割韭菜就不会那么听话了，第三次就基本无效了，会有边际效应降低的趋势，所以如果靠这种方式赚钱，你只能赚阶段性的，赚盲目炒作的钱。真正的投资大师，像巴菲特这些人，他也不在乎赚这点钱，至少巴菲特买的这些个股，有资金去推动的话，是可以帮巴菲特抬轿的，但是巴菲特所掌控的资金不需要靠这种方式去赚快钱，他依然会告诉大家，我买了这只个股可能会拿很久，他看中的是这家公司本身的基本面、成长性，这才是最关键的。如果不看这些，只是靠这种消息刺激一下的话，很多时候就像我刚才说的华大基因一样：

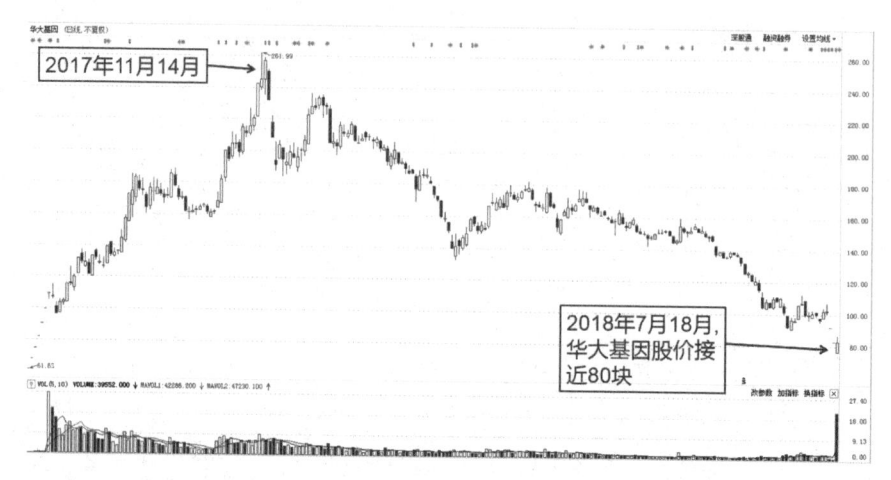

一开始的时候，它是众星捧月啊，如果内生性成长很好的话，那它应该能够抗得住这个估值，但是问题是，虽然刚上市的时候，它的光环很亮、大家预期很高，但是慢慢地大家发现它的科技含量、盈利模式没有预想的那么好，所以现实是残酷的，当业绩没达到预期的时候就开始价值回归，你看从去年十一月左右最高260元，一直到现在80元，打到了三折，跌了70%，但是同一时间段新经典涨了一倍。所以有些时候市场就是这样子，你抓对了就上天，你拿错了就入地，这就是博弈的残酷性，看似简单，其实非常复杂，但是正是因为这样的残酷性，因为这种巨大的机会和巨大的风险，让更多的人乐此不疲地涌入这个市场。所以我今天谈的这个全局思维，是让大家能够更清晰地认识一些个股，一些状况，多一些思考，才有利于我们接下来避免在高位介入华大基因这样的标的，多一点机会进入像新经典这样在相对低位的成长性个股。像新经典这种股票，哪怕你相对高位进去了，至少将来也是能够解套的，前面所有的高位进来，到今天为止全解套，那是什么东西在支撑它？成长性在支撑它，但是华大基因不是啊，之前高位进去的全部套牢了，上市后开板进去的资金到现在全部套牢，没有一家幸免，这就是一个天，一个地的变化。

1.1.3.1 消息传递的规则

- 在建仓阶段，严格封锁消息，在洗盘和拉升阶段，有针对的性地发布真假消息，虚虚实实，在出货阶段，大范围大强度的散发消息；

- 在消息传递过程中，遵循跟资金方利益关系由紧密到松散关系，再到无关联的大量散户的规律。

行情刚开始的时候，大家可能觉得感受不到，为什么？因为在建仓期间，大机构是尽可能低调又低调。它要筹码，要建仓的消息要让尽可能少的人知道，知道的人太多不是与他抢筹码吗？在洗盘和拉升阶段，有针对性的发布真假消息，虚虚实实；在出货阶段，大范围大强度的散发利好消息，吸引散户接货。这就是有些机构的常用手法，这是过去的手法，现在这个博弈过程当中，不太像以前那么好去做了，因为监管越来越严格，甚至有些涉嫌违法。

散发消息也是一个传播的过程，有些个股在历史高位的时候，可能会有很多利好散发出来，等连散户都知道了，拼命杀进去的时候，你就要警惕了，这些消息是否有价值？相对低位的时候很多利空出来，这不就是和要筹码有关系吗？很多时候都是如此，天上没有掉馅饼的事情，所以博弈就是这么残酷！

【学习温馨小总结】

△ 在投资市场中，价格低点总是在各种利空不断，人们情绪最恐慌中出现，而价格高点永远是各种利好不断，人们情绪一致乐观时到达，

所以有人认为市场永远是"反人性"的，当你的股票价格成 70°角持续上涨，同时舆论一致看好或者公司业绩利好消息纷飞时，你真的要考虑把股票卖给那些更需要的人了！

1.2 资金准备

○主力运作过程，其实是资金和股票不断循环的过程，资金的全局准备至关重要；

○从总量上来说，针对不同标的盘子的大小，需要的资金总量是有所差别的，从几千万到几十亿不等；

主力机构会针对自己运作的标的，做一个资金上的调动来参与其中。那有人问，我们这些小散怎么参与？我希望大家不论是几千块还是几万、几十万块，首先要养成一个从市场主力的角度去思考问题的习惯，因为他们是市场的赢家啊！赢家都是这样思考的，如果你能跟得上赢家的思路，人家五个亿资金进来，他也不差多你的一百万资金或是一千万资金，就是说如果你有这种思维，拿这一百万资金、一千万资金跟着五个亿资金的运作资金，一起去参与这个市场，那么你的赢面是大还是小呢？肯定比你自己瞎折腾的模式要大得多，为什么要大家开拓你们的思维？包括我们之间，如果相互认可，你们聚集在我们身边就能形成合力，大家汇集起来跟着我们的资金去运作的话，那效果和结果最终也是完全不一样的。

好，我们继续来看：

1.2.1 建仓资金

○建仓资金，是在股价低位区域购买股票所花费的资金；
○这一过程统筹也包括试盘和整理过程中需要的资金；
○建仓的时间和控盘程度的强弱相关；

1.2.2 拉升资金

○拉升资金，是拉高股价过程中所花费的资金；

○主力可以通过拥有筹码的多少，计算出拉升资金的需求量；

○资金在拉升股价时，一般需要外部环境的配合，所以拉升资金的数额一般不需要太大；

○拉升资金在拉升股价时，常常会运用高抛低吸的方式；

○利用市场环境板块效应，可以提高拉升资金的效率

拉升资金要多少？其实很多时候要看市场，很多时候就是风借火势嘛，为什么很多个股底部收集筹码的时候，有人就说，主力吃了那么多货，怎么还不爆发啊？其实并不是它不想爆发，而是在等一个引爆点。这个引爆点有可能是市场，突然之间哪一天大涨，或者是上市公司具有某一个题材，比如这段时间的5G，大家可以看一下，飞荣达就非常经典：

案例一：飞荣达与中兴通讯

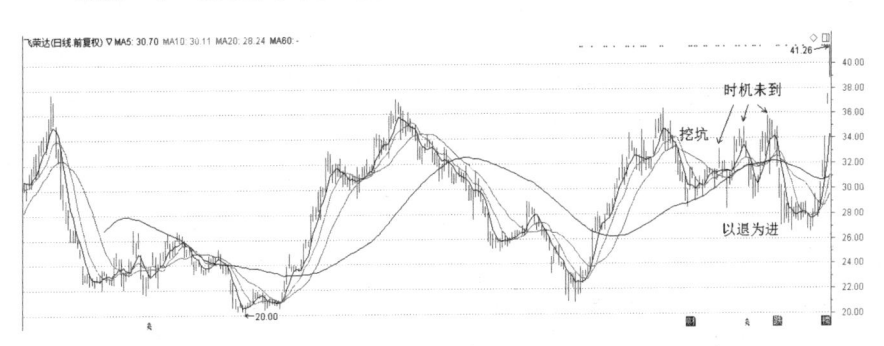

你看这里就吃了很多货，反复洗盘也好，动荡也好，其实图形早已做得差不多了，圆弧底也好，双重底也好，图形做的已经很好了，包括图中挖坑的时候，挖下来后直接涨上去可不可以？当然可以啊，但是时机不到，后两次也是可以直接涨上去的，但是时机也未到，所以它只能以退为进，等这段时间的5G，特别是等到中兴通讯：

它曾经是5G龙头，但是大家看这里连续跌停的时候，六月份的时候，飞荣达也是破位下来了，中兴通讯连续跌停，你若还是涨停，那不是找死嘛？散户或者是其他机构全卖给你了！那么你有没有这个实力去承接？没有，那你只能以退为进，人家连续跌停你也跟跌呗，中兴通讯第一个板是7月12号，而飞荣达第一个板之前，连续几根阳线，已经在悄然收复失地了，中兴通讯板了之后，飞荣达7月12日也开始加大攻击力度了：

7月13日中兴没有涨停，涨了6个点，大概还有些犹豫：

五、主力全局运作策略

那飞荣达也不敢太激进，高开冲高回落：

中兴通讯第三天的走势，如果这一天它杀下来，飞荣达也不可能涨停，因为它也不敢贸然采取进攻的策略，但是这一天中兴通讯涨停了，飞荣达就趁着势头大胆干至涨停，哪怕封板有点吃力，又开板，最终还是下午封死的：

大家发现没有，到今天这个涨停板的时候，图形是不是从难看变得好看了？这一天涨停之后，大家会发现飞荣达盘子不大，很快要创历史新高，只要一个涨停就差不多了，而且中兴通讯正封得死死的，这个时候就是一个势，借势的这个力就来了，大家情绪是高涨的，做多的赢面是非常大的，那之前里面吃了很多货的潜伏资金，在中兴这根早盘就封板的涨停之后，很振奋人心，它晚上就会开会，哪怕钱不够，明天也打算封板。为什么要封板啊？因为中兴涨停这个势头这么好，必须要上，机会难得。好了，果不其然，中兴早盘封死的涨停第二天必然高开：

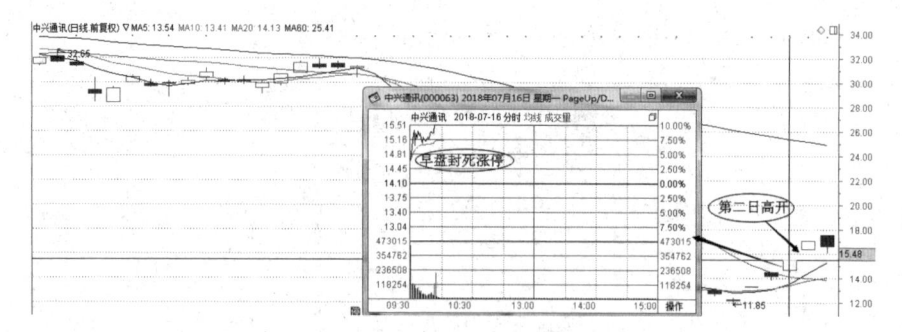

那飞荣达就趁这个势头，不给你动荡的机会，几乎就是一字板了，这个时候情绪也就达到高潮了，那为什么今天飞荣达涨停又打开呢？

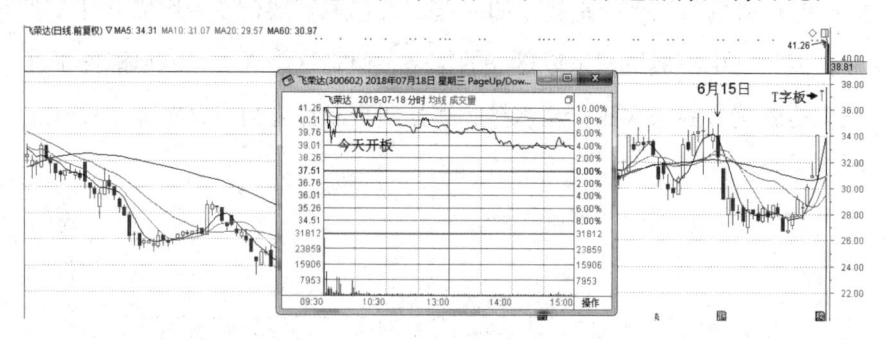

有人是想做差价的嘛，我之前说了主力是一个合力，比如说里面有十几家机构，而我的这家机构成本较低，约26块左右，突然涨到了40块钱，现在市场很多人都亏的很多，而这里已经涨了百分之三四十，一个亿赚了三千万了，肯定会有人落袋为安了嘛，当然也会有一些人坚守，为什么？它的成本可能高一点，另外，可能还看好。所以不管如何，今天开始分化，出现博弈了，飞荣达就是这样的走势。

当你有全局思维的时候，你看这个股价跟以前的思维不一样了，以前的思维是什么？有没有龙虎榜数据啊，分时单怎么样啊，成交量有没有缩量啊……这叫技术分析，当然这个也是我们需要的，但是当你有全局思维的时候，你的境界就更上一层楼了，技术是一般人都会的一种分析和思考，而用全局思维去思考，你就更懂得博弈的精华了。飞荣达为什么这个时候敢于三连板？很大程度上就是源于中兴通讯的这次大反攻。里面的资金抓住了一个点：中兴通讯盘子那么大都敢于封涨停，我们这才六千万的盘子，为什么不敢封涨停呢？当然就封住涨停，而且很有信心会有跟风盘，第二天会有接盘侠，所以如果深入思考了就会发现，这个战役赢的概率是非常大的，资金才敢这样去做。我只能说飞荣达里面的主力资金这一次做得很不错，值得称赞！

拉升资金运用刚才说的这种方式，四两拨千斤，借力使力，所以动用的资金并不会太多。如果中兴连续大跌而你硬是要拉升的话，那动用的资金就会非常大，这会是吃力不讨好的！当你没有拉升资金，什么资金都用光了，最终里面的机构一叛变，那你就不知道怎么办了，就有可能会崩盘了。所以运作资金的时候，你一定要有一个备用资金：

1.2.3 备用资金

○备用资金，是指资金在运作过程中为了预防突发性危机而准备的资金；

○备用资金，一般不会动用；

○备用资金的存在，可以影响主力的操盘心态。

案例一：凤形股份

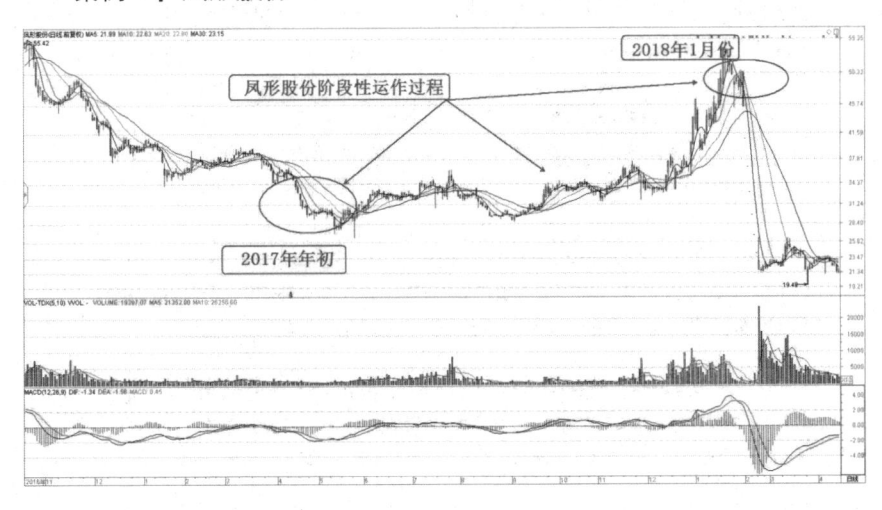

它最终是崩掉，当然之所以崩掉，一方面是因为主力运作的这个资金，在高位的时候，绷得太紧，没有足够备用资金，没办法维持突发情况后股价的波动，当然最根本的原因是上市公司本身出现了问题，它的基本面让股价崩掉了。股价相对高位时，里面的机构和散户看到基本面差，股价又摇摇欲坠，大家都夺路而逃的时候，股价就崩下来了，为什么有一些基本面好的，哪怕在历史高位无论怎么折腾，它都不容易崩下来？很大的原因就是因为它有基本面的支撑，大家拿着会相对踏实，所以不容易崩。新经典创新高了，它会不会走凤形股份崩盘、连续跌停的走势？这种可能性是非常之小的，为什么？因为它的基本面放在那里，如果它基本面很差的话，像这种崩下来的走势也是有可能的。为什么我说成长为王？最终还是落到这个关键点，就是要找到成长这个东西，因为只有成长才能够稳定军心，如果没有这个，所有的资金，所有的军心，是不容易稳定的，一旦行情低迷的时候，就容易出现踩踏事件、崩盘的走势。

你看，华北第一操盘手，雪崩内幕起底：

华北第一操盘手操盘路径曝光 凤形股份雪崩内幕起底

公司报道　中国证券报　任明杰　2018-07-13 07:24　★收藏　301 评论　分享

[摘要] 爆料人提供的证据指称，涉嫌拉升凤形股份股价的操盘手之一李卫卫，涉嫌同时操盘了华英农业、金一文化和长缆科技3只股票。在凤形股份股价"闪崩"同一天的同一时间段，上述3只股票应声"闪崩"，此后的股价走势也与凤形股份连续"一"字跌停的走势相似。

今年1月31日，在基本面没有重大变化的情况下，凤形股份股价突然"闪崩"，随后更是连续6个"一"字跌停。这不但使投资者损失惨重，凤形股份非公开发行也因为股价倒挂于3月份批文到期后自动作废，拟募集资金收购雄伟精工的计划因此泡汤。

对于这一离奇事件，近日有爆料人向中国证券报记者出示了大量证据，指称凤形股份副董事长、总经理陈维新和前董秘邓明，为了确保凤形股份非公开发行顺利实施，涉嫌通过关联人账户提供多达1亿元资金，指使两名操盘手拉升凤形股份股价，不料最终股价崩盘。

事情要从2016年说起。当年8月4日晚间，凤形股份披露非公开发行股票预案，拟以34.03元/股的价格，向不超过十名特定投资者发行股票不超过3232.44万股，募集资金总额不超过11亿元，用于收购维伟精工100%股权。

次日复牌，凤形股份收获"一"字涨停。后经过盘整，股价一路冲高。2016年10月11日，一度达到56.34元/股的高点。不过，此后股价急转直下，到2017年1月16日触及34.01元/股的低点，与非公开发行价格形成倒挂。

爆料人给中国证券报记者提供的一份操盘手张某某出具的情况说明材料称，"2017年初，当时股价是37元/股左右。陈维新、邓明通过朋友介绍找到我，说他们要做非公开发行，股价有点低，让我们买一些。"

这事此后没了下文。直到2017年8、9月，也就是上述非公开发行方案得到证监会核准之前，凤形股份的股价仍然在29元-34元/股之间徘徊。陈维新、邓明再次找到张某某，希望他"把股价做上去，好非公开发行。"

这一次，张某某开始认真考虑这个问题，并着手计算拉升股价所需的资金量。张某某称，"合作伙伴给了我一个模板，我分析了一下，大约需要8000万元把股价做上去，并告知了凤形股份总经理和董秘。大约两星期后，他们说可以试一试。"

根据爆料人提供的材料，陈维新、邓明方面在2017年10月前后先后给张某某打了6000万元资金。张某某以此作为保证金，以1：4的杠杆从配资公司和个人客户那里借了五十多个账户，融入大约2.4亿元资金。

全局运作前的准备小结

○ 全局运作的过程，就是资金和股票互相转化的过程；

○ 全局运作之前的准备工作要细致，准备工作要充分；不打无准备之仗；

【学习温馨小提示】

Δ 主力的全局运作过程就是资金和股票互相转化的过程，在底部建仓阶段，主力是股票多资金少，而在顶部出货阶段，主力是股票少资金多，很多散户经常与此相反，在高位时满仓杀进，股票下跌后满仓套牢；低位时畏惧恐慌不敢买入或者因套牢无钱买入。

Δ 主力的整个运作资金的使用都是有计划有步骤地投入，而作为一个成功投资者，他的资金也同样需要拥有一定的仓位管理经验，需要留出备用资金，以备意外使用，投资者是否拥有完善的仓位管理体系也是决定投资成败的关键要素之一。

2.主力全局运作（建仓、洗盘、拉升、出货）的策略

下面一张图，比较经典地反映主力的运作过程。

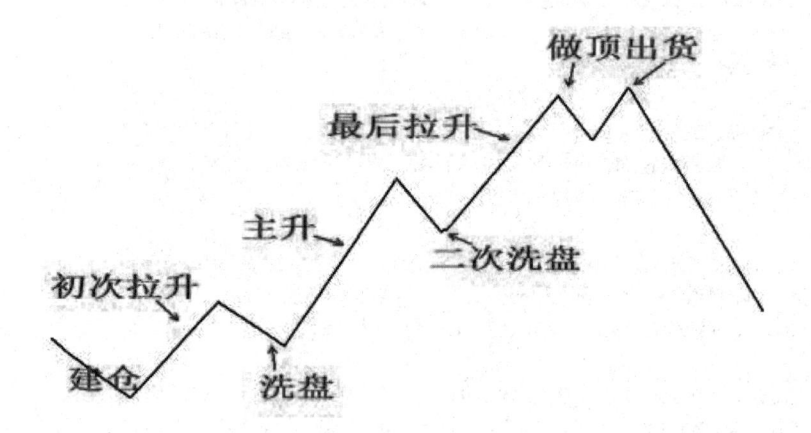

刚才已经介绍过这张图了，有这些个阶段，可以看得很清晰，放到具体的个股案例看一下：

案例一：三超新材

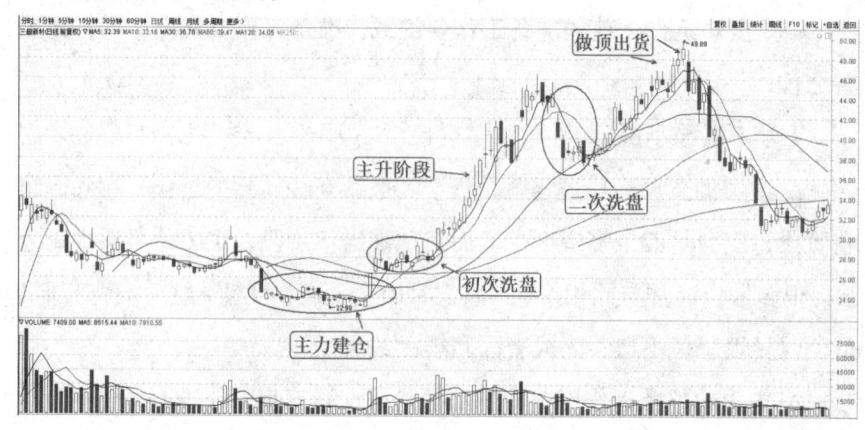

很完美地演绎了一个全局运作的模式。大家可以看到，主力建仓的时候也是股价在低位的时候，在利空的时候，或者是图形很难看的时候，拼命去建仓。那么主力建仓的时候能不能看出一些蛛丝马迹呢？一定可以的。现在很多个股就类似这里主力建仓的形态，大家可以仔细看一下，近看跌了很多，以为它剧烈下调了，但是拉长一些来看，其实没怎么跌也没涨，在那里横着，反反复复，就是等待涨停的机会。一旦涨停出来之后，也会出现动荡，洗一洗才迎来主升浪。现在大多个股就处于这个阶段，大家可以去找到类似这样的图形，然后再找到它上涨的逻辑，如果你不愿意耗在主力建仓期间的话，一旦出现涨停的时候，你就开始跟进，然后做后面的波段。

2.1 建仓策略

我们来看一下：

1. 建仓

- 主力建仓，往往是市场比较恐慌之时，这个时候场内资金纷纷出逃，主力容易拿到便宜筹码。

- 部分主力甚至联合上市公司发布利空，打压吸筹。

为什么前段时间股灾也好，崩盘也好，主力资金就能够拿到筹码？因为现在市场上情绪是悲观的，大家都因为恐惧而卖出，所以主力建仓比较容易，你看三超新材的建仓：

[图：三超新材日线图，标注"7月17日到8月15日建仓"]

这就是打压吸筹啊，7月17日到8月15日建仓，虽然每天成交量不大，但是累计叠加起来，成交量还是蛮可观的，还有这个涨停大量收集筹码，加一起就很可观了，后面做一波就非常舒服。

你看同期的深次新指数：

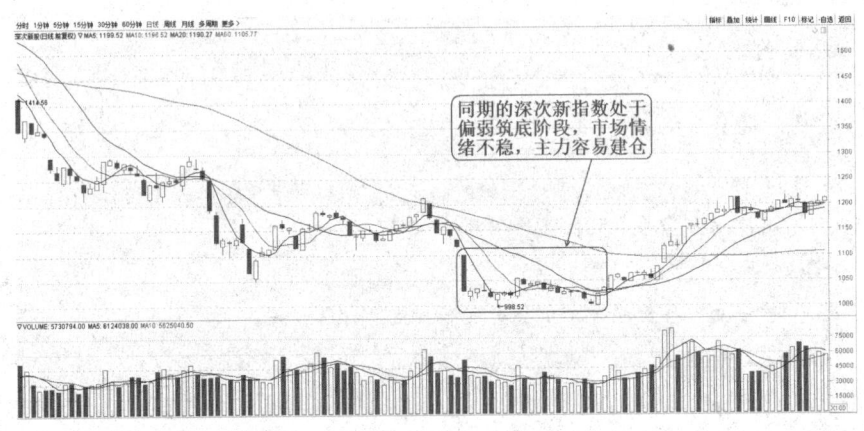

[图：深次新指数日线图，标注"同期的深次新指数处于偏弱筑底阶段，市场情绪不稳，主力容易建仓"]

指数也是相对弱势的，所以从这个层面上来说，建仓最好是在市场相对疲弱的时候，我们现在的市场，也是相对比较疲弱的，给你埋伏的机会了。我们回过头来看这里是很好的建仓机会，但是真的到这个阶段的时候，你还是会犹豫，毕竟还是有可能杀下来啊，你还在纠结，所以最好的解决方式，就是试探性建仓。就是说你不要一下子在这个位置进了太多，比如说100万元，你可以进个20万元，除非你有足够的底气和水平可以多进一些的，看不懂的时候，你可以建仓少一点，至少跟市场发生点联系嘛，这样你的心态不会有特别大的压力，你可以接受这样的波动，一旦再涨的时候，可以再买，当然很多时候一涨起来，很多人就不敢买了，你一定要克服这个心理。不管如何，我是建议在相对低位的时候，你要有一点筹码，哪怕它再杀跌，你也要有筹码，千万不要为了担心接下来的再杀跌，而把很多的优质筹码抛弃掉，这是要避免的。

2.2 洗盘策略

○建仓之后，小幅拉升、脱离成本，随后展开洗盘。

○很多散户认为股价反弹，好不容易解套，马上卖出。

○洗盘有横盘跟杀跌两种方式。

主力为什么要洗盘？因为底部建仓的时候，不是所有筹码都是你主力的啦，肯定小散也有进去，那怎么把这些小散吃掉？其实很简单，拉个涨停然后冲高动荡，它肯定出的，为什么？因为小散进去的时候都想着赚快钱，一个涨停板或者十几个点，赚一把就走，它还没有想这只个股背后的逻辑，他们的逻辑很简单，就是什么？超跌。就好比买大买小，它觉得这里要买大了，逻辑就是连续跌的很多了，就好像你在赌场，连续开小很多次，想买一个大，就这么简单。我不否认这种方式也能赚到钱，但是他赚了这一次，他后面又去找这种超跌，你会发现有些时候5次开大之后，还是会一直开小的，因为个股处于下跌趋势中嘛！而且就算赚到这个钱，它也就赚一次，一次小反弹的小钱。真正赚大钱的是什么？他一定是赚一个反转大波段的钱，比如说开了这个大之后，它连续下3~5次大，洗盘的时候下大，再向上的时候也下大，大到最后就变成大大泡泡糖了，最终变成泡沫了，所以要在其破裂之前你要全身而退，那才是好的，所以当你发现大大泡泡糖变大的时候，你就要想到风险，差不多该出了。这是一个泡泡糖从大到大大，到最终破裂的整个过程，在这个过程当中，足以让你吃到大波段，为什么？因为泡泡糖，你不断地嚼嚼嚼，说白了就是在吃吃吃，很多的机会就在其中了嘛！而很多人是嚼都不嚼就吐了，那你能吃到什么？吃不到什么，后面的泡沫你又等不到，你只能赚点小钱，后面你再去接一个标的，不小心可能就碰上了泡泡糖的泡沫破裂的时候，你就亏大了。赚小钱，亏大钱就是这样来的。

看下洗盘图形：

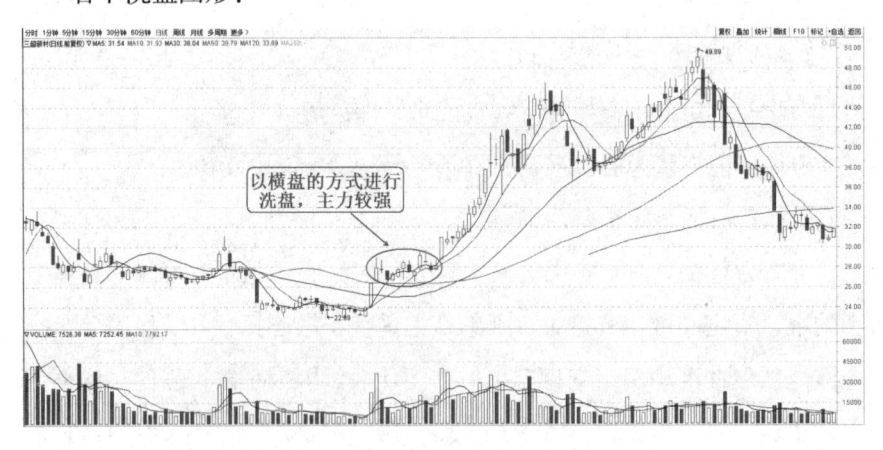

三超新材就是以横盘的方式进行洗盘，主力较强。这个嚼的比较有劲啊，后面就慢慢往上走。刚才讲的大大泡泡糖大家要好好回味一下，那一段是我的精华之一，有感而发的一个东西。

【学习温馨小提示】

△ 市场每一波行情的演绎都经常会伴随一个由极度悲观到缓和，然后开始看好到乐观，由乐观到极度乐观的情绪过程，这些股票的价格也就随着人们的情绪在发生改变，股票价格由低估到趋于合理，由合理到趋于高估，再由高估到远远偏离价值，最终泡沫破裂，如此循环往复，不断轮回。

2.3 主升策略

3．主升阶段

- 主升阶段，股价快速上涨。

- 主力一般会利用大盘环境转暖的时候主升，市场情绪高涨，比较容易形成合力。

- 此时往往有部分利好消息配合。

一旦洗盘结束到主升阶段，股价就会拼命涨了，市场情绪高涨，容易形成合力，散户也会形成合力，因为散户看到主升的时候，就会拼命冲进来了，这个时候主力就要思考什么时候出的问题了，当然有时候也会顺势而为，散户也冲，大家都冲，就好像刚才的飞荣达一样，这个势头好，保持这个势头，但是什么时候出？比如今天涨停板就砸，这是一种策略，有些资金就是这种策略，砸那些跟风盘。

你看三超新材主升阶段：

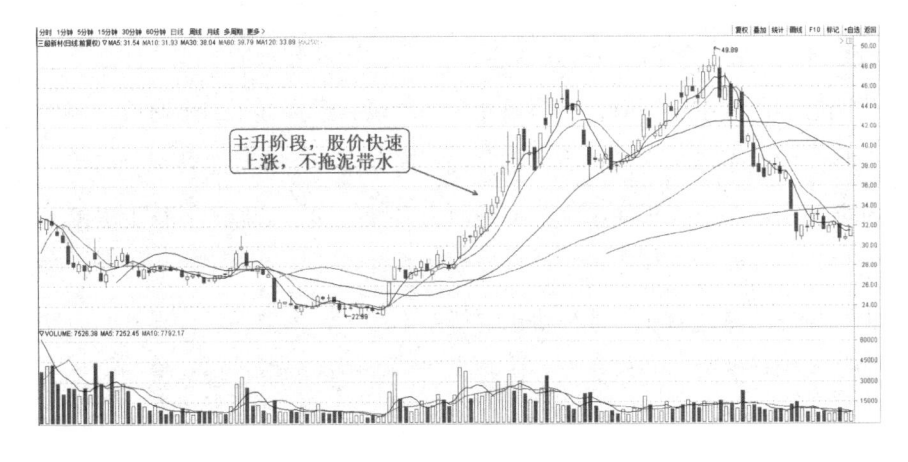

股价快速上涨，不拖泥带水。飞荣达也是快速上涨，连续三根涨停。而三超新材虽然没有像飞荣达那样的引爆点，但也是不拖泥带水的，股价上涨角度接近 70°，不是 45°了，开启主升浪了。我原来讲过 K 线上涨角度的问题，大家可以回去温故知新。

当三超主升浪的时候，次新指数也是开始走强：

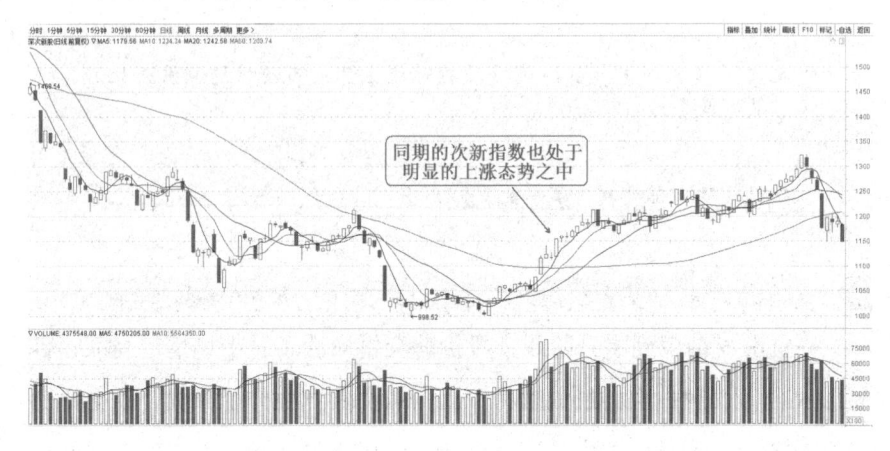

为什么三超有底气那样走呢？就是因为次新股指、市场环境也起来了。有些人问洗盘洗到什么时候啊？就是洗到市场回暖的时候，有些好的股票就开始发动比较大的攻击了，主升浪就开始展开了。

为什么市场一回暖，我们一定要抓一些率先涨起来的个股呢？这些敢于率先涨起来的个股，说明它们的准备是比较充分的，资金力量是比较雄厚的，你跟着它们很有获利的可能。那后面才起来的个股是什么呢？说明它筹码吸纳还不够，不是很充分，所以它还要等第二个时机，因为市场拉升也不可能一次拉完，拉完洗一洗又再拉。市场为什么会有第一梯队，第一个领涨板块出来？那是因为之前吃饱了，迫不及待上去的，市场第二次洗完之后，处于第二梯队的其他板块冒出来了，通过前面的市场拉升洗盘之后，其他板块也吃得差不多了，第二梯队也来开始表演了。第一梯队可能开始休息一段时间了，它里面的资金也会做做差价，然后进入第二拨拉升,如此周而复始。所以在主升的时候,我们就要小心大资金会边拉边撤了,因为主力资金不像一些小资金一天就可以撤出,大资金几千万、上亿的话,它可能就要几天或者更长的时间,所以它要观察形势,对这个形势做提前预判,比如说它预判接下来的行情要逆转了,那趁着现在行情好的时候,先拼命出货再说,它出货的价格不见得是最高价,而是在相对高价区域,这对大资金来说已经是完全可以的了。

接着看二次洗盘:

2.3 二次洗盘策略

○主升之后,股价积累了大量的获利盘,股价承压。

○主力部分减仓,同时部分先知先觉的资金卖出,股价下跌。

○有时还伴随利空消息。

三超新材的二次洗盘:

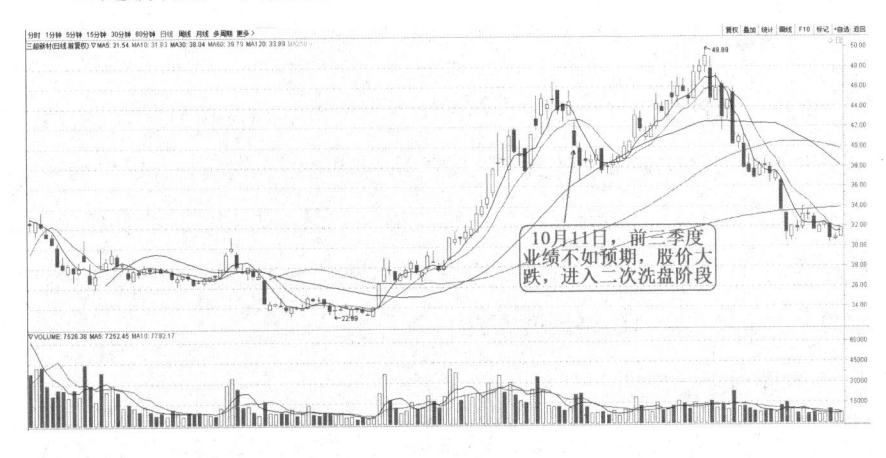

10月11日,前三季度业绩不如预期,股价大跌,进入二次洗盘阶段。

这个时候,主力就会关注基本面,这里的逆转往往是,首先主升浪涨了很多,而最终导致逆转的一个因素一定是它的基本面发生变化,比如华大基因的逆转,是发现它的成长性不如预期。三超新材的逆转,也是一样,成长性不如预期:

证券代码：300554　　　证券简称：三超新材　　　公告编号：2017-046

南京三超新材料股份有限公司
2017年前三季度业绩预告

本公司及董事会全体成员保证信息披露的内容真实、准确、完整，没有虚假记载、误导性陈述或重大遗漏。

一、本期业绩预计情况

1.业绩预告期间：2017年1月1日至2017年9月30日
2.预计的业绩：□亏损　□扭亏为盈　□同向上升　□同向下降
（1）2017年前三季度（2017年1月1日至2017年9月30日）预计业绩情况：

业绩增速低于预期

项目	本报告期 （2017年1-9月）	上年同期 （2016年1-9月）
归属于上市公司股东的净利润	比上年同期增长：30%-60% 盈利：3424.31万元–4214.54万元	盈利：2634.09万元

最终，顶部就这样出来了。那这个在这之前，作为拉升的资金，它本身要全局思考的时候，就要有清晰的认识，比如三超新材，华大基因，它本身具不具备基本面对未来的一种支撑？如果不太具备，或者比较不确定的话，你需要选择一种边拉边撤退的策略，一旦确定下来的时候就全撤。一个做顶出货的格局就形成了。

2.5 做顶出货策略

○最后的拉升，因为主力在逐步减仓，因此涨起来比较迟缓，经常出现放量滞涨的迹象。

○此时往往利好频发，配合主力出货。

○技术上也会出现顶部形态，MACD顶背离等等。

三超新材做顶阶段：

[图中标注：再次冲高，涨势比较吃力，进入冲高做顶阶段]

再次冲高，涨势比较吃力，进入冲高做顶阶段。

所以一旦做顶出货格局形成，大部分机构主力资金基本上撤掉，剩下的都是虾兵蟹将的时候，就是一个漫漫熊途的过程。因为"虾兵蟹将"自相残杀了嘛，你割我割大家一起割，主力机构的合力已经消失了，散户每个人都有自己的小心思，结果就是囚徒效应。

当基本面开始转折，主力机构撤退了之后，那些个股在下跌中基本上是没有什么抵抗力的，因为都是虾兵蟹将。等到新的资金进场，它的基本面发生新的变化，那可能又会演绎刚才说的建仓、洗盘、拉升、出货的这样的一个循环。

小结：

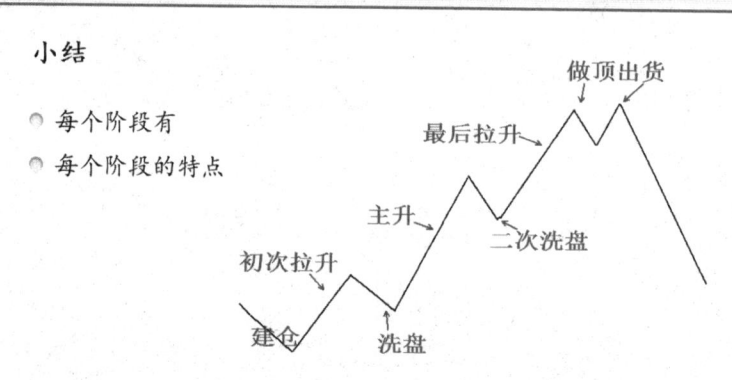

小结
- 每个阶段有
- 每个阶段的特点

做顶出货
最后拉升
主升　二次洗盘
初次拉升
建仓　洗盘

微信公众号：吴国平财经　　新浪微博：吴国平财经

所以今天洋洋洒洒地讲了那么多，就是让大家清晰了解主力全局思维的整体思路。我希望大家要用这种思路去看待我们的这个市场行为，包括看待我们的一些个股，当你有了这种全局思路，包括我谈到的大大泡泡糖的这种模式，这种思维，你去套用在一些个股上面，我相信比你纯粹用技术分析去研究，你的视野会更上一层楼。当你的视野更加广阔的时候，再用技术还有其他一些东西去做辅助的话，就真的做到"成长为王，引爆为辅，博弈融合"了。我希望大家慢慢地对市场有全新的认识和思考。这是今天的作业：

★　作业：

☆　结合某一案例，分析主力全局运作的过程。

今天也分享了一些思路，大家用心好好消化，嚼出大大泡泡糖出来，这样的话再寻新经典就不是梦了，一定会成为现实，今天就跟大家分享到这里，谢谢大家　！

六、把握常见的衍生品：期权与期货

6.1 期权之一波牛熊万倍机遇

2018年5月9日

学习须知：

13.期权（选择权）是一类衍生品合约，赋予买方在将来某一确定时间以特定价格买入或者卖出标的资产的权利；了解期权的类型、价值状态与影响期权价值的因素；了解期权的规则、特征；期权交易的策略很多，最简单有效的方法就是在预期市场将会有大涨、大跌或者趋势性行情的时候，进行一种期权配置操作；期权只有在一些关键时刻才存在暴利机会，比如牛熊市的转化过程、黑天鹅或者市场重大利好等等；最后了解期权的风险及如何控制风险是很重要的。

14.牛散大学堂股威宇宙等级划分为：牛散级别。

课前综述：

今天又来到了周三的晚上，今天的主题蛮激动人心的，就是讲一讲有可能带来几十倍，甚至上百倍机会的一个投资工具——期权。当然在讲之前呢，我们先回顾下当下的市场，那么市场本身呢，是处于一个什么格局呢？我们不妨看看创业板指数：

K线来看啊，三根阳线了，离完全体实质性突破，就差一根中大阳线了，头肩底形态，复杂的右肩构筑当中，那么一切呢，都在往积极的方向演绎的过程，那么在这个过程当中，我们需要关注的，比如说光线传媒、东方财富，比如说文化类的一些个股，你看新经典：

说到新经典，真的够经典。很多人看一眼这只个股啊，说在这个位

置很高啦，吴老师60多了，现在80多，很多人可能还没反应过来股价就更加高了，好像房价一样，曾几何时广州几千块钱房价的时候，5千块，很多人说高，升到1万，高！到了两万，高！现在来看，广州遍地都是五六万，七八万的房子。那回过头来看，你说1万高嘛？太便宜啦，排队挤破头都要进去抢啊！所以高跟低是相对的，你认为高的地方，可能随着时间的推移，它变成低了，你认为低的地方，随着时间的推移，反而就更低了，所以高跟低是一门艺术。

这门艺术不是说上一堂课，就能够改变了的。新经典我确实蛮自豪的，从挖掘至今，我们的思路领先市场，在这个票里面，真正能赚到钱的人凤毛麟角，真的是这样子！接下来怎么走我不知道，有可能动荡，有可能逼空推进，各种演绎都有可能，但是我想告诉大家怎么走并不重要，重要的是我的"成长为王"这四个字，你有没有好好地去理解，好好地温故知新？学习我成长为王体系的朋友们记住这一点，我不是教大家今天买明天卖，我真的很反感，这种不是你们需要去做的一种模式，这不是正道，也不是大道，你们也不具备这个能力去做到这个层次。我之前就说过了，你有没有一个亿资金嘛？没有吧？如果你投一个亿进来，肯定也不会自己做了，肯定会交给吴老师了嘛，对不对？所以不具备这个资金实力，又妄想去短线，去拼命折腾，就别费这个心了，你难有这个水平。当然阶段性做做波段行不行啊？那是可行的，但也需要一些方向，需要一些辅助的东西，需要研究成长为王啊，综合的一种研究，这才是关键啊。

【学习温馨小总结】

△ 在市场中经常会出现一些强者更强的个股，这些个股之所以会走长期上升趋势，它都会有一些重要的投资逻辑在里面，或者是身处广阔的行业发展空间，或者是公司业绩出现重大拐点，所以我们需要静下心来认真的研究行业和个股的基本面，而不是沉浸在天天的追涨杀跌之中；

△ 有些股票因为基本面持续恶化，股价会步入跌了再跌的长期下降通道，对于这样的股票不可轻易言底，所以高和低是相对的，股价高的股票会因为业绩的快速增长而使估值迅速降低，所以会涨了又涨，而绩差股则正好相反。

好了，不论市场如何震荡，有一些个股是相对独立向上的行情，你看包括之前我说的普利制药：

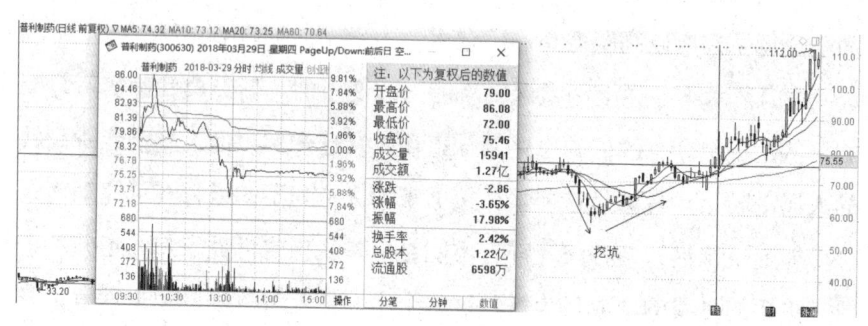

我记得在这个区域挖了一个坑，这个坑从 70 多挖到了 50 多，跌了有 20 个点左右，很多人感觉不行了，破位了！当时为什么会挖一个坑呢？因为当月有解禁，很多人认为解禁一定是利空就先出了，自以为非常的聪明。但是没想到，解禁日之前越走越强，解禁当天动荡了一天，图中可以看到这一天拉高接近涨停，然后打下来了。有些人说解禁之后剧烈动荡，见顶了吧？但是看后面的走势，解禁这一天是多少钱？75 块，那后面呢？今天是 109 啦！同学们，在这一天来看 75 确实是历史最高位，但是今天 109 呢？75 到 109 至少涨了 30% 吧，也就一个月的时间涨了 30%，而且是在解禁压力那么大的背景之下，解禁的数量比当时流通的数量还要大，它为什么会这样走呢？很多人抓脑袋也抓不明白。

【学习温馨小提示】

△ 对于成长股，当有很多机构都看好它时，限售股解禁对于场外机构反而是利好，因为他们可以买到更多的筹码了，所以在这样的情况下，看似利空的消息，反而走出抢筹的走势；

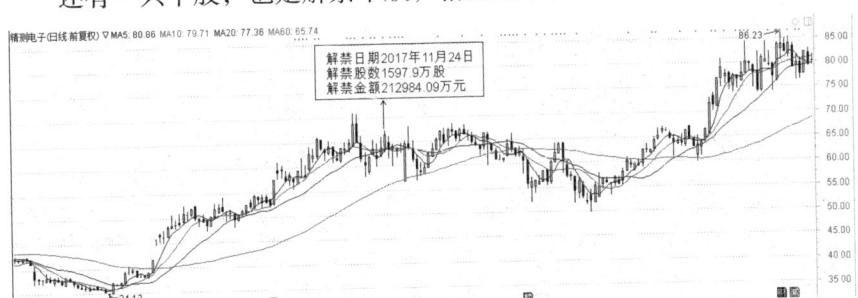

还有一只个股，也是解禁个股，精测电子：

一样的，图形漂亮吧，很多人看不明白，我告诉大家在这里它是解禁了，解禁完之后还上涨。

但是有些个股一解禁就拼命跌，比如说之前的上海银行：

一说到解禁就跌下来了，到现在没翻过身来，还在低位徘徊。很多人会问解禁后有些股票涨得很好，有些股票跌得很惨，为什么呢？你说上海银行很便宜，为什么解禁了还跌呢？而新经典、普利制药、精测电子，这些都100块钱的股票，为什么解禁了还涨呢？大部分人都是想不明白的，为什么呢？因为大部分人看股票，基本上第一看价格，100块钱肯定高嘛，十几块钱，几块钱肯定低嘛，这是常规的想法。我一直强调评判一家公司高跟低，不是看价格，而是看他的估值，他估值合理就低，估值不合理就高，明白吗？那估值看什么？估值就看成长嘛。

比如说小米要上市了，一千亿美金你说高了还是低了？有些散户说，管他高还是低，先炒一波再说嘛！这叫孺子不可教也！炒一波再说还是投机行为啊，所以你要评估一下，他里面的利润有多少，毛利率有多少，未来成长性在哪里等等。小米呢，现在蹭上了风口，港交所改革，独角兽这个热点题材，所以有些板块涨起来是需要蹭上风口的，如果蹭上了风口，地狱可以变成天堂，就好像之前的中国软件：

遥看两个月之前的走势，真的惨不忍睹，地狱般的走势，跌到11块钱，两个月之后呢？乌鸦变凤凰，翻了一倍多，变成了天堂，为什么？蹭上了风口嘛。小米无疑也是蹭上了风口，所以呢号称估值接近一千亿，你说非常合理吗？不尽然，毕竟他的盈利对于千亿美金来说，还是比较单薄的，但是，他把这个故事讲大了，智能家居依托的是中国巨大的市场，这个确实会让人心动，所以很多投资者，请问有几个人真的去看这些东西，包括有些机构，很多散户就是我抢到再说。

事实上你看香港有很多独角兽的上市公司，我今天早上看了一个报道，讲了像平安好医生、阅文集团，都是独角兽，在香港个股上市以后就"跌跌不休"，为什么呢？上市之前大家满腔热情，肯定会适当的高估，等到情绪宣泄完之后，开始重新审视的时候，大家把价格跟它的估值，跟它的实际价值挂起钩来，股价就走回归状态了，你看：

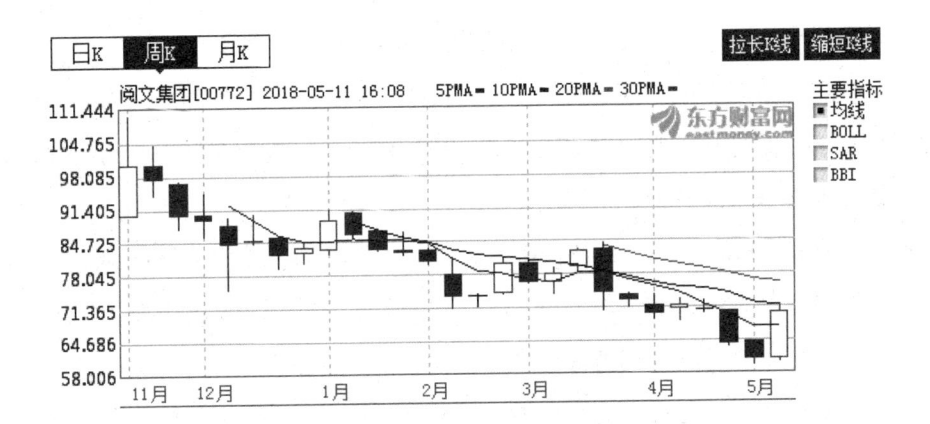

由 110 跌到现在已经是 60 多一点，基本上是拦腰斩半了，类似这样的个股在香港比比皆是。

那再看看我们国内的，360 不也是如此嘛：

360 大家还记得吗？从纳斯达克回归，借壳上市。当时万众瞩目，啪啪啪连续涨停，很多人口水都流了出来，是啊，我当时口水也是流了一地，我也很希望自己潜伏进去拥有这样的机会了。有些时候运气也是非常之重要的，如果你碰到了这个票，那确实赚到了，但是，你高位接的时候，不见得就是机会咯！最高 60 多块，现在 36 块，也没多长时间基本上斩半啦，所以后来的就变成了接盘侠。

前段时间我有个观点，现在回过头来看应该是体会地更加深刻，独角兽盛宴对那些独角兽企业和创始人确实是盛宴，但是对于大部分散户投资者，不一定是盛宴，可能是"毒药"喔！它们刚上市，高位折腾之后价格虚高，它会价值回归，那回归之后才会慢慢呈现新的机会，当时我提出一个观点就是独角兽对国家是好事，大的方向是好事，因为支持新经济，但是我们要冷静地去看待。我们能抓到的机会在哪里？我们能抓到的就是可能成为独角兽的企业。

前言讲得有点多，无非告诉大家这个市场真的不是那么好玩的，风险跟机会都是巨大的。作为投资者，我们要不断的深入研究市场，运用一些衍生工具辅助我们把握更多的机会。在有条件有能力，风险承受能力足够的情况下，可以适当地做一种配置。我们自己也在积极地做这样的事情，因为很多时候真正的机会是潜伏在大部分人还没有真正认识之前，等所有人认识到之后，这个机会就没有那么丰盛啦！

就比如说今天跟大家介绍的期权：

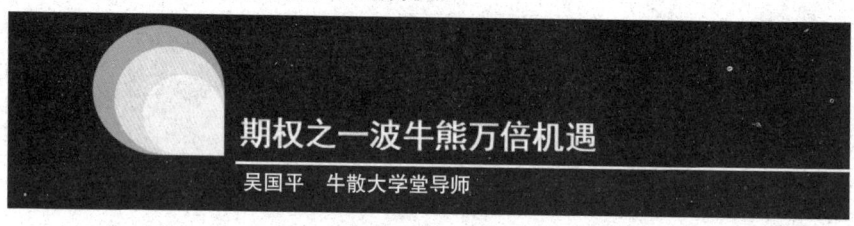

期权之一波牛熊万倍机遇

吴国平　牛散大学堂导师

这个标题有点夸张了，但是除去万，百倍千倍在期权里面，我认为是完全有可能的，为什么？杠杆决定的嘛，因为期权的世界里，杠杆是百倍级的。玩期货的人都知道期货是 10 倍左右，期权是百倍，有人一听到百倍期权，风险好大啊？！确实有风险，如果你所有资金都去玩期权，这个风险当然非常大，因为你一输就输光了，所以先谈风险；但是它杠杆很大，确实可能给你带来百倍以上的机会，那你可以做一种配置。

配置怎么理解呢？比如说你有一百万，你可以拿一万块去玩，一万块也就一个点嘛，但是如果成功了你就赚几十万甚至一百万；那失败了，大不了一万块没了嘛，一万块钱也输得起嘛，对不对？就是说你拿总资金的 1%～5% 去玩一玩，是可行的，是可以做一种配置的，尤其是当你认为有相对确定性的行情来临的时候，这样去把握就可以把这个机会充分放大,这样来做一种组合。

有些时候市场涨的多,你比较迷茫:股票卖了又怕丢失市场的机会,那么你可以把股票卖了啊,你用少量资金买一点期权的多单,万一市场还能涨,期权那里还能赚嘛,帮你赚回来不少。所以它可以跟你的股票做一个非常好的组合,甚至对冲,对吧?

又比如说你现在满仓,你有100万块,买了很多股票,你可能面临市场调整的风险,但是你又不想卖股票,那很简单嘛,你可以买一万块做空的股指期权,万一股指真的暴跌,期权那里你可以赚个十几二十万块,股票这里跌一个或是两个跌停板,那你等于是对冲了嘛。股票亏十万块,期权赚十万块,这样做了一个对冲。所以期权呢,是一个很好的对冲工具,也是一个放大机会的工具,期货期权都是这样子的。会玩的玩得很溜,不会玩得越玩越不知所措。

我们作为专业的机构投资者,会去做这些衍生工具。巴菲特都会充分利这种衍生工具,而且在里面赚了不少钱。毕竟它的最大风险就是投入的本金,理论上来说,机会可以大到你无法想象。

好了,我们慢慢地介绍吧:

- 一、期权的定义
- 二、期权的规则特征
- 三、期权的六种策略
- 四、期权的暴利机会(每年的投资机会)
- 五、期权的风险之买方的风险
- 六、风险控制
- 七、新手常犯的错误
- 八、期权之一波牛熊之万倍机遇

微信公众号:吴国平财经 新浪微博:吴国平财经

1. 期权的定义

1.1 什么是期权

1.1.1 期权的定义

我们先来看下期权的定义：

> **一、期权的定义**
>
> 什么是期权（Option）
> - 期：未来
> - 权：权利
>
> 可以把期权理解为保险，期权费（option premium）就是保费
>
> 期权的买方和卖方≈保险分为投保人和保险公司
> - 期权的买方支付一笔期权费，获得一个未来的权利
> - 期权的卖方收取一笔期权费，有义务执行买方的权利

什么是期权？拆分两个字，期就是未来，权就是权力，就是你未来的权力嘛。期权费你可以理解为保险，通俗一点儿，大家买过楼吧？买楼之前，是要付点定金，楼花嘛。这个楼花按下去之后，你就有了买这房子的权力了，假设未来房子跌了，这个定金你是不是可以不要了？我不买了呗，房地产公司也难奈你何；但是如果房子涨了，你可以按照当时约定的价格，去买入嘛，那房地产公司耍不了赖，必须要给你，你不就赚了嘛！你这样去理解就会非常简单，期权就是买未来的一个权利啊，所以你最大的风险就是楼花，你投入的定金，也就是期权的权力金。

我们来看：

> 期权（选择权）是一类衍生品合约，赋予买方在将来某一确定时间以特定价格买入或者卖出标的资产的权利。

> 期权是权利的买卖合约

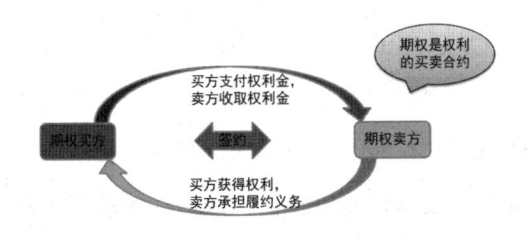

买方支付权利金，卖方收取权利金

期权买方 ⇔ 签约 ⇔ 期权卖方

买方获得权利，卖方承担履约义务

这就是一个标准的概念啦，大家自己看一看就知道了。期权买方支付权利金，卖方收取权利金，买方获得权力，卖方承担履约义务。一个买，一个卖，就跟开赌场一样嘛，一个闲家，一个庄家，最终成交，庄家为什么敢接受你呢？因为他是开赌场的，在你这里赔了，那里我会赚回来，总体会保持平衡，就是这样子。

好，我们继续来看：

1. 期权是个立体化交易

股票（一维）：一般只能通过做多获取收益 ↑

期货（二维）：除了做多还能通过做空获取收益 ↑ + ↓

期权（三维）：除了做多和做空，还能运用组合策略，赚取波动率的收益 ↑ + ↓ + →

449

期权是个立体化交易，股票是一维，只能做多获取收益，期货是二维，除了做多还能做空，期权呢是三维，除了做多做空，还能运用组合策略，赚取波动率的收益。

1.1.2 期权的风险与机会

说白了，就是一个衍生工具带来了很多种玩法，为什么说未来是一个机构化的时代呢？很简单，大家光是听这些东西都头晕脑涨了，你个体的话，没有一个团队去研究，去辅助，你怎么做的来啊？为什么大部分人只能做做股票呢？因为研究不来，有些机会给到你了，你也只能欣赏，或者是做一些最基础的机会，什么赚点波动率、组合策略啊，太专业太复杂了，大部分人学不会，也没法学！只能说你把握一点：万一市场有机会了，你期权做点多单，或者有风险了，做点空单，你只能做这种最简单的东西。那种组合、衍生啊，等等，大家肯定头都晕了，因为你股票都没做好，还做这个期权，做来做去真的疯掉了。

所以在做期权之前，你首先要认识自己，很多人没有认清自己，一听说期权赚很多倍，就拼命去搞了。那我告诉你不要乱搞喔，你首先要认清自己，如果你水平超烂的话，小玩就可以哦，比如1%，或者1%都不需要，拿几千块钱去玩一玩就行了，小赌怡情嘛，千万不要赚了一点儿就全部资金去搞。所以正式讲课之前我一定要谈，你要控制好你的资金，就好像去赌场，不要说几千块钱赚了一点钱，你就以为自己很牛，然后就拿几万甚至几十万去玩，我告诉你到时候输的话会输光，你知道吗？千万不要有这种心态！就是说你几千块去玩一玩就行了，我教大家这些东西，并不是要大家以后靠期权去赚钱，我们还是要靠股票去赚钱，这只是让我们多一点儿乐趣，偶尔拿一点小资金以小博大，然后用着小资金慢慢去翻是可以的，但是千万不要博大一点儿就把股票资金都转过去弄，那你最终一定是万劫不复！

我首先要强调、强调再强调，这点我是要特别强调的，因为没有人是神仙，你不可能把把都赢的，你肯定会输的，你输的话，要输得起嘛，对吧？这里面有很多技巧的，比如一万块钱你赚了几十万，下一次又去赌，那你投多少注啊？继续投一万，还是投几十万？这些都是有很多技巧的，你一下子投几十万下去输了呢？就全没了，明白吗？所以本质上来说这是赌场，想要赢的话，你要有相当的专业程度，否则贸然出击，最终结果可想而知。但是不管你玩不玩，你必须要懂。

【学习温馨小总结】

△ 期权具有高杠杆高风险高收益的特点，所以我们要懂得股票和期权的仓位配置，并且依据自己的风险承受能力和技术水平去一小博大，千万不可重仓押注导致全军覆没。

就好像很多人连股票基本的状况，这家公司做什么的都不知道，就贸然进去了，进去之后发现 ST 了。举个例子，海南椰岛：

海南板块的个股，前期海南板块涨了，有人对我说：这只股票好便宜啊，你看底部形态啊，赶紧买了再说。我不否认它是海南股，但是你有没有研究他的基本面？连续几年业绩亏损，要带帽了，一带帽连续跌停，你怎么办？就像刚才说的，股价低了可以更低，8块钱进去，6块钱，现在呢，4块多。所以呢，底是相对的，低是相对的，你没研究内在东西，就贸然追进去，最终一定是死路，这个就是很经典的例子了。

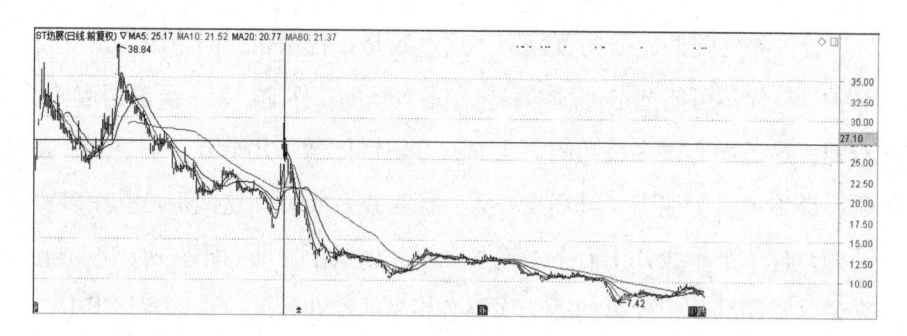

ST椰岛内情如果你不懂还蛮干的话，在资本市场上风险是非常巨大的。

所以我们做任何一件事情，首先要学习理解，学习的时间你是要花出去的，包括资金成本你也是要花出去，如果连这一点都不舍得，你在资本市场里面没有办法获取更大的收益。我今天讲的期权，之前也是做了很多功课的，为什么？因为，我们从接触期权到运用期权，我们的时间也不是特别长，为了让大家更容易理解它，我们花了相当长的时间去梳理，去学习，然后去做总结，最终给大家做一个分享。期货我们早已开始玩了，商品期货、股指期货啊，对于大的机会我们会尝试做一个把握，我认为未来有些期货的品种，可能会有比较不错的一个机会。

为什么要跟大家介绍一下期权呢？也是因为股指未来会有一个不错的机会，我们上证50是有期权的，糖也是有期权的，现在场内的期权还是比较少的，以前有个场外期权，但国家暂时停了，不允许私募和机构参与交易，担心衍生风险。之前场外期权有个股期权，基本上几十亿以上的个股都有期权可以去做，也就是说可以放大杠杆，所以我们感觉一旦牛市来了的话，这里一定是"金矿"。后面国家叫停了，但是将来会不会开放呢，我相信大的趋势是放开的，因为这是国际上通用的一个衍生工具。但是在迎接这个期权时代到来的时候呢，我们先要学习了解它，你要知道这里面的风险跟机会。

我们必须记住一点：我们只能用我们输得起的一小部分资金，去把握这里面的机会,这就是我们的基本原则。违反了这个基本原则,那你就是死路一条。所以我要先把这个强调一下。

1.1.3 期权的现状

那么我们来看期权的现状:

牛散大学堂

2. 全球股票期权的现状

- 美国是全球最大的股票期权交易中心
  - 交易量居全球之首,占比高达80%左右
  - 其期权市场产品规模领先于全球市场
    - ✓ 股票类个股期权超过3000只以上
    - ✓ 指数类期权超过50只以上
    - ✓ ETF类期权超过250只以上
    - ✓ 合约周期跨度包含了周、月、季以及长期(3年)

索罗斯和巴菲特都是顶尖的期权高手,去年巴菲特单是期权获利80亿美金以上。

微信公众号:吴国平财经　新浪微博:吴国平财经

美国是全球最大的股票期权交易中心,本来中国也是有机会的,现在暂时停止了,但是未来一定会放开,一旦放开的话,那将不得了。之前很多人说股票,比如去年的方大炭素阶段性涨了几倍,但如果你在低位买了股票期权的话,那赚几十倍甚至上百倍,当然这个是需要你有相当的研判能力,你的研判能力越强,你把握的机会就越精彩,越丰富。所以呢,你看美国市场期权交易量达80%,是全球之首,股票类个股期权超过三千只以上,指数期权50只以上,ETF期权超250只,那你看我们现在有多少呢?场内的还不超过10只,所以我们跟国外对比,比喻成股票的话,我们未来是不是有很高的成长性啊?假设我们未来要跟国际市场抗衡的话,我们现在只是刚刚发展,未来我们成长空间还很大。索罗斯跟巴菲特其实都是顶尖的期权高手,巴菲特去年单是期权就获利80亿美金,比如说他觉得苹果要上涨了,买股票的同时,他也可以买

个股期权的多单，如果股票上涨，他这个收益会更加的巨大，做一点杠杆是完全可行的。

所以真正的职业高手，一定会充分运用这样的工具，当然他会控制好这个比例，就是股票跟期权之间的资金分配比例。我们都知道苹果股票，巴菲特应该拿着几百亿美金，那几百亿美金是不是可以对应着配几个亿的期权呢？一两个亿完全可以啊。我都说了你可以配个1%嘛。多一个这样的工具，那就可以拥有更多机会，或者是对冲一下风险。未来随着中国不断地发展成熟，我们这一块儿爆发性的发展总会呈现在我们眼前的。

好，我们继续看：

> **韩国市场：最活跃的股指期权市场**
> - 1997年6月，推出KOSPI200股指期权，发展速度惊人。
> - 2000-2003年间，日交易量最大值曾超过2800万张，而当时香港交易所全年的衍生品交易量仅为1455万张。
> - 该期权合约多年蝉联全球交易量总量第一，2011年成交量高达31亿张，占全球股指期权交易量的70%左右。
> - 个人投资者超过70%。

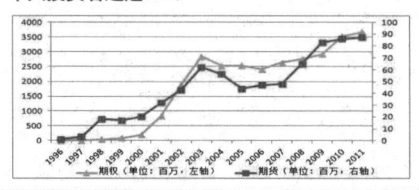

韩国市场是最活跃的股指期权市场。老股民都知道，中国以前有权证，权证跟现在所谓的期货期权模式是类似的，当时中国的权证市场交易量一度占全球第一。但是现在没有了，这是因为后来过度疯狂，被监管层取消了。其实这个权证跟我们的个股期权是类似的，未来个股期权再次回到市场进行交易的话，在牛市到来的时候，他们的活跃度、交易量会非常迅猛的发展，会有更多的人认识到这个金矿，认识到这个市场并参与进来,这是必然的。所以大家不要担心,毕竟中国市场潜力特别巨大嘛,韩国也好,美国也好,他们的第一位都只是暂时的。

我们来看下香港的:

香港市场股票期权的现状

- 香港衍生品市场品种期权,发展较为成熟,香港交易所:
  - 1993年推出恒生指数期权
  - 1995年推出首只股票期权
  - 2000年推出盈富基金ETF期权
- 香港已经超越澳大利亚成为亚洲最活跃的股票期权市场

香港市场也比较成熟,已经超越澳大利亚成为亚洲最活跃的股票期权市场。为什么香港市场表现得越来越活跃啊?有一个很重要的原因,就是香港的衍生工具比较成熟丰富,中国大陆一些投资者在香港市场也懂得去玩这个期权市场,慢慢玩出心得,所以也活跃了香港的期权市场。

所以当我们进入全球化的视野的时候,如果我们的资金能配置到全球的话,我们必须要认识一些期权的品种,认识到期权的风险跟机会,因为一旦机会来临的时候,是可以做一些参与的。香港就有一些股票期权,当有些股票你觉得真的来机会了,你可以不买股票,适当的买点的期权又何尝不可呢?比如说买它的认购期权,看涨期权,都是完全可行的。

1.2 期权的类型、价值状态及影响因素

1.2.1 期权的类型

期权有很多类型，我们来看一下：

牛散大学堂

3. 期权的类型：欧式和美式

合约类型	上证50ETF期权	大商所豆粕期权	郑商所白糖期权
	欧式	美式	美式

- 可以把欧式期权理解为电影票
  - 只能在指定日期使用，不能提前和延后使用
- 可以把美式期权理解为月饼票
  - 可以在到期日前的任意一天行使权力

微信公众号：吴国平财经　　新浪微博：吴国平财经

欧式和美式期权，欧式可以理解为电影票，电影票是什么意思呢？就是说只有看电影的那一天，他才可以行权，即只有最后一天行权。而美式期权是月饼票，任意一天都可以行使权力，就是在我们交易的过程当中，今天可以行权，明天也可以行权，所以大部分人比较喜欢美式的期权，因为可以提前行使权力，提前结束战斗嘛，欧式一定是固定在那一天。

就比如说你买了楼，房地产商说你随时可以来交钱，这叫美式；欧式呢，你要交钱的话，只能是下个月的月中15号，那天你来交钱才是有效的，并且只能是那一天，如果那一天过了，你这个楼花就失效了。所以你要认清楚你做的是欧式还是美式，一般我们是做美式的。

1.2.2 期权与期货的区别

好,我们来看一下期权跟期货的区别:

期权与期货的区别

	期权	期货
权利和义务	买方享受权利无义务;卖方只承担履约的义务	买卖双方权利与义务对等
权利金	买方支付给卖方	无
保证金制度	卖方需要缴纳保证金,买方无需缴纳保证金	买卖双方都需缴纳保证金
风险特征	买方与卖方都有一定风险,而且双方风险不对等	买卖双方风险是对等的
上市合约的数量	每个合约月份有多个合约	每个合约月份只有一个合约

你看期权的权利和义务是买方享受权利无义务,卖方承担履约的义务;而期货则是买卖双方权力与义务对等。期权的权利金,买方支付给卖方就行了,期货是没有权利金的。期权的保证金制度,卖方需要缴纳保证金,买方无须缴纳保证金,就是卖方等于是开赌场的,需要交保证金才能做庄家,庄输了,你就赢多倍,你输了,也就是输押金;期货呢则是买卖双方都需要缴纳保证金。风险特征,期权是不对等的,期货则是对等的,就是你赚10他就亏10。合约的数量,期权每个合约月份有多个合约,而期货每个合约月份只有一个合约。这就是他们相互之间的区别。

1.2.3 期权的价值状态

我们继续来看：

4．期权的三种价值状态（以下指认购）

- 实值：行权价格小于标的资产当前价格的看涨期权。（行权价小于市价）
- 平值：行权价格等于标的资产当前价格的看涨期权。（行权价等于市价）
- 虚值：执行价格大于标的资产当前价格的看涨期权。（行权价大于市价）

```
虚值看涨期权          平值          实值看涨期权
                     期权
实值看跌期权                        虚值看跌期权
```

我们要记住一个概念，就是实值、平值、虚值，行权价格小于市价就是叫实值；平值的行权价等于市价；虚值，行权价大于市价。

大家要先记住这些概念，实、平、虚这三个基本概念，继续来看：

实值：期权的买方当前有盈利
- 对于股票认购期权，市价 > 行权价格
- 对于股票认沽期权，市价 < 行权价格

平值：股票价格与期权合约行权价格相等，即市价 = 行权价格

虚值：期权合约的买方当前没有盈利，执行期权会造成损失，期权的买方不会行权
- 对于股票认购期权，市价 < 行权价格
- 对于股票认沽期权，市价 > 行权价格

其实不管是实、平、虚，无非就是里面的杠杆比值不一样，最重要的是，最终你就拆分两点，不论实值，虚值，平值，哪个是看涨的，哪个是看跌的，哪个是最活跃的？我们去找那种最活跃的，最活跃的就说明它是市场最认可的标的，大家觉得最适中的标的，那就作为我们主要交易的一个品种。就好像做期货一样，一般都会有一个主力合约，就是下一个阶段行权的合约，往往大家交易的特别活跃。等到要迈入下一个阶段的话，主力合约往往会平移到下一个交易的月份，它会不断地平移，平移的。期权也类似，他也会有一个比较活跃的交易的一个品种，那你就要找到它，作为主力交易的标的。什么是实平虚，你大概理解下他的意思，如果你要更加细致的了解，你看看相应的概念，然后你在实践中去对比理解一下就可以了。

1.2.4 影响期权价值的因素

好，我们来看一看影响期权价值的因素：

5. 影响期权价值的因素

影响期权的价格（权利金）的主要影响因素如下：

➤1、标的资产价格：可理解为被保资产的价格越贵的保费越贵（奥拓VS奥迪的保险费）

认购，行权价越高，属虚值期权或远月合约。认沽，行权价越高为实值期权。

➤2、时间：时间越长保费越贵（一年期保险费VS十年期保险费）

➤到期时间越长，时间价值越大，买方选择余地越大，行使期权机会越多，获利的可能性越大。剩余时间越短则相反。

➤3、波动率：波动率增加，期权向实值转化可能性越大，价格波动越大，权利金越高，价格趋势逆转可能性越大。

期权影响因素就是标的资产价格，时间，波动率。

第一个就是资产价格。第二个就是时间，时间越长，保费越贵，道理也很容易理解，就好像你买汽车保险，一年的保费跟十年的保费，肯定是十年的保费贵得多；时间越短，价值就越小，所以近期合约比较便宜，因为他的时间比较短呐。第三个就是波动率，波动率越大，权利金就越高，波动率越小，权利金就越小。那道理也很容易理解，因为波动率越小说明里面的机会不多嘛，它的杠杆大一点也没有关系，里面的庄家敢跟你玩，不用多少钱都可以参与，而波动率很高的话，做庄要面临很大的风险，那他就不愿意很便宜的价格卖给你，那价格权利金肯定会抬高。

所以我们买期权的时候，什么时候去布局他呢？往往在波动率不是很高的时候，我们可以开始去找时机做布局了，等它波动率很高，价格变大的时候就不一样了，权利金就不一样了。波动率不高的时候，权利金可能100块就可以买了，等到波动率很高的时候，你100块买不到了，要500才能买到同样的东西，一下子涨价了，水涨船高嘛。

2.1. 期权的规则

2.1.1 期权的规则

我们接着来看一下期权的规则：

二、期权的规则、特征

1. T+0
2. 无涨跌幅限止
3. 无暴仓风险（买方），股指、期货、外汇有
4. 收益和风险不对称，判断准确，收益无限；判断错误，损失有限
5. 权利和义务不对等（买方卖方不对等）

六、把握常见的衍生品：期权与期货

很简单T+0，当日即可了结，特别适合那些天天想做点T的人，上午股指涨上去了，高点卖掉，跌下来又重新买入。期货也是T+0，特别是晚上，期货市场有夜盘，一般九点开始，有些时候包括我自己，比如说待会儿我讲完课就拿着手机或者家里的电脑，我买点什么糖、铜啊等等小玩嘛，比如说资金小的话，几万块或者几十万块在里面玩一玩，资金大的，那可能是专业的了，在这里折腾折腾T+0，一晚上也能折腾点东西出来。

期权是没有涨跌幅限制的，另外一个也没有爆仓风险，如果你是做以前融资融券，那是有爆仓风险的，前段时间为什么国家要禁止个股期权？因为个股期权杠杆10倍，我们都知道原来所谓的场外融资，市场流行的是两倍、三倍，这个杠杆已经很高了，而且你融完资，一旦跌的时候，你还要追加保证金，而期权不用追加保证金，又有那么高的杠杆，所以一下子变得非常吸引人，他没有爆仓的风险。融资融券追加保证金的话，一跌下来券商要你加金，你不加金马上停仓，期权不存在这个，它只存在到期了如果没达到那个价格，你的权利金全没，这是你最大的风险。

也就是说，判断准确，收益非常大；判断错误，损失相对有限，这些就是它的主要的特点。

1.2.2 50期权的特征

我们接着来看 50 期权的特征：

50期权的特征

1. 50成份股：金融股占60%，关注金融板块动向；
2. 合约到期月份：当月、下月、后面两个季月度，3、6、9、12月。目前合约148个；
3. 当月合约容易出暴发式行情，季度合约容易出趋势行情，跌透后的反向上涨最好。

你看，50 成分股，金融股占 60%，所以呢看 50，就要看金融板块，多看看银行股、保险、证券这些走势怎么样，如果他们差不多都有行情，要暴涨或者暴跌了，你就可以相应的去配置一点 50 的认购期权或者认沽期权，目前合约还是蛮多的约 148 个，但是单一的期权就只有 50，都是 50 衍生出来的，有很多很多的不同月份、不同时间的合约。如果时间很短，一个月的行情，所以你只能赌爆发性的行情，但是如果买时间长的，季度的，那就赌趋势性的行情呐，所以不同的时间周期，他的机会是不一样的。

3.1 期权的策略

好，我们来看下期权的走势：

三、期权的六种策略

行情的几种走势
1. 大涨
2. 小涨
3. 大跌
4. 小跌
5. 突然大幅涨/跌
6. 区间震荡

3.1.1 期权的 6 种策略

共六种走势，那我们逐一来看一下相应各种策略：

第 1 个：

1. 大涨策略

策略：买认购
上涨盈利无限，下跌损失权利金；
下图：30%涨幅，200倍杠杆，加大众心理共振，至少涨幅200倍以上。

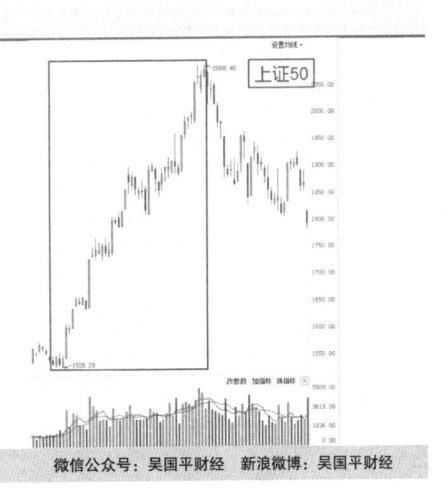

期权的话，不同的走势我们要不同的策略，市场大涨的话，不用考虑了，那当然是买认购了，30%涨幅，200倍杠杆，加大众心理共振，至少涨幅200倍以上，如图50指数从1528到2088，短期涨了30%，那你杠杆一下子放大200倍的话，你自己想象，上百倍的利润啊，1万块钱就变100万了。股指短期涨30%，这种是很罕见的，这叫主升浪了，所以有些时候，人生难得一次主升浪啊，如果碰到了，那就不得了了。

第2个：

2. 震荡小涨策略

卖方：卖出认沽。或牛市价差策略（买平卖虚认购）

收获权利金收入，如果大跌，损失较大。（卖方需要保证金交易，没有一年的实战经验不建议做卖方）

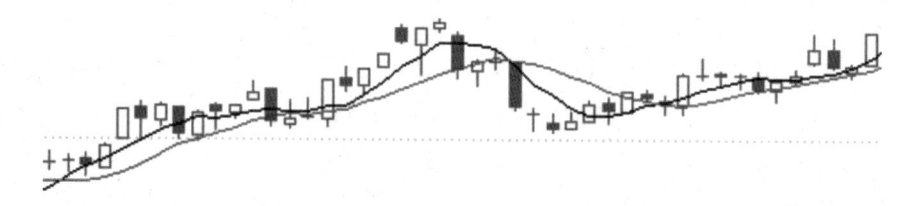

第3个：

3．大跌策略

买方：买入认沽

收益无限，风险损失权利金；

下图：27%跌幅，200倍杠杆，名义涨幅54倍，实际涨幅300倍以上。

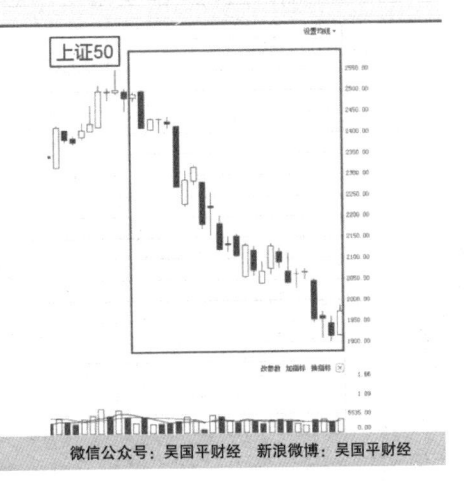

你看大跌，是买入认沽，收益相对可观，风险就是损失权利金。有些市场时候涨的多，有些看不懂了，就可以做一个中期的认沽合约，拿它做一个对冲，我们股票拿得太多，又担心市场暴跌的风险，从而做出这样的平衡。

第4个：

4．震荡小跌策略

适合卖方，卖出认购期权，或熊市价差（买平卖虚认沽）

获取权利金收入，风险：大涨亏损。

所以呢你看到了，一个大涨，一个大跌，一个就是买入认购，一个就是买入认沽，这就是主要策略，至于说震荡小跌啊，买平买虚啊，这些大家稍微了解一下就行了，这些有的是只有机构才能做的，获取权利金的。你们自己去操作的时候，技术不到也是赚不了什么钱的。

第5个：

5. 突然大幅涨/跌策略

1. **适应行情**：预期行情大波动，但方向不明。如英国脱欧、美国大选、非农数据影响……
2. **操作**：买入相同到期日，虚值的一份认购、一份认沽。（跨式策略）
3. **收益**：一方大赚，一方亏损权利金，综合获利。
4. **风险**：事件影响不及预期，未出现大波动，迟早止损。

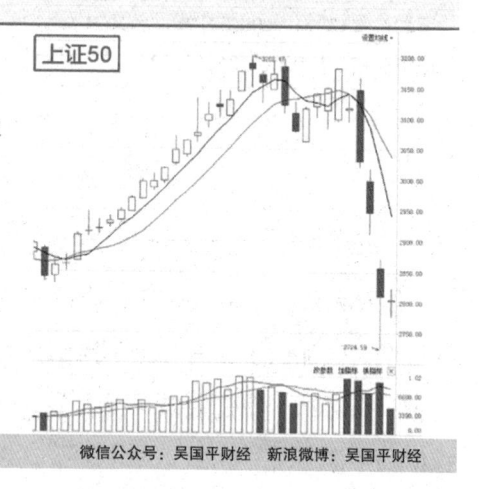

做期权最重要的就是你选择时点，你一定要选择在市场大涨或者是大跌之前进行一种布局，这样你的利润是最丰厚的，至于其他的，比如说市场区间动荡啊，这跟做股票差不多，就是十几个点、二十几个点上上下下波动，赚这种钱你赚不了暴利。那什么时候会有暴利机会呢？突然之间大盘暴涨两三个点，又持续攻击一把，或者突然大盘暴跌两三个点，又持续下跌一把，这个时候你就能赚大钱。当预感到有重大影响的事件马上就要发生时，可以运用跨式策略，买入相同到期日，虚值的一份认购，一份认沽，一旦事件发生了，那么一方损失权利金，但是另一方可以赚很多倍，总的还是大赚的。

第6个：

6．震荡小波动策略

1. 适应行情：区间振荡，波动小，未来方向不明
2. 操作：卖出一份认购和一份认沽期权，是相同行权价格（卖出跨式策略）
3. 收益：双份权利金
4. 风险：行情出现大幅波动，不管是涨是跌，有一边会大亏
5. 难易度：不好交易，不建议操作

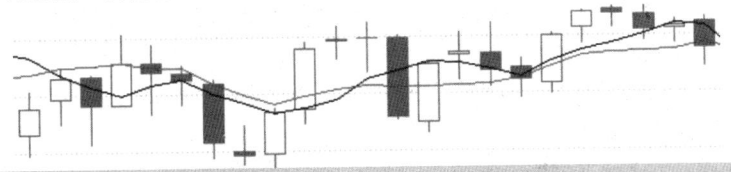

所以呢，我们不是说任何时候都要去做期权的，有些时候我们干脆不做，比如说你觉得是区间动荡，没有什么太大波动的时候，你就没必要在期权那里折腾了，你就专心做好股票就行了，明白吗？因为期权里面的波动，无非也就是一天十个点，二十个点，当然不是说不能做，你也可以去做，比如拿几千块钱，玩一下赚点买菜钱嘛，或者练练你的短线手法，也是可行的。但千万记住，不要因为十几二十个点蛮多的，又可以T+0，就拿100万块去玩吧，第一有些品种你根本也买不了那么多，因为现在它成交量有限，第二你被市场折腾来折腾去，很容易把自己亏得精光，所以我是不建议的。

【学习温馨小总结】

△ 期权的主要策略就是：在预期市场将会有大涨、大跌或者是趋势性行情的时候，我们进行一种期权配置操作，这是一种最简单、有效的方法。

3.1.2 期权的其他策略

第1个：

我们接下来看一下期权的保险策略：

牛散大学堂

7. 保险策略

1. 适合：持有股票，产生较大获利，提心市场下跌利润回吐；
2. 操作：可合利润的1%，买份认沽期权，即可对冲风险，又可继续享受上涨收益。
3. 收益：持仓股票继续上涨获利，损失权利金，如果市场下跌，认沽期权大赚。
4. 风险：损失权利金。

微信公众号：吴国平财经　新浪微博：吴国平财经

一种很好的保险策略就是组合策略，当你持有股票产生较大获利，又担心市场下跌利润回吐，你就可以操作一个认沽期权。比如说我现在股票赚了很多钱，我又担心市场动荡，我就买点利润的1%，就是说一千万资金的股票，我买个十万块钱认沽，万一市场暴跌，我认沽这里能赚个十倍，那也有100万的收益啊，那相当于我一千万资金的股票跌一个跌停板也没关系，对冲掉了嘛。它的风险就是如果股指继续涨，你这个期权的十万块可能没掉了嘛，无所谓啊，因为你的股票赚了嘛，1000万资金变成1100万块或是1200万块。这就好像你每年要买保险一样，你用小的本金去买一个保险。我们接着看：

第 2 个：

节日跨式策略

适合行情：十一、春节。假期长，期内会出现许多新闻信息，容易对标的造成跳空涨跌。如近3年，十一后开盘，都会出现跳空高开。

操作：节前一天，买当月平值跨式期权，一份认购一份认沽。高开开盘平仓。

长假后开盘容易因消息影响造成标的跳空涨跌，那在放假之前先做一个节日跨式策略，然后一开盘的时候，你就可以考虑做一个了结。

第 3 个：

共振时，要有持仓

当技术面+预测面，同时提示涨跌，共振时，手中要有单，此时获利概率最佳。如2017年12月底共振机会。

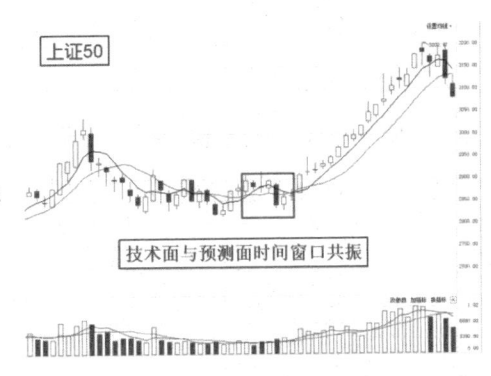

技术面与预测面时间窗口共振

当技术面加预测面产生重要的时间窗口共振，在区域转折点即将到来的时候，你可以考虑尝试性的，比如说做一个期权多单，先做好布局，一旦趋势形成，一波行情到来，你就赚得盆满钵满了。

4. 期权的暴利机会

期权的暴利机会

1. 转向行情。牛熊市转化，中级反弹与下跌转化，如2014年10月，2018年1/2月大起落行情。

2. 低价合约。关注持续性整体低价合约，如50期权的2017年4月转向后就是暴利。

3. 趋势单。所有赚大钱的都是趋势单，期权也是如此，买方跟踪好趋势来下单，趋势未形成之前没有什么大肉。

4. 中线加速涨/跌。如2017年11月、2018年1月快速涨。

5. 黑天鹅/突发事件，如2018年2月初美股暴跌传导到国内。

微信公众号：吴国平财经　　新浪微博：吴国平财经

总的来说期权的暴利机会，并不是任何时候都有暴利机会的，他只是在一些关键时刻才存在暴利机会，就是牛熊市转化的过程当中，比如说我们今天买认购期权，明天大盘真的大涨了，那就是暴利机会，可能一天赚五十个点甚至更多。当然你们本金不大，所以这个也不算多，但是如果它持续大涨，翻一倍、两倍、多倍，那对你来说这个品种的收益就是很可观的了。

所以期权市场最希望什么？要么多点黑天鹅，要么多一点市场的重大利好等等，反正最希望的就是事件性的刺激。

我们继续看：

50期权：每年中线级别机会约5～8次

空间大小每次一般20～30倍涨幅

其中一次大的机会有150倍以上涨幅。

每年理论上是有300倍的概率，

1万本金变300万，10万本金变3000万。

微信公众号：吴国平财经　新浪微博：吴国平财经

理论上50期权，每年中线级别机会约5～8次，空间大小一般20～30倍涨幅，这是理论上，事实上没有那么多，事实上在你具体操作的过程当中，可能就几倍，其中一次大的机会有150倍以上的涨幅，每年理论上是有300倍的，但事实上顶多也就是几十倍，所以你一万块本金，理论上是有机会变成几十万块到一百万块以上的，10万块本金有机会变成几百万块到上千万块的，这是不是很诱惑人的？是的，是很诱惑人，但是前提是，每一次大小级别的机会你一定是要在其中，或者至少把握一次，那你就有非常巨大的获利空间。

拿非法的比特币来说，有些比特币也是有杠杆的，如果你有很巨大的杠杆的话，那它的机会也是非常之大的。我知道我们有些学员暗地里玩过比特币，但是你投入重金的话，基本都是输的非常非常之惨，赚钱的人是少数。

所以我今天讲这个期权，就让大家去玩期权，不是这个意思，而是让大家认识市场有这样的一个工具，而且是合法的工具，不像比特币在中国定义为非法的，是不能去玩的。这个期权是可以玩，但是记住一点，小赌怡情啊，小玩是可以的，而且不是任何时候都可以玩，这里面一定要抓住关键节点，才真正值得去奋力一搏，比如说我觉得现在市场有大的转折了，这个时候我们可以去做一种适当的布局，玩一个转折，当真的转折到来的时候，这个市场就体现出巨大的价值。

5. 期权的风险之买方风险

到最后了，谈一谈期权的风险：

四、期权的风险之买方风险

1. 时间价值损耗。买方不利因素之一，随时间流失，时间价值到期归0，同时对实值/虚值/平值期权影响不同。实值和虚值期权，最后一周时间流失的影响小，到期日虚值期权价值归0，实值期权则仅剩下内在价值，而平值合约，最后10天下降最快。

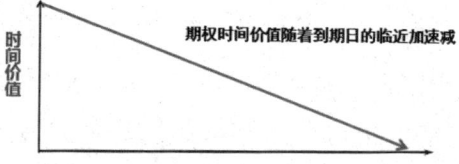

期权时间价值随着到期日的临近加速减

我们买的话，就一定要记住时间的价值，你买的期权合约，是一个月的还是一个季度？如果一个月的，到期之后就作废了，所以越临近的时候，你要随时准备卖掉回笼了，或者说你要找个时间卖掉； 如果一个季度的，那快到一个季度的时候，你也要找时间卖掉，所以时间价值你要非常清晰。之前在权证市场的时候，我看新闻有很多这样的案例：当时有些大妈买了很多权证，她们脑海里以为权证就是股票，就是买的很便宜，几毛钱一张都有，以为可以放很久，但是权证是有时间期限哒，半年之后就结束，要行权啦，到行权的时候她还拿着，交易所发短信、打电话，千提醒，万提醒，她们都不去。那好了，行权完之后就一文不值了,特别是有些买了认沽权证的,到期行权,没有一分钱价值,归零了,等于你买了几十万也没了。期权也是如此,所以你一定要在到期日之前,要行权,进行交易,不然的话,你这份期权最终就变成了一张废纸。这点你要有基本的认识。

我们继续来看：

2. 横盘、振荡市风险,如果行情震荡、横盘,认购认沽双杀,购沽都容易下跌;相反,区间震荡对卖方最有利,稳收权利金。(如大盘4月份的行情)

3. 重仓风险,期权买方最大的损失为权利金,相对股票,期权金更便宜,但仓位太重,方向错误,可能损失投入的全部权利金,金额就会偏大。

4. 流动性风险,一般平值合约较活跃,深度实/虚值不活跃,资金较大可以买流动性好的,多个合约持仓,同时提前分批平仓,不要等行情拐点出现才平,平仓价格会大幅下降。

5. 溢价过高风险,新开出来的合约,一般都有溢价,容易下跌,新上合约的前两周不要参与。

6. 忘记平仓风险,50属欧式期权,到日期才能行权,一般都提前平仓,所以不要持有不动,要么原本赚钱的仓位,可能又会亏损,因平值与虚值期权,到期归0。

微信公众号：吴国平财经　　新浪微博：吴国平财经

所以呢,第2个就是说,震荡的行情中,能不做尽量少做,除非你认为接下来有一个趋势性的行情的时候,你就可以提前去做好布局,否则的话,今天这里折腾来,明天那里折腾去,没什么意思,震荡市放弃,我们要认识到它的风险。

第3个就是重仓风险,你自己赌心很大,一开始就拿十几块二十万块甚至几十万块进去玩,千万不要这样。虽然损失的是你那本金,但是你越赌越大的话,这个损失会非常大的。比如说你10万块进去了,波动一下,你可以一天亏50个点啊,10万块变成5万块了,你的心态就会越来越坏。所以玩这个东西,一定不能重仓,切记只能用少资金,比如说你1%的资金,百分之1%~5%之间,要看你的水平,你们最多也就是1%了,别以为自己很牛,吴老师说了接下来股指要暴涨了,我不是神仙啊，有可能不暴涨反而下跌呢，怎么办？你重仓进去了，接下来啪一下子没了60%，70%完全有可能啊，这种损失你承受得起吗？就好像有人去澳门赌场，有些人有钱啊，输几个亿眼睛眨也不眨就走了，有些人没有这个魄力，输几万块钱就要死要活的，这样的大有人在啊！所以玩期权，我反复强调，要先认清自己，如果你没有认清自己就贸然参与进去，你肯定就是进入一个万劫不复之地了。

我今天教大家这些东西，并不是叫大家都去开期权账户，首先，你要问清楚自己属于什么样的人，适不适合做这样子的事情？适合，你的控制力比较强，你可以适当地做一点点；如果你自认为自制力很弱，那就不要去折腾了，做好你的股票。但是这个东西你要认识，今天上了这堂课，对于开拓你的思维是非常有帮助的。千万不要说，我自制力不强，我还要拼命去搞，输了就怪我，所以我在课堂里面强调又强调了，你要认清自己。

第4个就是流动性风险，因为很多期权合约是没什么流动性的，所以你资金进去，要找到活跃的，不活跃的你可以不要嘛，这样流动性风险就会降低了。

第5个溢价过高风险，就是新开出的合约，一般都有溢价，容易下跌，就好像新股上市一样。新开出来合约大家都会给出一个溢价，就是大家认为他很好，就好像那些新股被过度的追捧，这是有风险的。你最好等市场冷静之后，比如过两三个星期，等它的价值回归之后，你再去参与，你的风险就会少很多。

刚才我说了，忘记平仓风险，就是第6个，这个就是刚才强调的，一定要行权，一定要交易，否则你就被归零了。

6. 期权的风险控制

接着我们来谈一谈风险控制：

六、风险控制

1. 资金配置。买方拿股票总资金5%~10%，即使亏完也不受影响。在有巨大机会时也不要超过20%。
2. 仓位管理，将投入资金看作100%，分15%+X次操作（X为底仓或一手），没有共振机会，不重仓。
3. 一手单，如新手刚开始交易，可以只开一张，熟悉各种策略……
4. 买卖分批。如买时可分2批，平仓分多次，不一次性下。

刚才我谈了资金配置，我谈的是1%~5%，这里写的5%~10%，这个是非常高的高手才可以做的，一般的投资者，你1%~5%就足矣了，这里大部分的学员，我认为十个里面九个只能用1%就可以了，上面的风险控制比例是超级专业的机构投资者才适用的，我要强调一下。

后面还写了仓位管理，不能一下子梭哈，小玩慢慢玩。新手一开始的话，先一张单两张单这样熟悉一下，慢慢玩。

我们接着看：

5. 出金

遵循行情：涨多会调，跌多会涨规律，做完一波行情，把大部分的利润转出去，按照原有本金交易，没有盈利干扰，下单心态会更好，转到股票户或其它开支。

盈利较多，可拿20%，算新成本，即使遇到黑天鹅，也不至于重创。

不好的现象：有人一次性赚10倍利润，没有出金，继续移仓新的平值合约，结果一个大跌就回吐掉大半盈利，甚至归0，纸上富贵一回。如2017年5—11月大涨，12月亏损。

6. 止盈（买方）：单边行情时，出现大幅盈利，可分批止盈，或开虚值反向单做保护；
震荡市，如果有较好盈利，要即时止盈。

7. 止损，对行情判断错误时及时止损。（留有余地，遇到大机会，即使4900元也可以赚40万）

这个就是止盈止损啦。这些都很简单啦，认真去看一下。

我们再继续看：

8. 几个不买：不买快到期合约（新手）；不买深度虚值；不买最远合约（太贵）；少买刚上市合约；行情没把握不开仓；不买溢价过高合约……

9. 不要小富即安。期权涨跌时常会超预期，饿死胆小的，撑死胆大的。如2018年1月涨、2月跌；

10. 不能用股票的思维做期权。如台湾出现过棉花大行情，期权从1元涨到1000元，有个做股票的客户，从1块钱买进去，一个小时就涨到1.4元，赚40%，吓了一跳，股票一年也不一定有40%，所以他赶紧落袋为安，在股票上是波段止盈，但是，后面棉花期权从1块一直涨到1000块。

这里还强调了，不要小富即安，做股票有些时候都是需要格局的，做期权更加需要格局，你说做股票，很多学员都是赚10个点或者几个点都已经开心得不得了，都想着卖了，做期权一天都几十个点了，那你更加会想着卖，但是真的要做期权的话，杠杆放大了，对于做趋势性的机会的话，几十个点根本不需要去做，没必要做。如果只是取几十个点的机会的话，你还不如做股票了，你是赌他几倍，甚至十几倍的这种机会，因为他本身那么大的杠杆，你参与本来就是博大机会的，你进来只是赚那个小机会，那有什么意思呢？当然有些人说，吴老师我想做做差价嘛，这无可厚非，你拿一点小资金去练练手是可以的，但是，真的要把他当做一件事，要抓大机会的话，那你一定是博他一个倍数的机会。

有些时候，可能1万块期权涨了5倍，其实从我的角度来说，我根本就没觉得好开心的，我的目标可能几十倍啊，几十倍我才稍微有点感觉嘛，当然这个指的是超级行情到来的时候，我们做一把趋势性行情，但是有些时候，我们等的就是那个阶段，那个机会；有些时候有些机会我们是可以放弃的，几十个点的那种机会，是可以忽略的。不是什么机会我们都要去抓，什么钱都要去赚的。在我的理念，期权的机会就是赚那种阶段性的暴利的机会，但是这个机会不是时时都有的，可能一年就那么几次。

7. 新手常犯的错误

好，我们来看一下新手常犯的错误：

> **七、新手常犯的错误（每个经验都要花钱买）**
>
> 买深度虚值的便宜期权；喜欢买远月合约；
> 裸卖认购认沽；重仓买方投入；
> 下单后不关注；亏损后加仓抄底（不能抄底，合约有时间价值，底下有底）；
> 赚10%清仓走人，跌30%~50%吓得不行，赶紧割肉平仓；
> 喜欢大仓博末日期权；
> 频繁短线，没有大局观，沉迷分钟级别波动。
>
> 微信公众号：吴国平财经　新浪微博：吴国平财经

每个经验都是要花钱买的，所以我写这个提醒大家！买深度虚值的便宜期权，喜欢买远月合约，便宜没好货，买活跃的期权就行了，记住一点。

不要裸卖认购认沽，重仓买方投入，这个不太适合，下单不关注这个不行，下单后也要关注一下。

赚10%清仓走人，而跌30%~50%吓得不行，赶紧割肉平仓，这是很多新人会犯的错误，事实上不需要，为什么啊？因为你就算今天跌30%~50%，只要没到行权期，你这个合约依然是有效的，你就任由之嘛，这个一下子也跌不没，除非是行权期一到的时候，假如行权期市场又涨上来啦，可能比你买入价又高50%甚至一倍，也是有可能的。所以呢，不要一跌就慌，没有关系，大不了等他行权。也不要说赚了10个点就跑路，你既然买了期权，有那么大的杠杆，赌的是一个大的波动，可能涨50%甚至更高啊，这个时候再做做差价也可以嘛。

有的就是喜欢大仓位博末日期权，有些时候一天呢可能几倍，但是这个没有必要，不要大仓，顶多是偶尔小仓位去玩一下就可以了，但我不喜欢做这种，最好不要做末日期权，这种太投机了。

还有的就是频繁短线，没有大局观，沉迷分钟级别波动。大部分人都觉得，T+0好爽啊，我玩了几千块钱，一下子赚10%，一下子跌10%，一下子赚几百块，一下子亏几百块，玩得不亦乐乎，沉迷在此，你更加不去研究基本面啊其他什么的，这种是玩物丧志！打比方很多人沉迷在游戏当中，无法自拔，忘记了自己的使命，忘记了自己要做的事情，而做这些事情，可能比你玩游戏，分分钟赚的钱都要多得多！比如说你拿了几千块钱一两万去玩，一分钟波动有几千块几百块钱，挺爽的，但你没想你的主仓位几百万资金、上千万资金的股票那一块才是重中之重啊，你怎么去研究成长性，怎么去做投资策略，那才是重中之重！期权你做个配置，买了放着，等到差不多行权，或者有大波动的时候，再去交易就行了嘛。

记住！做期权，我建议一般人只是做大波段就好啦，别天天盯着做差价，偶尔练练手是可以的，否则别去这样折腾。你这样去折腾，最终也忘记了股票，忘记了其他重要的事情，可能这里赚了点小钱，那里却亏了大钱。股票不小心买到ST都忘记了，买了两百万，而这里一万块钱玩得不亦乐乎，ST那边亏了一百万还没什么感觉。这也是新手常犯的错误。

这部分新手常犯的错误，大家要尽量去避免。

8. 期权之一波牛熊万倍机遇

我们最后来看：

《期权之一波牛熊万倍机遇》

巨大涨幅因素：
1. 市场以散户为主，波动大，机构97%未进场；
2. 正常杠杆200倍，牛熊市时可达300—500倍杠杆；
3. 现开户量26.8万人，以成熟市场1:1的交易量计算，未来期权开户人数，增长100倍正常；
4. 下一轮牛市至少涨过6124点，预期8000点；
5. 牛熊市复利次数，牛市1/3/5浪上涨，熊市A/C下跌；至少4—5次200倍的复利机会。

微信公众号：吴国平财经　　新浪微博：吴国平财经

期权未来巨大涨幅因素，市场以散户为主，波动大，机构97%未进场，很多人没进场，包括很多散户也没进场。正常杠杆200倍，牛熊市时可达300～500倍杠杆。现在开户才几十万人，所以呢，未来期权开户人数增长100倍也很正常。下一轮牛市如果至少涨到6124点，预期8000点，甚至上万点的话，你可以想象，这里面的波动有多大，这里就是未来的机会。

☆作业

好了,最后留给大家一个作业:

牛散大学堂

作业:下列行情各用什么策略交易?

微信公众号:吴国平财经　新浪微博:吴国平财经

大家看到这幅图的时候,大家想一想,如果看到这种趋势图,你现在要做趋势交易的话,你用什么策略去交易,这就留给大家的一个作业。

好了,今天就讲到这里,希望对大家有帮助。最后强调又强调的是,玩期权只是我们做股票的一个小小的补充,明白吗?就好像我们的十二字箴言一样,成长为王是核心,引爆为辅、博弈融合是辅助,期权对于我们来说也是一个辅助而已,千万不要搞错了啊,不要以为学了期权,那其他的股票杂七杂八的都不是菜,不是的,股票还是我们最核心的核心。期权只是辅助,让我们拥有一个组合,未来大机会来临的话,我们能更好地把握机会,仅此而已。

好了,今天就跟大家分享到这里。期待明天,正如我今天的标题一样,爆发小宇宙!今天讲了期权我希望大家好好梳理吸收一下,融入自己的脑海里。不管怎么样,能让自己不断的成长,我们就能够比更多的人强大的多,在未来的路上走得更远、更高、更好!

6.2 期货全局博弈

2018年7月25日

牛散大学堂——学最好的课程，做最牛的散户

学习须知：

1.商品期货市场没有统一的节奏，在同一时间段里，什么类型的波动都有，构筑成了非常精彩的博弈风景线；期货的魅力本身就在于杠杆，因此期货的仓位控制和方向把握是极其重要的；期货市场要重视对基本面的分析和研判，做自己看得懂的行业和机会，一旦发现误判，及时的止损出局是至关重要的；期货的博弈考究细节，也考验心态，每一步操作都需要逻辑的支持，国平成长理论在期货市场同样适用。

2.牛散大学堂股威宇宙等级划分为：牛散级别。

大家，晚上好！今天是2018年7月25号，今天的主题是博弈。我这段时间的期货实战博弈跟大家做一个分享。我在《国平成长日记》里也谈到，期货因为它一比十的高杠杆，股票里面很多不在意的东西在期货里面就会放大，比如涨十个点，很多人会认为涨十个点也没什么大不了的，但是在期货市场里面，涨十个点意味着涨一倍，为什么？因为期货的杠杆，不论是商品期货还是别的期货，都是大约一比十的杠杆，也就是翻一倍了，但如果是跌10%呢？如果你是满仓的话就等于是全军覆没了。所以期货市场的放大效应是非常明显的，期货市场关键是在细节。因为你不能够等到跌10%或者是涨10%才发现或者采取什么动作，跌到四五个点的时候，期货公司都要强制你平仓了，它不会给你跌到10%的。

但是不管怎么样，我们要成功做期货的话，真的是要胆大心细，而且对一些细微的波动，要有深刻的认识跟理解，这个跟股市也是一样的。所以大家会觉得，我状态好的时候研判市场犹如神助，说什么就来什么，而这些东西也是以前在期货市场里面历练而来，因为我们要透过很多蛛丝马迹的东西，去发现风险和机会，我是一个进攻型的选手，尤其擅长发现机会，哪怕大盘不涨的时候，我也能透过一些蛛丝马迹去发现一些机会，但是我的弱项是风控，防守较弱，当然我也在不断地完善，在期货市场里面我完善弱项的一个方式是什么呢？就是亏20%砍掉。有人说亏20%会不会有点大了？对，正常情况下，不到20%我就可能已经先出来了，但是有些特殊情况，我可能会死守的时候，跌到20%就无条件把它砍掉，避免进一步地扩大损失。这是我自己设定的一个方式，不是每个人都适用，我现在就是这样去做的，而且这段时间成果也不错。因为期货市场，我曾经有过半年翻30倍的辉煌战绩，很多人会觉得不可思议，确实我当时也觉得不可思议，但是当时的30倍却不是我最好的成绩，如果当时我做好的话，应该是能到100倍的。当然我也经历过爆仓，投进去的资金没有了，只剩下一点渣。

所以我在期货市场上悲欢离合、生生死死都经历过，但是依然觉得这个市场魅力无穷，我还是要更好地去把握这个市场，近几个月我们在默默地做一些期货市场的博弈，成果还是不错的。今天主要跟大家分享期货，透过期货的博弈大家更好地感知股票市场的博弈。

期货博弈

吴国平　牛散大学堂导师

1. 期货的基本概念

我们看股票的时候，行情软件里面就有期货。期货的品种不像股票有几千只，现在上市的品种也就四五十只。每天都会有些品种活跃性高的，活不活跃就看它的交易量、成交额。有几个简单的概念大家要熟悉一下，比如持仓：

持仓意味着什么呢？就好像我们的股票流通盘一样，我们流通盘是定量固定的，但是这个期货的持仓是动态的。为什么是动态的呢？因为这个持仓数值12万，就代表这个阶段有12万手看空的，也有12万手看多的。比如这12万手看空跟看多的，现在保持不动，好了，接下来我又是看多的，我买了多单，你又是看空的买了空单，我加了一万手，你加了一万手，这样的话，这里的数值就会变成13万，就等于它的持仓量加大了，因为增加了我跟你的对手盘。除非我加了，你也加了之后，这里面有人出了或者是减了一万手，否则它还是保持13万，它的数量是会增加的，所以这个增加也会随着行情的变动而变动，行情分歧非常大的时候，持仓量会越来越大，就说明有很人看空，也有很多人看多，但是持仓量越来越小就说明它慢慢趋于一个平衡的状态，或者是说越来越少的人去关注这个标的了,持仓也能反映出它的一种活跃度,还有现在的跟风博弈等很多细节。当然每一个商品期货品种它都有个主力合约,什么叫主力合约呢?主力合约是这个商品期货目前交易最活跃的合约,这个合约就是每天成交量最大,交投更活跃的了。那什么是交投最活跃呢?最近两三个月的合约往往是最活跃的,比如这个棉花(郑棉1901):

它近半年是最活跃的,你买的多单或是空单,买的就是这个棉花半年之后的价格,是一个未来的价格,你是看多的就买涨,看空的就买空,就那么简单。比如郑棉1809:

它是 2018 年 9 月份的,这个还有两个月就到期了,它相对没有那么活跃,但也是蛮活跃的,所以一个商品里面,它会分为很多个不同时间的合约。每个合约的活跃度不一样,有一定的差异,但是你都是可以交易的,虽然看上去好像只有四十多个交易品种,但是如果衍生开来,每一个月份的合约当做一个品种的话,还是有几百个的。当然每个品种衍生出来的 1901、1809，它们有个特点就是会同涨同跌，因为都是一样的商品，只是不同的月份涨幅不一样，幅度会有些差异，但是整体品种是一样的。大家可以这样去理解。

2. 期货市场风景线

好，我们来看：

2018 年 5 月至 7 月初，也就两个月左右时间，我们国内商品期货市场风云变幻，很多跌宕起伏的经典案例，比如苹果的疯狂，比如棉花的大起和大落，又比如豆粕和菜粕的大落又大起，还有鸡蛋一直相对强势，更还有白糖持续杀跌。

你会发现，市场商品期货的品类没有相对统一的节奏，在这同一时间段里，什么类型的波动都有，也就构筑成了市场非常精彩的博弈风景线。在其中，如果能充分把握好局部战役的趋势，不论做多，更或做空，节奏对了最终机会都将很精彩。

案例一：苹果 1811 合约

大家来看一下，苹果 1811 合约：

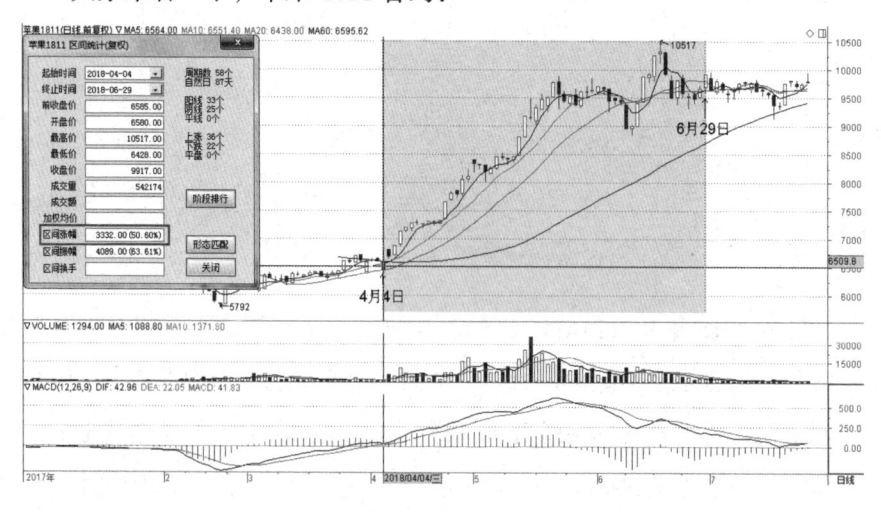

四月份开始启动，6500 点左右开始启动，一直干到一万。想一想，

六、把握常见的衍生品：期权与期货

6500到10000是什么概念？两个月时间，当做股票看也是很惊人了，65块涨到100块，接近50%了，刚才说了期货的话还要再乘以10，等于涨了5倍，你在此买了10万元，两个月就变成50万了。问题是什么呢？问题就是在涨的过程当中，它涨到20万元，你盈利10万的时候，你可以追加，到30万元又盈利10万元，又可以追加，如果你在每一个盈利阶段也不断地去追加的话，你肯定不止赚10万元~50万元，可能是10万-100万，甚至更多了。所以今年为什么我说商品期货这几个月跌宕起伏，里面产生了很多很精彩的案例，就连苹果的波动都是非常剧烈的，这种波动也是比较罕见的，所以在这个品种里面可以说走出了一波阶段性的牛市行情。这牛市行情就给到人很多机会，就好像个股一样，阶段性暴涨，一波牛市走出来了。为什么我说做股票，大家不要太纠结于市场呢？因为市场本身是追求平衡的，不可能所有都涨，也不可能所有都跌。

案例二：白糖1809合约

观察5月份到7月份，发现没有？5月份大约5500，7月份跌破5000，跌了十几个点了，一个是涨了50%，一个是跌了十几个点，概念就不一样了，一个是赚5倍，一个就是爆仓了，你若是5500进入白糖（1809）100万元，杀下来10个点，100万元就变成渣啦，没有了，除非你追加保证金。所以你会发现，相同的时间段在商品期货里面，一个

487

走出了牛市，一个走出了熊市，有牛也有熊，股市里何尝不是如此呢？市场每个阶段调整的时候，可能一些板块起来，可能一些板块走弱，市场上涨的时候，也是一些板块跌，一些板块起，最终寻求一个平衡，它会形成这种博弈，只是商品期货市场里面，品种相对少一点，我们跟踪起来相对容易一些，股票里面几千家，跟踪起来相对难很多，这就是一个小和一个大的区别。

【学习温馨小总结】

Δ 商品期货市场杠杆为十倍，做对了可以让你一夜暴富，做错了可以让你血本无归，所以对于初学者来说只可以用输得起的钱去小玩，而不可用炒股票的心态去全仓押注，因为期货不仅是对炒作技术的考验，更是对心态和人性的极限考验。

案例三：豆粕1809合约、

在这过程当中，豆粕和菜粕也有大起大落，豆粕1809：

你看5月份的时候大落，6月份的时候大起。

案例四：鸡蛋 1809 合约

在这过程当中有很多种形态，还有一个鸡蛋 1809：

5月份到现在横盘强势震荡，是不是感觉跟我们的股市一模一样。在整个市场里面，在某一个阶段，各种形态的个股都有，有一些像苹果一样疯狂逼空，有一些像棉花、豆粕、菜粕一样大起大落，有一些像鸡蛋一样保持相对的强势，还有像白糖一样持续杀跌（持续杀跌就是一些绩差股）。所以你会发现没有统一的，什么类型都有，构筑了市场非常精彩的博弈风景线，在这个阶段里面，不论是擅长做多，还是做空，你都能找到机会，所以这个时候关键是怎么做好节奏的一个问题。节奏对了，机会就会非常精彩；节奏错了，你就会输得很惨。就好像我说的10个点，10个点能翻倍，10个点也能爆仓，是翻倍还是爆仓，关键在于你有没有把握住这个趋势和方向。

3. 期货实战案例分析

3.1 期货实战业绩

怎么去把握期货市场的机会呢？我通过期货的一些案例运用，跟大家做一些分享，首先展示下我们的一些业绩：

账户概要	
最初账户净值	0.00
期末账户净值	690063.35
可用资金	-30898.45
持仓占用保证金	720961.80
交易盈亏	190063.35
手续费	8376.65
出入金	500000.00

首先我们要跟大家分享的是：我们投入期货的资金，一定是自己输得起的钱。什么叫输得起的钱？就是这个钱输光了也没事儿，比如上面50万元左右的账户是我们自己的，这个钱就是我们扔进去就算输光了也没有关系的，不影响我们生活的。这个期货账户收益也是蛮不错的，当然我们不是一下子投入50万，是渐进式的投入，但是这个收益大家可以看得到，4月份到6月份，不到两个月的时间形成的权益曲线图（交易软件截图），大约是超过60%了，主要就是在刚开始的一个月一下子冲上去的，后面就高位横盘震荡了，走势还是非常不错的。下面是另外一个账户：

六、把握常见的衍生品：期权与期货

账户概要	
最初账户净值	307898.18
期末账户净值	557909.99
可用资金	-12148.01
持仓占用保证金	570058.00
交易盈亏	80011.81
手续费	4068.19
出入金	170000.00

（权益曲线图，2018年7月6日至2018年7月24日，单位：万元）

现在也是差不多 50 万了，差不多一个月左右的时间吧，大约 50% 的收益率。所以在商品期货市场里面，我去把握的时候，几十个点的收益是随随便便的，完全可以做到的。当然我的目标不是几十个点，我的目标是超越我曾经创造过的辉煌，看看我有没有创造这样的奇迹，半年 30 倍！我回顾一下当时的成功，很重要的因素就是一定要有牛的品种，比如前段时间，虽然我有几十个点的收益，但是没有做到苹果（苹果我做到很少），如果一开始就做苹果，而且做了很多的话，我的收益肯定不止几十个点，我这几十个点是其他品种上折腾过来的。如果是按照我的手法做苹果，两个月七八倍甚至十倍都有可能，但是你想一想，两三个月七、八倍、十倍，然后再来一个类似这样的品种，那不就是近 100 倍了吗？所以我刚才说 30 倍不是特别夸张的事情。

你看苹果今年合约两个月（如果有盈利再投入的话），至少 8 ~ 10 倍是可行的，因为它阶段性最低到最高，买进去放着都有 5 倍了，何况在这过程当中，你做波段，做追加，肯定是有 8 到 10 倍了，两个月解决战斗，剩下四个月就找一个翻一倍或者是翻两倍的机会，而这个不需要牛股也不是很难了，为什么？一般的商品期货都有可能波动 10% 到 20%，你只要抓住一个 10% 或者 20% 的机会，叠加起来不就 30 倍，甚至更多了？为什么我说当时做到半年 30 倍还是比较差的，没达到最好的阶段？因为这样算的话：两个月10倍，就是一个苹果的机会，另外四个月中两个月再一次苹果的机会，8～10倍的话，不就是100倍了吗？刚好那时候阶段性行情是有那样的机会，当时刚好有几个牛品种，一个玻璃，还有菜粕跟豆粕，都是阶段性涨幅像苹果的走势，当时的市场环境有这样的机会，所以我当时30倍是做得比较谦虚的。

我今年四五月份重新开始做期货，因为爆仓过，心里有阴影，有一段时间是选择了放弃，不怎么去折腾了。我上课分享过一本叫《原则》的书，全球最大的桥水基金经理写的，他强调的一个成功的原则就是：痛苦＋总结＝成功！什么意思呢？面对失败，你需要学会去总结，学会记住当时的痛苦，学会去深刻地总结，然后从哪里跌倒就从哪里爬起来。商品期货（包括期货市场）我的敏感度很高，因为之前历练过，盘感、交易的敏锐度是完全不错的，只是曾经失败过，那段时间我选择过回避，但回避是错误的，总结之后继续拥抱它才是对的。曾经试着去拥抱过，但是并没有去深度拥抱过，所以今年5月份决定深入地去拥抱，我觉得会有一个新的开始。

【学习温馨小总结】

△ 无论是期货市场还是股票市场中，那些极少数的成功者，无一不是从无数次失败中走出来的，因为投资是一门很强的实践艺术，只有不断地被打倒后还能站起来前行的人才能够成为最后的胜者。

3.2 期货市场的基本面

案例一：白糖 1809 合约

重新开始的话，我为什么会先选择白糖呢？在 5 月刚开始审视所有品种的时候，它一直持续下跌的状况吸引了我，我当时就一个思路，极度超跌怎么也有技术反弹，应该阶段性机会大于风险才对。当时主力合约是白糖 1809 合约，价格波动还在 5500 点附近，对比过去最高 7000 多点的价格，已经跌幅超过 20%，商品期货不同于股票，跌幅超过 20%，意味着如果你高位做空下来，十倍杠杆，20% 跌幅就等于 200% 的做空空间。如果最高附近的多单，这样的做空空间，早就已经爆仓了，10% 左右的跌幅，就已经 100% 做空空间，足以把对手盘杀到全军覆没。

我们来看一下图形，白糖（1809）：

我当时乍一看，它从 7000 点多一直杀到 5400 点的时候，我想当然地认为过度超跌了，怎么样也都会有个反弹，确实一开始的时候有个小小的反弹，而且我认为会有着 10 个点左右的反弹（也完全是有可能出现）。那好了，我跟大家讲述一下，当时是怎么避过后面的杀跌，我很欣喜地避过了。首先，当时跌得够深，我一开始想着做超跌反弹，我没有选择做特别强势的个股，这个放到股票里面不一定对，强势股做对了，这个反弹是很可观的；做错了，会迎来新的一轮杀跌。当时为什么苹果涨起呢？是因为当时苹果已经蛮强势了，后面就进入一个逼空行情了，这就是期货的魅力。

期货的魅力本身就在于杠杆，1个点等于10%，你只要看对方向，稍微波动10个点，你就等于有翻倍机会，但前提是你要看对方向。如果没看对，也就犹如赌场一样，看错，那么10个点就足以让你损失全部。因此，期货的仓位控制和方向把握是极其重要的。

我们放大看一下这个图，白糖（1809）：

到2018年7月10号，一直是持续地杀跌。但是，当时我是怎么避过的？还是因为遵循了我的十二字箴言：成长为王，引爆为辅，博弈融合。初期我选择的是技术面，超跌肯定会有反弹，但是后面我选择放弃它，是因为我选择了依据基本面，这时有人就会问，吴老师，商品期货也有什么基本面？怎么会没有呢？每一个商品，比如白糖就是我们现实生活吃的白糖，鸡蛋就是鸡蛋，棉花就是做衣服的原料，这些都是我们接触的到的东西，这些东西价格的起起落落就是源于它们的基本面，这个东西怎么会起，怎么会落，很简单，是供大于求，还是求大于供，你要去看这个。

比如2019年为什么苹果涨得那么厉害？是因为这个苹果期货选择的标的物，就是我们中国某一个区域的苹果，有人说日本的红富士苹果可不可以放到期货市场里面做交割？不行，因为你不符合我们要求的那个苹果，我就要这个苹果，哪怕你的这个苹果比要求的这个好，也不能进入我们交割的范围，因为交割的范围有规定，所以苹果今年涨得好，你可以把它理解为股票里面的小盘股，它规定了中国某些地区生产的某种类型的苹果，这是符合它们收割要求的，这就决定了它的特点，这种交割特点。

好了，今年苹果涨得厉害，它的基本面有什么变化呢？因为年初的时候，那些雪灾、暴雨等等把这些苹果苗、苹果树彻底地摧残，以至于它们歉收，而且是非常罕见的歉收，本来预计产三万吨的，最终变得只有一万吨，那就是供给的东西太少了，价格自然会涨起来。还记得原来炒大蒜吗？蒜为什么价格暴涨？是因为蒜少的时候，价格就会涨；蒜多的时候，价格就会跌，它就是受到这个基本面的影响，所以今年苹果的涨是因为它基本面的原因导致的。我们接着回来看白糖，它就不是某一个区域的白糖了，白糖本身就是标准化的东西，不论你是山西的，广东的，南宁的，都是属于这种类型的白糖，而且这个白糖最可怕的是什么呢？它是全球化的，意思就是中国有白糖，泰国有白糖，巴西有白糖，而且这些白糖都是一样的，就意味着全球竞价，就好像原油一样，全球价格是透明的，全球是可以相互平衡的，也就意味着你的白糖定价不仅仅是取决于国内市场，还要取决于国外市场，国外市场是什么情况，国内市场是什么情况，你去对比，你就知道它的基本面是不容乐观的。

当时我选择白糖只看到国内的情况，比如国内5000多块一吨的话，国内很多生产白糖的企业已经赚不了钱了，所以大家看看股票里面，南宁糖业为什么会跌得那么惨：

还不是因为业绩不好，南宁糖业中报的时候，亏损大约5亿元左右，为什么？就是因为它每生产一吨糖都是亏钱的，就好像以前钢企一样，供给侧改革之前，生产每一吨钢都是亏钱。这对于白糖价格来说压力是非常之大的，所以我当时看到了国内价格是有压力的，那么它应该是有上涨的欲望，这是我当时看到的国内的情况，但是我忽略了国际的基本面，你的糖价不是取决于国内的糖价，还要取决于国际，当时我看到的国际的糖价的数据说出来，你可能吓一跳！我举个例子，比如当时五千块一吨的糖是我们国内的价格，国外价格多少呢？国外价格是三千多块钱，加上运费等各项费用，可能也就四千多一点点，这里面有几百甚至是一千块钱的差价，这就会有冲击啊！当然我们国内会有保护，进口白糖会有限额，但是那么大的差价会导致什么结果呢？有些人就想要走私，很多糖，特别是泰国、东南亚的国家通过越南沿海等地方走私进来，中间的差价很大，当然会有人铤而走险，这个走私糖不免会冲击我们国内的糖价，所以国内的糖价一直跌，为什么国外的糖那么便宜呢？有些国家的糖农生产有补贴，有些国家像巴西可以机械化生产，他们的生产成本低，所以他们的糖价是比较低的，导致了这个价格差，自然拖累了国内糖的价格，这就是它的基本面。当我认识到国外的糖价那么低，而且供过于求的时候，我当时就理解为技术性反弹了，本来还想做一波多头的，幸亏我深入研究之后反应过来了，虽然当时反弹看上去蛮不错，看上去可能会上涨，但是透过基本面研究之后我觉得不行，坚决果断放弃，平仓之后就避免了后面疯狂的杀跌。如果我没有平仓，那么至少要亏二三十个点，这一波下跌的杀伤力是非常巨大的！

所以做商品期货也是要看成长的，这个成长就是基本面。有人问了：什么时候来行情？你就要思考了，就好像我选股票一样，大家要看它三年，商品期货我们就看合约的时间，合约的时间比如刚才说的1809，就是两个月之后，你就看两个月之后白糖可能的成长空间，也就是它的价格。我刚才说了，现在全球供大于求的时候，两个月是没有什么搞头的，所以短期来说空间不大，除非跌得足够透。

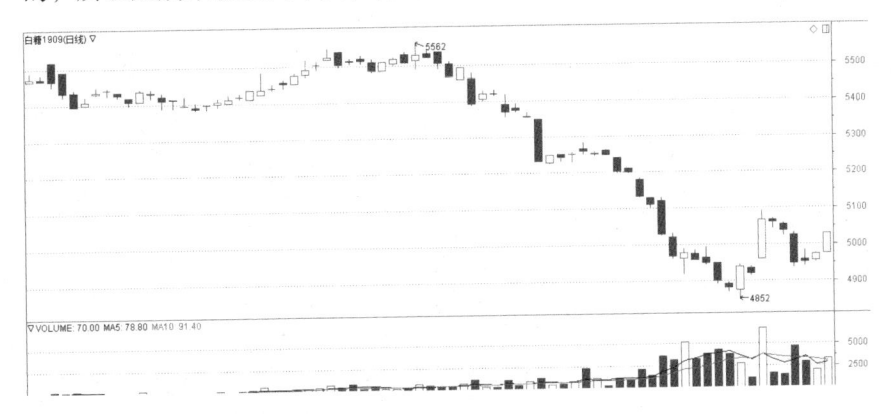

2019年9月份的白糖，是不是可以开始逐步布局多单呢？或许有可能，为什么？因为一年之后国际糖的形势，应该会比现在的形势好很多，就好像现在股票市场，如果放远一点，一年来看的话，股指会不会比现在好很多呢？答案无疑是肯定的，如果你认可这个理念的话，那么你就可以开始逐步地去布局多单，等一年之后收获。同样的道理，期货就给到你这样的机会，比如白糖一年之后的多单，你可以慢慢地去布局，当然这个布局你是要找到点位的，最好是跌透的时候慢慢布局，哪怕放它一年，最终的结果有可能是非常理想的。所以做期货也是要看合约，看它未来半年、一年还是多长时间，然后做一个评估，反过来推导当下。

【学习温馨小总结】

△ 期货市场的高风险导致更加需要参透商品本身的基本面，依据基本面判断大趋势，再结合技术研判进行操作。

△ 期货市场里面有小品种和大品种之分，小品种基本面只需研判局部范围对商品的影响，大品种除了分析国内形势还要分析国外市场的影响。

3.3 期货市场的操作策略

案例一：鸡蛋 1809 合约

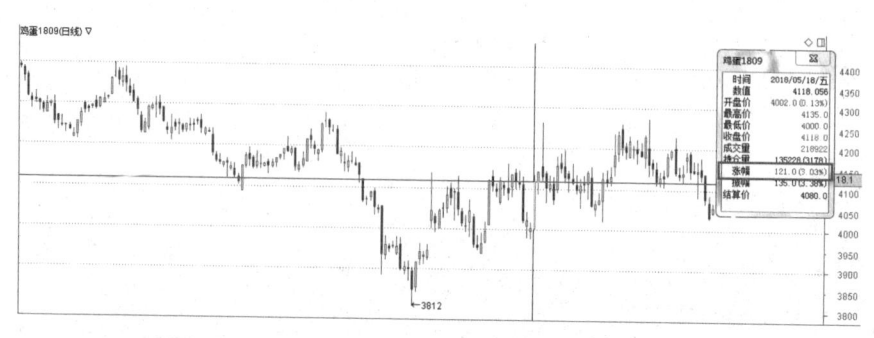

当时我做的也是多头行情，做股票比较多的人士擅长做多头行情，不太擅长做空头行情，当然还有一个原因就是，做多的话，上涨的空间（理论上来说）是没有天花板，比如涨一倍可以，两倍可以，三倍也可以，你涨一倍我就赚十倍了，涨两倍我就赚二十倍了；但是做空是有极限的，比如这个价格就算往下跌，毕竟是商品，它不是股票，股票一退市可以跌到零，商品比如一吨白糖，国外 3000 块，你再怎么跌也就跌到 3000 块吧，不可能跌到 2000 块。若跌到 2000 块，贸易商直接把你卖掉了，资金就直接把你填平了，所以下跌肯定是有底限的。鸡蛋也一样，任何一个商品都是有底限的，就比如你去菜市场买鸡蛋，现在一个鸡蛋卖 1 块钱，如果这样跌的话，总不可能你去菜市场买鸡蛋一分钱一个吧？运费都不够，人家还卖什么卖？再怎么跌也只可能五毛、六毛一个，所以下跌是有限的。但是上涨一旦被刺激起来，是无限的，理论是如此，但事实上也是有限的，它也会受到供求关系的影响，就好像你去菜市场买鸡蛋，一块钱一个你会买，但是两块钱一个你会想一想，3 块钱一个你可能更要想一想，10 块钱一个你不会买了，去买鸭蛋了，会去找替代品，所以就会有这样的博弈。我当时就做了鸡蛋的多头行情，别看这里涨得不多，但是期间的中大阳线一个就涨了三个多点，三个点等于 30% 了，

六、把握常见的衍生品：期权与期货

随便波段行情，怎么吃也可以吃四五十个点，为什么我说能吃到一个不错的行情呢？关键就是抓住了类似这样的一个反攻的机会。

好了，刚才有人问：白糖为什么没有做空，顾虑是什么？这个问题问得非常好，我刚才也说了，虽然我思考了白糖有可能还要跌，但是大家要清楚，正如刚才所说的，跌的空间是有限的；另外一点，我思考的一点是：就算它跌，无非也就是再跌六七个点甚至十个点，这获利空间对于我来说并不是足够的诱人；另外最重要的一点，虽然我看的是供大于求，但是我还是有个担心，担心市场投机的力量把它的价格哄抬上去，包括一些贸易商的力量，把它的价格抗住不跌，甚至构筑反攻，这可能性不是不可能，所以做空我会有顾虑，不过可以小单做，但是怕重仓做，如果投机的力量把它哄抬上去，我的损失也会蛮大的，所以还不如去寻找一些我看得懂的有阶段性多头行情的品种，所以我就找了鸡蛋，包括棉花。对苹果我就选择了欣赏，因为一开始错过了，后面买个一丁半点也没什么意思，而且每天的波动又太大，大家可以看到：

每天波动太大，我怕承受不了，我要衡量，你看每天波动都很大，每天都几十个点的波动，不是一般人能承受的。

为什么一开始我选择了白糖呢？

日内波动较小

也是考虑到白糖的波动一开始也没有那么大，日内波动能承受，这样的话我的风险有限，一旦筑底成功的话，机会也不错，当时是这样一个逻辑。后来没有做空，这个做空的基本面从某种意义上来说没有吃得特别透，当然我先撤退也是意识到不妥了，但是我没有意识到可以那么使劲的做空，这个理念、这个逻辑当时我没有想透，所以我放弃了做空的机会。

虽然放弃做空的机会，但是我心中有一点始终是坚定的，也在思考一个问题，如果它要跟国际的价格接轨的话，为什么它不直接暴跌下来，要选择慢慢跌呢？逻辑非常简单，市场贸易的这个产品每天是有交易的，就好像糖价一样，你今天卖两块钱一斤，不可能明天就卖一块钱一斤吧，这种概率是非常之小的，顶多跌到一块九一斤，慢慢跌可以，但是突然暴跌很难。另外一点刚才也说了，国内市场的企业是亏损的，持续下跌对很多囤货的贸易商杀伤力也蛮大的，从他们的角度来说，他们不想让价格下跌或者希望价格相对稳定，所以我放弃了空单，不去加速它的做空。但是我在寻找一个反弹的机会，因为我觉得这个品种跟国外还有点差距，但是在国内市场上，至少目前还是有控制价格的一种方式，如果能控制的话，肯定是会有阶段性做多的一个机会，我也是在等这个机会；另外我也在等国外的白糖期货能够涨一涨，如果国外的行价也涨的话，无疑就缩小了两者之间的差价，差价越缩小，我们的支撑力度就越大，一旦跌到差不多的时候,做多的机会也就越可靠,这都是我当时在思考的。

我放弃了做白糖的空单,然后做其他多单的时候,也在继续跟进这个标的。就好像做股票一样,这个股票我暂时放弃它,并不代表未来不做它,我只是要等一个更合适的位置去参与它,比如前面一波下跌的时候我觉得没跌透,那么我就等它再跌透一点儿,等它有内在做多价值的时候,可以做一个中线布局,比如刚才所说的布局明年之后的白糖价格,哪怕短期它不涨,但是明年这个位置我赌得过,输的概率很小,我赌更远的未来,这个机会可能会比较大。当下的这个存在不确定性,但是更远的未来机会就很大了,就好像现在买股票也一样,有很多人说现在低迷看不懂,现在看不懂,一年之后你看得懂吗?两年、三年之后呢?如果你看得懂一年、两年、三年,你认为这家公司没问题,比现在要好很多的话,现在这个市场跌下来的时候,当下的这个价格你是可以大胆参与布局的,为的是等待一两年之后的机会。但是,事实上绝对不会等到一两年之后才会给到你机会的,很可能度过了这个阶段之后,很快就给你机会了。

【学习温馨小总结】

Δ 期货市场从理论上来说做多的空间广阔,做空却有极限,因为商品本身有其内在价值,低于成本价过多,生产者就可以选择减产或者不生产了。

Δ 期货市场同样需要做自己熟悉行业的品种,对基本面研判不透彻的品种一旦发生误判可能会给自己带来巨大灾难,那么在意识到风险之时,及时纠错、止损出局无疑是最明智的选择。

3.4 期货实战详解

案例一：白糖 1809 合约

好，我们来看一下白糖（1809）7 月 10 日：

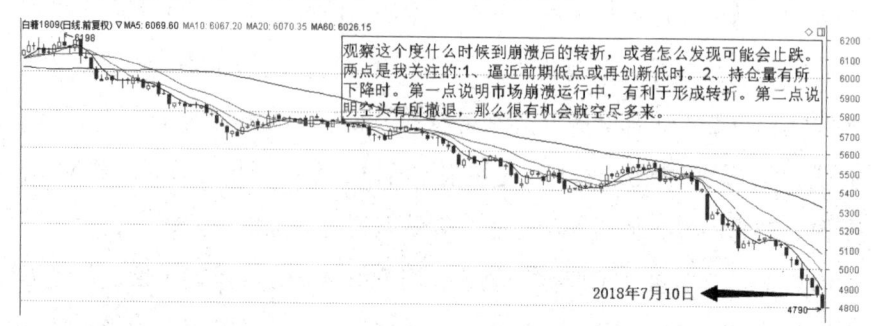

你看 7 月 10 日持续下跌，也就意味着拐点要来了，我当时就想着做一把人弃我取的操作思路。我们看 K 线分时图：

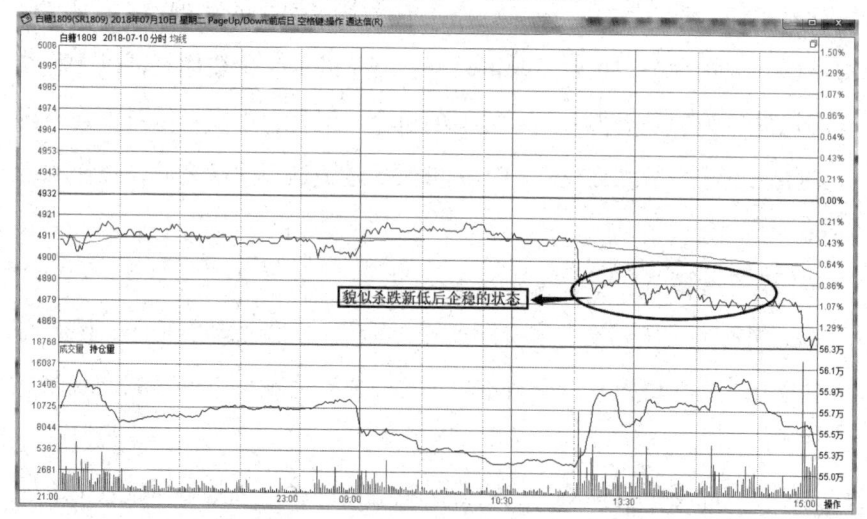

我就是在下午企稳区域开始进的，为什么考虑在这个区域进呢？很简单，因为它前几日有一个下影线，今天刚刚好破了这个下影线又往下杀，那短期的再度诱空已经形成了。这个位置从 5500 点直接杀到 4800 点附近了，本身酝酿着超跌，这个基本面没有像 5500 点那么惨，但是价格又往下杀了那么多，外围的价格跟国内的价格已经是缩小不少了，而且从价格波动规律来说，就算它再往下跌，也不可能一步到位的跌下去，短期应该有个企稳的动作，接连两个阴线杀下来，又破了前期低点，这里有很大的反攻概率了。所以我就迫不及待地在企稳的时候调资金进去承接了，很显然我进早了，尾盘又继续杀跌，下一个交易日7月11日持续杀跌：

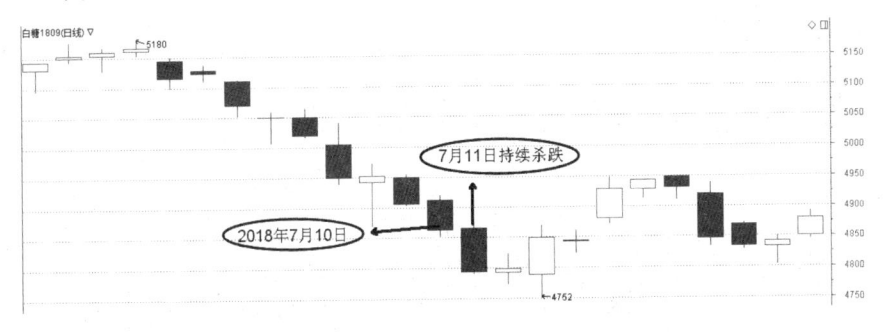

大家来看一看7月11号：

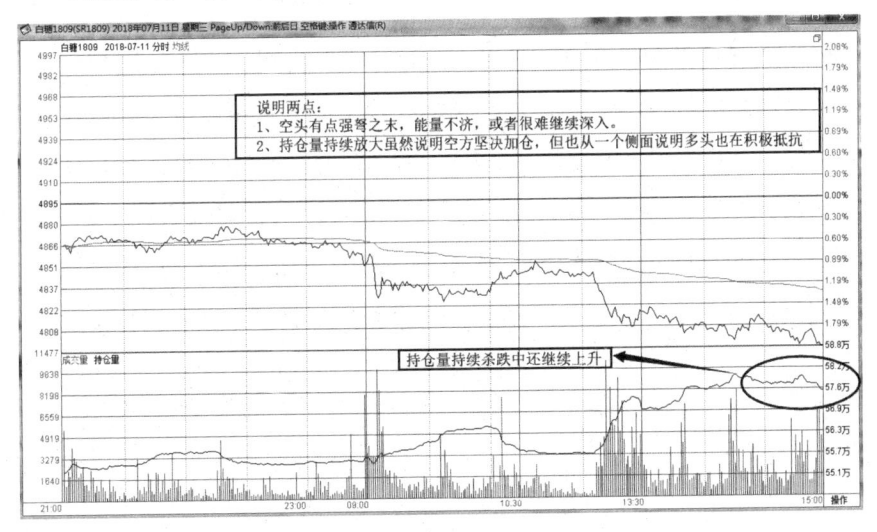

为什么会说死在黎明前呢？就是这个道理，7月10日进入，尾盘跌约一个点还好，但是第二天7月11日又跌了两个多点，我刚才说过什么？如果总仓位亏损超过20%我要砍掉的，还好我是试探性建仓，如果重仓出击的话，我就会非常惨！如果这里砍了，你可以看到后面反弹了。所以7月11日又跌两个点你说有没有压力？没有是假的，我那时候也蛮有压力的，原本以为7月10日开始企稳了，没想到它还来一根中阴线，我当时就犯嘀咕了，7月11日的中阴线我忍了，但是如果再来一根中阴线，我就要强行砍仓了，因为到7月11日已经介入近半仓了，损失至少也有百分之十几了，虽然没达到20%也蛮难受的，但是7月12日还好，收了个十字星：

只要在均价线之上能稳定，我都能接受。大家看7月13日这一天很关键，当时外围市场暴跌，如果这一天低开往下杀，我必须强行砍了。我当时的一个思考：7月12日不跌说明多头已经在慢慢进来了，关键是第二天的走势。7月13日一开盘，多单马上进来70°角以上拉升，我知道救星来了，安全了，符合我预期的走势来了！你看7月13日分时图：

六、把握常见的衍生品：期权与期货

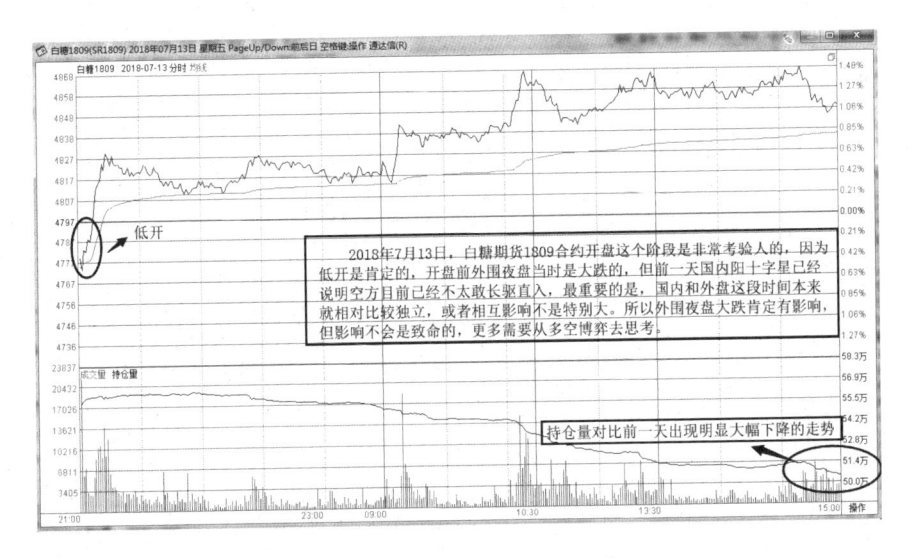

（图中文字：
白糖1809 2018-07-13 分时
低开
2018年7月13日，白糖期货1809合约开盘这个阶段是非常考验人的，因为低开是肯定的，开盘前外围夜盘当时是大跌的，但前一天国内阳十字星已经说明空方目前已经不太敢长驱直入，最重要的是，国内和外盘这段时间本来就相对比较独立，或者相互影响不是特别大。所以外围夜盘大跌肯定有影响，但影响不会是致命的，更多需要从多空博弈去思考。
持仓量对比前一天出现明显大幅下降的走势）

　　7月11日空头有点强弩之末，能量不济或者很难继续深入。虽然持仓量持续放大，说明空方加仓坚决，但也从一个侧面说明多头也在积极抵抗。7月10日持仓还只是55万，7月11日中阴线杀下来57万了，一方面吓到我了，另一方面我知道援军可能来了，为什么呢？它增加两万手，说明空单增加了，多单也增加了，增加多单可能我就有救了，7月12日就稳住了，持仓量减少了，说明有一些空单先撤了，落袋为安，它觉得杀不下去了，7月13日反攻的时候，持仓量大幅锐减，大家都知道期货一个点就意味着十个点，一旦杀不下去的时候，空方也会选择止盈或者止损，所以7月13日反弹，持仓量大幅锐减，也就说明这一轮杀跌的主力军选择落袋为安了。就好像一只个股到相对高位，剧烈动荡放大量的时候多方就落袋为安了，反过来，这里持仓量缩的时候也意味着空方落袋为安了。那好了，当这是一根中阳线（7月13日涨一个点）的时候，我就可以喘一口气了，后面就来了一波猛攻，到了这一天，7月17日：

505

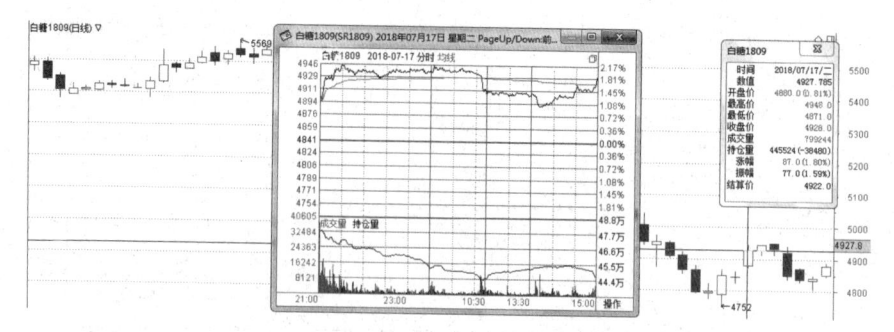

大家知道，我7月10日接，7月11日加仓了，到了7月17日这一天我全部失地收复，并且已经赚钱了十几个点。7月18日的时候：

我觉得17、18这两日持续攻击力度并不强，我担心会回补17日跳空向上的缺口，如果回补的话，又会形成一个比较难看的图形，所以考虑到风险的问题，我选择在18日落袋为安。之后等它下压至十字星（7月24日）：

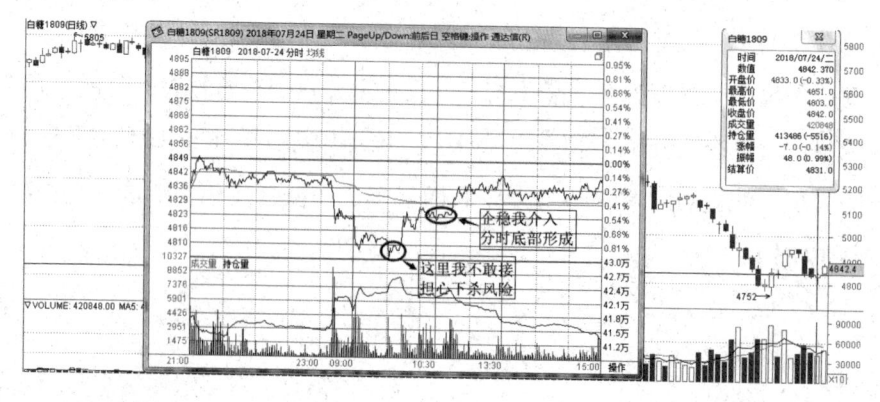

当这个十字星出现的时候，如上图位置，我接了，而下面这里我不敢接，因为我担心还有下杀的风险，但是企稳的时候，我就觉得有点靠谱了，分时图也出来了，底部形态，我就在如图位置开始接了，到尾盘已经赚钱了，而且这个十字星（7月24日）跟前一个（7月12日）的十字星就有一点类似了，下跌企稳上攻，7月25日又上攻一个多点：

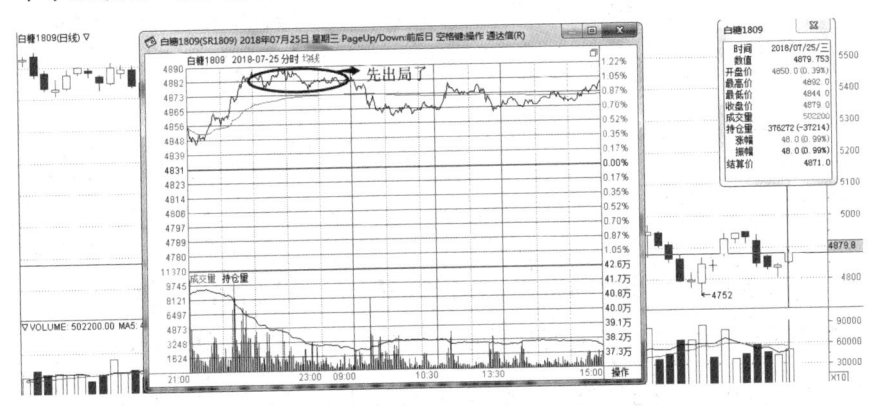

我就在今天这个高位先全部出局（当然也有可能出早了），出局逻辑也很简单，我这个波段已经做得不错了，因为它整个基本面还是比较微妙的，如果它能在这个位置反复构筑一个更加扎实的横盘区域的话，我会想再去做一把多，但是如果它在这个区域横盘不强甚至再往下走的时候，那我要再观察一下，只能等它再创新低的时候，再做一个类似这样的反弹。所以你会发现，商品期货机会一直都有，但问题是一定要把握好节奏，这个节奏没把握好，你会输得非常惨，但是节奏把握好就要思考很多的问题。你看7月12号的阳十字星：

上图框中就是当时的思考，所以这阳十星至少给到了坚定持有等待逆转的信心，接下来就是要静候更大的反攻信号了。发现没有，博弈至此，期货的博弈很考究细节，也考验心态，每一步都需要有逻辑去支持，没有逻辑的支持，在具体博弈中跟买大买小没什么区别，那样最终会被市场折腾死，在期货市场，国平成长理论的十二字真言：成长为王，引爆为辅，博弈融合，依然非常适用，现在阶段性的细节思考更多就是博弈融合的思路。

今天跟大家分享这些细节，就是告诉大家如何更好地去博弈、去思考的点点滴滴。你看：

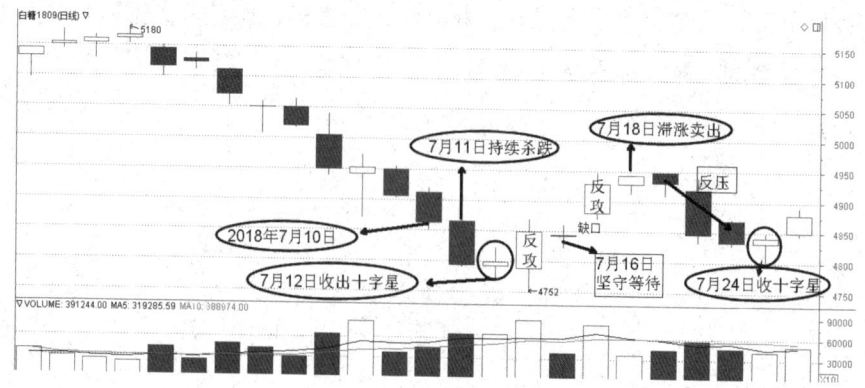

7月10日我开始建仓，7月11日杀跌蛮考验人的，7月12日看一些细节，7月13日开始反攻化险为夷，7月16日十字星继续坚守等待，7月17日又高开反攻，7月18日有点滞涨，先落袋为安，接着持续三天反压，7月24日盘中探到最低点，4800点没有击穿，我在这一天反抽位置的时候杀进去，这一天企稳收十字星，然后顺势再反攻。这里大家应该能感受到我交易盘面细节的一种非常细致的东西，功夫在细节。

所以这里给大家做一个分享，大家要好好地感知一下，很多博弈不是看一个K线图那么简单，K线图只是一方面。具体的搏杀要思考方方面面的东西，当时的外围环境、其他的品种、量价配合、持仓量、当时的决策、制定好的思路、准备什么时候执行、是加仓还是准备随时砍仓、砍仓准备收盘砍还是开盘砍等等很多的东西。就好像当时2018年7月13日低开：

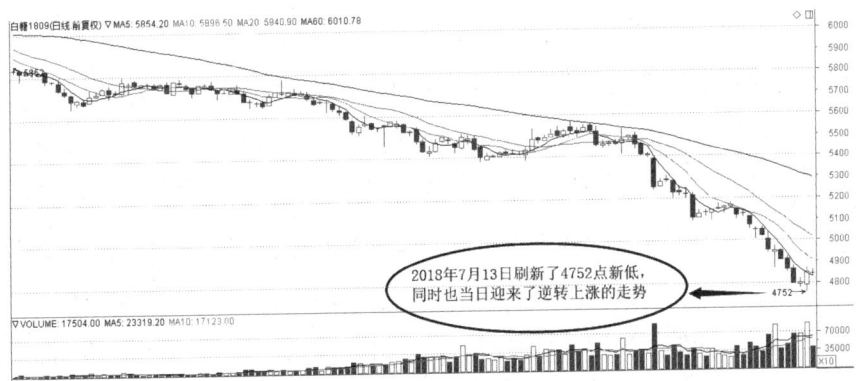

2018年7月13日刷新了4752点新低，同时也当日迎来了逆转上涨的走势

我当时就想过了，如果低开再往下杀，破20%我就要砍了，但是我当时给自己定了一个策略：就算一低开破20%的话，一开盘的时候我不砍；盘中稳定的时候，如果依然跌破，我会考虑砍，至少会减一半。所以我是先制定好了策略，不过开盘之后它没有这样走，我就不用按照我的方案执行了；涨的话，那就按照我之前的策略，做一把多头行情，剩下就是什么时候出的问题了。所以一开始看清楚形势，制定好策略，是抓住这个小波段的关键因素：

看着是小波段，但是仓位重一点的话就不是小波段了，7月12日至7月18日一波十几个点，7月24日至7月25日一波十几个点，二三十个点就等于你做股票的几个涨停板了。所以，我不是不能够做超级短线，个人觉得我还是这方面的专家，在期货里面的这些细节，大家应该就能够感知一二，为什么股票里面我不太屑于去做超短呢？第一，股票不是T+0；第二，股票的运行模式还是跟期货有点区别，所以我更愿意去做短线跟"成长为王"大波段结合的模式，这样也让自己更轻松一点，就好像这次线下交流会我讲的，天天去做这种短线是90后做的事情了，老一辈可以适当地做一下。我这段时间做了为什么这点东西呢？也是加强博弈的感受，这些交易我是在我的手机里实现的，我可以一部手机交易五六个账户，我手速非常快，思维非常敏捷，会不断切换页面看看外围美元指数等等，这些都是我在晚上休息的时候，当作玩游戏一样就解决了，然后就惬意地洗漱休息了，当作晚上无聊时候的一个游戏，而且这个游戏结果还不错。

我的总体思维是什么？如果市场给到我大波段的机会，我一定是要做大波段的，比如前段时间的苹果，当时我没有吃透它的逻辑，所以没有做到，我一开始只做了一点儿，做得非常少，觉得不过瘾，我就重点去做了白糖、鸡蛋、棉花，做自己研究更深入的，这跟做股票也是一样的，要做自己熟悉的。虽然苹果错失了，但是我相信市场里有下一个苹果的时候，或许就在我熟悉的标的里面，我也相信只要市场有博弈，属于我的机会迟早会到来。就好像做股票，我说的四大板块：科技、文化、超跌、次新，这些你研究透了，一定会有"妖股"或者牛股在这里诞生。天天看着其他牛股，如果你不了解，贸然杀进去，就好像我刚开始做白糖一样，只考虑技术面，没有研究基本面，也没有研究背后的逻辑，你杀进去，一个高位杀下来，你都不知道怎么办，甚至不知道为什么！但是熟悉的话，我就知道为什么，知道避免这样的错误，然后把握住自己的机会。

【学习温馨小总结】

△ 期货持续杀跌后，持仓量大幅锐减说明这一波杀跌主力选择落袋为安，行情有可能面临反弹，如同股市高位剧烈震荡，交易量大增说明主力选择落袋为安，行情同样可能面临反转。

△ 期货的博弈考究细节，也考验心态，每一步操作都需要逻辑支持，与市场状况相互验证，不断修正。国平成长理论：成长为王，引爆为辅，博弈融合，在期货市场同样适用。

这段时间我的期货交易心得蛮多的，这里只是展示了一部分内容跟大家分享，让大家知道我具体操作的思路跟手法，若是大家也想做期货，最好不要自己去折腾了，当然小玩一下可以，拿输得起的钱去玩，输得起你心态就会好或者交给我们折腾也可以。我觉得期货市场未来会是一个不错的新的机会，但是这个机会肯定是属于少数人的，大家有没有看过数据呢？期货市场的阵亡率是超过90%的，只有极少数才是最终存活的，还好我们现在还活着，当然我也爆过仓，至少我也有过辉煌的战绩，也预示着我们在这个细分市场里面是能够成为少数的这样一个人群，我希望我们的学员也能跟着我们成为少数的人群，股票当然也是如此。当然我们要坚持自己的核心理念，成长为王，引爆为辅，博弈融合，这个是放置四海皆准的，期货市场依然是如此。只是期货市场在细微的波动博弈里面，可能更考验刚才所说的各方面，细节、逻辑、心态还有思考，这个是综合能力了。

所以为什么大家要不断成长、不断学习呢？因为只有不断成长和学习，你的综合能力才能够形成蜕变，质的改变，只是知道一下，了解一下，你是没法飞跃的。好，布置作业：

★ **作业：**

☆ **写一份自己在交易中对博弈的理解和总结。**

洋洋洒洒讲了那么多，让大家了解一下期货市场的博弈，下次有机会再和大家分享，我个人是觉得蛮不错的、蛮精彩的，透过这些东西，希望大家学会举一反三，这些东西只要理解清楚，理解深刻了，对于做股票的感觉就会更加轻松了。